U0790229

普通高等院校食品专业系列教材

食品化学

赵国华　主编

科学出版社
北　京

内 容 简 介

本书的核心内容是在生物化学和有机化学等学科的基础之上对食品化学基础理论的介绍。全书共8章，分别为绪论、水分、碳水化合物、脂类、蛋白质、维生素与矿物质、食品颜色和食品风味。阐述了主要食品成分的物理化学性质、它们在食品生产过程中的变化以及这些变化对食品品质形成的影响及其规律。

本书主要作为食品科学与工程、食品质量与安全专业本科生教材，也可以作为食品相关专业本科生及研究生的参考用书，还可供相关专业科研人员参考。

图书在版编目(CIP)数据

食品化学 / 赵国华主编. —北京：科学出版社，2014.8
普通高等院校食品专业系列教材
ISBN 978-7-03-041476-2

Ⅰ. ①食… Ⅱ. ①赵… Ⅲ. ①食品化学-高等学校-教材
Ⅳ. ①TS201.2

中国版本图书馆 CIP 数据核字(2014)第164495号

责任编辑：朱 灵
责任印制：黄晓鸣 / 封面设计：殷 靓

科学出版社 出版
北京东黄城根北街16号
邮政编码：100717
http://www.sciencep.com
南京展望文化发展有限公司排版
广东虎彩云印刷有限公司印刷
科学出版社出版 各地新华书店经销

*

2014年8月第 一 版 开本：889×1194 1/16
2025年10月第二十三次印刷 印张：11 1/2
字数：357 000

定价：41.00元

普通高等院校食品专业系列教材

《食品化学》编委会

主　　编　赵国华

副 主 编　陈海华　刘　娅　苏　伟　刘　源　郑艺梅

编写人员　（按姓氏笔画排序）

王佳宏（南京林业大学）　叶发银（西南大学）
刘　娅（石河子大学）　刘　源（上海海洋大学）
江虹锐（广西大学）　苏　伟（贵州大学）
肖军霞（青岛农业大学）　张甫生（西南大学）
陈海华（青岛农业大学）　郑艺梅（闽南师范大学）
项锦欣（重庆理工大学）　赵国华（西南大学）
党　斌（青海大学）　高瑞萍（遵义医学院）
谌小立（遵义医学院）　谢新华（河南农业大学）

普通高等院校食品专业系列教材
筹备专家组

前言

笔者从事本科生食品化学教学整整15个年头，非常痴迷于食品化学的魅力，也尝试用各种方式提升食品化学的教学质量。站在讲台上，如何使食品化学深奥的科学道理生动而浅显地展示在学生面前，所有学生都侧耳倾听，生怕错过了什么，这就是我对食品化学教学最大的奢望和追求。

教材是无声的老师，一本好的教材能使学生获取知识、启迪智慧。在这方面我认为由Owen R. Fennema编写的*Food Chemistry*已近乎完美，无人能及。但该书是依据两学期食品化学课程长度安排的，与我国目前现有食品化学课程教学时数（主要为36～72学时）相去甚远，学生在如此大篇幅的知识体系中很难找到重点。除此之外，我国也有不少学者编著了质量非常优良的大学《食品化学》教材。但有些教材或多或少与《基础生物化学》、《有机化学》、《食品添加剂》、《食品安全学》、《食品营养学》等课程内容有重复，且有些内容并未集中在食品成分的物理性质及变化、化学性质及变化以及这些变化对食品的影响上。因此本书在编写时确定了5个原则：① 尽量少与其他课程内容重复；② 将内容集中在食品成分变化及对食品的影响上来，尤其要把基本原理有条理地讲清楚；③ 多采用图表的方式表达；④ 要有一定的深度；⑤ 体现食品化学研究最新成果。需要指出，最后一点在编写中遇到了很大的困难，因为有些研究有不同的结论，本书采用了大多数人承认的观点。基于此，在统稿过程中，对参与编写者提出的初稿进行了两轮大幅度修改，感谢他们对这种修改的容忍态度。

全书共分为8章，其中西南大学赵国华编写第1章　绪论；石河子大学刘娅与西南大学张甫生编写第2章　水分；青岛农业大学陈海华与肖军霞以及河南农业大学谢新华编写第3章　碳水化合物；重庆理工大学项锦欣、遵义医学院高瑞萍与广西大学江虹锐编写第4章　脂类；青海大学党斌、遵义医学院之谌小立与广西大学江虹锐编写第5章蛋白质；闽南师范大学郑艺梅、贵州大学苏伟、西南大学叶发银编写第6章　维生素与矿物质；南京林业大学王佳宏与青岛农业大学肖军霞编写第7章　食品颜色；上海海洋大学刘源、贵州大学苏伟和西南大学叶发银编写第8章　食品风味。全书由赵国华统稿。感谢各位作者对本书所做出的卓越贡献。

同时感谢西南大学食品科学学院511研究室全体研究生在文献收集、文字校对等方面的帮助。也感谢科学出版社对本书出版给予的大力支持。本书还参考了大量国内外学者的优秀著作，在此一并致谢。

最后，还必须说，虽然我们也努力地避免本书文字表达或数据的不确定性甚至错误，但仍难免疏漏与不妥之处。如果读者发现这些错误，希望你们能告诉我，将有助于改正这些错误。我的电子邮件联系方式是zhaoguohua1971@163.com。

赵国华

2014年4月30日

目录

第四章　脂　类

第五章　蛋　白　质

第六章 维生素与矿物质

第七章 食 品 颜 色

第八章 食 品 风 味

第一章
绪论

第一节　什么是食品化学？

一、食品化学的概念

在弄清楚食品化学(food chemistry)概念之前，先必须弄清楚食品与化学的概念。而食品(food)与食物(foodstuff)是两个既有联系又有区别的概念。食物是指自然界存在的可供人食用的所有物质的统称。食物中通常含有一种或多种人体生长发育或维持生命所需的营养物质。食品是指经过特定方式加工过的食物。因此，食物强调的是可食物质的自然属性，而食品强调的是可食物质的科学与工程属性。化学是指研究自然界物质的组成、结构、性质和各种条件下发生的化学变化规律的科学。因此，食品化学是从化学的角度和分子水平上研究食品的组成、结构、性质以及它们在食品生产、加工、贮运、销售等过程中的变化及其对食品影响的科学。食品化学既属于食品学科的范畴，也常划分于化学学科的应用化学领域，是化学知识在食品中的创新与应用。

二、食品化学内容简介

食品化学的内容主要包括以下几个方面：① 食品中各成分的化学结构及组成；② 食品中各组分的物理性质及其食品学意义；③ 食品中各组分在食品加工过程中的化学变化及其对食品体系的影响；④ 基于结构决定功能的原理，通过控制或改变食品成分的结构(物理结构或化学结构)改善其功能(食品应用特性)；⑤ 食品各成分在食品加工过程中的相互作用。

按照研究对象的不同食品化学可分为食品成分化学、食品生物化学和食品工艺化学等。食品成分化学的研究对象主要为原料，其任务是明确食品原料中各种化学物质的种类、数量、结构、性质、形态等，是食品化学的基础所在。食品生物化学的研究对象主要为收获后贮藏的原料，其任务是明确食物在贮藏过程中发生的生物化学反应、对食物的影响以及控制方法。食品生物化学的研究范畴有时也扩展至食品中凡是与活体生物(新鲜食物、微生物等)或酶有关的过程。食品工艺化学的研究对象是食品加工过程中的半成品或成品，其任务是明确在各种食品加工条件所诱导的食品各成分所发生各类物理或化学变化，以及这些变化对加工食品品质形成的影响及其控制措施。根据研究对象的种类不同，可将食品化学分为粮油化学、果蔬化学、乳品化学、水产化学、肉禽蛋化学、糖业化学等。而根据研究对象的化学属性，可将食品化学分为食品蛋白质化学、食品碳水化合物化学、食品脂类化学、食品风味化学等。

三、食品化学发展简史

确定食品化学的起源是一件非常困难的事情，另外也没有一个权威的食品化学发展的阶段论述。纵观食品化学的发展过程，可将食品化学的发展历程简单分为诞生期、成长期和成熟期三个阶段。食品化学的诞生期指远古时代到1850年之前，尤其是1780～1850年之间，这个时期没有食品化学这个概念，食品化学完全融入基础化学中。这个阶段也没有纯粹的食品化学家。基础化学家在以食物为对象的研究过程中观察、发现并记录了一些与食品有关的成分或化学现象。如乳糖的分离与性质研究(1780年)、柠檬酸的分离获得(1784年)、苹果酸的分离获得(1785年)、乙醇元素分析的完成(1807年)、与食品有关的有机分析手段的出现等。直至1847年德国化学家 Justus von Liebig 在其大量研究的基础上出版了《食品化学研究》(*Researches on the Chemistry of Food*)一书，这是有关食品化学的第一本书，也标志着食品化学的诞生。但这个时候的食品化学基本停留在有关现象的观察、记录以及简单物质的发现与成分确定，对食品中复杂反应的机制无从谈起。

紧接此后漫长的100多年时间是食品化学的成长期，借助于基础化学的食品分析化学的发展是食品化学成长的第一推动力。此外，这个时期欧洲不断出现的食品掺假事件也促进了食品化学的发展。利用不断进步和完善的实验手段，科学家们逐步从分子水平上阐释清楚了常见食品加工、贮藏等过程中所产生现象背后的化学规律。如1912年法国化学家 Louis-Camille Maillard(1878～1936)发现了 Maillard(美拉德)反应，并在1953年由美国科学家 John Hodge 提出了其完整的反应历程。再如，英国化学家 Thomas Percy Hilditch (1886～1965)完成了数百种油脂的化学组成、结构、性质、氧化及氢化机理以及有关油脂的分析方法，并在1940年出版了《天然油脂的化学组成》(*The Chemical Constitution of Natural Fats*)一书，并在1947年出了第2版。在这个时期，食品化学的各分支、各领域得到长足发展。食品化学研究如日中天，*Journal of Agricultural and Food Chemistry*(1953～)、*Food Chemistry*(1976～)等杂志的创刊标志着食品化学成长到了一个高度。

直至1976年由美国威斯康星大学(麦迪逊)食品科学系的食品化学家 Owen R. Fennema 编写的《食品化学》一书的出版(已出版第4版)，可能标志着食品化学进入成熟期。在近40年的发展中，食品化学研究越来越深入，领域越来越宽，分支越来越细，新的研究热点层出不穷，使食品化学不断丰满成熟，且逐渐成为独立于化学、生物学等的新兴学科。如近期生物活性物质的研究、丙烯酰胺的发现、抗性淀粉的发现以及组学技术在食品中的应用等都为食品化学注入了新的内容。

第二节 为什么要学习食品化学?

回答这个问题，实际上就是论述食品化学的重要性。概括起来食品化学的重要性体现在以下几个方面：① 食品化学是食品科学与工程一级学科体系的重要组成部分。食品化学与食品微生物学、食品生物学、食品工程原理并称为食品学科的四大支柱；② 食品化学是基础学科与食品应用学科的桥梁与纽带。食品学科属于应用学科，其科学原理大多来自基础学科如化学、生物学、工程学等。食品化学实际上是基础知识向应用知识过渡的桥梁；③ 食品化学是对食品现象的本质认识。食品学科属于应用学科，非常注重过程控制与产品实现。但毫无疑问，食品的很多品质形成本质上是食品中各成分变化及相互作用的结果。对这些变化与作用规律的认识，能实现对食品加工过程及食品品质形成更好地控制。另外，也能使应用学科学生的知识实现从现象到本质的过渡，以及知其然要知其所以然。由此可见，食品化学是食品学科的基础领域，它在某些程度上决定着食品加工的合理性及工艺目标的可实现性。综合起来，食品化学可为改善食品品质、开发食品新资源、革新食品加工工艺与贮运技术、科学调整膳食结构、改进包装、加强食品质量控制以及提高食品原料综合利用水平奠定理论基础和原理选择。

第三节 怎样学习食品化学?

作为一本书的序言，告诉学生如何能学好这门课程是非常重要的。但这实际是一件不可能完成的事情，因为每个人的学习过程、学习方式、学习习惯都有很大的差别。在此，作者根据自己的学习经历，提出如下建议：① 要将食品化学的深层理解置于基础化学中去。食品化学本质上出自基础化学，其反应机理、热力学或动力学过程等仍遵循基础化学的规律。因此，要善于从普遍的化学规律角度去认识食品中的具体化学反应；② 要将食品化学的教学内容与日常生活紧密联系。做到这一点，首先要留心自己的日常生活，善于观察日常食物的各种差异或特点，能找到来自生活的问题，如可乐为什么是褐色的？其次，要对发现的问题刨根问底，要执着。如弄清楚可乐里面褐色的物质是焦糖色素，并进一步弄清其化学性质、生产方式、安全性等相关内容。这里需要强调的是创新的源头是提出问题，问题的提出是获取知识最大的动力；③ 要努力用食品化学的知识解释其他专业课程的现象；食品学科教学体系除专业基础课程的食品化学、食品微生物等外，更多的是诸如食品加工、食品贮藏、粮油加工、动物性食品加工、饮料加工等专业课程。在这些课程学习时，不要仅仅停留在配方、工艺控制、产品鉴评等方面。要善于问"为什么要加这个?""为什么要这么处理?""为什么颜色变了?"等问题，并试图从食品化学中找到本质原因；④ 要具有联想的、发散的和系统的思维，要善于将食品化学的相关知识点串联起来。要能形成清晰的食品化学知识框架体系，能从多角度、多维度对问题进行分析，并提出多维度的可供选择的解决方案；⑤ 要善于从其他学科中丰富自己的思维。这一点可从下面这句话中得到体会。For these in applied sciences who aspire to engage in pioneering work, much more can be gained from scientific literature that underlines or is peripheral to their primary field of endeavor than from literature that is central to it.（注：摘自《Food Chemistry》的序言）

第四节 学习食品化学有何用处?

学习食品化学的作用可从两个方面进行阐述。一是对学习者个人的作用。通过学习食品化学，可充分了解食品的有关知识，能使学习者具备从营养、安全、合理膳食、风险规避、健康促进等多角度选择食品的必备知识，可提高学习者自我食品消费质量，并提升生活质量。另一更重要的方面是对社会的作用。一个食品化学家应该有责任以各种方式服务于社会。因为我们具备有关的知识与技能，能对食品供应、公众健康、食品价格、废物处理、能源利用产生积极影响。当出现不正确的与食品相关的言论时，我们能从专业角度予以制止。如公众对食品添加剂的过分担忧以及张悟本现象等。这就要求我们要有良好的职业道德、公众形象，并严格遵守科学伦理；要积极参加有关专业社团和协会；受到邀请时愿意为政府咨询、社区或个人服务，从而促进社会进步，为社会创造财富和避免损失，也实现自我价值。

第二章
水　分

第一节　概　　述

一、食品中水的重要性

在生物体内，水不仅是构成机体的主要成分，而且是维持生命活动、调节代谢过程不可缺少的重要物质。水也是构成食品的主要组分。不同食品的水分含量各不相同，这与其特性品质保持密切相关。食品中水的含量、分布和状态对其结构、外观、质地、风味、色泽、流动性、新鲜程度和腐败变质的敏感性具有重要的影响。如含水量影响或决定着食品加工的工艺参数和环节选择；水可作为食品中各类化学或生物化学反应的介质、底物或反应物，它的存在对食品中某些酶的构象维持和活性发挥至关重要；水能与蛋白质、碳水化合物和脂类等发生作用从而影响食品的质地与结构，如硬度、脆度等属性；水分及其状态直接影响着食品中对品质不利的化学反应的速率和腐败菌、病原微生物的生长速度，从而对食品的安全性产生影响；水分含量还与食品的风味、色泽、口感等感官特性密切相关；此外，水在诸如溶解、分散、胀发、萃取、干燥、热传导等食品工艺环节中扮演重要角色。因此，食品的含水量、水分的分布以及水分的状态不仅直接影响食品的结构、外观、质地、风味、新鲜度以及食品体系中化学反应的速率和微生物的生长，而且对食品感官质量及安全性产生影响。鉴于此，全面了解食品中水的特性及其对食品品质和安全性的影响，对食品加工具有重要意义。

二、常见食品的含水量

水是食品中最为常见的成分。食品的含水量对食品的新鲜度、硬软性、流动性、呈味性、保藏性、加工性等许多方面都有着至为重要的影响。在很多情况下，特定的水分含量是食品维持其应有属性所必需的。不同种类食品的水分含量差异很大，表 2-1 中列出一些常见食品的水分含量。

表 2-1　常见食品的水分含量

食品		水分含量/(g/100 g)
水果	香蕉	74～80
	浆果、樱桃、梨、葡萄、猕猴桃、柿子、菠萝等	80～85
	苹果、桃子、李子、橘子、甜橙、葡萄柚、无花果等	85～90
	西瓜、甜瓜、草莓、椰子、杏等	90～95
蔬菜	青豌豆、甜玉米等	74～80
	甜菜、胡萝卜、马铃薯、硬花甘蓝等	80～90
	大白菜、黄瓜、芦笋、莴苣、花菜、番茄、红辣椒等	90～96
谷物	大米	10～12
	全粒谷物	≤15.5
	面粉、粗面粉、粗燕麦粉等	10～13
肉类	猪肉、牛肉、羊肉、鸡肉、鸭肉等	50～75
	鱼肉(肌肉蛋白)	65～81

续 表

食品		水分含量/(g/100 g)
乳制品	液态乳制品	87～91
	奶酪(与品种相关)	40～75
	奶油(含人造奶油)	≤16
	冰淇淋	65～80
	奶粉	≤5
焙烤食品	面包	35～45
	饼干	5～8
	馅饼	43～59
糖及其制品	蜂蜜、糖浆	20～40
	果酱	≤35
	蔗糖、硬糖、纯巧克力	≤1
其他	鲜蛋	73～75

第二节 水的形态转化及其对食品的影响

一、水的形态

水以固态、液态、气态三种形态存在于自然界中。其中固态水包括冰、雪、霜、冰雹；液态水包括云、雨、雾、露；气态水主要是水蒸气。在通常情况下，水的这三种形态是可以相互转化的(图 2-1)，这与水的温度密切相关。在 1 atm 下，纯水的冰点为 0℃，沸点为 100℃。0℃以下水的状态为固态，0～100℃为液态，100℃以上为气态。

水在三种状态之间的相互转化，实际上是温度对体系中水分子之间的缔合程度(氢键强度)影响的结果。由于氢键的吸热效应，随着温度的不断降低，水分子之间的氢键作用得以加强。在 0～100℃时，液态水中的水分子之间形成一定数量的氢键，但水分子之间氢键的稳定性较差，导致整个液态水体系中的氢键密度不高，水分子在空间上的移动位阻较小，这赋予了液态水较好的流动性与较低的黏度。但随着温度的降低，体系中的氢键密度不断增大，当温度足够低时(纯水为 0℃)，液态水的氢键密度的增加使水分子在空间上定格而转化为固态的冰。在气态下，水分子之间的缔合程度很小，可看作是以自由的形式存在；在液态下，水分子之间有一定程度的缔合，几乎没有游离的水分子，由此可理解为什么水具有高的沸点；而在固态也就是结冰的状态下，水分子之间的缔合数是 4(最大缔合数)，每个水分子都固定在相应的晶格里，这是冰的熔点高的原因。

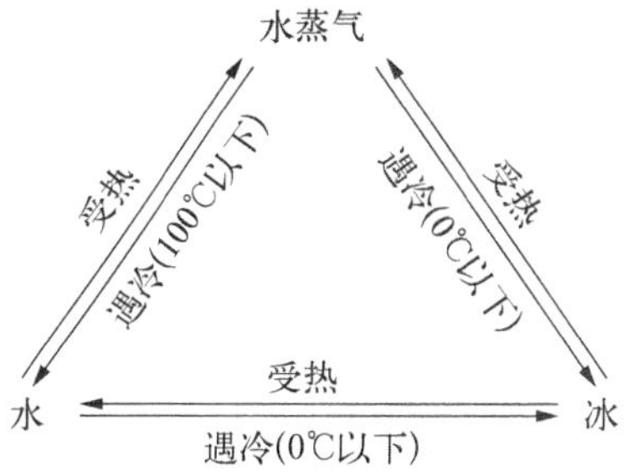

图 2-1 水的形态转化

二、水和冰的结构及物理特性

1. 水和冰的结构

(1) 水分子结构：水分子之间存在着很强的吸引力，水和冰是三维空间中通过水分子之间的强氢键缔合形成的网络结构。要认识水和冰的结构，首先需要认识单个水分子的结构。从单个水分子结构来看，水分子中氧的 6 个价电子参与杂化，形成 4 个 sp^3 杂化轨道，2 个氢原子接近氧的 2 个 sp^3 成键轨道结合成 2 个 σ 共价键[由于氧的高电负性，O—H 共价键具有部分离子特征(具有 40%离子特性)]，即形成 1 个水分子，每个键的离解能为 4.614×10^2 kJ/mol(110.2 kcal/mol)，氧的 2 个定域分子轨道对称定向在原有轨道轴的周围，形成一个近似四面体的结构。图 2-2(a)和 2-2(b)分别表示水分子的轨道模型和范德华(Van der Waals)半径。

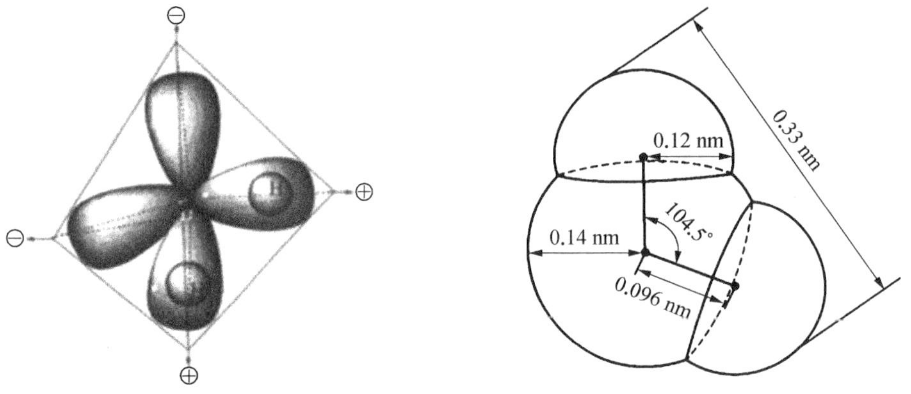

(a) 构型 (b) 处于蒸气状态的一个水分子的Van der Waals半径模型

图 2-2 单个水分子的示意模型

单个气态水分子的键角由于受到了氧的未成键电子对的排斥作用，压缩为 104.5°，接近正四面体的角度 109°28′，O—H 核间距为 0.096 nm，氢和氧的范德华半径分别为 0.12 nm 和 0.14 nm。

以上对水分子的描述只适合于普通的水分子。由于自然界中氧与氢同位素的存在，在纯水中，还含有许多其他微量成分，如除了普通的同位素^{16}O和^{1}H外，还存在^{17}O、^{18}O、^{2}H(氘)和^{3}H(氚)所构成的水分子，共有 18 种水分子的同位素变体。此外，水中还有离子微粒如氢离子(以 H_3O^+ 存在)和氢氧根离子，以及它们的同位素变体，因此实际上水中总共有 33 种以上 HOH 的化学变体。但这些同位素变体仅少量存在于水中，大多数情况下可以忽略不计。

(2) 水分子的缔合作用：水分子中氢、氧原子呈 V 字形排序，O—H 键具有极性，导致分子内电荷是非对称分布的。纯水在蒸气状态下，分子的偶极矩为 1.84 D(1 D=3.336 × 10^{-30} C·m)，这种极性使水分子间产生吸引力，因而水分子能以相当大的强度缔合。然而，只根据水分子有大的偶极矩还不能充分解释水分子间为什么存在着异常大的吸引力，因为偶极矩并不能反映电荷暴露的程度和分子的几何形状。事实上，更重要的原因是水分子具有在三维空间内形成氢键的能力。

由于水分子中氧原子的电负性远大于氢原子，O—H 键的共用电子对严重地偏向于氧原子，使氢原子几乎成为带有一个正电荷的裸露质子，极易与另一水分子中氧原子外层上的孤对电子形成氢键，水分子间便通过这种氢键产生较强的缔合作用。水分子在氢键缔合时，一方面以分子中近乎裸露的氢原子与相邻水分子中的氧原子的孤对电子形成氢键，另一方面又以分子中氧原子的孤对电子与另一个相邻水分子中近乎裸露的氢原子形成氢键。上述两类氢键，对处于中心的水分子而言是不同的，前一类氢键，中心的水分子为氢供体，在形成氢键时提供氢原子；在后一类氢键中，中心的水分子是氢受体，在形成氢键时接受氢原子。从理论上说，每一个水分子(在界面上的除外)都可以作为中心水分子，沿分子内氧原子外层的 4 个 sp^3 杂化轨道的方向与相邻的 4 个水分子同时形成 4 个氢键，得到如图 2-3 中表示的四面体结构。

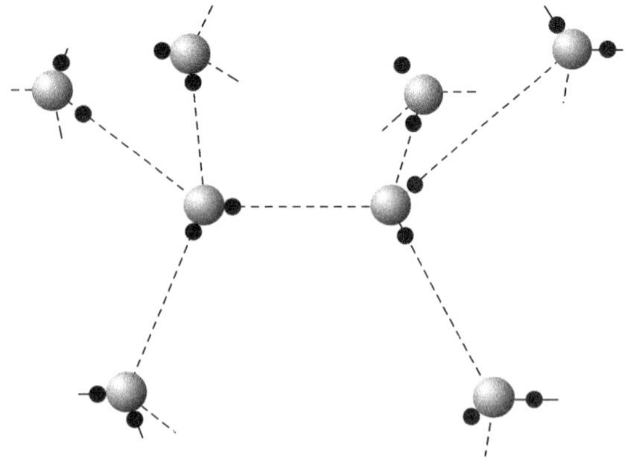

图 2-3 四面体构型中水分子的氢键

(大、小球分别代表氧原子和氢原子，虚线代表氢键)

由于每个水分子具有相等数目的氢供体和氢受体，能够在三维空间形成氢键网络结构。因此，水分子间的吸引力比同样靠氢键结合在一起的其他小分子要大得多(如 NH_3 和 HF)。氨分子由 3 个氢供体和 1 个氢受体形成四面体排列，氟化氢的四面体排列只有 1 个氢供体和 3 个氢受体。由于它们没有相同数目的氢供体和氢受体，因此只能在二维空间形成氢键网络结构，并且每个分子都比水分子形成更少的氢键。

根据水分子参与三维空间多重氢键形成的能力，可以充分地解释存在于分子间的强吸引力。同时，水分子具有形成三维氢键的能力，也可以从理论上解释水的许多异常性质。如水的高热容、高熔点、高表面张力、高相变热以及高介电常数等，这些都是因为破坏水分子间的氢键需要供给足够的能量。

此外，水分子间氢键的键合程度还取决于温度。在0℃时，冰中水分子的配位数为4，最邻近水分子间的距离为0.276 nm；随着温度上升，水分子的配位数增多，结果使水的密度增加。例如，水在1.5℃和8.3℃时的配位数分别为4.4和4.9。同时，由于温度升高，布朗运动加剧，导致四面体构型中水分子的氢键膨胀，结果使水的密度降低。例如，邻近的水分子之间的距离从0℃时的0.276 nm增至1.5℃时的0.290 nm和8.3℃时的0.305 nm。在0～4℃时，配位数的影响占主导，水的密度增大；随着温度继续上升，布朗运动占主导，水的密度降低。两种因素的最终结果，使水的密度在3.98℃时最大。

(3) 水的结构：纯水是具有一定结构的液体，虽然它没有刚性，但它比气态水分子的排列要有规则得多。在液态水中，水分子并不是以单个分子形式存在，而是由若干个分子以氢键缔合形成水分子簇$(H_2O)_n$的形式存在。因此，水分子的取向和运动都将受到周围其他水分子的明显影响。阐明纯水的结构是一个非常复杂的问题，目前已有许多关于水的理论结构模型，其中被大多数学者接受的主要有三种：混合结构、填隙结构和连续结构(或均匀结构)模型。

1) 混合结构模型　强调水分子间氢键的概念，认为水分子间以氢键形式瞬时地聚集成庞大的水分子簇，并与其他更密集的水分子处于动态平衡，水分子簇的瞬间寿命约为10^{-11} s。

2) 填隙结构模型　指水保留了一种似冰或是笼形的结构，单个水分子填充在整个笼形结构的间隙空间中。

3) 连续结构模型　水分子间的氢键均匀地分布在整个水体系中，当冰融化时，许多氢键发生变形(更确切地说是断裂)，由此形成一个由水分子构成的具有动态性质的连续网状结构。

以上三种模型主要的结构特征是液态水分子以短暂的氢键缔合形成扭曲的四面体结构。所有的模型都认为各个水分子间的氢键频繁地交换，即一个氢键一旦断裂随即迅速转变成一个新的氢键。而在温度不变的条件下，从宏观来看，整个体系的氢键缔合程度和网络结构是保持不变的；从微观角度讲，各个氢键是处在一个不停的运动状态，而且氢键的破坏和形成之间建立了一个动态平衡。

水的低黏度与上述提出的结构有关。由于液态水中水分子之间形成的氢键网络具有高度动态性，当水分子在纳秒甚至皮秒这样短暂的时间间隔内改变它们与邻近分子之间的氢键键合关系时，会增大分子的淌度(或流动性)，因而降低液态水的黏度。

此外，水中的氢键可被溶于其中的盐及含亲水/疏水基团的分子破坏。在盐溶液里水分子中氧上未配对电子占据了阳离子的游离空轨道，形成较稳定的"水合物"，与此同时，另外一些水分子通过"H-桥"的配位作用，在阳离子周围形成了水化层，从而破坏了纯水的结构。另外，极性基团也可通过偶极-偶极相互作用或者"H-桥"形成水化层，从而破坏纯水的结构。

(4) 冰的结构：冰是由水分子有序排列形成的结晶，是水分子之间靠氢键连接在一起形成的低密度刚性结构。冰的结构可通过X-衍射、中子衍射、电子衍射、红外和拉曼光谱等分析研究得以解释。图2-4表示了普通冰的晶胞示意图，其中最邻近水分子的O—O核间距为0.276 nm，O—O—O键角约为109°，非常接近于理想四面体的键角109°28′，水分子配位数为4，与最邻近的四个水分子缔合成四面体结构。

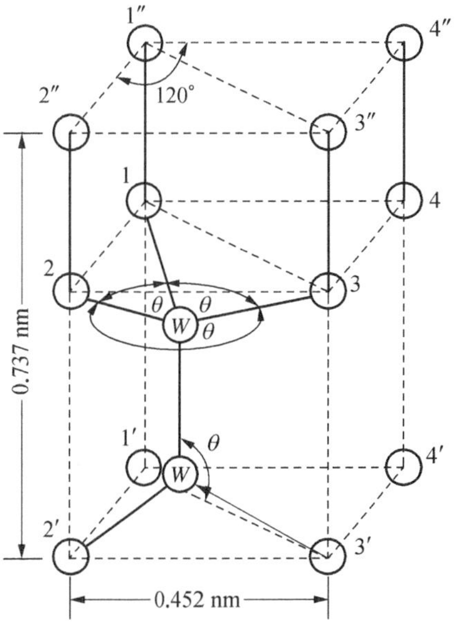

图2-4　0℃时普通冰的晶胞
(圆圈表示水分子中的氧原子)

当我们从顶部沿着c轴观察几个晶胞结合在一起的晶胞群时，可以清楚地观察到冰的正六方形对称结构，如图2-5(a)所示。从图中可见，水分子W与水分子1、2、3和位于平面下的另一水分子(正好位于W的下面)形成四面体结构。如果在三维空间观察冰晶结构时即可得到如图2-5(b)所示的图形，即冰结构中存在着两个平面(由空心圆和实心圆分别表示)，这两个平面平行而且很紧密地结合在一起。冰在压力作用下“滑动”或“流动”时，这些平面作为一个单元整体运动，像冰河中的冰在压力下所产生的“流动”一样。此类平面构成冰的“基础平面”，堆积起来便得到冰的全立体结构。图 2-6 表示 3 个基础平面结合在一起形成的结构，沿着平行 c 轴的方向观察，可以看出它的外形与图 2-5(a)所表示的完全相同，这表明基础平面有规则地排列成一行。沿着这个方向观察冰是单折射的，而所有其他方向都是双折射的，因此称 c 轴为冰的光轴。

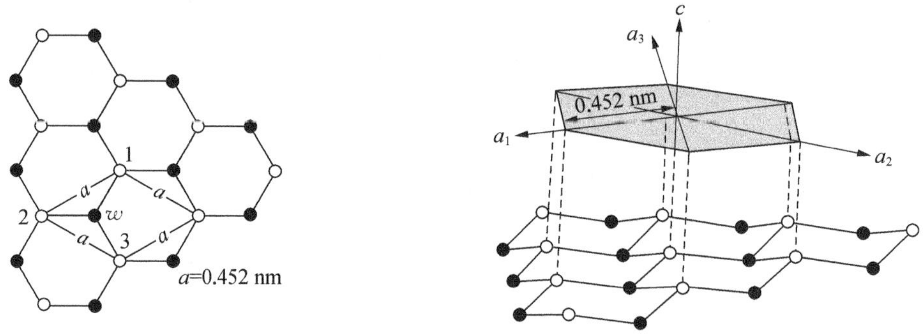

(a) 沿c轴方向观察到的正六边形结构　　(b) 基础平面的立体图

图 2-5　冰的基础平面(由高度略有不同的两个平面组成)

(图中仅标出氧原子，空心圆与实心圆分别代表基本平面上层和下层中的氧原子)

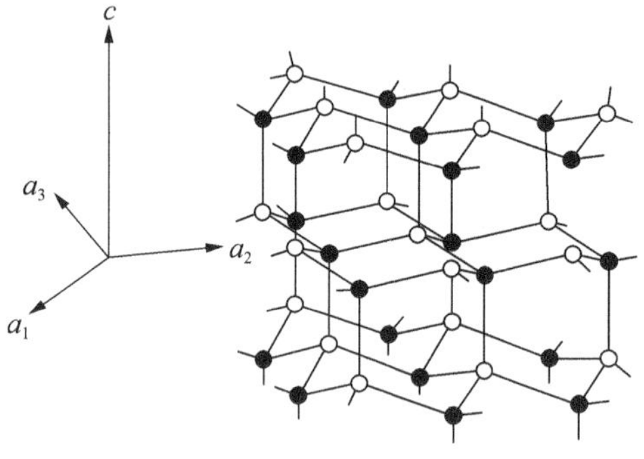

图 2-6　冰的扩展结构

(图中仅标出氧原子，空心圆与实心圆分别代表基础平面上层和下层中的氧原子)

冰有 11 种结晶类型，普通冰的结晶属于六方晶系的双六方双锥体。另外，还有 9 种同质多晶和 1 种非结晶或玻璃态的无定形结构。在常压和温度 0℃时，这 11 种结构中只有六方形冰结晶才是稳定的形式。而实际上，冰并不完全是由精确排列的水分子组成的静态或均一体系，冰晶中的水分子以及由它形成的氢键都处于不断运动状态中。只有在温度接近 −180℃或更低时，所有氢键才相对稳固下来。而后随着温度的上升，由于热运动体系混乱程度大，原来稳定的氢键平均数将会逐渐减少，部分氢键断裂，冰晶体变得不完整。

此外，冰晶的晶形、数量、大小、结构、位置和取向，还受水中溶质的种类、数量、冻结速度的影响。当有溶质存在时，冰的结构就发生变化，主要有 4 种类型：六方形、不规则树状、粗糙球状和易消失的球晶。同时还存在各种各样中间形式的结晶。六方形是大多数冷冻食品中重要的冰结晶形式，它是一种高度有序的普通结构。只有当冻结速度较慢，并且水中溶质(如蔗糖、甘油、蛋白质等)的性质与浓度对水分子的流动干扰不大时，才有可能形成六方形冰结晶。而随着冷冻速度的加快或亲水胶体(如明胶、琼脂等)浓度的增加，立方形和玻璃态的冰则占主导优势。显然，像明胶、琼脂等这类大而复杂的亲水性分子，不仅能限制水分子的运动，而且阻碍水形成高度有序的六方形结晶。同时，冻结温度越低，冻结速度越快，越能限制水分子的活动范围使其不易形成大的冰晶，甚至完全成为玻璃态结构。

2. 水和冰的物理特性　随着温度的降低，液态水会转变为固态的冰。但同时这一形态的转变伴随着水的很多物理性质的改变，诸如介电常数、密度、热熔和热传导性能。水和冰的物理常数如表 2-2 所示。其中对食品加工处理影响较大的参数为密度和热传导性能。

0℃时，纯水的密度(0.999 84 kg/L)明显高于冰(0.916 80 kg/L)，这就意味着纯水在冻结过程中会有明显的膨胀效应，冰的体积大约比水的体积大 9%。冷冻过程中水的体积的变化会对食品的结构和质地产生破坏性的影响，并在解冻时表现出来。常见的表现形式是解冻时汁液流失和原有质地丧失，如冷冻猪肉和冷冻蔬菜在解冻时出现的现象。此外，0℃时冰的导热系数[2.240 W/(m·K)]约是同温度水的[0.561 0 W/(m·K)]4 倍；冰的热扩散系数(11.7×10^{-7} m^2/s)约为同温度水的(1.3×10^{-7} m^2/s)9 倍，这些参数的差异表明冰的传热效率明显高于水。也就是说，在同样环境温度下，冰的温度变化速率比水高得多。这也就是为什么在温差相等的情况下，生物组织的冻结速率比解冻速率更快的原因。由于水与冰在这些物理特性上的巨大差异及其对食品营养、结构、质地等的重大影响，在设计冻藏食品的工艺时都必须对这些差异进行重点考虑。

表 2-2　水和冰的物理学参数

物理量	物理常数值			
相对分子质量	18.015 3			
相变性质				
熔点(0.1 MPa)/(℃)	0.000			
沸点(0.1 MPa)/(℃)	100.000			
临界温度/(℃)	373.99			
临界压力/(MPa)	22.064 (218.6 atm)			
三相点	0.01℃和 611.73 Pa (4.589 mmHg)			
熔化热(0℃)/(kJ/mol)	6.012			
蒸发热(100℃)/(kJ/mol)	40.657			
升华热(0℃)/(kJ/mol)	50.910			
其他性质(与温度相关)	20℃(水)	0℃(水)	0℃(冰)	−20℃(冰)
密度/(kg/L)	0.998 21	0.999 84	0.916 80	0.919 30
黏度/(Pa·s)	1.002×10^{-3}	1.793×10^{-3}	—	—
表面张力(相对于空气)/(N/m)	72.75×10^{-3}	75.64×10^{-3}	—	—
蒸气压/kPa	2.338 8	0.611 3	0.611 3	0.103 0
热容量/[J/(g·K)]	4.181 8	4.217 6	2.100 9	1.954 4
导热系数/[W/(m·K)]	0.598 4	0.561 0	2.240	2.433
热扩散系数/(m^2/s)	1.4×10^{-7}	1.3×10^{-7}	11.7×10^{-7}	11.8×10^{-7}
相对介电常数	80.20	87.90	～90	～98

三、食品的冻结与解冻

1. 食品冻结　食品冻结(freezing)是食品中自由水形成晶体的物理过程，其冻结过程大致与水冻结成冰的过程相似。但由于食品中的水分是类似溶液中溶剂的状态存在的，因此食品中水的冻结过程又与纯水冻结过程有所不同，各有其自身的特点。

通常把冻结过程中食品温度随时间变化的曲线称为食品冻结曲线。食品冻结曲线是一条温度不断变化的曲线，即其冻结过程不是在一个温度下进行的。图 2-7 为食品与纯水在冻结过程中温度随时间变化的曲线。

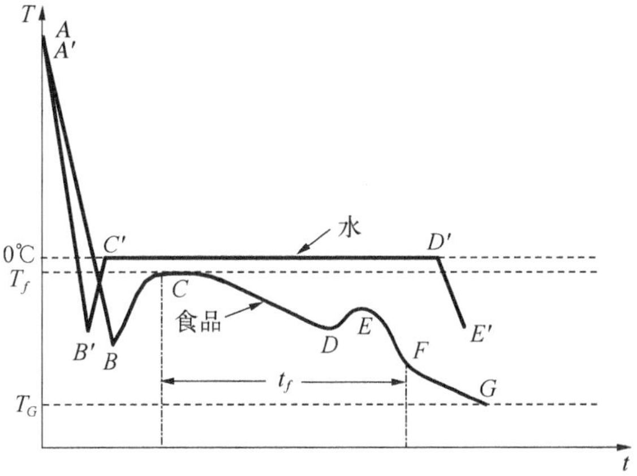

图 2-7　食品与水的冻结曲线

AB 段/*A′B′* 段：一般情况下，纯水只有被冷却到低于冰点(0℃)的某一温度($T_{B'}$)时才开始冻结，这种现象称为过冷。食品的冻结也会出现过冷现象，食品从初始温度 *A* 冷却到其冰点 T_f 以下的过冷点 *B* 温度(T_B)时才开始冻结，一般食品过冷点温度(T_B)＜水过冷点温度($T_{B'}$)＜0℃，过冷点温度与 0℃的差值通常称为过冷度。各种食品的过冷度并不相同，与食品的种类有关，某些食品过冷度可能会超过 10℃，如禽、肉、鱼的过冷温度一般为−5～−4℃，牛奶的过冷温度为−6～−5℃，蛋类的过冷温度为−13～−11℃。

BC 段/*B′C′* 段：当食品与水中冰晶开始形成后，即放出结晶热，其温度迅速回升至冰点温度 T_f 与 0℃。一般食品冰点温度(T_f)＜水的冰点温度(0℃)，物理化学将此现象称为冰点降低。食品冰点降低的幅度与食品的组成密切相关。

CD 段/*C′D′* 段：随着结冰的继续进行，结晶热不断释放，理论上食品与水的温度都应维持在一恒定温度。如对于纯水而言，纯水是等温结晶，冰点固定不变，在有水和冰同时存在的体系中，体系的温度保持在 0℃不变(*C′D′* 段)，只有当体系中的水全部转变成冰后，体系的温度才开始下降(即 *D′E′* 段)；而对于食品而言，由于结成冰的水分不断从溶液析出，使食品中未冻结溶液浓度不断升高，从而导致残留溶液冰点不断下

降(CD段)。食品中水分的结晶或者说食品的冻结就是在冰点不断降低的情况下进行的。

DE段/$D'E'$段：当食品中未冻结液浓度增加达到一种溶质的过饱和状态时，溶质的晶体将和冰晶一起析出，这种现象称共晶现象，此时的温度称为共晶温度，或称低共熔点温度。但在这个析出过程中，随溶质结晶热的释放，体系温度会略有上升(如DE段)，在E点(T_E)温度达到平衡，T_E即可认为冰和溶质的共晶温度。而纯水则不存在此共晶现象，温度只会持续直线降低($D'E'$段)。不同的水溶液都有其特定的共晶温度，例如：葡萄糖-水溶液共晶温度为－5℃，蔗糖-水溶液为－14℃，氯化钠-水溶液为－21.1℃。但是，在复杂的食品体系中，由于溶质众多，很难一一认定单个溶质的共晶点，一般用其最低的共晶温度来表述。例如冰淇淋的最低共晶温度为－55℃，肉是－60～－50℃。但商业用冻结温度并不要求达到这样的低温，所以冻结食品中总有小部分未结冰的水存在。如商业冻藏食品一般采用－18℃的温度，在此温度下，食品中约有10%的水分尚未被冻结。

EF段：溶液中的水和溶质继续结晶，直至完全冻结的F点为止，食品总的冻结时间记为t_f，即由C到F经历的时间，此期间曲线为食品的冻结平台，t_f的大小取决于热交换的速度。

FG段：已冻结的食品继续降温到冷介质的温度T_G。一般的商业冻结温度并不会达到此温度。

总的来说，食品冻结是将食品中所含的水分部分或近乎全部(事实上，不管温度多低，食品中总存在一部分未被冻结的水)地转变为冰的过程。根据冻结速度的快慢可将冷冻食品大致分为普通冷冻食品和速冻食品。通常以食品中心温度降低至－5℃所需时间或－5℃冻结面的推进速度来区分普通冷冻和速冻。若食品中心温度从0℃降至－5℃所用时间在30 min之内，即可称为速冻，否则定义为普通冷冻；或者，若食品－5℃冻结面推进速度处于5～20 cm/h，即可称为速冻，低于此速度则为普通冷冻。

冻结速度的快慢与冷冻食品品质有着密切的关系，冻结速度越快，组织内冰层推进速度大于水移动速度，冰晶分布越接近天然食品中液态水的分布状态，冰晶细小、多呈针状结晶体，数量巨大，解冻后品质就越好；冻结速度越慢，由于细胞外溶液浓度低，首先在这里产生冰晶，水分在开始时多向这些冰晶移动，形成较大的冰晶体，冰晶多呈杆状、柱状或颗粒状，且分布不均匀，解冻后品质就越差。

2. 食品解冻　食品解冻(thawing)是指将处于冻结状态食品中的固态水转变成液态水的过程。但考虑到冻结对食品可能产生非修复性损伤，因此，食品解冻只能认为是食品冻结的部分可逆过程。由于冻结过程形成冰晶时的体积膨胀效应以及冰晶对细胞膜的机械损伤作用，解冻时往往会出现汁液流失、质地劣化、微生物繁殖以及酶促或非酶褐变等所带来的不利反应，从而影响食品的质量。基于此，食品解冻技术开发的目标是尽可能将食品恢复到解冻前的状态并防止食品在解冻时的不良变化。汁液流失与质地劣化相伴发生，而且通常对高水分含量食品(如冷冻蔬菜等)来说是不可避免的，这与食品的切分尺寸、冻结方式、冻藏条件和解冻方式密切相关。一般速冻形成的冰晶小且在组织中分布均匀，对食品细胞组织的影响小，在解冻时水分能很快吸入细胞，食品最大限度恢复到冻结前状态。解冻温度是食品解冻的重要工艺参数，它直接决定着解冻的速度。关于解冻速度对解冻后产品品质的影响，目前有两种观点：一种观点认为高解冻温度带来高解冻速度，这可以有效缩短解冻时间，从而降低解冻过程中微生物的繁殖和不利化学反应的进程；另一种观点认为解冻速度太快，融化的水分来不及被重新吸收，会导致汁液流失加重。更为中立的观点是食品的解冻温度与解冻速度要根据食品的属性、含水量、冻结方式、切分尺寸等条件适时选择，不可一概而论。目前用于食品解冻的方法很多，各有优缺点，主要包括以空气或水为对流换热介质进行解冻、电解冻、真空解冻、远红外线解冻、超声波解冻、高压解冻以及组合解冻等。

总结起来，冻结对食品的影响包括有利和不利两个方面。有利的方面是食品冻结的低温和分子的低扩散性使微生物的繁殖速度和化学反应的速度减缓，从而为食品安全提供了保障；但同时，食品在冻结时产生的膨胀效应和浓缩效应会造成食品汁液流失和质地损伤，食品出现氧化、水解、褪色或褐变等影响质量的变化。

第三节　食品中水的存在状态

一、水与溶质的相互作用

食品中的水分子并不是独立地存在于食品体系中，它能与食品体系中其他非水物质发生相互作用，而这种作用同时会改变水和非水物质的性质。水与非水物质之间的作用力及其强度与非水物质的种类密切相关，下面就水分子与食品中存在的可电离物质、氢键形成物质、非极性物质之间的相互作用加以论述。

1. 水分子与食品中可电离物质的相互作用　食品中的可电离物质在一定条件下是以离子或离子基团(Na^+、Cl^-、R—COO^-、R—NH_3^+ 等)的形式存在。当水分子靠近离子或离子基团时，水分子会在离子形成的电场中发生极化作用，使水分子出现两个分离的电荷中心，分子两端分别带上 δ 的正电荷和 δ 的负电荷。图 2-8 显示了水分子在靠近 Na^+ 时的极化情况。极化后的水分子的两个电荷中心分别会与 Na^+ 产生静电引力与静电斥力。但对整个水分子而言，它与 Na^+ 之间是静电引力，且水分子与 Na^+ 之间的距离越近这种引力越强。这种作用力的结果使水分子与 Na^+ 结合，或水分子被 Na^+ 束缚，从而改变了水的性质。Na^+ 与水分子之间的静电引力大约是水分子间氢键键能的 4 倍。因此，离子或离子基团与水分子之间的作用力是水分子与非水物质之间最强的作用力，通过这种方式水分子被牢固地束缚于非水物质。图 2-9 是 NaCl 与邻近的水分子之间可能出现的相互作用方式的示意图。

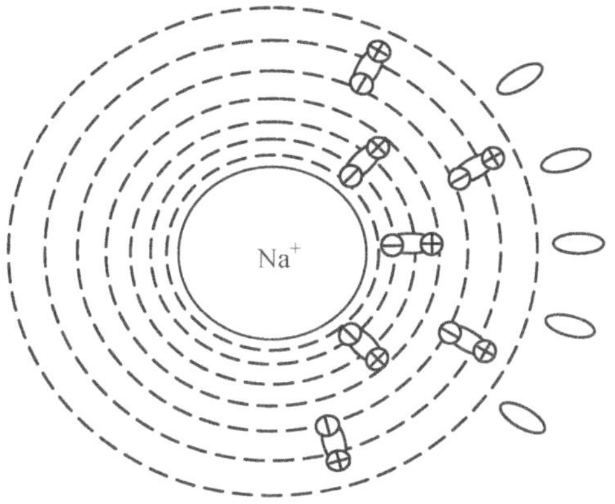

图 2-8　水分子在离子或离子基团诱导下的极化现象
（“⬭”水分子）

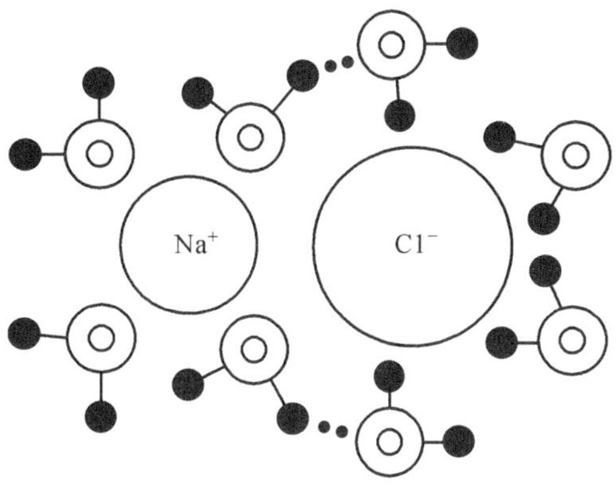

图 2-9　NaCl 与邻近的水分子之间可能出现的相互作用方式
（图中仅表示出纸平面上的水分子）

2. 水分子与具有氢键形成能力物质的相互作用　食品中蛋白质、淀粉、果胶等有机成分含有大量诸如羟基和氨基的具有氢键形成能力的基团，这是它们与水分子发生氢键结合的结构基础。食品中各种具有氢键形成能力的有机分子与水分子都可形成氢键，但形成的氢键的强度是不一样的。诸如蛋白质多肽链中赖氨酸和精氨酸侧链上的氨基、天冬氨酸和谷氨酸侧链上的羧基、肽链两端的羧基和氨基以及果胶中未酯化的羧基与水分子形成的氢键的强度较高；而蛋白质分子中的酰氨基、糖类(淀粉、果胶、纤维素等)分子中的羟基与水分子形成的氢键的强度就要弱一点。需要指出的是，水分子与非水物质形成的氢键，强度与水分子之间形成的氢键相当，但远低于水分子与离子或离子基团之间的静电相互作用。这种水分子与食品中具有氢键形成能力的大分子之间的相互作用，一方面对水的性质产生了显著的影响，另一方面对维持这些高分子在水中的空间构象也至关重要。图 2-10 示意了这种作用力在维持木瓜蛋白酶活性中心构象中的作用。由图可知，3 个水分子形成的水桥是维持木瓜蛋白酶活性中心的重要结构。同时这也从另外一个角度说明了为何很多酶在低水分情况下活性会大幅度降低。

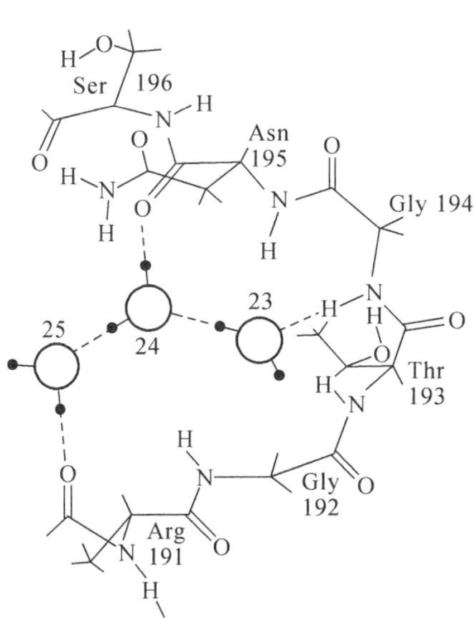

图 2-10　水分子在维持木瓜蛋白酶活性中心构象中的作用
（图中圆圈表示水分子）

3. 水分子与非极性物质的相互作用　与以上两种作用力不同，水分子与非极性非水物质之间的作用力不表现为引力而是斥力。

食品中常见的非极性非水物质包括气体、长链脂肪酸、甘油三酯、脂溶性维生素等。对食品中的非极性基团而言，这种作用力被称为疏水相互作用，即在水环境中两个分离的疏水性基团有趋向于聚合的作用，如图 2-11 所示。疏水相互作用从宏观上可通过分散在水中的微小油滴不断积聚的现象描述。从微观上来看，疏水相互作用是推动蛋白质分子折叠进一步形成高级结构的重要作用力，同时这种作用力也是维持蛋白质分子在水中特定构象的主要力量。在此推动力的作用下，天然蛋白质的疏水性基团一般分布于蛋白质分子内部，而亲水性基团往往分布于蛋白质分子的表面，这也赋予了大多数天然蛋白质良好的水溶性。需要指出的是疏水相互作用随体系温度的上升而不断减弱。

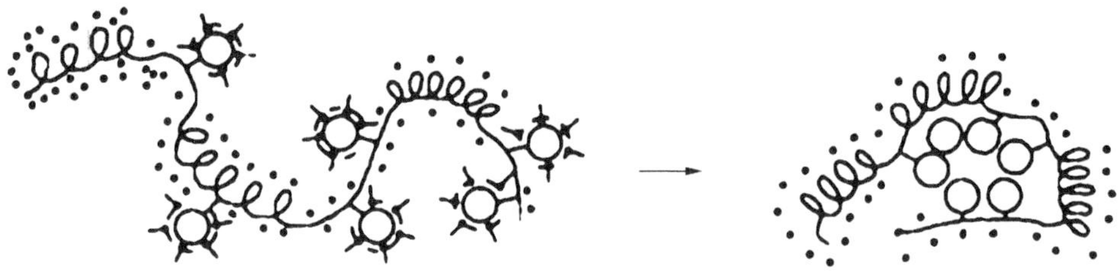

图 2-11　疏水基团在水中的疏水相互作用示意图
（图中圆圈表示疏水基团，长链表示蛋白质的主链结构）

对食品中的水分子而言，它与非极性非水物质之间的作用力被称为疏水水合作用，即在疏水性基团的排斥作用下，靠近疏水性基团的水分子之间的氢键结合作用加强的现象。这种作用力使得靠近非极性基团的水分子的排列比远离非极性基团的水分子要更有秩序。水分子之间的氢键密度在靠近非极性基团的区域要高于远离非极性基团的区域。图 2-12 显示了当在纯水中引入非极性物质时体系氢键密度变化的情况。

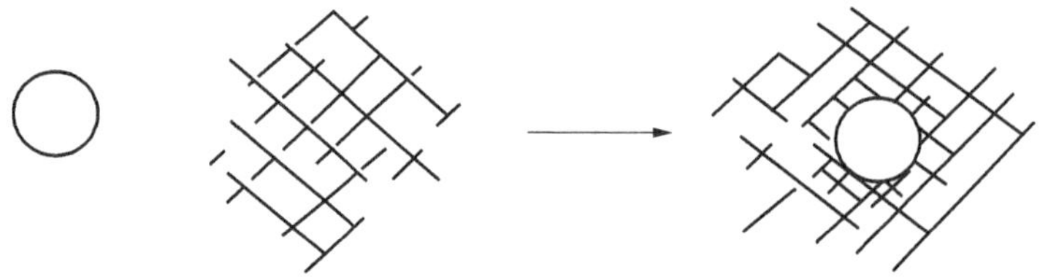

图 2-12　疏水水合作用示意图
（空心圆球代表疏水基，画线的区域代表水体系，线的紧密程度代表氢键密度的大小）

微观研究表明，在非极性基团的诱导下，水分子在非极性基团表面有秩序地定向排列（图 2-13）。这种定向作用使靠近疏水性基团表层的水的结构与冰接近，习惯上称为水的微结晶域结构。可以理解为在水中的疏水性基团实际上是被一个有秩序排列的水壳所包裹的，把这个结构称为笼形水合物。在笼形水合物中，水通过高密度氢键形成类似于笼的结构，通过物理方式将非极性物质截留在笼中。水是笼形水合物的“主体”，而被截留的疏水物质是笼形水合物的“客体”。笼形水合物“主体”一般由 20～74 个水分子组成，而“客体”通常是一些相对分子质量较低的化合物，如小分子烃类、稀有气体、短链的胺类、卤代烃、二氧化碳等。高分子质量非极性蛋白质、脂类等也可作为“客体”形成笼形水合物。笼形水合物“主体”水分子与“客体”非极性分子的相互作用力一般是弱的范德华力。笼形水合物的微结晶域与冰的晶体很相似，具有一定的稳定性。现已证明生物体内天然存在着以生物大分子为“客体”的笼形水合物结构，这很可能对蛋白质等生物大分子的构象、反应性和稳定性产生影响。笼形水合物在海水脱盐、溶液浓缩和防止氧化等方面可能具有很好的潜在应用价值，但目前尚未开发利用。

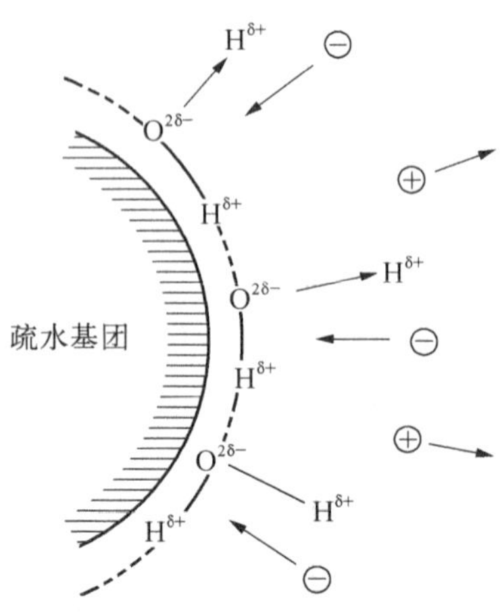

图 2-13　水分子在疏水基团表面的取向

二、食品中水分的存在状态

大多数食品中往往同时含有水与非水物质，是二者的有机混合体系。在此体系中，水分子与非水物质分子之间发生着广泛的作用，从而影响了食品中水的性质。水的性质的改变程度和它与非水物质之间的作用强度密切相关。根据食品中水与非水物质之间相互作用(分子间作用力)强度的大小，可将食品中的水分为自由水和结合水。

1. 自由水 自由水又称为体相水、游离水，是指与非水物质作用强度很低，没有被非水物质束缚的水。这种水的性质与纯水的性质类似，它的蒸气压与纯水接近；分子运动自由且平均运动动能与纯水中的水分子相当；它在食品被冻结时能结冰；当它处于液态时可以溶解溶质；可以被微生物所利用；也可以参与化学反应。食品在干燥时这类水先于结合水被除去，而在食品复水过程中被最后吸入。根据自由水在食品中存在的形式，又可将其分为滞化水、毛细管水和自由流动水。

(1) 滞化水：指被食品组织中的显微和亚显微结构或膜滞留的水。滞化水的微观流动性与纯水相当，但宏观流动性严重受阻。典型的例子是果冻类凝胶食品中被凝胶网络所束缚的水。另外 100 g 新鲜猪肉的含水量约为 70～75 g，其中约有 60～65 g 的水属于滞化水。

(2) 毛细管水：指通过食品中存在的大量微小间隙的毛细管作用力所持留在食品中的水，在生物组织中又称为细胞间隙水。这种水的性质与持留它的毛细管的直径密切相关。当毛细管直径较大时($>0.1\ \mu m$)，其行为类似于滞化水。当毛细管直径足够小时($<0.1\ \mu m$)，这类水的性质更接近于结合水。

(3) 自由流动水：指存在于食品体系中可以宏观自由流动的水。这类水大量存在于液态食品中，如饮料、牛奶。

2. 结合水 又称为束缚水或固定水，是指与非水物质发生着很强的作用而被非水物质牢固束缚的水。这种水的性质与纯水的性质相去甚远，它的蒸气压远低于纯水；分子运动严重受阻；它在食品被冻结时，－40℃都很难结冰；它不具有溶解溶质的能力；它不可以被微生物所利用；也不可以参与化学反应；它的存在不会引起食品败坏。食品在干燥时这类水最后被除去，而在食品复水过程中最先被吸入。根据结合水在食品中存在的形式，又可将其分为化合水、邻近水和多层水。

(1) 化合水：又称为构成水，是指与非水物质结合得非常牢固，实际已成为非水物质固有的一部分的水。这部分结合水在食品水中所占的比例很小。例如，盐的结晶水以及处于蛋白质分子内空隙中的水。该部分水在－40℃不会结冰，分子运动动能基本为零。

(2) 邻近水：指通过水与非水物质间相互作用被紧密结合在离子、离子基团或极性基团表面的第一层水分子，又称为单层水(图 2－14)。这部分水与非水物质之间的结合力主要包括静电相互作用与氢键。其中，与离子或离子基团结合的水是结合最紧密的邻近水。另外，持留在非常小的毛细管(直径$<0.1\ \mu m$)中的水行为与邻近水相似。化合水和邻近水的总量约占食品中总水分的 0.5%左右。该部分水在－40℃不会结冰，分子运动动能非常低。

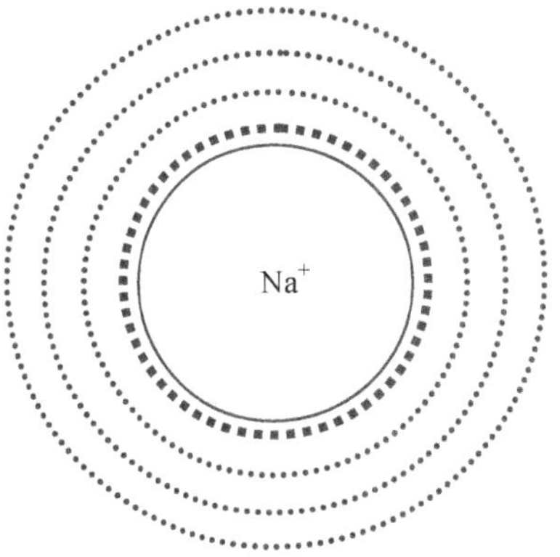

图 2－14 单分子层水(大点)与多分子层水(小点)示意图

(3) 多层水：指紧靠着单分子层水外面的仍然被非水物质牢固束缚的那几层水分子。多层水被结合的程度低于单层水，但仍然被非水组分结合得非常紧密。该部分水约占食品总质量的 5%，大多数在－40℃不会结冰，分子运动动能较低，对食品有一定的润胀作用。

虽然结合水与自由水在物理化学性质上有重大差异，但在食品体系中自由水和结合水之间存在频繁的水分子交换。针对每一个水分子而言，它在结合状态与自由状态之间不断变换。因此上述对食品中水分的划分只是相对的。

第四节 水分活度

食物的腐败变质与其水分之间存在着密切的联系。食品通过干燥、浓缩或脱水等单元操作可大幅度降低食品的含水量，提高溶质的浓度和降低食品腐败的敏感性。但遗憾的是，食品的水分含量与食品的化学、物理、微生物稳定性之间不存在必然联系。某些高水分含量食品(如浓缩果汁)很稳定，而另一些低水分含量食品(如大米)却是不稳定的。也就是说不同种类的食品即使水分含量相同，其腐败变质的难易程度也存在着明显的差异，这说明以含水量作为判断食品稳定性的指标是不完全可靠的。实际上，根据对食品中水分的划分，结合水的多少不会对食品质量产生明显影响，而食品的腐败变质更多与自由水相关。为表达食品中水分状态与食品安全性的关系，引入了水分活度(water activity，a_w)这一概念。

一、水分活度的定义

水分活度(a_w)是指食品中的水分被微生物可利用的程度，可用食品中水的蒸气压与相同温度下纯水的饱和蒸气压的比值表示，具体如下式所示。

$$a_w = \frac{p}{p_0} = \frac{ERH}{100} \tag{2-1}$$

式中，p为某种食品在密闭容器中达到平衡状态时的水蒸气分压；p_0为在相同温度下纯水的饱和蒸气压；ERH(equilibrium relative humidity)为达到平衡后食品样品周围空气的平衡相对湿度。通过测定p和p_0项，就可以定量描述食品的水分活度。一般说来，由于食品中水与非水物质的相互作用，食品中水的蒸气压通常低于纯水的蒸气压，所以食品的a_w值总在0～1之间。

二、水分活度与温度的关系

由于水蒸气的压力(p和p_0)与温度密切相关，因此可以推理水分活度是温度的函数。这也意味着在讨论食品水分活度时必须明确食品的温度。经修改的克劳修斯-克拉贝龙(Clausius-Clapeyron)方程精确地描述了a_w值与绝对温度的关系：

$$\frac{\mathrm{d}\ln a_w}{\mathrm{d}(1/T)} = \frac{-\Delta H}{R} \tag{2-2}$$

式中，T为绝对温度；R为气体常数；ΔH为样品中水分的等量净吸着热(此处的ΔH可用纯水的汽化热表示，其值为40 537.2 J/mol)。式(2-2)经过整理，可得到线性方程：

$$\ln a_w = -\frac{\Delta H}{R}\left(\frac{1}{T}\right) \tag{2-3}$$

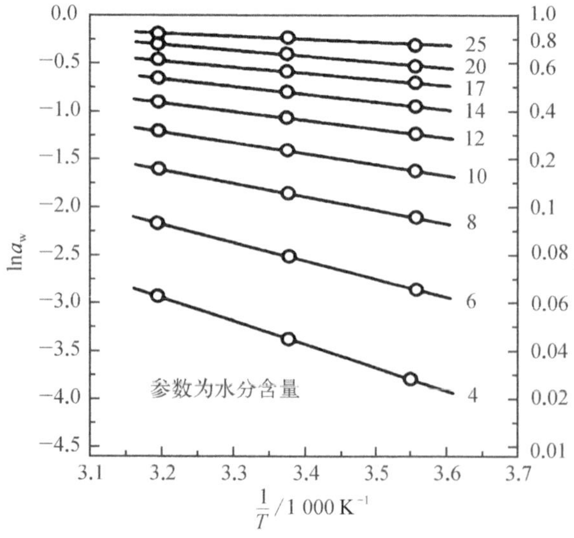

图2-15 马铃薯淀粉的水分活度与温度关系图
(每条直线右侧所标数字为食品的水分含量/%)

根据上述方程，对于一个特定的食品(即有固定的水分含量)，以$\ln a_w$对$1/T$作图为一条直线。图2-15表示不同水分含量的天然马铃薯淀粉的a_w与温度之间的关系图。根据$\ln a_w$对$1/T$的负相关关系可以得出在一定温度范围内，特定食品的水分活度随其温度的升高而升高。通过对比不同直线可以发现食品的水分含量越低，温度变化对其水分活度的影响越剧烈，这反映在直线斜率的差异上。一般说来，食品的温度每变化10℃，其a_w变化值约为0.03～0.2。以上现象表明当食品在有明显温度差异的环境中转运时，要密切关注温度变化对食品水分活度的影响以及由此带来的食品稳定性及安全性的变化。尤其对那些水分含量较低的食品更应特别注意。

当食品被冻结时，其水分在食品中集聚而形成冰晶，食品其他部分被浓缩。这时整个食品体系的水蒸气分压完全由冰晶控制，也就是在冻结条件下食品的水蒸气分压(p)与同温度纯水(冰)的蒸气压分压(p_0)相同，这就意味着所有冻结食品的水分活度都为 1。这反映冷冻食品的安全性与温度无关且水分活度对冷冻食品没有意义。但实际生产表明，对同一冷冻食品而言，冻藏温度越低其安全性越高。因此，必须对冷冻食品的水分活度重新审视。为体现水分活度在冷冻食品中的意义，对冷冻食品的水分活度重新定义并对水分活度的表达式进行如下修正：

$$a_w = \frac{p_{(ff)}}{p_{0(scw)}} = \frac{p_{0(ice)}}{p_{0(scw)}} \tag{2-4}$$

式中，$p_{(ff)}$ 为食品中水的蒸气压分压；$p_{0(scw)}$ 为过冷的纯水的蒸气压；$p_{0(ice)}$ 为纯冰的蒸气压。对于冷冻食品，其水分活度是同温度下冰的蒸气压分压与过冷水的蒸气压分压之比。这样一来，冷冻食品的水分活度也直接与温度相关，并位于 0～1 之间。

由于在冰点上下(冻结前后)食品水分活度的定义与表达式不同，这就导致冰点上下食品的水分活度的内涵也有重大差异，主要表现在以下 3 个方面：① 在冰点以上温度，食品的 a_w 是其组成和温度的共同函数，并主要受食品组成的控制；而在冰点以下温度，食品的 a_w 不再受食品中非水组分种类和数量的影响而只与温度有关。② 在冰点以上和以下温度时，具有相同 a_w 的食品其稳定性是截然不同的。例如，A 食品冻藏在 −15℃，其 a_w 为 0.86；B 食品常温贮藏在 20℃，其 a_w 同样为 0.86 时，可以肯定的是 A 食品中微生物生长速度、化学反应进行的速率都明显低于 B 食品，也就是说 A 食品明显比 B 食品稳定且具有更高的安全性。③ 不能用冰点以上食品的水分活度数据预测冰点以下食物的水分活度，同样也不能用冰点以下食品的水分活度数据预测冰点以上食物的水分活度。在实际生产中，由于食品会在不同温度环境中进行转运或贮存，因此，需要适时计算食品在特定温度下的水分活度进而判断其稳定性。常用的方法是基于 $\ln a_w$ 对 $1/T$ 的线性关系，在已知两个不同温度(T_1 和 T_2)下食品水分活度(a_{w1} 和 a_{w2})数据，进而根据线性关系计算在另外一个温度(T_3)下食品的水分活度(a_{w3})。但必须指出的是，$\ln a_w$-$1/T$ 图并非在所有温度范围内都是一条直线。实际情况是，食品的 $\ln a_w$-$1/T$ 关系在冰点上下分别遵循不同的规律，具体表现为两条斜率不同的直线(图 2-16)。通常 $\ln a_w$-$1/T$ 在所有温度范围内都呈负相关，但在冰点以下 $\ln a_w$ 随 $1/T$ 变化的速率明显高于冰点以上。其本质原因在用于描述食品水分活度与温度关系的克劳修斯-克拉贝龙(Clausius-Clapeyron)方程中 ΔH 参数的内涵在冰点上下迥异。在冰点以上 ΔH 为水的汽化潜热(40 537 J/mol)，而在冰点以下 ΔH 为水的升华潜热(50 910 J/mol)。这也表明，对于同一食品，温度变化对其冻结状态的水分活度的影响更加剧烈。这就要求冷冻食品在冻藏或贮运过程中要严格保持温度恒定，严禁温度大幅度向高温方向波动。

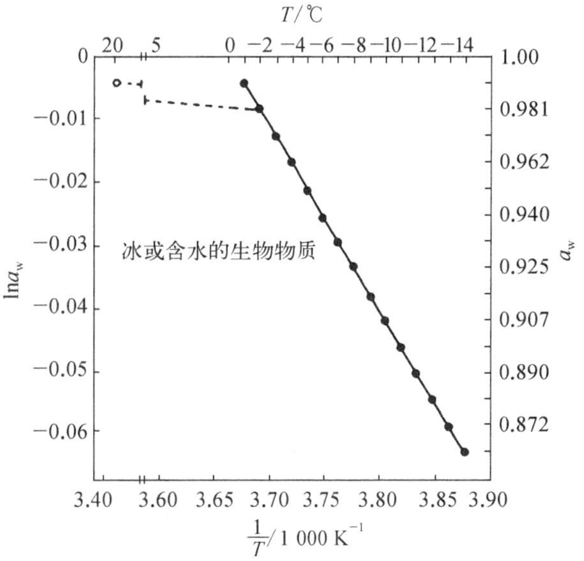

图 2-16　冰点上下食品水分活度与温度的关系图

第五节　水分吸附等温线

一、水分吸附等温线的定义和区间划分

虽然食品的水分活度比水分含量更能表征食品的稳定性，但食品的水分含量比水分活度更容易测量和被感官直接估计。因此认识食品水分含量与水分活度的关系对实际生产应用有重要意义。

描述食品水分含量与水分活度关系的曲线称为食品的水分吸附等温线(moisture sorption isotherm, MSI)，即在恒温条件下，以食品水分含量为纵坐标，以水分活度为横坐标绘制而成的曲线。图 2-17 是食品水分吸附等温线的示意图，显示食品在极低水分含量到极高水分含量区间内水分含量与水分活度的关系。从图中可以明显看出，当食品水分含量从 0％变化到 5％，水分活度相应地从 0 变化到了约 0.9，而此后约 95％的水分含量变化只引起了水分活度 10％的变化。因此，在水分吸附等温线中，对实际生产更具有指导价值的是低水分含量范围内的吸附等温线。图 2－18 是食品低水分含量区间吸附等温线的放大图。

通过把水加到各种干燥食品样品中，并不断测定 a_w，就可得到一些食品的 MSI 图（图 2－19）。常见食品的水分吸附等温线呈 S 形，而含有大量单糖、低聚糖的糖果制品或含有大量可溶性小分子的咖啡提取物以及多聚物含量不高的食品，其水分吸附等温线形状为 J 形。食品的水分吸附等温线的形状和位置与试样的组成（包括溶质的相对分子质量分布和亲水/疏水特性）、物理结构（如结晶或无定形）、预处理、温度和绘图方式等因素相关。

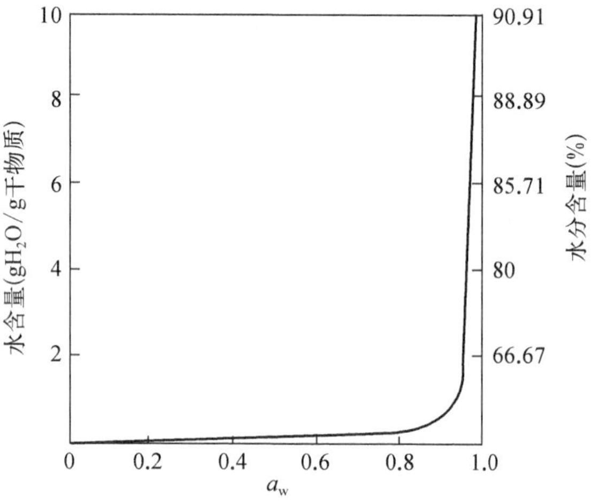

图 2－17 全水分含量范围内的食品水分吸附等温线示意图

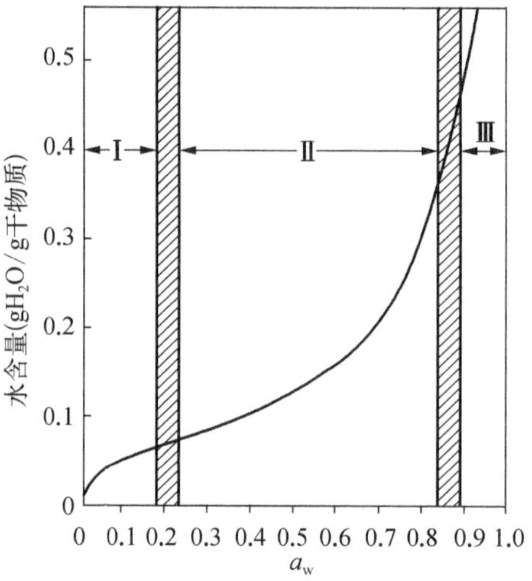

图 2－18 低水分含量范围食品的水分吸附等温线（20℃）

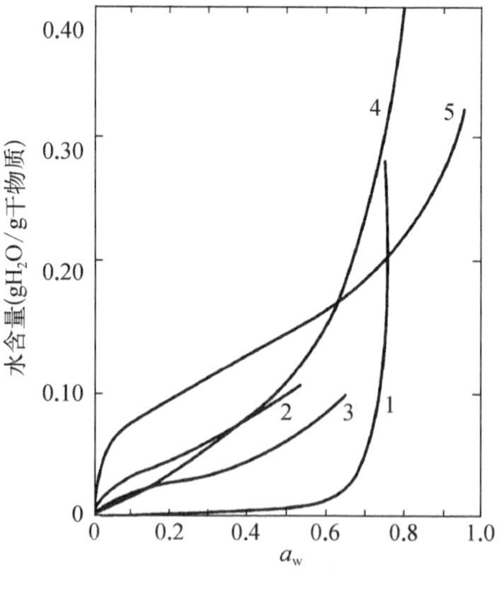

图 2－19 食品和生物材料的回吸等温线

1. 糖果（主要成分为粉末状蔗糖，40℃）；2. 喷雾干燥菊苣根提取物（20℃）；3. 焙烤后的咖啡（20℃）；4. 猪胰脏提取物粉末（20℃）；5. 天然稻米淀粉（20℃）

为了深入理解水分吸附等温线的含义和实际应用，将曲线分成 3 个区间（图 2－18 和表 2－3），因回吸作用而被重新结合的水从区间Ⅰ（干燥的）向区间Ⅲ（高水分）移动时，水的物理性质发生变化。下面分别叙述每个区间水的主要特性。

表 2-3 吸附等温线上不同区的水分特性

区	Ⅰ区	Ⅱ区	Ⅲ区
a_w	0～0.25	0.25～0.85	>0.85
水含量(gH_2O/g 干物质)	0～0.07	0.07～0.40	>0.40
冻结能力	不能冻结	不能冻结	可冻结
溶剂能力	无	轻微-适度	可冻结
水分状态	单分子水层吸附 化学吸附结合水	多分子水层凝聚 物理吸附	毛细管水或自由流动水
微生物利用	不能利用	轻度可利用	可利用

Ⅰ区：为化合水和邻近水区。该区间的水是食品中被吸附得最牢固、分子动能最低的水。这部分水靠很强的静电相互作用或偶极-偶极相互作用吸附在离子基团或极性基团表面，其蒸发焓比纯水大得多。在－40℃时不结冰，不能溶解溶质，对食品的固形物不会产生增塑效应。可以将此部分水近似地看做是食品固体的一部分。理论上，这一部分水在绝干食品回潮时最先被吸入。在此区间，食品的 a_w 较低，一般在 0～0.25 之间，食品的水含量一般为 0～0.07 gH_2O/g 干物质。由于食品中化合水的实际含量可以忽略不计，因此，在区间Ⅰ高水含量末端(区间Ⅰ和区间Ⅱ的分界线)所对应的水分含量可以近似看做是食品的"单分子层"水含量，即食品中非水物质可接近的强极性基团表面刚好被水分子完全占据所需要的水含量。

Ⅱ区：为多层水区。食品干燥时在这个区间排出的水分或食品复水时在这个区间吸入的水分通过与非水物质的相互作用占据离子基团或极性基团紧靠单分子层水外围的几层水分子，它们靠较强的静电相互作用或偶极-偶极相互作用被束缚在离子基团或极性基团的邻近区域。该部分水也包括直径小于 0.1 μm 的毛细管中所持留的水。此区间的水大部分在－40℃时不能结冰，但当食品中水分含量达到该区间的最高值时，将引起非水物质轻度溶解，促使干燥食品出现轻微的润胀，水分产生增塑作用。这部分水在一定程度上能提升食品体系中的物质扩散速率，因此食品中的化学反应有加强的趋势。该区间食品的 a_w 一般在 0.25～0.85，食品的水含量一般为 0.07～0.40 gH_2O/g 干物质。在以亲水性物质为主要非水物质的高含水量食品体系中，水分吸附等温线区间Ⅰ和区间Ⅱ水的总量一般不超过食品体系总水量的 5%。

Ⅲ区：为自由水区。该区间的水分主要为自由水，该部分水分含量的变化范围可能很大，但它对食品水分活度的影响却十分有限。该区间食品的 a_w 在 0.85～0.99 之间，食品的水含量大于 0.40 gH_2O/g 干物质。该区间对应的水是食品中与非水物质结合最不牢固、分子动能最大的水，也称为体相水。其蒸发焓基本上与纯水相同，既可以结冰，也可以作为溶剂，并且还有利于化学反应的进行和微生物的生长。区间Ⅲ的体相水不论是截留的还是宏观游离的，在高水分含量的食品中一般占总含水量的 95%以上。

必须指出的是，水分吸附等温线划分为 3 个区间是人为的，只是为了便于理解。实际上在真实的食品体系中，不可能绝对地将化合水、邻近水、多层水、自由水区分开来。因为除化合水外，构成食品中的其他类型的水的水分子在这些类型之间发生着频繁的交换。换句话说，对于一个特定的水分子而言，它可以在图 2-18 划分的三个区间之间不停变换，因此不能准确地确定区间的分界线。而且除化合水外，水分吸附等温线每一个区间内和区间与区间之间的水都能发生交换。

通过以上论述，可以很好地理解食品加工的某些现象：① 食品在浓缩和干燥过程中脱水的难易程度取决于食品中非水物质对水分子的束缚力大小，这同时也决定了在特定温度下食品的平衡相对湿度；② 通过控制不同食品配料对水的结合能力，就可以有效防止在配料过程中水分在不同配料之间的转移；③ 通过改变包装材料对水分子的结合能力，就可以有效控制食品包装的阻湿性；④ 提高食品中非水物质对水的结合力或降低自由水的含量能达到抑制微生物生长的目的；⑤ 降低食品中水分子的平均运动动能能抑制食品中不利化学反应的进行。

二、水分吸附等温线方程

1. 常见的水分吸附等温线方程 与食品水分含量的测定相比，食品水分活度的测定以及食品水分吸附等温线的绘制是一个比较繁琐的过程。如果能够用数学方法定量描述某种食品中水分含量与水分活度之间的关系(数学模型)将十分有用,它可以用于已知水分含量食品的水分活度的计算和预测。但是由于各种食品的化学组成不同以及各成分的水结合能力不同,虽然在过去研究者已经推出几十个数学模型,目前还没有一种模型能够完全准确地描述各种不同食品的水分吸附等温线。下面介绍一些常见的数学模型。

(1) *改进的 Halsey 方程*:在已经确定出的数学模型中,改进的 Halsey 方程是一个较简单、直观的模型,它只涉及 3 个参数,就将温度、水分含量与水分活度这 3 个重要的变量联系在一起。改进的 Halsey 模型的数学形式为:

$$\ln(a_w) = -m^{-A}\exp(C+BT) \tag{2-5}$$

式中,A、B、C 为常数,m、T 分别为食品水分含量和温度。

(2) BET(Brunauer, Emmett & Teller)*方程*:人们熟知的 BET 方程也是一个常用的经典方程,它具有如下的形式:

$$\frac{a_w}{(1-a_w)m} = \frac{1}{m_1 - 1} + \frac{a_w(C-1)}{m_1 C} \tag{2-6}$$

式中,m 为食品水分含量,m_1 为单分子层水分含量,C 为常数。

(3) Iglesias *方程*:Iglesias 等提出一个三参数模型描述一些食品的水分吸附等温线:

$$a_w = \exp\left[-C\left(\frac{m}{m_1}\right)^r\right] \tag{2-7}$$

式中,m 为食品水分含量,m_1 为单分子层水分含量,C、r 为常数。

(4) GAB(Guggenheim-Anderson-de Boer)*方程*:在 1983 年后 GAB 方程被确认为是描述水分吸附等温线的最好模型,该方程具有如下形式:

$$m = \frac{Ckm_1 a_w}{(1-ka_w)(1-ka_w+Cka_w)} \tag{2-8}$$

式中,m 为食品水分含量,m_1 为单分子层水分含量,C、k 为常数。

由于食品的组成不同,各成分对水的作用情况不一样,不是所有食品的水分吸附等温线均可以用一个方程进行定量描述。一些食品的水分吸附等温线数据见表 2-4。

表 2-4 一些食品的水分吸附等温线数据

食品	方程	温度/℃	m_1/(gH_2O/100 g 干物质)	r 或 k	C
玉米	Iglesias	30	7.30	2.57	1.80
		50	6.89	2.12	1.59
		60	5.11	2.22	1.74
脱脂奶粉	GAB	25~27	4.25	0.93	56.70
酸奶粉	GAB	20	5.25	0.99	44.74
苹果(真空干燥)	GAB	30	7.75	1.13	9.31
玉米粉	GAB	25~27	7.40	0.79	118.30

2. 单分子层水含量 在解吸过程中,最初出现最低反应速率的水分含量相当于"BET 单分子层"水分含量。用食品的 BET 单分子层水含量可以准确地预测干燥产品最大稳定性时的含水量,因此它具有很大的实用意义。利用水分吸附等温线数据,按 BET 方程可以计算出食品的单分子层水值。

根据 BET 方程,显然以 $a_w/[m(1-a_w)]$ 对 a_w 作图应得到一条直线,称为 BET 直线。图 2-20 为马铃薯淀粉的 BET 图。该直线的截距为 $\frac{1}{m_1 C}$,而斜率为 $\frac{C-1}{m_1 C}$ 因此直线的斜率与截距之和 $\frac{1}{m_1 C}+\frac{C-1}{m_1 C}=1/m_1$ 便为食品单分子层水含量的倒数,这样就可通过作图的方式便捷地计算出食品的单分子层水含量(m_1)。但研究发现在 a_w 值大于 0.35 时,线性关系开始出现偏差。如图2-20 所示。该食品 BET 直线的截距为 0.6，斜率为 10.7，则该食品的单分子层水含量为 1/(0.6+10.7)=0.88 gH_2O/g 干物质。

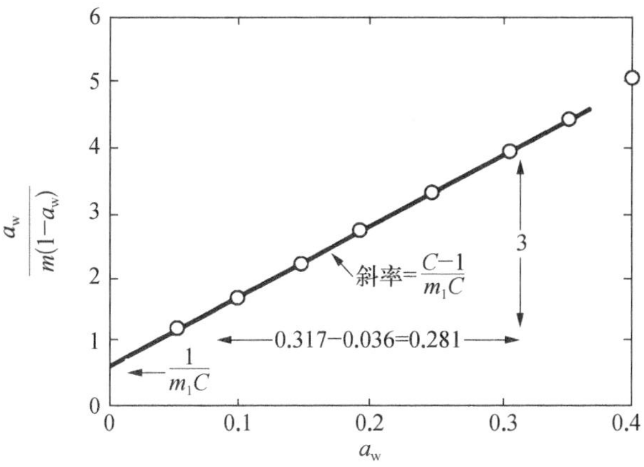

图 2-20 马铃薯淀粉的 BET 图（回吸温度为 20℃）

三、水分吸附等温线与温度的关系

食品的水分吸附等温线是指特定温度下食品的水分含量与水分活度的关系曲线。由此定义可知，食品的水分吸附等温线与食品的温度密切相关。另外，从前面的论述可知食品的水分活度与温度有关，而水分吸附等温线是描述的是食品的水分含量与水分活度的关系，因此也不难理解水分吸附等温线也与温度有关。温度对食品水分吸附等温线的影响可简单理解为同一食品在不同温度下具有不同的水分吸附等温线。图 2-21 是不同温度下马铃薯片的水分吸附等温线。不同温度下马铃薯片的水分吸附等温线互不重合，说明温度对水分吸附等温线有显著影响。图 2-21 表明，食品的水含量一定时，其水分活度随温度的上升而增大；而当食品的温度保持不变时，水分活度随水含量的升高而增大。就水分对食品稳定性的影响而言，对特定食品来说（水含量一定），贮藏温度越低越稳定；而贮藏温度的提升会明显加速特定食品的败坏速度。为使一个食品在高温贮藏时能保持与低温一样的稳定性，就必须降低其水含量。

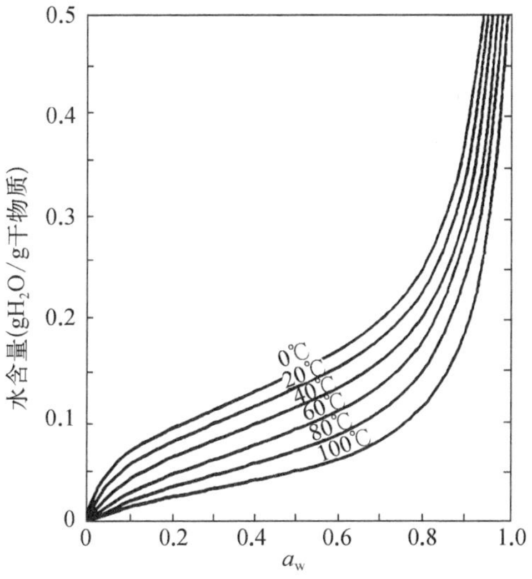

图 2-21 马铃薯片在不同温度下的水分吸附等温线

四、滞后现象

按照原理，可以通过两种方式绘制食品的水分吸附等温线。一种是将充分加湿的食品不断干燥获得不同含水量的样品后，测定其水分活度，进而利用所获数据绘制。习惯上将这种方式获得的等温线称为水分解吸等温线。另一种是使充分干燥的食品不断用水润湿或稀释加水获得不同含水量的样品后，测定其水分活度，进而利用所获数据绘制。习惯上将这种方式获得的等温线称为水分回吸等温线。结果发现，同一种食品通过这两种方法得到的两条等温线之间不重叠。将同一食品的回吸等温线与解吸等温线不重叠的现象称为滞后现象（hysteresis），如图 2-22 所示。由图 2-22 可知，在滞后区域，为保持相同的 a_w，复水食品的含水量要明显低于新鲜食品。换句话说，含有相同含水量的新鲜食品与复水食品相比，复水食品中水分的自由程度更高、a_w 更大、稳定性更差。在生产中，一般将水分吸附等温线用于干制食品复水研究，而解吸等温线用于新鲜食品干制研究。而由复水获得的产品（如涨发产品）必须保持更低的水分含量才能与同类新鲜食品具有近似的稳定性。滞后作用的大小、滞后环（hysteresis loop）的形状、滞后发生的起点和终点取决于食品的性质、食品干燥或复水时发生的物理变化以及温度等多种因素。滞后现象越严重，干燥食品复水后与新鲜食品的外观与质地差距越大。

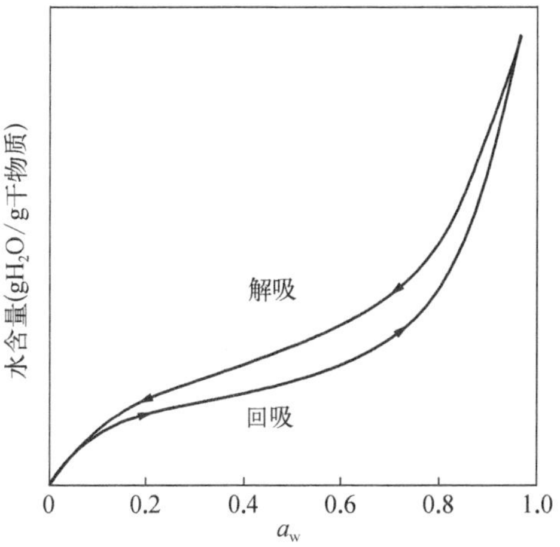

图 2-22 吸附等温线的滞后现象

良好干燥技术的核心目标是尽可能降低食品的滞后现象，使干制后的产品具有很好的复原性。滞后现象的程度是衡量食品干制技术优劣的重要指标。对高糖-高果胶食品，如空气干燥的苹果

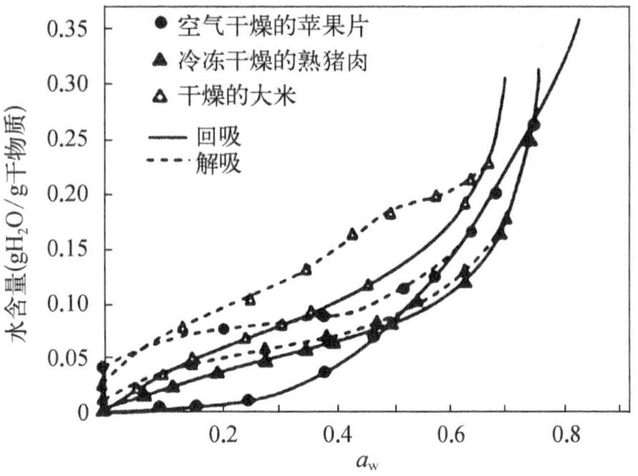

图 2-23 不同食品的 MSI 滞后现象示意图

片，滞后现象主要出现在单分子层水区域，a_w 超过 0.65 时就不存在滞后现象(图 2-23)。对于高蛋白质食品，如冷冻干燥的熟猪肉，滞后现象在 0～0.85 的水分活度范围内持续存在，但滞后程度很轻。对于高淀粉食品，如干燥的大米，当水分活度在 0.70～0.80 时，滞后现象最严重。令人遗憾的是，迄今人类仍没有找到能使干制品各项性能完全复原的干燥技术或方法。

据推测，滞后现象产生的主要机理如下：

1) 在新鲜食品中，离子基团或极性基团几乎为水所饱和，使食品含有较高的结合水量。但食品在干制时，这些被离子基团或极性基团束缚的水被部分或完全除去，再加上干制时食品的皱缩效应，原来在空间上被水分子层隔离的离子基团或极性基团通过静电引力或氢键等作用力集聚。而当干制食品在复水时，只有完全打破在干制过程中形成的离子基团或极性基团的相互作用并有充足的水分使这些重新解离后的基团为水所饱和，食品才能回复原状。但事实上完全打破在干制过程中形成的离子基团或极性基团的相互作用是一件非常困难的事情。因此，在相同含水量下，回吸食品中水与非水物质之间的作用力明显低于新鲜食品，这使回吸食品比新鲜食品具有更高的水分活度。

2) 新鲜的或天然的高含水量食品中存在着大量的微小间隙，并通过毛细管作用在其中充盈了水分。在食品干制时，这些间隙中的水分被排出，间隙随食品皱缩而减小。一方面缩小的间隙在复水时的持水量与新鲜食品相比大为降低；另一方面要通过毛细管作用使这些间隙重新被水所充盈，需要很长的时间。

3) 某些亲水性食品大分子在食品干制过程中可能发生不可逆变性或形态转化(如从无定型转变为结晶)，从而使其在食品复水时的持水能力减弱。

五、食品脱水过程中的水分组成变化

食品加工过程中，通过干燥、浓缩、冷冻等脱水方式去除食品中的部分自由水分，降低产品的水分活度，对于保持食品的品质、减慢或阻止食品中的不利化学反应和腐败微生物的活动、延长食品的贮藏期意义重大。此外，去除食品中的部分水分也可以减小食品的重量和体积，降低食品包装、运输和贮藏的成本。食品脱水过程中，其水分变化大致经历以下三个阶段。

第一阶段：食品的水分活度在 0.85～0.99 之间，脱水作用对应的水是食品中与非水物质结合最不牢固的体相水。由于体相水的蒸发焓基本上与纯水相同，食品脱水的开始阶段，蒸发作用能产生很大的饱和湿度差。此外，处于截留或游离状态的自由水具有最大分子动能，因而此阶段食品中的水分蒸发速率迅速，蒸发量大，脱水效果明显。

第二阶段：食品的水分活度在 0.25～0.80 之间，脱水作用的主要对象为食品中的多层水，与非水组分结合紧密，不易发生水分的转移，其产生的饱和湿度差降低。在温度一定的情况下，食品干燥时在这个区间排出的水分通过与非水物质的相互作用占据离子基团或极性基团紧靠单分子层水外围的几层水分子，因此脱水速率降低。

第三阶段：食品的水分活度在 0～0.25 之间，此阶段的水是食品中被吸附得最牢固、分子动能最低的水，这部分水靠很强的静电相互作用或偶极-偶极相互作用吸附在离子基团或极性基团表面，属于最不易发生转移的化合水和邻近水。因此，在持续脱水的过程中，温度一定时，随着水分活度的不断减小，脱水速率不断降低。此外，由于结合水的蒸气压比体相水低得多，所以在一定的温度(100℃)下，结合水不能从食品中解离出来。

提高温度能显著提升食品的干制速度，究其原因主要包括两个方面：① 温度的提升使食品中原来的结合水转化为自由水(同一食品温度越高水分活度越大即说明食品在高温下拥有更多的自由水)，使食品中的水分发生状态改变而易于被蒸发；② 温度的提升大幅度提升了自由水的蒸发速度，从而提升了干制速度。

第六节 水分活度与食品稳定性的关系

食品的稳定性与水分活度之间有着密切的联系。总体趋势是，水分活度越小，反应速度越低，食品越稳定。

一、食品 a_w 与微生物生长的关系

水是微生物生长繁殖所必需的物质。在完全缺水的情况下，微生物的生长就会停滞甚至死亡。能够被微生物利用促进其生长繁殖的水分称为微生物可利用水分，实际上主要指食品中的自由水。因此，可通过控制食品中水分含量或水分的状态来实现对目标微生物生长繁殖的控制。由水与微生物生长繁殖的关系可知，食品中各种微生物的生长繁殖依赖于食品的水分活度而不是水分含量。但同时必须指出，不同的微生物对水的需要程度不一样。一些耐渗透压的微生物往往在很低的水分活度条件下都能正常生长繁殖。一般来说，细菌对低水分活度最敏感，酵母菌次之，霉菌敏感性最差。可以这样理解，每种微生物要正常生长繁殖，水分活度都需要高于某一数值，习惯上把这个数值称为微生物的临界水分活度。在临界水分活度之内，微生物的活动程度非常低；高于临界水分活度，水分活度的增加会大幅度提升微生物的活动程度。图 2-24 表明，在低于某一水分活度时（a_w＜0.90），金黄色葡萄球菌（*S. aureus*）的生长受到抑制；水分活度高于此值（a_w＞0.90），则水分活度越高，其在培根中的生长繁殖越快。

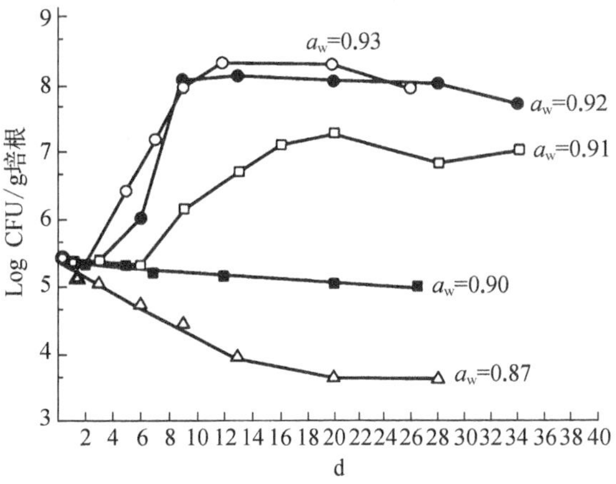

图 2-24 不同水分活度下金黄色葡萄球菌在培根中的生长曲线（20℃）

表 2-5 各种常见腐败微生物的适宜水分活度范围及其污染的对象食品

a_w范围	主要食品腐败微生物	主要污染的食品
1.00～0.95	假单胞菌属、埃希氏杆菌属、变形杆菌属、志贺氏杆菌属、芽孢杆菌属、克雷伯氏菌属、梭菌属、产荚膜杆菌、个别酵母菌	极易腐败的新鲜食品、水果、蔬菜、鱼、肉和乳制品、罐头、熟香肠和面包、含约 10％的蔗糖或 7％ NaCl 的食品
0.95～0.91	沙门氏菌属、副溶血性弧菌、肉毒杆菌、沙雷氏菌属、乳杆菌属、足球菌属、个别霉菌、酵母（红酵母属、毕赤酵母属）	奶酪、咸肉和火腿、某些浓缩果汁、含 55％的蔗糖或 12％ NaCl 的食品
0.91～0.87	许多酵母菌（假丝酵母、汉逊氏酵母属、球拟酵母属）、微球菌属	发酵香肠、蛋糕、干奶酪、人造黄油、含 65％的蔗糖或 15％ NaCl 的食品
0.87～0.80	大多数霉菌（产生毒素的青霉菌）、金黄色葡萄球菌、德巴利氏酵母	大多数果汁浓缩物、甜冻乳、巧克力糖、枫糖浆、果汁糖浆、面粉、大米、含 15％～17％水分的豆类、水果糕点、火腿、软糖
0.80～0.75	大多数嗜盐杆菌、产霉菌毒素的曲霉菌	果酱、马茉兰、橘子果酱、杏仁软糖、果汁软糖
0.75～0.65	嗜干性霉菌、双孢子酵母	含 10％水分的燕麦片、牛轧糖块、曲奇糖（一种软质奶糖）、棉花糖、糖蜜、某些干果、坚果、蔗糖
0.65～0.60	嗜高渗酵母、个别霉菌（二孢红曲霉，*Aspergillus echinulatus Monascusbiporus*）	含水 15％～20％的干果、某些太妃糖和焦糖、蜂蜜
0.50	微生物不繁殖	水分含量约 12％的面条和水分含量约 10％的调味品
0.40	微生物不繁殖	水分含量约 5％的全蛋粉
0.30	微生物不繁殖	水分含量为 3％～5％的甜饼、脆点心和面包屑
0.20	微生物不繁殖	水分含量为 2％～3％的全脂奶粉、水分含量 5％的脱水蔬菜、水分含量约 5％的玉米花、脆点心、烤饼

表 2-5 列出了各种常见腐败微生物适宜的水分活度范围以及它们主要污染的食品种类。由表可知，当食品的 $a_w \geq 0.91$ 时，细菌是引起食品败坏的主要微生物。当食品的 $a_w < 0.91$ 时，大多数细菌生长受到抑制。而食品的 a_w 在 0.90～0.50 时，食品的腐败主要由酵母菌和霉菌所引起，其中 $a_w < 0.80$ 的蜂蜜、糖浆和浓缩果汁的腐败主要由酵母菌引起。当食品的 $a_w < 0.50$ 时，几乎所有的微生物都不能生长繁殖。

处于不同生长阶段或不同种属、不同形态的微生物正常生长繁殖所需要的适宜水分活度范围有所差异（表 2-6）。一般细菌形成芽孢时所需水分活度比生长时要高。例如魏氏芽孢杆菌繁殖生长时的临界 a_w 值为 0.96，而芽孢形成时的临界 a_w 值为 0.97。霉菌发芽的临界 a_w 值低于孢子发芽后菌丝生长所需的 a_w。例如灰绿曲霉发芽时的临界 a_w 为 0.73～0.75，而菌丝生长所需的临界 a_w 则在 0.85 以上，适宜的 a_w 必须在 0.93～0.97。有些微生物在繁殖中还会产生毒素，所需的临界 a_w 值高于生长所需的临界 a_w 值，如 A 型肉毒杆菌生长所需的临界 a_w 值为 0.93～0.95，而产生毒素时要求的临界 a_w 是 0.94～0.95。

表 2-6 与食品安全相关的微生物生长及产生毒素的临界水分活度

微生物	生长临界 a_w	产毒临界 a_w
嗜水气单胞菌（*Aeromonas hydrophila*）	0.97	—
蜡样芽孢杆菌（*Bacillus cereus*）	0.93～0.95	—
空肠弯曲菌（*Campylobacter jejuni*）	0.98	—
肉毒梭菌（*Clostridium botulinum*）A 型	0.93～0.95	0.94～0.95
B 型	0.93～0.94	0.94
E 型	0.95～0.97	0.97
产气荚膜梭菌（*Clostridium perfringens*）	0.93～0.95	—
大肠杆菌（*Eschericia coli*）	0.95	—
单核球增多性李斯特菌（*Listeria monocytogenes*）	0.92～0.94	—
沙门氏菌属（*Salmonella* spp.）	0.92～0.95	—
金黄色葡萄球菌（*Staphylococcus aureus*）	0.86	0.87～0.90（葡萄球菌肠毒素 A）
副溶血弧菌（*Vibrio parahaemoliticus*）	0.94	—
棒曲霉（*Aspergillus clavatus*）	0.85	0.99（棒曲霉素）
黄曲霉（*Aspergillus flavus*）	0.78～0.80	0.83～0.87
赭曲霉（*Aspergillus ochraceus*）	0.77～0.83 0.76～0.81	0.83～0.87（赭曲霉毒素） 0.80～0.88（青霉素酸）
寄生曲霉（*Aspergillus parasiticus*）	0.82	0.87（黄曲霉毒素）
丝衣霉（*Byssochlamys nivea*）	0.84	—
圆弧青霉（*Penicillium cyclopium*）	0.82～0.87 0.81～0.85	0.97（青霉素酸） 0.87～0.90（赭曲霉毒素）
扩展青霉（*Penicillium expansum*）	0.83～0.85	0.99（棒曲霉素）
岛青霉（*Penicillium islandicum*）	0.83	—
马顿青霉（*Penicillium martensii*）	0.79～0.83	0.99（青霉素酸）
展青霉（*Penicillium patulum*）	0.81～0.85	0.85～0.95（棒曲霉素）
黑色葡萄状穗霉（*Stachybotrys atra*）	0.94	0.94
粉红单端胞霉（*Trichothecium roseum*）	0.90	—

图 2-25 给出了 A 型肉毒杆菌在不同水分活度下在奶酪中的生长与产毒情况。由图可以看出，A 型肉毒杆菌在高水分活度（0.972 和 0.965）下培养时，生长速率很快，且易产毒。而在稍低水分活度（0.949）下培养，则未发现 A 型肉毒杆菌产毒。

图 2-26 显示了水分活度与食品中微生物生长情况之间的关系，由图可以得出如下结论：① 当食品的水分活度低至某一程度时，可实现对其中所有微生物生长繁殖的有效控制，这个水分活度值一般是该食品中耐渗透压能力最强的微生物的临界水分活度。② 随着食品水分活度的不断提升，可在食品中生长繁殖的微生物种类越来越多。③ 对于特定的微生物来说，在高于其临界水分活度的一定范围内，水分活度的增加能大幅度提升微生物的活动程度。

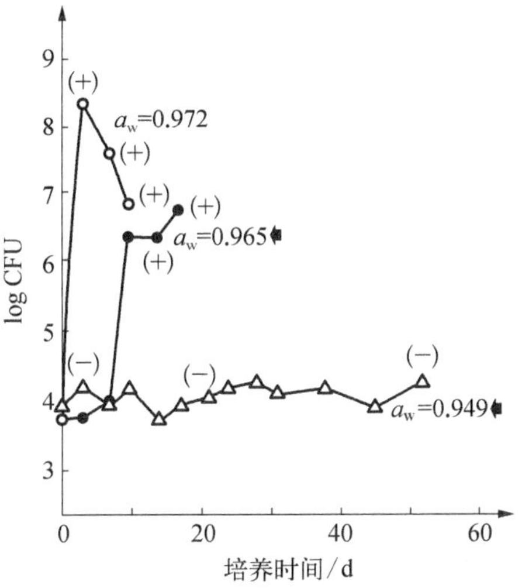

图 2-25　水分活度对 A 型肉毒杆菌在奶酪中生长和产毒的影响（培养温度 30℃）
（图中"+"表示检测到毒素，"−"表示未检测到毒素）

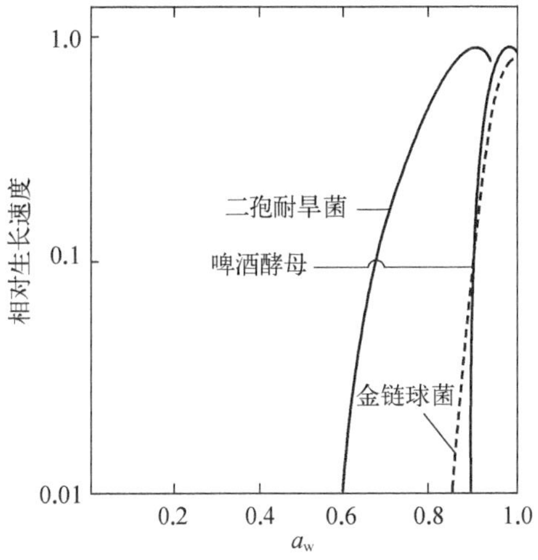

图 2-26　水分活度与食品中微生物生长情况之间的关系

二、食品 a_w 与酶促反应的关系

酶促反应是生鲜食品中常见的影响其质量的化学反应，主要包括酶促褐变、酶促水解、酶促氧化等。酶促褐变是由酶的催化引起食品颜色变化的反应，常发生在一些浅色水果、蔬菜中。酶促褐变的发生不仅影响产品的色泽、风味，还直接影响到食品的营养价值。通过改变酶的作用条件，降低酶的活性，可以有效抑制酶促褐变的进行。酶的活性与分子构象关系密切，只有在适宜的水分活度时，酶蛋白才能维持其发挥催化活性的分子构象，表现出它的催化活性。同时，降低水分活度可使酶促褐变的底物难以移动，降低了底物与酶的接触机会。因而，控制水分活度就能有效地减慢或抑制酶促褐变的进行。由此可见，水分活度对酶促反应的影响是两方面的综合：一方面影响酶促反应的底物的可移动性；另一方面影响酶的活性构象。在 a_w<0.85 时，导致食品原料变质的大多数酶活性大幅度降低，如淀粉酶、多酚氧化酶、过氧化物酶等。a_w值在0.25～0.30 之间，能有效地减慢或阻止酶促褐变的进行。如水分活度为 0.45 的干燥苹果、甘蓝、马铃薯等，在常温下贮藏 2～3 个月，就会由于酶促反应而褐变、发黑，而将其水分活度降低至 0.25～0.30 时，其褐变速率得到极大地抑制。但也有一些例外，如酯酶在水分活度为 0.3 甚至 0.1 时也能引起甘油三酯或甘油二酯水解。图 2-27 是水分活度对马铃薯多酚氧化酶引起儿茶酚褐变的影响，以样品透光率降低幅度表示褐变程度。由图可以看出，水分活度越低，马铃薯多酚氧化酶引起儿茶酚褐变的速度越低。即便在后期将低水分活度（0.25、0.40 和 0.55）样品的水分活度提升到与高水分活度（0.77）样品一致，其褐变速率依然明显低于高水分活度样品。

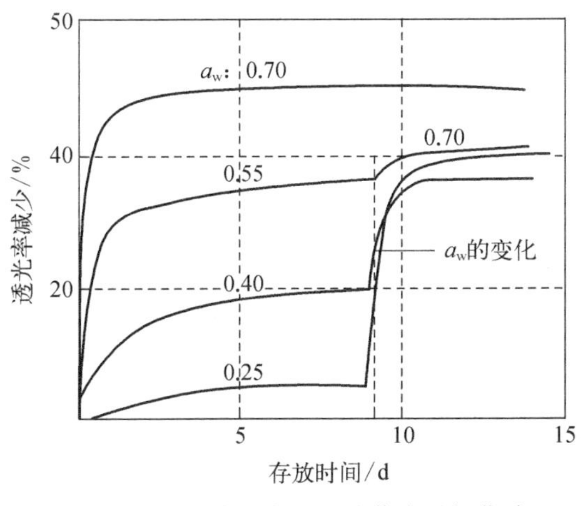

图 2-27　水分活度对马铃薯多酚氧化酶催化儿茶酚褐变速率的影响

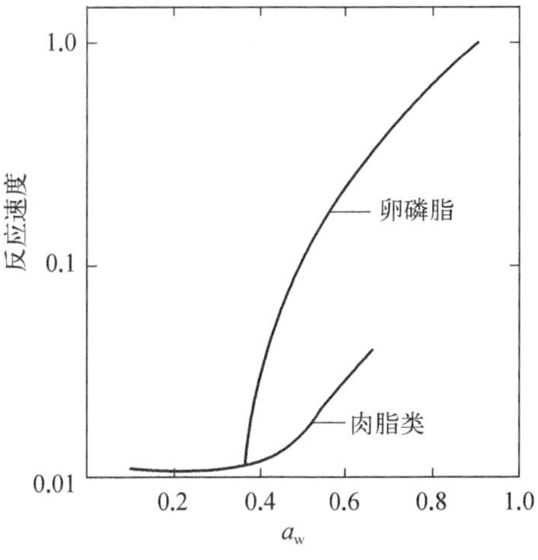

图 2-28　水分活度对酶促水解速率的影响

图 2－28 显示了水分活度对食品中脂肪酶和磷脂酶催化的水解反应的影响。由图可看出不同脂肪水解酶的酶促反应对水分活度的依赖程度不一样，但随着食品水分活度的不断提升，酶促反应的速度不断增加。

三、食品 a_w 与非酶化学反应的关系

食品中的大多数化学反应都必须在有充足水的情况下才能进行。降低食品的水分活度，使食品中结合水的比例增加，自由水的比例减少，就可以有效抑制这类化学反应的速率。图 2－29 给出了食品中非酶化学反应与水分活度的关系。

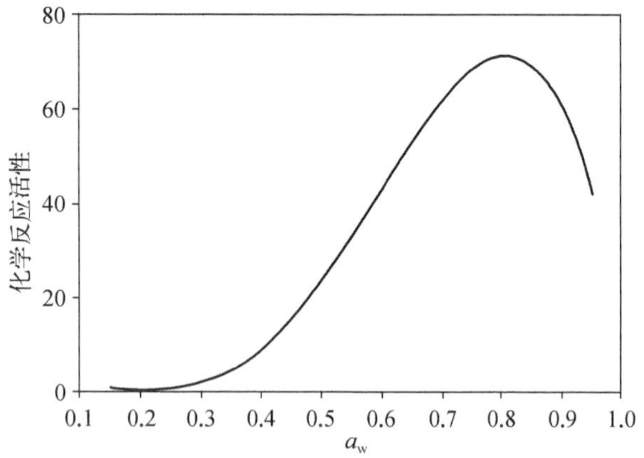

图 2－29 水分活度与食品中非酶化学反应活性的关系

降低水分活度抑制非酶化学反应速率的主要原理如下：① 当非酶化学反应的底物为水溶性时，水分活度的降低使这类底物难于溶解而限制其扩散；② 对反应底物之一是水的非酶化学反应，水分活度的降低减少了食品中的自由水，而使能够参与反应的底物水的量显著减少，从而减缓了此类反应的速率，如水解反应；③ 对于离子反应，反应发生的条件是反应物需要进行离子化或水化，而食品水分活度的降低，抑制了反应物的离子化或水化；④ 在高水分活度下，非酶化学反应速率降低的直接原因是过多的自由水使反应体系被稀释，从而降低了反应速率。下面重点论述食品中常见的几类非酶化学反应与水分活度的关系。

1. a_w 与非酶褐变的关系 食品中最常见的非酶褐变是美拉德反应。当食品的水分活度在适当范围内时（0.2～0.7），随着水分活度的增加，非酶褐变的速度会加快，a_w 在 0.6～0.7 之间时，褐变最为严重；此后随着水分活度的下降，非酶褐变因受到抑制而减弱；当水分活度低于 0.2 时，褐变就难以发生。但如果水分活度大于 0.7 时，则由于溶质的浓度下降而导致褐变速度减慢（图 2－30）。在一般情况下，浓缩的液态食品和中湿食品是最容易发生非酶褐变的食品。

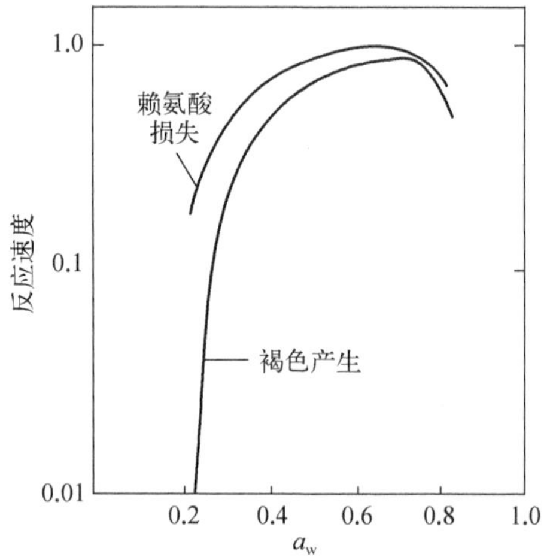

图 2－30 a_w 与非酶褐变（美拉德反应）的关系

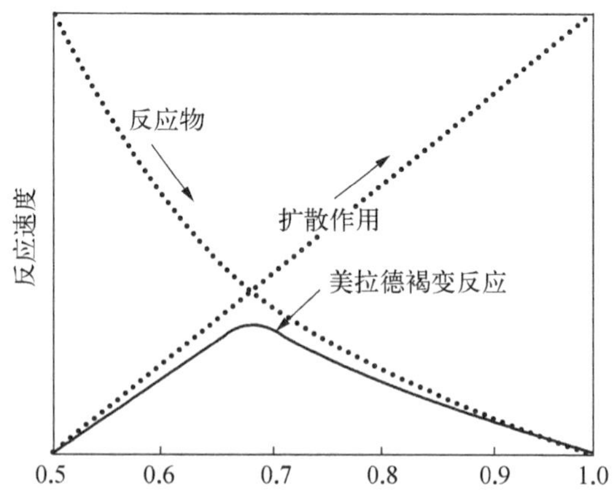

图 2－31 a_w 对美拉德褐变反应速率的影响

图 2－31 表示在中等以上 a_w 范围内（0.5～1.0），水分活度增加对美拉德褐变反应速率的影响取决于两种相反的作用：① 随水分活度增加，自由水增加，食品塑性和流动性提升，底物的扩散速率不断得以提升，这会导致美拉德反应速率加速；② 随水分活度增加，自由水增加，食品体系得到稀释，底物的浓度不断降低，这会导致美拉德反应的速率不断降低。因此，在某种食品体系中，水分活度增加对美拉德反应的影响实际是以上两种作用的净结果。

2. a_w 与脂质氧化的关系 图 2－32 反映了 a_w 对脂类氧化速率的影响。由图可知，在较低的 a_w 范围内（0～0.35），脂类氧化速率随着 a_w 值的增加而降低，这主要是在干燥食品中最初添加的那部分水能与油脂氧

化的中间产物氢过氧化物结合并阻止其分解，从而使油脂的氧化速度减缓。此外，这类水还能与催化脂质氧化反应的金属离子发生水合，使其催化效率明显降低。在中等 a_w 范围内(0.35～0.70)，脂类氧化速率随着 a_w 值的增加而加快，这主要是在本区间增加的水分能大幅度提升食品中溶解氧的水平，并使食品体系溶胀而暴露出更多脂质氧化位点，从而使脂类的氧化速度明显提升。而在高水分活度范围内(>0.8)，脂类氧化速率随着 a_w 值的增加而降低，这是由于水的增加对体系产生了稀释效应。

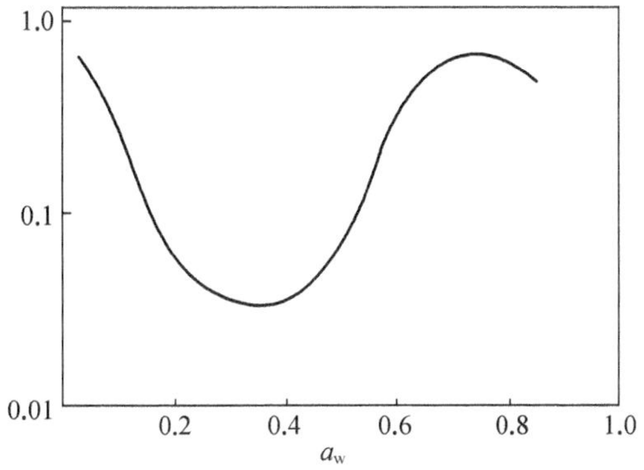

图 2-32 a_w 对食品脂类氧化速率的影响

3. a_w 与淀粉老化的关系 淀粉是食品中主要的碳水化合物。淀粉老化是影响含淀粉食品品质的主要因素。淀粉老化是由于糊化后的淀粉分子(α-糊化淀粉分子)之间的有规则聚合引起的。图 2-33 给出了水分含量对食品中淀粉老化速率的影响。糊化后的淀粉制品在中等水分含量 30%～60%(a_w>0.96)时淀粉最容易发生老化。降低食品的水分含量，淀粉的老化速度就明显减慢。若将食品的水分活度降到 0.45 时(水分含量降低到 10%以下)，其中的淀粉就基本不发生老化。

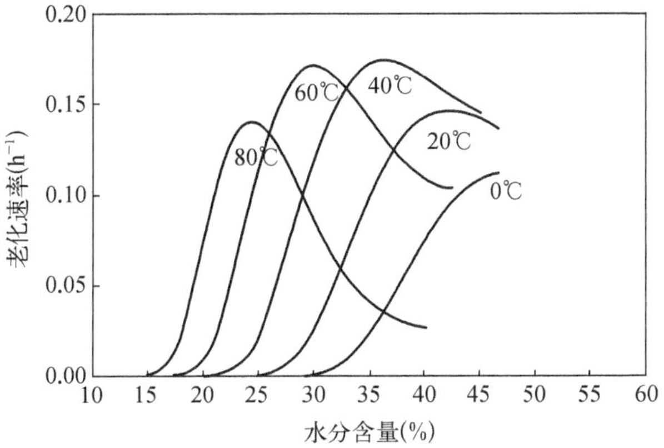

图 2-33 水分含量对淀粉老化速率的影响

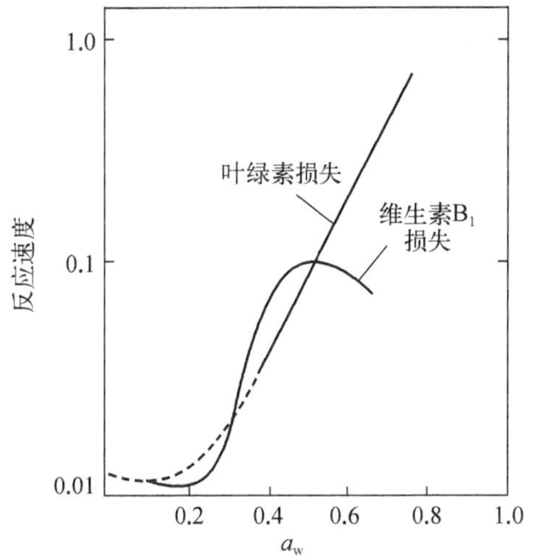

图 2-34 其他反应速率与 a_w 的关系

4. a_w 对其他非酶反应的影响 图 2-34 给出了 a_w 对食品中叶绿素损失和维生素 B_1 降解反应的影响。可见，不同非酶化学反应对 a_w 的依赖性完全不同。

综上所述，降低食品的 a_w 可以延缓酶促褐变和非酶褐变的进行，减少食品营养成分的破坏，防止色素的分解。但 a_w 过低，则会加速脂肪的氧化酸败。因此，利用水分活度控制食品的稳定性与品质也应因地制宜地采取措施，没有放之四海皆准的法则。

四、食品 a_w 与质地的关系

水分活度对干燥和半干燥食品的质地有较大的影响。当水分活度从 0.2～0.3 增加到 0.65 时，大多数半干或干燥食品的硬度及黏着性增加。水分活度为 0.4～0.5 时，肉干的硬度及耐嚼性最大。水分活度再增加，肉干的硬度及耐嚼性都降低。另外，要想保持饼干、爆玉米花及油炸马铃薯片的脆性，避免糖粉、奶粉以及速溶咖啡结块、变硬发黏，都需要使产品具有相当低的水分活度(图 2-35)。

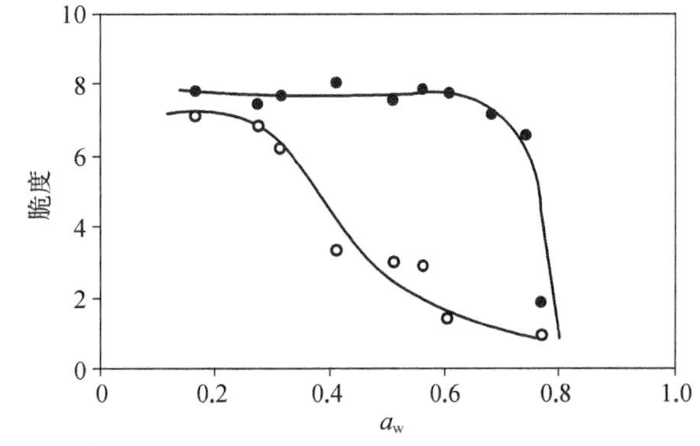

图 2-35 水分活度对挤压膨化玉米小吃脆度的影响
(其中"○"表示蔗糖的干基含量为 0%；
"●"表示蔗糖的干基含量为 20%)

要保持干燥食品理想的品质，一般水分活度不能超过0.3～0.5。对含水量较高的食品（蛋糕、面包等），为避免失水变硬，需要保持相当高的水分活度。有些研究认为，将一些食品（如火腿、牛肉、蛋奶冻、豌豆等）的水分活度从0.70提高到0.99时，就能获得更令人满意的食品质构。

第七节 水分子的流动性

由上可见，水分活度能很好地将食品的水分与其稳定性或安全性关联起来。但由于在冰点上下食品水分活度的表达式的不同，导致水分活度在全温度范围内不具有连续参考价值。同时，很多对水分活度的实际应用也发现，水分活度对某些食品性质的估计能力很强，但对有些食品性质的估计能力明显与实际有很大的偏差。因此，人们企图寻找比水分活度更优良的能反映食品水分与其性质关系的方法。食品水分子流动性（molecular mobility，M_m）就是在这种背景下推出的一个较新的概念。

一、食品水分子流动性的概念

食品水分子流动性是指食品中水分子转动与平动的总动量。食品水分子流动性与食品贮藏稳定性和加工性能密切相关。物质处于完全而完整的结晶状态时，其M_m为零；物质处于完全的玻璃态（无定形态）时其M_m值也几乎为零；在其他情况下，M_m值大于零。一般来说，分子流动性主要受水合作用大小及温度高低的影响。水分含量的多少、水与非水组分之间的作用，决定了所有的处在液相状态的成分的流动特性；温度越高分子流动越快；另外，相态的转变也可提高分子流动性（如玻璃态转变成液态，结晶成分的熔化等）。

与M_m有关的重要组分是水和起支配作用的一种或几种溶质，比如食品中含有的大量无定形亲水分子。这类食品包括含淀粉食品（如面条、汤圆）、含糖液体食品、蛋白质类食品、中等水分食品、干燥、冷冻或冷冻干燥食品等。表2-7列出了与分子流动性有关的某些食品性质和特征。

表2-7 由分子流动性决定的某些食品性质和特征

干燥或半干食品	冷冻食品
流动性和黏性	水分迁移（冰的结晶作用）
结晶和重结晶	乳糖结晶（冷冻甜食中的砂状结晶析出）
巧克力中的糖霜	酶活力
食品在干燥时的破裂	冷冻干燥升华阶段非晶相的结构塌陷
干燥和中等水分食品的质地	收缩（冷冻甜饼泡沫状结构的部分塌陷）
冷冻干燥第二阶段（解吸）时的结构塌陷	
胶囊中固体、无定形基质的挥发性物质的逃逸	
酶活力	
美拉德反应	
淀粉的糊化	
淀粉变化引起的焙烤食品的老化	
焙烤食品冷却时的破裂	
微生物孢子的热失活	

二、水分子流动性与食品性质的关系

1. 食品的玻璃态 水的存在状态有气态、液态和固态3种，在热力学上属于稳定态。比如冰是以稳定的结晶态存在的。然而，复杂的食品与其他大分子（聚合物）一样，往往是以无定形态存在的。所谓无定形（amorphous）是指物质所处的一种非平衡、非结晶状态，当饱和条件占优势且溶质保持非结晶时形成的固体就是无定形态。食品处于无定形态，其稳定性不会很高，但是具有良好的食品品质。因此，食品加工的任务是在保证食品品质的同时使得食品处于亚稳态或比较稳定的非平衡态。对于无定形聚合物，对它施加恒定的力，描述它发生的形变与温度的关系曲线通常称为形变-温度曲线或热机械曲线（图2-36）。

无定形聚合物有 3 种力学状态：玻璃态、橡胶态和黏流态。玻璃态(glassy state)：是物质的一种存在状态，此时的物质既像固体一样具有一定的形状和体积，又像液体一样分子之间的排列只是近似有序，因此是非晶态或无定形态，类似于人们熟知的透光玻璃材料。处于此状态的大分子聚合物的链段运动被冻结，只允许小尺寸的运动，形变很小，因此称为玻璃态。橡胶态(rubbery state)：又称高弹态，或晶态，当大分子聚合物转变为柔软而具有弹性固体时的状态。处于此状态的大分子聚合物的链段运动自由，但整个分子链不产生移动。受较小的力就可发生很大的形变(100%～1 000%)，外力除去后形变可完全恢复，这种形变称为高弹形变。黏流态(viscous flow state)：与小分子液体的流动相似，聚合物呈现黏性液体状。流动产生不可逆变形。

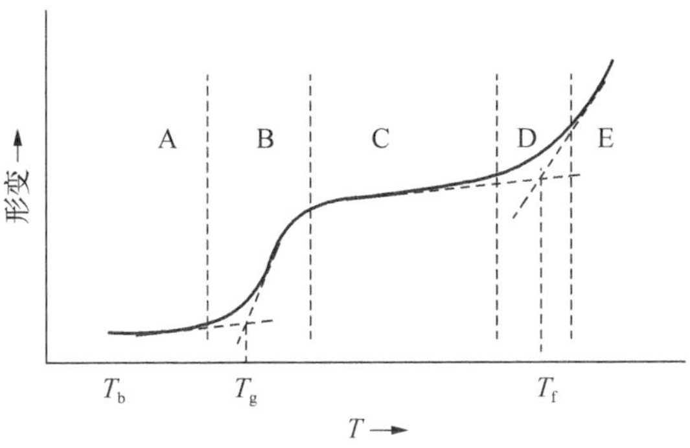

图 2-36 线性无定形态聚合物的形变-温度曲线

A—玻璃态；B—过渡区；C—橡胶态；D—过渡区；E—黏流态；T_b—脆化温度；T_g—玻璃化温度；T_f—黏流温度

通过改变无定型聚合物的温度就可以实现其在上述不同力学状态之间的转化。把能使非晶体的食品从玻璃态向橡胶态转变所需的最低温度称为该食品的玻璃化温度(glass transition temperature, T_g)，又称为玻璃化转变温度，它是一个既与热力学有关又与动力学有关的参数。

一般将基质在低于玻璃化转变温度时所处的状态称为玻璃态；将基质在高于玻璃化转变温度时所处的状态称为橡胶态。玻璃态时，由于体系黏度较高而自由体积较小，一些受扩散控制的反应速率是十分缓慢的，甚至不会发生；而在橡胶态时，其体系的黏度明显降低，但自由体积显著增大，使受扩散控制的反应速率也相应加快。因此，玻璃态对食品加工、储藏的安全性和稳定性都十分重要。

随着温度由低到高，无定形聚合物可经历 3 个不同的状态，即玻璃态、橡胶态、黏流态，各反映了不同的分子运动模式。

1) 当 $T < T_g$ 时，大分子聚合物的分子运动能量很低，此时大分子链段不能运动，大分子聚合物呈玻璃态。

2) 当 $T = T_g$，分子热运动速率增加，链段运动开始被激发，玻璃态开始逐渐转变到橡胶态，此时大分子聚合物处于玻璃态转变区域。玻璃化转变发生在一个温度区间内而不是在某个特定的单一温度处；发生玻璃化转变时，食品体系不放出潜热，不发生一级相变，宏观上表现为一系列物理和化学性质的急剧变化，如食品体系的比容、比热容、导热系数、介电常数、膨胀系数、折光指数、黏度、自由体积、红外吸收谱线和核磁共振吸收谱线宽度等都发生突变或不连续变化。

3) 当 $T_g < T < T_m$ (T_m为熔融温度)，分子的热运动能量足以使链段自由运动，但由于邻近分子链之间存在较强局部性的相互作用，整个分子链的运动仍受到很大抑制，此时聚合物柔软而具有弹性，黏度约为 10^7 Pa·s，处于橡胶态平台区。橡胶态平台区的宽度取决于聚合物的分子质量，分子质量越大，该区域的温度范围越宽。

4) 当 $T = T_m$，分子热运动能量可使大分子聚合物整链开始滑动，此时的橡胶态开始向黏流态转变，除了具有弹性外，出现了明显的无定形流动性。此时大分子聚合物处于橡胶态流动区。

5) 当 $T > T_m$，大分子聚合物链能自由运动，出现类似一般液体的黏性流动，大分子聚合物处于黏流态。

2. 状态图 为便于讨论干燥、部分干燥或冷冻食品的 M_m 与稳定性的关系，有必要引入状态图(state diagrams)的概念。亚稳定食品的物理状态与食品的组成、储藏期温度及时间等有密切关系。状态图就是描述不同含水量的食品在不同温度下所处的物理状态，它包括了平衡状态和非平衡状态的信息。

图 2-37 是二元体系的温度—组成的简化状态图，相对于标准的相图增加了玻璃化转变温度(T_g)曲线和一条从 T_E(低共熔点)延伸到 T_g' 的曲线，这两条线表示亚稳状态。

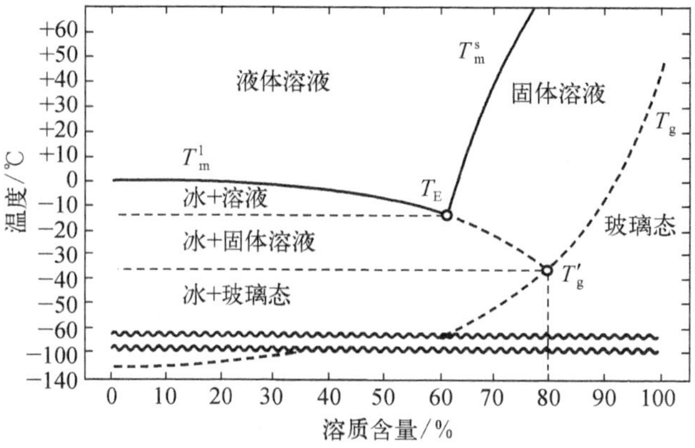

图 2-37 二元体系的状态图

假设：最大冷冻浓缩、无溶质结晶、恒压、无时间依赖性

T_m^l—熔点曲线；T_E—低共熔点；T_m^s—溶解度曲线；T_g—玻璃化转变温度曲线；T_g'—特定溶质的最大冷冻浓缩的玻璃化转变温度；粗虚线—亚稳态平衡条件；所有其他的线-平衡条件

图 2-37 是理想条件下状态图。由于食品中成分复杂，上述的各种曲线很难确定。用差示扫描量热法（differential scanning calorimetry，DSC）可测定简单的高分子体系的 T_g。而大多数食品很难利用 DSC 正确测定其 T_g，一般可以采用动态机械分析（DMA）和动态机械热分析（DMTA）方法测定。用 DSC 测定的相变动力学，得到温度图（thermogram），从中可知 T_g（图 2-38）。图中所提的橡胶状就是食品中亲水成分与水水合后所呈现的状态，由此也可见水分含量对相变温度有重要的影响。

如上所述，当液态食品冰冻到冻结点后，食品中部分水分就会结晶，从而引起水溶性成分浓缩在未能冻结的液相中。在图 2-38 的温度图中 T_g 就表示了浓缩的液体由玻璃态转变成似橡胶态的相变温度曲线，在明胶状淀粉的 T_g 相变温度曲线中，T_g' 约为－5℃，在此温度下未能冻结水的含量约为 27%。表 2-8 列出了部分碳水化合物和蛋白质水溶液（20%）的 T_g' 及在此温度下未能冻结水的含量 W_g'。

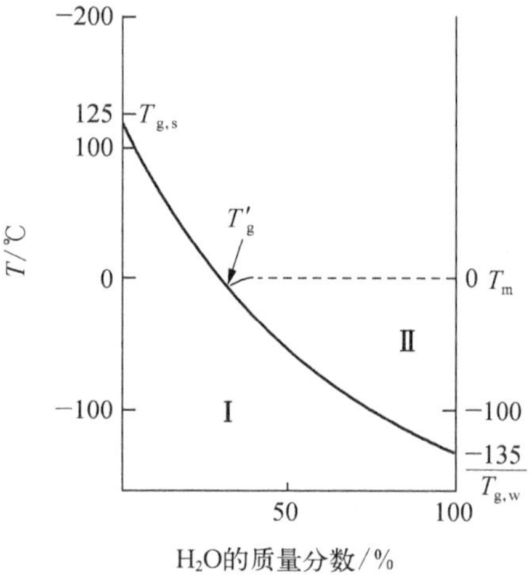

图 2-38 明胶状淀粉-水系统的相变化图

T_g 表示溶质部分由玻璃态转变到橡胶态的大致温度；状态Ⅰ玻璃状；状态Ⅱ橡胶状；$T_{g,s}$ 和 $T_{g,w}$ 分别表示脱水淀粉和水的相变温度；T_m 表示冰的熔点

表 2-8 部分碳水化合物和蛋白质水溶液（20%）的 T_g' 和 W_g' 值

物质	T_g'	W_g'	物质	T_g'	W_g'
甘油	−65	0.85	海藻糖	−29.5	0.20
木糖	−48	0.45	棉子糖	−26.5	0.70
核糖	−47	0.49	麦芽糖	−23.5	0.45
核糖醇	−47	0.82	异麦芽糖	−30.5	0.50
葡萄糖	−43	0.41	明胶	−13.5	0.46
果糖	−42	0.96	可溶性胶质	−15	0.71
半乳糖	−41.5	0.77	牛血清白蛋白	−13	0.44
山梨醇	−43.5	0.23	α-酪蛋白	−12.5	0.61
蔗糖	−32	0.56	α-酪蛋白酸钠	−10	0.64
乳糖	−28	0.69	面筋	−5～−10	0.07～0.41

注：表中 T_g' 和 W_g' 分别表示相转变温度（℃）和水分含量[每克(g)成分所含水分含量(g)]

三、水分子流动性与水分活度的关系

水分活度(a_w)是判断食品稳定性的有效指标，主要研究食品中水的有效性(利用程度)。分子流动性(M_m)评估食品稳定性主要依据食品的微观黏度和化学组分的扩散能力。玻璃化相变温度(T_g)是从食品的物理特性变化来评价食品稳定性。通常，在不含冰的食品中非扩散限制的化学反应速度和微生物生长方面，应用a_w效果较好，M_m方法效果较差，甚至不可靠。在估计接近室温保藏的食品稳定性时，运用a_w和M_m方法效果相当。

在估计由扩散限制的性质，如冷冻食品的理化性质，冷冻干燥的最佳条件，包括结晶作用、胶凝作用和淀粉老化等物理变化时，应用M_m的方法较为有效，a_w在预测冷冻食品的物理或化学性质时是无用的。目前由于测定a_w较为快速和方便，应用a_w评断食品稳定性仍是较常用的方法。快速、经济地测定食品的M_m和T_g的技术或方法还有待完善。

第八节 食品水分研究热点

一、亚临界水提取技术

水在不同的温度和压力下可以成为与温度和压力相适应的固体、液体或气体状态。然而，在374.2℃和22.1 MPa(约218 atm)以上的高温高压状态中，水成为既非液体，也非气体的第四种状态，也就是所谓的超临界状态。在这种状态下的水称为"超临界水"。在比374.2℃和22.1 MPa稍微低一些的低温和压力下成液体状态的水称为"亚临界水"。

超临界水和亚临界水具有"强烈的溶解有机物"和"强烈的分解力"，这是与普通水不同的性质。利用这一性质，超临界水和亚临界水可用来提取有用成分(包括提取分解反应中的产物)。提取过程中，由于不使用酸、碱和催化剂，因此亚临界水的提取方法被称为"绿色处理法"。此外，提取可以在数秒钟到数分钟的短时间内完成，故而具有可以进行连续处理的优点。

在从食品副产物中提取有用成分时，可以很好地利用亚临界水法，如从植物副产物中提取液化和糖化后的糖类，提取得到的糖类物质可以因亚临界水的条件不同而得到不同的单糖和低聚糖。例如，麦秆和稻皮等利用亚临界水引发的加水分解(水解)反应，可以将纤维素低分子化和可溶化，从而进一步用于发酵生产生物乙醇。啤酒粕(酒精)预先用亚临界水分解处理后，可以提高甲烷发酵和肥料化的效率。鱼的碎骨碎渣(鱼杂碎)经亚临界水提取，可得到多肽物质和氨基酸。豆腐渣的各种亚临界水提取液中除了含有蛋白质和多肽以外，还含有可溶性的多糖、低聚糖和单糖等成分。对豆腐渣提取液的抗氧化活性研究发现，亚临界水的温度越高，处理时间越长，其抗氧化活性越高。

二、核磁共振技术检测食品中水分状态变化

低场核磁技术作为近年来兴起的研究方法，具有稳定性高，重复性好，无损、快速的优点，可实时监测食品不同加工工艺过程中的水分变化，在直接测量食品中水分含量，间接测量冻结水比例、水分活度、玻璃化转变等很多重要物理指标和不同成分分布成像研究中显示出独特的优越性，如研究大米复水过程水分状态的变化，揭示水分进入糯米中心所需复水时间及不同品种大米复水过程中水分状态差异；应用低场核磁技术了解绿豆吸水动态过程；阐述冷藏山羊肉水分含量及分布迁移情况，快速评价山羊肉品质、预测山羊肉冷藏期等。

本章扩展阅读材料

1. Leake L L. 2006. Water activity and food quality[J]. Food Technology.
2. Danrong Z, Yuqiong C, Dejiang N. 2009. Effect of water quality on the nutritional components and antioxidant activity of green tea

extracts[J]. Food Chemistry，113(1)：110－114.
3. Aberoumand A. 2010. The effect of water activity on preservation quality of fish，a review article[J]. World Journal of Fish and Marine Sciences，2(3)：221－225.
4. Fontana A. 2005. Water activity for predicting quality and shelf life[J]. Manufacturing Confectioner，85(11)：45.
5. Gondek E，Marzec A. 2006. Influence of water activity on sensory assessment of texture and general quality of crackers[J]. Agricultural Engineering，7(82)：181－187.
6. Matsukawa S. 2011. Dynamic behavior of water molecules in food gels observed by wide-line NMR[J]. Journal of the Japanese Society for Food Science and Technology，58(10)：511－516.
7. Weglarz W，Witek M M，Inoue C，et al. 2010. Water Properties in Food，Health，Pharmaceutical and Biological Systems[M]//Press：Wiley-Blackwell.
8. Hills B，Gravelle A，Wright K，et al. 2006. Developing NMR probes of the microscopic water distribution in food[C]. 13th World Congress of Food Science & Technology，597.

思考题

1. 为什么相同温度下组织材料冻结的速度比解冻的速度快？
2. 结合水与自由水有何区别？
3. 简述水分活度与食品稳定性的关系。
4. 食品中的水分与离子、亲水性物质、疏水性物质的作用方式有何特点？水分存在的状态有哪些？有何特点？
5. 画出20℃时食品在低水分含量范围内的吸附等温线，并回答下列问题：
   (1) 吸附等温线分为几个区？各区水分有何特点？
   (2) 解释水分影响脂类氧化速度的原因。
6. 水分子流动性与食品稳定性有何关系？
7. 水分活度、水分子流动性和玻璃化相变温度在预测食品稳定性中的作用有哪些？

第三章

碳水化合物

第一节 概　　述

一、碳水化合物的定义与来源

碳水化合物(carbohydrates)也叫糖类化合物，是自然界分布广泛、数量最多的有机化合物，例如葡萄糖、蔗糖、淀粉、纤维素都属于碳水化合物。自然界的生物物质中，碳水化合物约占3/4。从化学结构的特点上来看，碳水化合物是多羟基的醛、多羟基酮，多羟基的醛、酮化合物的缩合物以及这些物质的衍生物的总称。由于最初发现这一类化合物都有碳、氢、氧三种元素组成，而且分子中氢和氧的比例为2∶1，它们都可以用通式$C_n(H_2O)_m$表示，所以便将这类物质统称为碳水化合物。后来发现一些碳水化合物如鼠李糖($C_6H_{12}O_5$)、脱氧核糖($C_5H_{10}O_4$)并不符合这个通式，而符合这个通式的某些化合物如甲醛(CH_2O)、乙酸($C_2H_4O_2$)等并不是碳水化合物。而随糖生物学(Glycobilogy)研究的不断深入，一些纯粹碳水化合物(单糖或多糖)的衍生物也被划入碳水化合物的大范畴，但这类物质往往含有氮、硫、磷等成分，也不符合这个通式。显然碳水化合物的名称已经不恰当，将碳水化合物更名为糖类更为科学合理，但由于沿用已久，这个名称至今仍在使用。

虽然动物和微生物也能利用一些其他物质合成少量的碳水化合物，如来自动物体内的肝糖原、肌糖原、乳糖等，但自然界的碳水化合物主要来自绿色植物的光合作用。植物体通过光合作用将空气中的CO_2转化为碳水化合物储存在体内，同时向空气中释放O_2；而动物通过摄取植物作为食物，并从空气中吸收O_2，将食物中的碳转化为CO_2排放于空气。动物与植物就这样相互依赖，造就了自然界完美的CO_2与O_2循环。

植物体是含碳水化合物最丰富的生物体。碳水化合物大量存在于各类植物性食品中，如广泛存在于粮谷、薯类中的淀粉；大量存在于水果、蔬菜中的纤维素和半纤维素等。通常情况，在植物性食物中，碳水化合物约占其干重的80%以上。来自植物性食物的淀粉是人类赖以生存的主要能源物质，由其提供的能量约占人体总能量的60%～65%。

二、碳水化合物的分类

自然界的碳水化合物种类繁多，根据不同的分类依据，可将碳水化合物分成不同的类别。

1) 根据碳水化合物的可被水解程度，可将碳水化合物分为单糖、寡糖和多糖。单糖是不能被水解的碳水化合物，是构成复杂碳水化合物(寡糖和多糖)的基本结构单元。根据分子中所含羰基的特点，单糖可分为醛糖(aldoses)和酮糖(ketoses)，醛糖具有还原性而酮糖不具有还原性。根据单糖分子中碳原子数目的多少，可将单糖分为丙糖(trioses，三碳糖)，丁糖(tetroses，四碳糖)，戊糖(pentoses，五碳糖)，己糖(hexoses，六碳糖)等，其中以戊糖、己糖最为重要，如木糖、葡萄糖、果糖等。寡糖又称为低聚糖，是可以被水解的碳水化合物，但1分子的寡糖完全水解之后只能产生几个分子的单糖。寡糖一般是由2～10个单糖分子缩合而成。按完全水解后生成的单糖数目的不同，寡糖又分为二糖(disaccharides)、三糖(trisaccharides)、四糖(tetrasaccharides)、五糖(pentasaccharides)等，其中以二糖最为重要，如蔗糖(sucrose)、乳糖(lactose)、麦芽糖(maltose)等；寡糖也可分为还原性寡糖和非还原性寡糖。多糖是可以被水解的碳水化合物，1分子多糖完全水解之后能形成若干个单糖。将1分子多糖完全水解之后能形成的单糖的数目称为该多糖的聚合度(degree of polymerization，DP)。但不同种类的多糖，其水解的难易程度不同，纤维素、单纤维素等往往比淀粉难于被人体水解。

2）根据构成多糖的单糖的组成情况，可将多糖分为均多糖（homopolysaccharides）和杂多糖（heteropolysaccharides）。均多糖是指仅有一种单糖缩合而成的多糖，这类多糖完全水解后的产物只有1种单糖，如淀粉、纤维素；而杂多糖是指由两种或两种以上单糖混合缩合而成的多糖，这类多糖完全水解后的产物有2种及其以上单糖，如半纤维素、果胶、枸杞多糖、香菇多糖等。

3）根据多糖中是否含有非糖成分，可将多糖分为纯粹多糖（simple polysaccharides）与复合多糖（complex polysaccharides）。纯粹多糖指结构组成完全由碳水化合物成分构成的多糖，不含非糖成分，如淀粉、纤维素、果胶等；而复合多糖指结构组成不完全由碳水化合物成分构成，还含有其他非碳水化合物结构组分（蛋白质、脂类等），如糖蛋白、蛋白聚糖、脂多糖等。

4）根据多糖链的结构，多糖可分为直链多糖（linear polysaccharides）和支链多糖（branched polysacchardes）。如淀粉分为直链淀粉与支链淀粉两种类型。

5）根据多糖在生物体内的功能，可将多糖分为结构多糖（structural polydsaccharides）与功能多糖（functional polysaccharides）。结构多糖往往在生物体内的含量较高，是构成生物体的重要成分或植物体贮存能源的主要物质形式，如植物细胞壁成分纤维素、半纤维素等，粮谷和根茎类食物中的淀粉；而功能多糖在生物体内的含量往往很低，但对生物体的生长、发育、免疫等生理过程起重要的调节作用，如区分人血型的红细胞表面的抗原（凝集原）就属于糖蛋白；如牛、绵羊和猪的胰核糖核酸酶都是糖蛋白。如人体神经组织中起重要作用的糖脂。糖蛋白与很多疾病如感染、肿瘤、心血管病、肝病、肾病、糖尿病以及某些遗传性疾病等的发生、发展有关。

三、碳水化合物在食品中的功能

碳水化合物是食品中常见的成分，而且在部分食品中其含量很高。碳水化合物在食品的营养、质地、风味等多方面具有重要的作用，但不同食品中的碳水化合物对食品所呈现的功能是不同的。总结起来，碳水化合物在食品中的功能主要体现在以下一些方面。

1. 为人体提供能量 碳水化合物是人类最重要的能量物质，它与油脂、蛋白质并称为三大产能营养素。一般每克可代谢碳水化合物能为人体提供16.7 kJ（4.0 kcal）的热量。从营养的角度，碳水化合物还具有节约蛋白质作用和抗生酮作用。节约蛋白质作用指当食物中碳水化合物供应不足时，为满足机体对葡萄糖的需要，机体就通过糖的异生作用（gluconeogenesis）动用蛋白质产生葡萄糖。因此，摄入足够的碳水化合物能预防体内蛋白质的糖的异生作用。抗生酮作用（antiketogenesis）指脂肪在体内的彻底代谢需要葡萄糖协同，体内葡萄糖供应不足直接导致脂肪代谢不彻底，其代谢中间产物酮类化学物在体内累积，严重时引起酮血症。因此，葡萄糖的充足供应可有效预防脂肪不彻底代谢带来的弊端。

2. 赋予食品香甜味 甜味是食品的基本味觉之一，它对食品的消费者接受性有重要影响。为让消费者获得良好的风味，纯甜类食品（如饼干、面包、汽水等）中的糖含量（以蔗糖计）通常要达到7%～10%；而酸甜类食品（如水果、果汁等）为保持良好的风味除需要保持合适的糖度外还需要保持合适的糖酸比，通常糖酸比保持在（40～50）∶1比较合适。通常赋予食品香甜味有食品中的单糖或寡糖，食品中的多糖一般没有甜味。表3-1给出了常见天然食品中各类碳水化合物的含量。

表3-1 常见天然食物中的碳水化合物含量

食 物	碳水化合物/(g/100 g)		
	总 糖	单糖或寡糖	多 糖
苹果	14.5	葡萄糖1.17，果糖6.04，蔗糖3.78，甘露糖 微量	淀粉1.50，纤维素1.00
葡萄	17.3	葡萄糖5.35，果糖5.33，蔗糖1.32，甘露糖2.19	纤维素0.60
草莓	8.4	葡萄糖2.09，果糖2.40，蔗糖1.03，甘露糖0.07	纤维素1.30
梨	15.3	葡萄糖0.95，果糖6.77，蔗糖1.61	纤维素1.40
胡萝卜	9.7	葡萄糖0.85，果糖0.85，蔗糖4.25	淀粉7.80，纤维素1.00
洋葱	8.7	葡萄糖2.07，果糖1.09，蔗糖0.89	纤维素0.71

续 表

食 物	碳水化合物/(g/100 g)		
	总 糖	单 糖 或 寡 糖	多 糖
甜玉米	22.1	蔗糖 12～17	纤维素 0.70
甜薯	26.3	葡萄糖 0.87,蔗糖 2～3	淀粉 14.65,纤维素 0.70
萝卜	6.6	葡萄糖 1.50,果糖 1.18,蔗糖 0.42	纤维素 0.90
蜂蜜	82.3	葡萄糖 28～35,果糖 34～41,蔗糖 1～5	
牛乳	4.9	乳糖 4.90	
甜菜	18～20	蔗糖 18～20	
甘蔗汁	14～28	葡萄糖 ＋ 果糖 4～8,蔗糖 10～20	

3. 赋予食品黏稠性 基于碳水化合物，尤其是多糖，溶于水后能形成黏度很高的溶液的特性，人们通常通过向食品体系添加水溶性多糖的方式来提升食品的黏稠度。食品工业中常将这类物质称为增稠剂，如淀粉、琼脂、果胶、羧甲基纤维素钠、黄原胶、阿拉伯胶等。多糖的增稠作用在食品工业中有广泛的用途。如在软饮料体系中，如果汁或果粒多等产品，多糖的增稠作用可有效防止果肉沉淀或分层；在果冻或软糖类产品中，多糖的增稠作用可增加产品的持水性、固定产品形状、抑制结晶以及保持产品柔软适口；在啤酒或冰淇淋中，多糖的增稠作用能提高产品黏度，稳定泡沫；在火腿和午餐肉等产品中，多糖的增稠作用能促进产品凝胶质地的形成，防止汁液析出。除此之外，有些多糖还具有良好的乳化活性。

4. 稳定食品的质地 纤维素、半纤维素和果胶在维持植物性食物，尤其是水果或蔬菜的质地中起重要作用。随着植物的生长，细胞壁物质纤维素和半纤维素的含量逐渐升高，细胞壁逐渐增厚，赋予植物体饱满、挺拔的外观和质地。而细胞间隙或细胞内大量的水溶性多糖则以极高的持水性和较低的渗透压将大量水分保持在植物体内，赋予植物性食物特有的质地。在植物细胞间隙存在的不溶性果胶物质，能使植物细胞紧密结合。当加热水果或蔬菜时，部分不溶性果胶物质会水解形成水溶性果胶，引起组织中细胞分离而导致软化。而金属离子(特别是 Ca^{2+})能与水溶性果胶交联形成不溶性果胶盐而稳定植物细胞的有序排列结构，起到硬化质地保持果蔬产品脆性的目的。这在果蔬加工业中得到广泛应用。

5. 防止食品腐败变质 高浓度糖溶液由于其高的渗透压对微生物有抑制作用，可防止食品腐败变质。但糖浓度只有在70%以上才能抑制霉菌、酵母的生长达到延长食品保质期的目的。在20℃时，单独的果糖最高浓度为79%，而单独的蔗糖、葡萄糖最高浓度在70%以下，在此温度下果糖具有较好的食品保存性，而单独使用蔗糖、葡萄糖均达不到防腐、保质的要求。果糖含量分别为42%、55%和90%的果葡糖浆，其饱和浓度分别为71%、77%和80%，因此果糖含量较高的果葡糖浆，其保存性能较好。蜜饯、果酱、糖果和浓缩果汁等产品就是充分利用高浓度糖保存的食品。同样，18%～25%的食盐溶液也足以防止所有食品微生物的生长。很多中等水分含量的食品都是依赖这一原理得以保藏的。

6. 影响食品的香气与颜色 碳水化合物，尤其是单糖或寡糖，是食品中美拉德反应(Maillard Reaction)的底物之一。碳水化合物更是食品中焦糖色素的原料。通过美拉德反应与焦糖化反应，碳水化合物对食品的颜色和香气发生各种各样的影响。这将在后续章节中加以论述。

7. 促进人体健康 不同糖类对人体健康的影响不同，有些对人体健康有益，有些则不然。如单糖中的果糖具有较低的血糖生成指数(glycemic index，GI)而适合于糖尿病患者。食物的血糖生成指数指含50g碳水化合物的测试食物的血糖生成曲线下面积与等量碳水化合物参考物血糖答应曲线下面积之比，其反映食物中的碳水化合物在体内转变成葡萄糖的能力与速度。血糖生成指数是一个比较量值，如以葡萄糖的血糖生成指数为100，则蔗糖为65.0，绵白糖为83.8，乳糖为46.0，麦芽糖为105.0，蜂蜜为73.0，而果糖只有23.0。而有人认为果葡糖浆的广泛使用与糖尿病和肥胖发病密切相关。一些非消化性寡糖和膳食纤维能有效促进肠道益生菌。而来自枸杞、香菇、山药等食物的多糖则被证实具有促进免疫、抗肿瘤、防辐射等多种生理活性。现代糖生物学的研究已确证糖能作为信息分子在受精、发生、发育、分化、神经系统、免疫系统的恒态维持中起重要作用，能介导炎症、老化、癌细胞增殖与转移、病原体感染等生理生化过程。

第二节 单糖与寡糖在食品体系中的特性

一、食品中常见的单糖与寡糖

单糖与寡糖常存在于各类食品中，它们在不同程度上都具有如下特征：① 可以被作为甜味剂；② 易溶于水形成糖浆；③ 水溶液被蒸发浓缩时易形成结晶；④ 能为人体提供能量；⑤ 容易被微生物发酵利用；⑥ 形成的饱和溶液往往具有很高的渗透压而能抑制微生物生长，防止食品腐败；⑦ 加热时易发生发焦变黑的现象；⑧ 易与蛋白质发生反应形成深色物质；⑨ 能赋予溶液稠度与口感。

1. 食品中常见的单糖 单糖是食品中重要的甜味物质，其中葡萄糖和果糖主要存在于水果和蔬菜中，它们的含量一般在10%以内。对一些特殊品种的葡萄和蜂蜜，其中单糖含量可达到70%甚至更高。图3-1和图3-2分别给出了食品中常见的醛类单糖和酮类单糖。

(1) 葡萄糖：葡萄糖($C_6H_{12}O_6$)是最常见的己醛糖。从水溶液中结晶析出的葡萄糖，是含有一分子结晶水的单斜晶系晶体，构型为α-D-葡萄糖，在50℃以上失水变为无水葡萄糖。在98℃以上的热水溶液或酒精溶液中析出的葡萄糖，是无水的斜方晶体，构型为β-D-葡萄糖。葡萄糖加热后逐渐变为褐色，温度在170℃以上则生成焦糖。工业上是用淀粉为原料，经酸法或酶法水解来生产葡萄糖。天然的葡萄糖均属D构型。

(2) 果糖：果糖($C_6H_{12}O_6$)是最常见的己酮糖，是葡萄糖的同分异构体。果糖通常与葡萄糖共存于果实及蜂蜜中，果糖易溶于水，在常温下难溶于酒精。果糖为左旋糖。果糖易于消化，适于幼儿和糖尿病患者食用，它不需要胰岛素的作用，在常温常压下使用异构化酶可使葡萄糖转化为果糖。果糖的熔点为103～105℃。

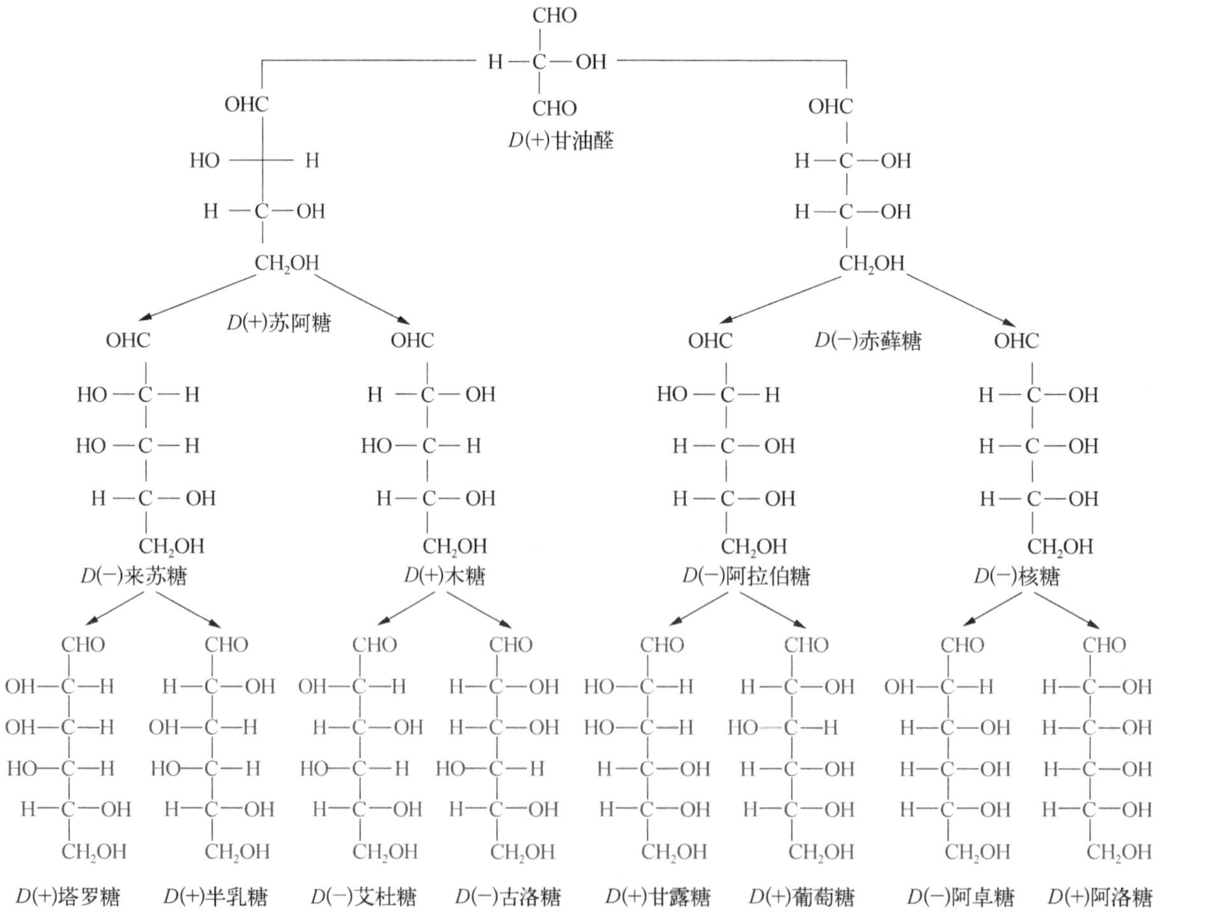

图3-1 食品中常见的醛类单糖

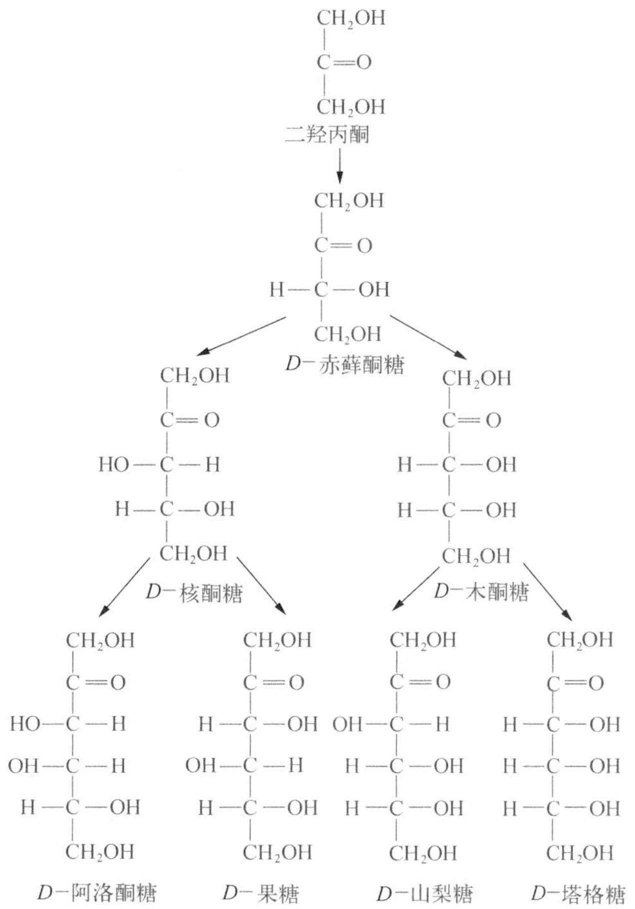

图 3-2 食品中常见的酮类单糖

(3) 果葡糖浆：果葡糖浆又称高果糖浆或异构糖浆，是以酶法糖化淀粉所得的糖化液（基本为葡萄糖）经葡萄糖异构酶作用，将其中一部分葡萄糖转化成果糖，即由果糖和葡萄糖为主要成分组成的一种混合糖浆。根据果糖的含量，将常见的果葡糖浆分为果糖含量为 42%、55%、90% 的 3 种产品，其甜度分别为蔗糖的 1 倍、1.4 倍、1.7 倍。果葡糖浆中葡萄糖与果糖有甜度协同增效效应，具有冷甜爽口性、高溶解度、高渗透压、吸湿性、保湿性、抗结晶性、优越的发酵性与加工贮藏稳定性等，且这些性质随产品中果糖含量的增加而更加突出。由于果糖在代谢中不受胰岛素影响，进入血液速度较慢，使血糖变化范围较小，目前果葡糖浆作为蔗糖的替代品在食品加工领域中应用日趋广泛。

2. 食品中常见的寡糖 寡糖存在于多种天然食物中，如果蔬、谷物、豆类、牛奶、蜂蜜等。在食品中最常见也最重要的寡糖是二糖，如蔗糖、麦芽糖、乳糖等。除此之外的大多数寡糖因其具有显著的生理功能，属于功能性低聚糖。一部分寡糖在机体胃肠道内不被消化吸收而直接进入大肠内优先为双歧杆菌所利用，是双歧杆菌的增殖因子，如低聚果糖、低聚木糖、低聚异麦芽糖、大豆低聚糖等；也有一部分寡糖具有防止龋齿功能。近年来寡糖在食品界备受重视，以其为功能因子开发的保健食品众多。表 3-2 给出了常见寡糖的结构及其来源。图 3-3 给出了四种重要寡糖的分子结构图。

表 3-2 常见寡糖的结构和来源

寡　糖	结　构	来　源
麦芽糖	α-葡萄糖(1→4)葡萄糖	淀粉水解(麦芽糖)产物
异麦芽糖	α-葡萄糖(1→6)葡萄糖	淀粉酶水解产物
槐二糖	β-葡萄糖(1→2)葡萄糖	槐树
纤维二糖	β-葡萄糖(1→4)葡萄糖	纤维素酶水解产物
昆布二糖	β-葡萄糖(1→3)葡萄糖	昆布

续 表

寡　糖	结　构	来　源
龙胆二糖	β-葡萄糖(1→6)葡萄糖	龙胆根
海藻二糖	α-葡萄糖(1→1)α-葡萄糖	海藻、真菌
蔗糖	α-葡萄糖(1→2)β-果糖	甘蔗、水果
菊(粉)二糖	β-果糖(2→1)果糖	菊粉组成
乳糖	β-半乳糖(1→4)葡萄糖	哺乳动物乳汁
别乳糖	β-半乳糖(1→6)葡萄糖	乳糖经酵母异构化
蜜二糖	α-半乳糖(1→6)葡萄糖	棉籽糖组分
芦丁糖	β-鼠李糖(1→6)葡萄糖	芦丁糖苷
樱草糖	β-木糖(1→6)葡萄糖	白珠树
异海藻糖	β-葡萄糖(1→1)β-葡萄糖	酵母、真菌孢子
新海藻糖	α-葡萄糖(1→1)β-葡萄糖	藻类、蕨类等
软骨素二糖	β-葡萄糖醛酸(1←3)半乳糖胺	软骨素组分
透明质二糖	β-葡萄糖醛酸(1←3)葡萄糖胺	透明质酸组分
龙胆糖	β-葡萄糖(1→6)α-葡萄糖	龙胆根
松三糖	α-葡萄糖(1→3)β-果糖(2→1)α-葡萄糖	松属植物等
棉籽糖	α-半乳糖(1→6)α-葡萄糖(1→2)β-果糖	甜菜
水苏糖	α-半乳糖(1→6)α-半乳糖(1←6)α-葡萄糖(1←→2)β-果糖	水苏属宝塔菜

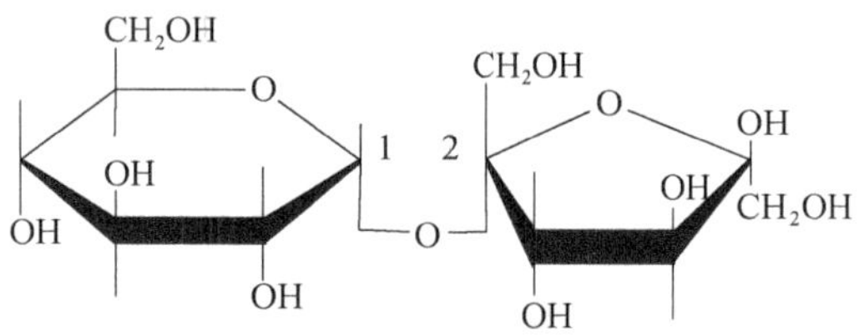

蔗糖[α-D-吡喃葡萄糖基(1→2)-β-D-葡萄糖]

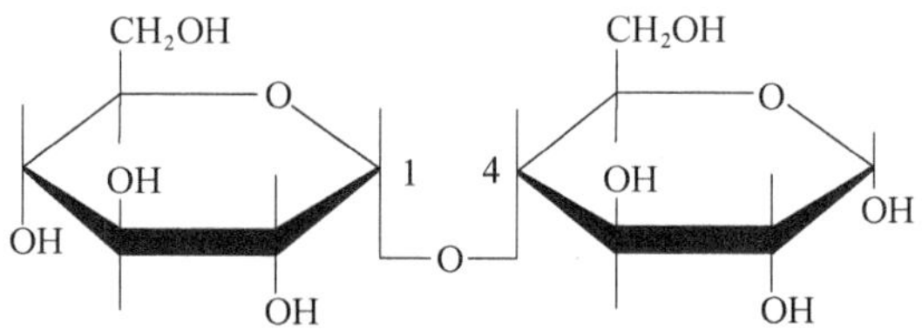

麦芽糖[α-D-吡喃葡萄糖基(1→4)-α-D-葡萄糖]

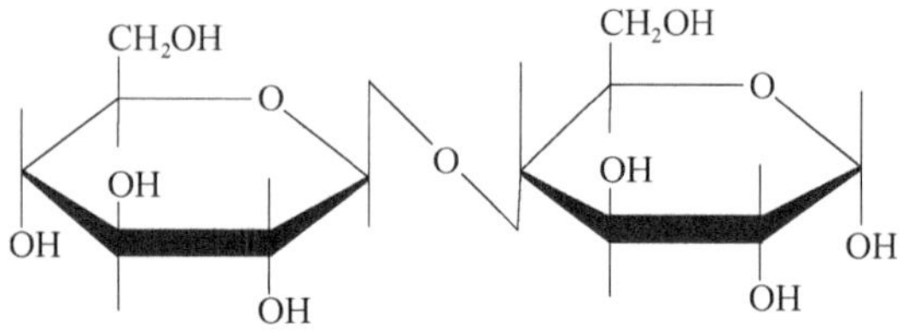

乳糖(β-D-吡喃半乳糖基(1→4)-α-D-葡萄糖)

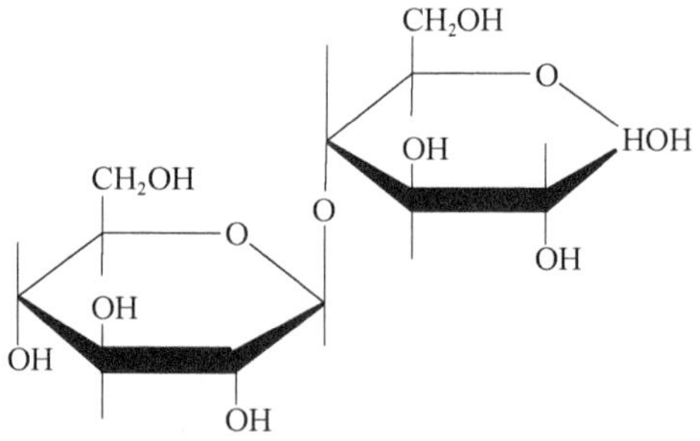

纤维二糖(β-D-吡喃半乳糖基(1→4)-D-葡萄糖)

图 3-3　食品中常见寡糖的分子结构图

(1) 食品中常见的寡糖

1) 蔗糖　蔗糖(sucrose)是由 1 分子 α-D-吡喃葡萄糖 C_1 上的苷羟基与 β-D-呋喃果糖 C_2 上的苷羟基失去 1 分子水,通过(1→2)糖苷键连接而成的非还原性二糖。蔗糖普遍存在于具有光合作用的植物中,在甘蔗和甜菜中含量较高,分别为 10%～15%和 18%～20%。制糖工业中常用甘蔗、甜菜为原料制取蔗糖。蔗糖是食品工业中最重要的能量型甜味剂,在人类营养上起着巨大的作用。蔗糖易溶于水,难溶于乙醇、氯仿、醚等有机溶剂。纯净蔗糖为无色透明结晶,加热到熔点便形成玻璃样晶体,加热到 200℃以上形成棕褐色的焦糖。

2) 麦芽糖　麦芽糖(maltose)又称饴糖,是由 2 分子的葡萄糖通过 α-1,4 糖苷键结合而成的还原性双糖。由它的水溶液或烯醇溶液中析出的晶体为含一个水分子的 β 型水合物。麦芽糖是淀粉、糖原、糊精等物质在 β-淀粉酶催化下的主要水解产物。麦芽糖存在于麦芽、花粉、花蜜、树蜜及大豆植株的叶柄、茎和根部。谷物种子发芽、面团发酵、甘薯蒸烤时就有麦芽糖的生成,生产啤酒所用的麦芽汁中所含糖的主要成分就是麦芽糖。常温下,纯麦芽糖为透明针状晶体,易溶于水,微溶于酒精,不溶于醚。麦芽糖是食品中使用的一种温和的甜味剂，其甜度为蔗糖的 1/3，甜味柔和，有特殊风味。工业上将淀粉用淀粉酶糖化后加酒精使糊精沉淀除去，再经结晶即可制得纯净麦芽糖。

3）乳糖　乳糖(lactose)是由 1 分子 β-D-半乳糖与另一分子 D-葡萄糖以 β-1，4 糖苷键结合而成的还原性二糖。纯品乳糖为白色固体，水中溶解度小，甜度仅为蔗糖的 1/6，含有 α 和 β 两种立体异构体，而 β-乳糖比 α-乳糖的甜度大。乳糖是哺乳动物乳汁中的主要糖成分，牛乳含乳糖 4.6%～5.0%，人乳含乳糖 5%～7%，但在植物界十分罕见。乳糖可被乳糖酶和稀酸水解后生成葡萄糖和半乳糖，不被酵母发酵。乳酸菌可使乳糖发酵变为乳酸。乳糖的存在可以促进婴儿肠道双歧杆菌的生长，也有助于机体内钙的代谢和吸收。但对体内缺乳糖酶的人群，它可导致乳糖不耐症。目前，主要有两种方法防止乳糖不耐症的发生，一种是通过乳酸发酵除去奶制品中的乳糖(如酸乳)；另一种是直接在奶制品中加入乳糖酶将乳糖进行降解(如低乳糖牛乳)。

(2) 功能性低聚糖

1）低聚果糖　低聚果糖(fructooligosaccharide)又称寡果糖或蔗果三糖族低聚糖，是指在蔗糖分子的果糖残基上通过 β-(1，2)糖苷键连接 1～3 个果糖基而成的蔗果三糖、蔗果四糖及蔗果五糖组成的混合物(图 3-4)。其结构式可表示为 G-F-F_n(G 为葡萄糖，F 为果糖，n=1～3)。低聚果糖多存在于天然植物中，如菊芋、芦笋、洋葱、香蕉、番茄、大蒜、蜂蜜及某些草本植物中。目前低聚果糖多采用适度酶解菊芋粉来获得。此外也可以蔗糖为原料，采用 β-D-呋喃果糖苷酶(β-D-fructofuranosidase)的转果糖基作用，在蔗糖分子上以 β-(1，2)糖苷键与 1～3 个果糖分子相结合而成，该酶多由米曲霉和黑曲霉生产。低聚果糖甜度为蔗糖的 0.3～0.6 倍，既保持了蔗糖的纯正甜味性质，又比蔗糖甜味清爽。低聚果糖是具有调节肠道菌群、增殖双歧杆菌、促进钙吸收、调节血脂和抗龋齿等保健功能的新型甜味剂，已广泛应用于乳制品、乳酸饮料、糖果、焙烤食品、膨化食品及冷饮食品。

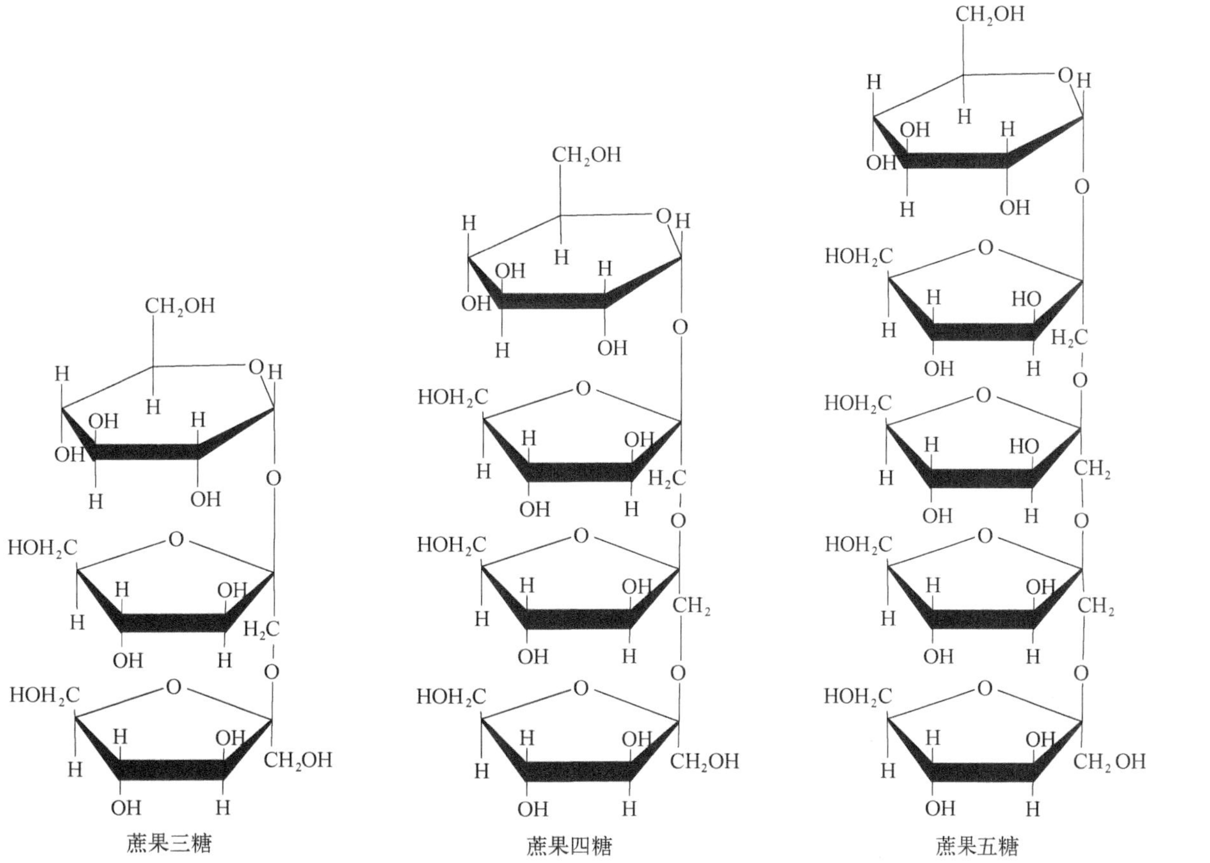

图 3-4　低聚果糖的结构图

2）低聚木糖　低聚木糖(xylooligosaccharide)是由 2～7 个木糖以 β-(1，4)糖苷键连接而成的低聚糖(图 3-5)，其中以木二糖为主要成分，木二糖含量越多，其产品质量越高。低聚木糖一般是以富含木聚糖(xylan)

的植物(如玉米芯、蔗渣、棉子壳和麸皮等)为原料,通过木聚糖酶、碱、酸或热的水解作用,然后分离精制而获得。工业上采用的木聚糖酶主要是由球毛壳霉(*Chaetomium globosum*)产生的内切型酶。低聚木糖的比甜度为0.4~0.5,甜味特性类似于蔗糖,具有独特的耐酸、耐热特性。低聚木糖有显著的双歧杆菌增殖作用,可改善肠道环境、促进机体对钙的吸收和抗龋齿作用。在体内代谢不依赖胰岛素,可作为糖尿病或肥胖症患者的甜味剂。因此,低聚木糖被认为是最有前途的功能性低聚糖之一,非常适合添加于酸奶、乳酸菌饮料等产品中。

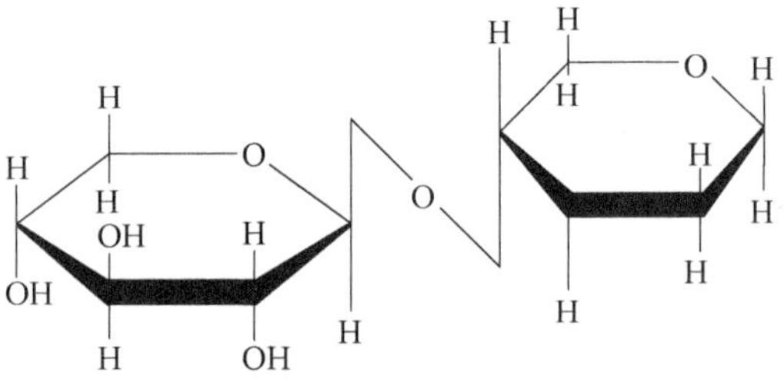

图3-5 木二糖的结构式图

3) 棉籽糖 棉籽糖(raffinose)又称蜜三糖,系统命名为 α-*D*-吡喃半乳糖基(1→6)-α-*D*-吡喃葡萄糖(1→2)-β-*D*-呋喃果糖(图3-6),在大部分的植物中都存在。纯净棉籽糖为白色或淡黄色长针状结晶,结晶体一般带有5分子结晶水。棉籽糖易溶于水,甜度为蔗糖的20%~40%,微溶于乙醇,不溶于石油醚。其吸湿性在所有低聚糖中是最低的,即使在相对湿度为90%的环境中也不吸水结块。棉籽糖属于非还原性寡糖,参与美拉德反应的程度小,热稳定性和酸稳定性较好。棉籽糖具有抗消化性,是人体肠道中双歧杆菌、嗜酸乳杆菌等益生菌极好的营养源和有效的增殖因子,能改善人体消化功能和增强人体免疫力。棉籽糖是一种安全无毒的功能性食品基料,可部分替代蔗糖,应用于清凉饮料、酸奶、乳酸菌饮料、冰淇淋、面包、糕点、糖果和巧克力等食品。工业生产棉籽糖主要有两种方法,一种是从甜菜糖蜜中提取;另一种是从脱毒棉籽中提取。

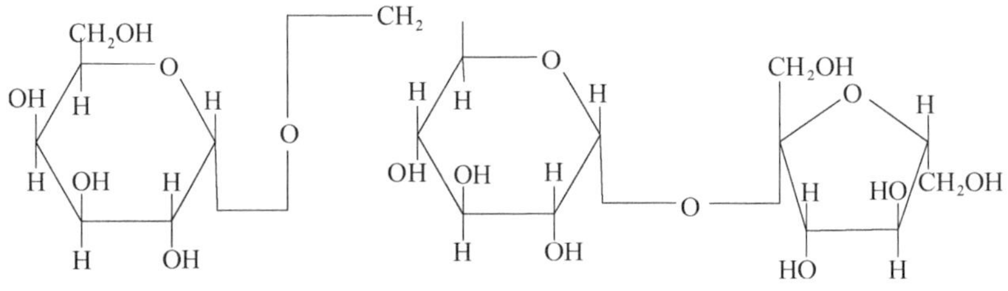

图3-6 棉籽糖的结构式图

4) 环状糊精 环状糊精(cyclodextrin)是由 α-*D*-葡萄糖以 α-1,4 糖苷键连接而成的环状低聚糖。聚合度分别为6、7、8个葡萄糖单位的环状糊精分别为 α-环状糊精、β-环状糊精和 γ-环状糊精(图3-7)。在食品工业中,β-环状糊精的应用最广泛,效果也最佳。工业上多用软化芽孢杆菌(*Bacitlus macerans*)产生的葡萄糖苷基转移酶(EC.2.4.1.19)作用于淀粉而制得环状糊精。环糊精结构具有高度对称性,呈中空圆柱体结构,空腔深度和内径均为0.7~0.8 mm;分子中糖苷氧原子是共平面的,分子上的亲水基葡萄糖残基 C_6 上的伯醇羟基均排列在环的外侧,而疏水基 C—H 键则排列在圆筒内壁,使中间的空穴呈疏水性。因此,环状糊精可作为微胶囊的壁材,能稳定地将疏水性客体化合物如维生素、风味物质等截留在环内,从而起到保护食品营养和稳定食品香气的作用。另外,环状糊精也能将一些疏水性异味物质,如柑橘汁苦味和肉羊的膻味物质等包埋在环内,从而消除或降低食品的异味。

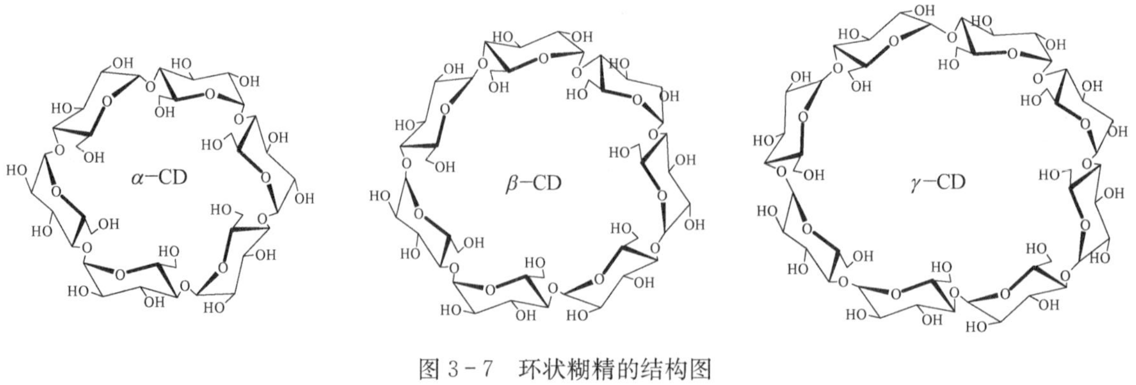

图3-7 环状糊精的结构图

5）低聚壳聚糖　从狭义上说，低聚壳聚糖是指由2～10个以β-1,4糖苷键连接的N-乙酰葡萄糖胺基（GlcNAc）构成的甲壳寡糖（chitinoligosaccharide）或由2～10个葡萄糖胺基（GlcN）和/或N-乙酰葡萄糖胺基以β-（1，4）糖苷键连接构成的壳寡糖（chitosan oligosaccharide）（图3-8）。从广义上说，低聚壳聚糖（chitooligosaccharide）是指相对分子质量在10 000以下且水溶性好的壳聚糖。低聚壳聚糖具有良好的水溶性、吸湿性和保湿性，低聚壳聚糖还具增强免疫、抗肿瘤、抗感染和抗菌抑菌等多种生物活性，其中以聚合度6～8的低聚壳聚糖生理活性最高。低聚壳聚糖通常采用酶法或化学法部分水解甲壳素或壳聚糖而制备。低聚壳聚糖在食品、医药、化妆品及农业中都有广泛用途。

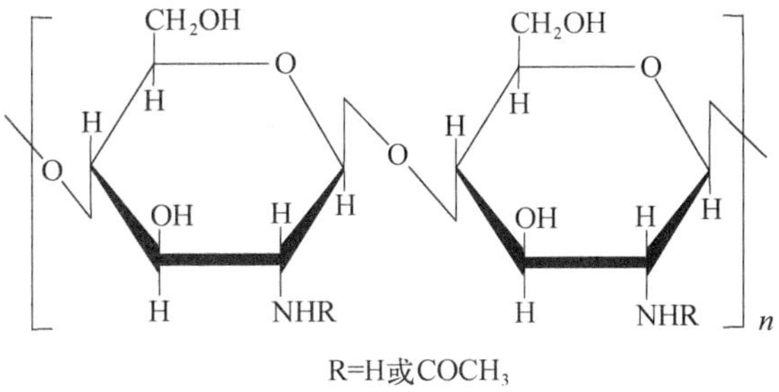

图3-8　低聚壳聚糖的结构图

除上述几种功能性低聚糖外，诸如低聚异麦芽糖、低聚半乳糖、大豆低聚糖、低聚乳果糖等都已有所研究或已经实现工业化应用。

二、单糖与寡糖的物理特性及食品学意义

1. 甜度　甜味是糖的重要性质。甜味的高低用甜度来表示，但甜度目前还不能用一些理化方法定量测定，只能采用感官比较法。通常以蔗糖为基准物，一般以10%或15%的蔗糖水溶液在20℃时的甜度为1.0，其他糖的甜度为在同一条件下与其相比较而得。由于这种甜度是相对的，所以又称为比甜度。表3-3列出了常见单糖与寡糖的比甜度。

表3-3　常见单糖与寡糖的甜度

糖类名称	比甜度	糖类名称	比甜度
蔗糖	1.00	果葡糖浆（90%果糖）	1.7
55%～60%低聚果糖	0.60	麦芽三糖	0.32
95%低聚果糖	0.30	麦芽四糖	0.20
α-D-半乳糖	0.27	麦芽糖	0.50
α-D-甘露糖	0.59	麦芽糖醇	0.90
α-D-果糖	0.50	麦芽五糖	0.17
α-D-木糖	0.50	蜜二糖	0.30
α-D-葡萄糖	0.70	木糖醇	1.00
β-D-果糖	1.50	乳糖	0.40
β-D-葡萄糖	0.47	山梨糖醇	0.50
低聚木糖（50%木二糖）	0.30	纤维二糖	0.30
果葡糖浆（42%果糖）	1.00	异麦芽酮糖	0.42
果葡糖浆（55%果糖）	1.4	龙胆二糖	有温和苦味

糖甜度的高低与糖的分子结构、分子质量、溶解度、构型及外界因素（如温度）等密切相关。单糖都有甜味，绝大多数低聚糖也有甜味，多糖则一般无甜味。优质糖应具备甜味纯正，甜度高低适当，甜感反应快，无不良风味等特点。一般来说，糖的浓度越高，所产生的甜味强度也越强。蔗糖甜味纯正而独特，与之相比，果糖的甜感反应最快，甜度较高，持续时间短；而葡萄糖的甜感反应较慢，甜度较低，但具有凉爽之感。果糖是最甜的单糖，甜味感来得快，消失也快，可用于果汁和汽水加工，以给人一种爽口提神的清凉感。在糖类中，果糖的吸湿性最强，很容易吸收水分，可用于面包、糕点和糖果的加工。在高级糖果和巧克力加工中应用果糖可防止结晶和返砂。糖的甜度会受温度变化的影响，当温度低于40℃，果糖甜度高于蔗糖，而温度高于50℃时，蔗糖甜度则高于果糖。在0℃时，果糖的甜度为蔗糖的1.4倍，60℃时，仅为蔗糖的0.8倍。温度对糖甜度的影响一方面是温度影响了人体对甜味的感知，另一方面温度影响了可异构化糖溶液中不同异构体的比例。不同糖类混合对其甜度有协同增效作用。如蔗糖的甜度为1.0，葡萄糖的甜度为0.7，果糖的甜度为1.5，而含90%果糖的果葡糖浆的甜度则是1.7。糖的构型也对其甜度有明显影响。如

β-D-葡萄糖的甜度仅为α-D-葡萄糖的66.7%；而α-D-果糖的甜度仅为β-D-果糖的33%。结晶的葡萄糖和果糖溶于水后放置一会的甜度比刚溶解时要弱。其主要原因是结晶葡萄糖是α-型，溶于水后一部分转变为β-型，所以甜度有所下降；而结晶果糖是β-型，溶于水后一部分转变为α-型，所以甜度也有所下降。对于结晶的α-D-葡萄糖溶于水后达到互变平衡后，体系中环式α-D-葡萄糖约占37%，环式β-D-葡萄糖约占62%，除此之外约有0.002%的链式醛式葡萄糖存在。图3-9给出了α-D-葡萄糖在水溶液中的互变反应。

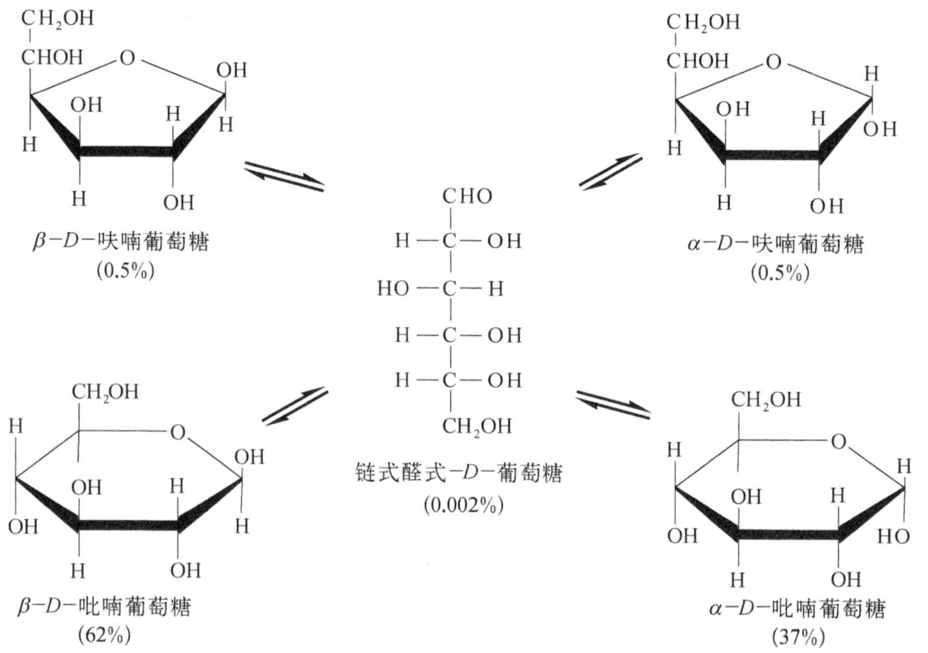

图3-9 D-葡萄糖水溶液中存在的5种异构体

2. 溶解度 单糖分子中的多个羟基使其在水中有较大的溶解度，但不溶于乙醚、丙酮等有机溶剂。在同一温度下，各种单糖的溶解度不同，果糖的溶解度最高，其次是葡萄糖。温度对单糖的溶解过程和溶解速度具有决定性的影响。随温度升高，单糖的溶解度增大。不同温度下果糖、葡萄糖和蔗糖的溶解度见图3-10。糖的溶解度大小会改变其水溶液的渗透压，随着浓度增加，其渗透压也增大。如在20℃时，饱和果糖溶液的浓度为78.94%，其产生的渗透压足以抑制微生物生长，而饱和葡萄糖的浓度只有46.71%，其产生的渗透压不足以抑制微生物生长。简言之，贮藏在20℃的饱和葡萄糖溶液仍存在微生物腐败变质的可能。若要安全贮藏葡萄糖溶液，需将其温度提升至50℃，此时饱和葡萄糖溶液的浓度达到了70.91%，其产生的渗透压足以抑制微生物的生长。

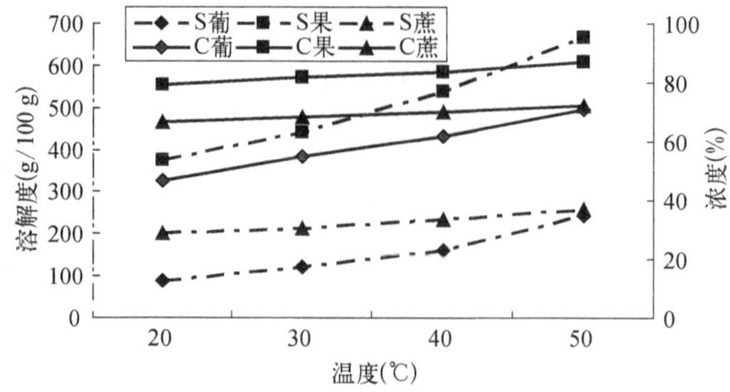

图3-10 葡萄糖、果糖和蔗糖在不同温度下的溶解度(S)与饱和溶液浓度(C)

3. 结晶性 单糖的特征之一是能形成晶体，但不同的单糖形成晶体的难度不一样。影响糖结晶性的因素包括糖的种类、纯度和结晶方式等。在常见的糖中蔗糖最容易结晶，其次是葡萄糖，果糖或转化糖较难结晶而淀粉不但不能结晶而且能抑制蔗糖等的结晶。通常蔗糖形成的晶粒粗大，而葡萄糖形成的晶粒细小。一般来说，糖溶液越纯越容易结晶，混合糖比单一糖难结晶。如在75℃时过饱和度为1.09的纯度分别为68%、79%和90%的蔗糖溶液的结晶速率分别为90 $mg \cdot m^{-2} \cdot min^{-1}$、500 $mg \cdot m^{-2} \cdot min^{-1}$和1 790 $mg \cdot m^{-2} \cdot min^{-1}$。蔗糖的结晶速率以晶体表面每平方米每分钟增加的蔗糖的量表示。此外，有些糖类在溶液中同时存在α-与β-型异构体或同分异构体而产生内在“不纯”而结晶难度增大。结晶方式也会影响糖的结晶性。如从93.5℃以下的乳糖过饱和溶液中得到的是α-水合型乳糖晶体($C_{12}H_{22}O_{11} \cdot H_2O$)，这种晶体在水中的溶解度小，质地坚硬，在口中会产生砂质感。若在93.5℃以上可得到无水β-无水乳糖晶体，这种晶体易溶于水且没有α-水合型乳糖晶体的缺点。

糖的结晶性在糖果生产的原料选择上至关重要。生产硬糖要选择结晶性高的糖为主要原料，而生产软糖要选择结晶性低的糖为主要原料。但需要指出的是在生产硬糖时也不能完全使用结晶性非常优良的蔗糖，而需要向其中加入适量吸湿性较弱的淀粉糖浆。其原因主要有以下两点：① 纯粹的蔗糖形成的结晶易碎，不利于糖块的切割加工，适量的淀粉糖浆能大幅度提升糖块的韧性而赋予其良好的切割加工性；② 适量的淀粉糖浆能使硬糖具有更为温和的甜度和口感。另外，单独用蔗糖生产的蜜饯容易因蔗糖的高结晶性而出现返砂现象。在糖渍液中适当添加适量果糖或果葡糖浆就可以有效防止返砂现象，而且产品的口感更佳。

4. 吸湿性和保湿性 吸湿性是指糖在湿度较高的情况下从周围环境吸收水分的能力；保湿性是指糖在空气湿度较低条件下保持自身水分不被蒸发到周围环境的能力。这两种性质反映了单糖和水之间的相互作用，对于保持食品的柔软性、弹性、脆性等都有重要意义。各种糖的吸湿性不同，以果糖、果葡糖浆（或转化糖）的吸湿性最强，葡萄糖、麦芽糖次之，蔗糖吸湿性最小。糖的吸湿性越强其保湿性也越强。在生产中，要根据产品的具体性质选择使用不同吸湿性/保湿性的甜味剂，如生产面包、糕点、软糖等食品时，宜选用吸湿性强、保湿性强的果糖、果葡糖浆等，而生产硬糖、酥糖及酥性饼干时，宜选用吸湿性弱、保湿性弱的蔗糖。

5. 渗透压 糖溶液的渗透压与其浓度和相对分子质量有关，糖的浓度越高，则渗透压越大，对食品的保存越有利。糖溶液的渗透压与糖的摩尔浓度成正比，如0.3 $mol \cdot L^{-1}$葡萄糖溶液与0.3 $mol \cdot L^{-1}$蔗糖溶液的渗透压相同。在同一质量浓度下，糖的相对分子质量越小，溶液的渗透压越大。与低聚糖与多糖相比，果糖或果葡糖浆就具有高渗透压特性，故其防腐效果较好。低聚糖由于其相对分子质量较大，且其水溶性较小，所以其渗透压也较小。通过测定糖溶液的渗透压，可以估算糖的相对分子质量。如果稀糖溶液的体积为V(L)，溶液中糖的质量为m(g)，糖溶液的渗透压为π(kPa)，则糖的相对分子质量为M(g/mol)可通过下式求得：$M = mRT/\pi V$。式中：T为绝对温度；R为气体常数(8.31 $kPa \cdot L \cdot K^{-1} \cdot mol^{-1}$)。

6. 冰点下降 冰点下降是指糖溶液的冰点比纯水的冰点要低，即糖的溶入会导致水的冰点下降。渗透压升高与冰点（凝固点）下降都属于稀溶液的依数性。即这些性质的变化幅度只与溶液中溶质的摩尔浓度有关而与什么溶质无关。因此，糖具有降低水冰点的特点，且糖的摩尔浓度越高，其水溶液的冰点越低。在相同质量浓度下，常见甜味剂中对冰点降低程度最强的是葡萄糖，其次是蔗糖，淀粉糖浆最弱。

糖溶液冰点降低在食品生产上的作用主要体现在以下两个方面：① 冷冻食品甜味剂的选择使用。如在生产雪糕、冰激凌等冷冻食品时，混合使用淀粉糖浆和蔗糖比单独使用蔗糖可节约用电同时能提高制品的品质。因为淀粉糖浆和蔗糖的混合物的冰点降低较单独使用蔗糖小。另外淀粉糖浆具有抗结晶性，有利于形成冰晶细腻、黏稠度高和甜味适中的产品。② 新鲜食物冻害的防止。冻害指植物组织在低温下体内水分冻结而对其造成的伤害。当采后新鲜的水果蔬菜贮藏在不适宜的较低温度下，导致其内部水分发生冻结而对果蔬组织产生不可修复性损伤，导致其解冻后出现质地软化、组织结构破坏、色素降解、快速腐烂等现象。不同果蔬对冻害的敏感性不一样，这一方面取决于果蔬自身的生理属性，另一方面与果蔬中的可溶性固形物的含量密切相关。果蔬中可溶性固形物含量越高（通常其甜味也越高），其冰点就越低，越不容易发生冻害。表3-4给出了常见果蔬的冰点。

表 3-4 常见水果蔬菜的冰点

食 物	冰点/℃	食 物	冰点/℃	食 物	冰点/℃
莴苣	−0.17	草莓	−0.77	杏	−1.06
菠菜	−0.28	花菜	−0.77	萝卜	−1.10
西瓜	−0.40	洋葱	−0.77	葡萄	−1.17
完熟番茄	−0.49	香蕉	−0.77	甜瓜	−1.20
芹菜	−0.49	茄子	−0.77	柠檬	−1.33
黄瓜	−0.49	橙	−0.77	胡萝卜	−1.37
绿熟番茄	−0.55	李	−0.82	金冠苹果	−1.50
石刁柏	−0.61	桃	−0.88	樱桃	−1.77
马铃薯	−0.61	甘蓝	−0.88	柿子	−2.16
青花菜	−0.61	绿色菠萝	−1.00	无花果	−2.40
柿子椒	−0.72	蜜橘	−1.05	板栗	−5.00
豆荚	−0.72	国光苹果	−1.05		

7. 黏度 糖的溶解一般会引起水的黏度升高。糖溶液的黏度受到溶质(糖)的浓度、相对分子质量和温度等因素的影响。通常浓度越高的糖溶液黏度越高。而糖溶液的黏度一般随着温度的升高而下降。在相同质量浓度时,单糖溶液的黏度一般比低聚糖溶液低;淀粉糖浆的黏度随转化程度增大而降低。

糖类物质溶液的黏度特性在食品加工中有多种用途:① 糖溶液的黏度是糖果工业拉条与成型的需要,如棉花糖的制作;② 利用糖提升溶液黏度的特性,可使食品体系更加稳定,如在打蛋时加入适量糖浆会使蛋清蛋白中包裹的气泡更加稳定;③ 利用糖的黏度可调节食品的温觉效应。一般黏度高的食物给人以暖和的感觉,而黏度低、清薄的液态食品往往给人清凉的感觉。因此清凉型产品宜选择低黏度甜味剂,如蔗糖,而暖和型的产品宜选择高黏度甜味剂,如淀粉糖浆;④ 利用在相同浓度下糖溶液的黏度与其分子质量成正比的关系,可利用糖溶液的黏度特性测定糖的相对分子质量。

8. 旋光度 旋光性是指某些有机物能将偏振光的振动平面旋转一定角度的特性。将具有这种性质的物质称为旋光活性物质(光学活性物质)。旋光活性物质将偏振光振动平面旋转的角度称为旋光度。一般说来,凡分子结构中具有不对称手性碳原子的糖类物质都具有旋光性。能使偏振光振动平面向右旋转(顺时针方向)的叫右旋,用“+”或“*d*”表示,如右旋葡萄糖表达为(+)-葡萄糖或(*d*)-葡萄糖;能使偏振光振动平面向左旋转(逆时针方向)的叫左旋,用“-”或“*l*”表示,如左旋葡萄糖可表达为(-)-葡萄糖或(*l*)-葡萄糖。除此之外,碳水化合物的构型常用 *D* 及 *L* 表示。但需要指出的是旋光活性物质的旋光方向与其构型之间没有固定的关系。构型为 *D* 的化合物,可以是左旋的,也可以是右旋的,如常见的 *D*(+)-葡萄糖为右旋,而(-)-阿拉伯糖为左旋。在一定条件下,糖的旋光度为一常数,通常用比旋光度$[\alpha]_\lambda^t$表示,t 为测定温度,λ 为测定光源的波长。比旋光度常指将浓度为 1 g/mL 的糖溶液置于光径为 10 cm 的盛液管中,以钠光灯作为光源(波长为 589.3 nm)测出的旋光度。比旋光度为正值则测定物质为右旋;相反则为左旋。当单糖溶解在水中的时候,由于开链结构和环状结构的互相转化,因此会出现变旋现象。因此,通过测定比旋光度确定单糖种类时,一定要注意静置一段时间(24 h)。表 3-5 给出了常见碳水化合物的比旋光度。

表 3-5 常见单糖和寡糖在 20℃(钠光)时的比旋光度值

糖类名称	比旋光度	糖类名称	比旋光度
D-葡萄糖	+52.2°	*D*-阿拉伯糖	−105.0°
D-果糖	−92.4°	*D*-木糖	+18.8°
D-半乳糖	+80.2°	*L*-阿拉伯糖	−104.5°
D-甘露糖	+14.2°	*L*-山梨糖	+43.3°
D-核糖	−23.7°	*L*-鼠李糖	+8..9°
L-岩藻糖	+75.9°	*D*-葡萄糖醛酸	+36.3°
D-半乳糖醛酸	+56.7°	*D*-葡萄糖胺	+47.5°
D-甘露糖醛酸	+23.9°	*D*-甘露醇	+23～+24°
D-山梨醇	+2.0°	异麦芽酮糖	+97.2°

续 表

糖类名称	比旋光度	糖类名称	比旋光度
低聚果糖	−92.3°	麦芽糖	+136°
乳糖	+55.4°	纤维二塘	+35°
蔗糖	+66.5°		

糖的旋光特性在食品中的应用主要体现在以下几点：① 鉴定糖类化合物。利用在一定条件下特定糖的旋光度为一常数，就可以通过比旋光度对糖类化合物进行初步鉴定；② 测定液态食物的固形物含量。在糖一定的情况下，糖溶液的旋光度与溶液中糖的浓度成正比。手持式测糖仪正是利用这一原理设计的；③ 观察反应情况。如果具有旋光性的糖类在溶液中发生异构化等反应后，其溶液的旋光度随之发生改变，而且改变的幅度往往与反应发生的程度相关。因此，根据糖溶液的旋光度变化情况可以了解其中的化学反应进行的情况。

三、单糖与寡糖的化学特性及食品学意义

1. 单糖异构化与复合反应

（1）单糖异构化：单糖溶解于水后，会发生对应异构化。如 α-D-吡喃葡萄糖溶于水后，通过其链式结构(D-果糖)为中间体会异构化为 β-D-吡喃葡萄糖、α-D-呋喃果糖和 β-D-呋喃果糖(图 3-9)。伴随这一过程往往有糖溶液旋光度的变化，因此也将此类对应异构化反应称为变旋现象(mutarotation)。

处于稀碱溶液的单糖能发生差向异构化。例如，D-葡萄糖在稀碱的作用下通过 C1-C2 位上的烯醇化转化得到 D-葡萄糖、D-甘露糖和 D-果糖三种差向异构体的平衡混合物。同理，用稀碱处理 D-果糖和 D-甘露糖，也可得到相同的平衡混合物。最早果葡糖浆(高果糖浆，high-fructose corn syrup，HFCS)的生产就是利用此反应处理葡萄糖溶液或淀粉糖浆来生产的。但稀碱对葡萄糖的异构化效率不高，一般只有21%～27%，且伴随有严重的糖分损失(约 10%～15%)，同时还产生有色副产物，影响制品的颜色和风味，使后续的精制也很困难。1957 年异构化酶的发现使果葡糖浆的生产得到质的提升。目前果葡糖浆已经发展到第三代高果糖浆，分别为 HFCS 42 号(42%果糖+53%葡萄糖)、HFCS 55 号(55%果糖、42%葡萄糖)和 HFCS 92 号(90%果糖、10%葡萄糖)。其中最常见的为 HFCS 55 号，也可用 HFCS 42 号和 HFCS 92 号按比例调配生产 HFCS 55 号。

（2）复合反应：酸对糖的作用，因酸的种类、浓度和温度的不同而不同。很微弱的酸能促进单糖的 α 和 β 异构体的转化。在室温下，稀酸对糖的稳定性无影响；但在较高温度下，稀酸会使单糖发生分子间脱水反应而缩合成糖苷，产物包括二糖和其他低聚糖，这种反应称为复合反应。单糖的浓度越高，复合反应进行的程度越大。复合反应可以形成的糖苷键类型较多，使复合反应的产物很复杂，除主要生成 α-和 β-1,6 键的二糖外，还有微量的其他二糖，如两分子的葡萄糖发生复合反应，主要通过 α-1,6 和 β-1,6 键结合成异麦芽糖和龙胆二糖(图 3-11)。因此，工业上用酶法水解淀粉生产葡萄糖，由于葡萄糖发生复合反应，约有 5%的异麦芽糖和龙胆二糖生成，这不仅影响葡萄糖的产率，还会影响葡萄糖的结晶和风味。

2. 寡糖水解 寡糖在酸或酶的作用下，可水解生成单糖或低聚糖。蔗糖可在稀酸或酶的作用下水解得到葡萄糖和果糖的等量混合物。由于蔗糖的比旋光度为+66.5°，水解所生成的果糖和葡萄糖的比旋光度分别为−92.4°和+52.2°，因此水解完全后蔗糖水解液的比旋光度为−19.9°。由此可见在蔗糖水解过程中，溶液的旋光度由右旋转化到左旋，因此通常把蔗糖的水解液称为转化糖浆(inverted sugar syrup)，也称为转化糖。转化糖的甜度明显高于蔗糖，且其甜味类似蜂蜜，口感良好。因此，在饮料工业中常使用转化糖或将蔗糖与柠檬酸适度熬制后添加于饮料中，其风味明显优于单独使用蔗糖的产品。

乳糖是存在于哺乳动物乳汁中的双糖，可被乳糖酶水解为半乳糖和葡萄糖。和蔗糖酶、麦芽糖酶及 α-糊精酶一样，乳糖酶也结合在小肠内的黏膜细胞中。缺乏乳糖酶的成年人在食用含乳糖奶制品后，乳糖因不能被吸收而积累在小肠腔中，由于渗透作用使液体大量流入小肠而表现出腹胀、恶心等症状，严重时产生腹泻，将此现象称为乳糖不耐症(lactose intolerance)。

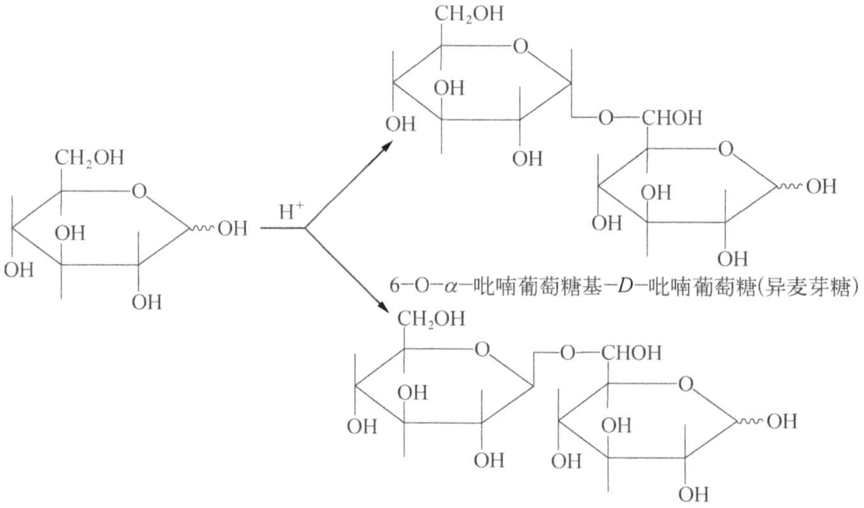

图 3-11 单糖在酸催化下的复合反应

3. 单糖的脱水及分解反应

(1) 脱水反应：单糖受强酸和热的作用，易发生分子内脱水反应，生成环状结构体或不饱和化合物，这类反应大多属于β-消去反应。根据β-消去反应原理，可以预测单糖的脱水产物。如2-酮糖互变异构所形成的2,3-烯二醇有两种β-消去反应途径：一种是生成2-羟基乙酰呋喃，另一途径则生成异麦芽酚。通常戊糖脱水生成的主要产物是糠醛，而己糖脱水生成的主要产物是5-羟甲基糠醛。相同条件下，己酮糖较己醛糖更易发生脱水反应。糠醛比较稳定，而5-羟甲基糠醛不稳定，进一步会分解生成甲酸、乙酰丙酸、丙酮醇、3-羟基丁酮、双乙酰、丙酮酸、乳酸或聚合成有色物质。这些降解产物具有强烈的气味，有时对食品是有利的，有时则不利。温度越高，单糖脱水反应的速率越快。另外，当食品在干热处理时，也会导致其中的单糖发生脱水反应。D-葡萄糖或含有D-葡萄糖的碳水化合物聚合物在这种情况下特别容易发生脱水反应。D-葡萄糖在干热条件下脱水形成的产物有1,6-脱水-D-吡喃葡萄糖、(1,4)(3,6)-二脱水-D-吡喃葡萄糖和1,6-脱水-D-呋喃果糖等(图3-12)。

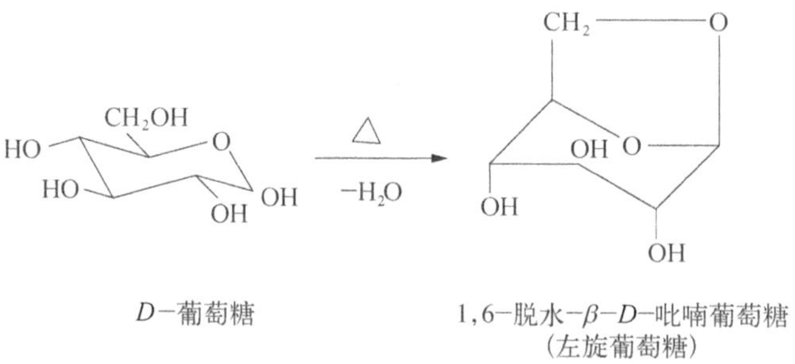

图 3-12 D-葡萄糖在干热条件下脱水形成左旋葡萄糖的过程

(2) 分解反应：需要指出的是单糖对高浓度碱不稳定。在中等浓度碱或伴随加热的情况下，单糖会发生分子内氧化还原反应和分子重排生成糖精酸等羧酸类化合物(图3-13)。在浓碱的作用下，单糖会发生分解反应。但在有氧或无氧情况下，浓碱诱导的单糖分解反应路径各异，产物也不同(图3-14)。

4. 糖类的褐变反应 食品褐变反应分为酶促褐变和非酶促褐变两种。酶促褐变主要是多酚氧化酶催化酚类和氧之间的反应形成深色物质的反应，这是苹果、香蕉、梨及莴苣等在切开时所发生的褐变现象，这类褐变一般与碳水化合物无关。非酶褐变是食品中常见的另一类重要反应，其中与糖类关系密切的主要包括焦糖化和美拉德反应等。焦糖化反应又称卡拉蜜尔作用(caramelization)，是糖类尤其是单糖在没有氨基化合物存在的情况下，加热到熔点以上的高温(一般是140～170℃以上)时因发生脱水、降解等过程而发生的褐变反应。美拉德反应(Maillard reaction)又称羰氨反应，即含有羰基的化合物与含有氨基的化合物经缩合、聚合生成类黑色素的反应。几乎所有的食品或食品原料均含有含羰基化合物(来源于糖或油脂氧化酸败产生的醛和酮)和含氨

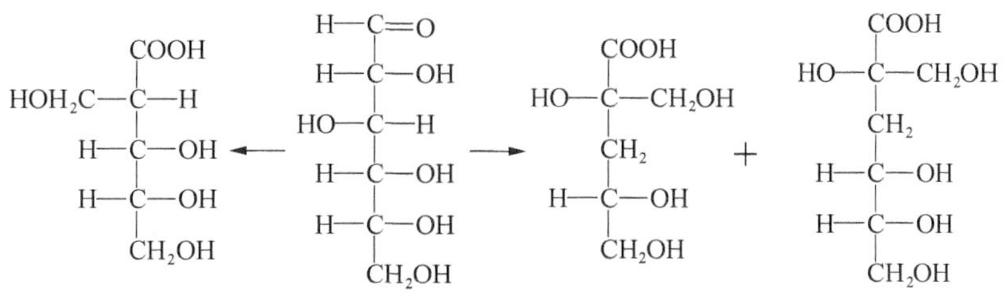

糖精酸　　D-葡萄糖　　异糖精酸　　间糖精酸

图 3-13　单糖在碱作用下形成糖精酸的过程

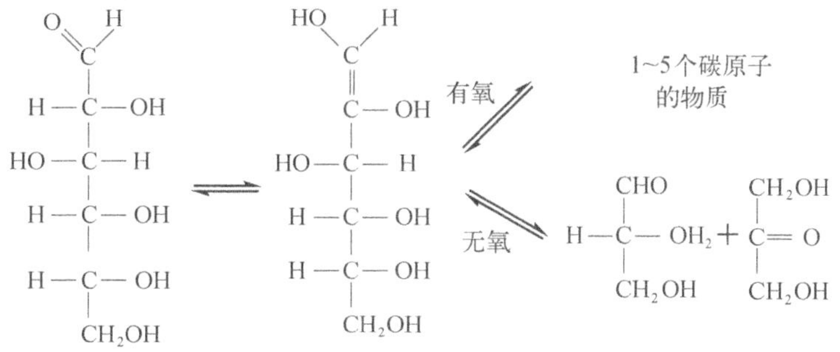

D-葡萄糖　　烯醇式

图 3-14　单糖在浓碱作用下的分解反应

基化合物(来源于蛋白质),因此都可能发生羰氨反应。故在食品加工中由羰氨反应引起食品颜色加深的现象比较普遍。如焙烤面包产生的金黄色、烤肉所产生的棕红色、熏干产生的棕褐色、松花皮蛋蛋清的茶褐色、啤酒的黄褐色、酱油和陈醋的黑褐色等均与此有关。有关非酶褐变的反应机理及应用具体见第七章食品颜色。

第三节　多糖在食品体系中的特性

一、多糖的一般性质

多糖(polysaccharide)又称聚糖,是由多个单糖或其衍生物通过糖苷键连接而成的高聚物。自然界中多糖的聚合度(DP)多在 100 以上,大多数多糖的 DP 为 200～3 000,纤维素的聚合度最大可达到 15 000。自然界常见的多糖有淀粉、纤维素、半纤维素、果胶等。多糖与单糖或低聚糖在性质上有重大的差别。多糖没有还原性和变旋现象,也没有甜味,而且大多数不溶于水,个别能与水形成含有多糖分子集聚体的胶体溶液。另外,与单糖和低聚糖具有确定的相对分子质量不同,多糖往往是以具有不同聚合度类似物的混合物的形式存在。即便是分离纯化获得的所谓的“纯多糖”,也实际上是相对分子质量分布范围很窄的多糖的混合物。多糖的均一性或“纯度”常用多分散指数(polydispersity index,PI)表示,它是多糖重均相对分子质量(M_w)和数均分子质量的比值(M_n),$PI=M_w/M_n$。一般多糖的 $M_w>M_n$,当 PI 值越接近于 1 表示多糖的“纯度”越高,而 PI 值越大表示多糖的“纯度”越低。

作为高分子化合物,与蛋白质一样,多糖的结构也可以划分为一级结构及高级结构。多糖的一级结构是指多糖的单糖残基的组成、排列顺序、相邻单糖残基的连接方式、异头物的构型及糖链有无分支、分支的位置和长短等。常用于多糖一级结构解析的方法包括甲基化分析、酸水解、乙酰解、Smith 降解、高碘酸氧化等化学方法与气相色谱(GC)、气质联用(GC-MS)、红外光谱(FT-IR)、一维核磁共振(^1H-NMR 和 ^{13}C-NMR)与多维核磁共振(如二维核磁共振的 J 分解谱、化学位移相关谱、多量子谱等)等仪器分析方法。多糖的高级结构包括其二级、三级和四级结构。二级结构指多糖骨架链间以氢键结合所形成的各种聚合体,关系到多糖分子中主链的构象,不涉及侧链的空间排布;三级结构是指多糖链一级结构的重复顺序,由于糖残基中的羟基、羧基、氨基以及硫酸基之间的非共价相互作用,导致有序的二级结构空间形成有规则而粗大的构象;四级结构是指多糖链间非共价键结合形成的聚集体。常用于多糖高级结构解析的方法包括 X-射线衍射法

(XRD)、核磁共振法(NMR)、旋光度(ORD)和圆二色谱(CD)、原子力显微镜(AFM)等。常见多糖的高级结构有拉伸带状结构、曲状螺旋结构、皱形结构和屈曲线状结构等。而对天然纤维素的研究发现,其具有结晶区与非结晶区,其晶胞结构有Ⅰ、Ⅱ、Ⅲ、Ⅳ以及Ⅲ-1、Ⅲ-2、Ⅳ-1、Ⅳ-2等多种变体,这些变体之间可以相互转换,并进一步组合形成纤维素的超分子结构。

很多多糖具有某种特殊的生理活性。研究表明,来源于香菇、银耳、灵芝等的真菌多糖,一些微生物多糖,海洋生物的多糖,以及一些植物来源的非淀粉多糖,具有提高人体免疫、抗肿瘤、抗衰老、促进核酸与蛋白质合成、降血糖和血脂、保肝、抗凝血等生理活性。这些多糖的活性不仅与其一级结构关系密切,也决定于多糖的高级结构。

1. 多糖的溶解性 就结构来看,多糖分子具有大量极性基团羟基及氧原子,因而具有较强的亲水性而易于水合或溶解。但由于多糖分子与分子之间也有很强的作用力,在水溶液中即便水溶性多糖也实际很难形成单分子"溶解"状态,而更多以胶体的形式存在,因此也常将这类多糖称为亲水性胶体。分子质量和分子结构是影响多糖溶解度的两个最重要的结构参数。一般来说中性多糖的溶解度不及荷电多糖。分子结构越有规律的多糖越容易形成结晶或部分结晶结构而使其溶解性变差。因而具有高度分支结构的多糖往往具有良好的水溶性。而自然界处于高度有序结晶状态的多糖,如纤维素、生淀粉等是很难溶于水的。多糖的溶解性受其结构的控制。如对来自谷物的具有(1→3)(1→4)结构的β-葡聚糖来说,分子链中β-(1→3)-葡萄糖残基越多,其水溶性越好。这是因为大量相邻的β-(1→4)糖苷键会使β-葡聚糖通过氢键作用形成类似纤维素的集聚结构(较低的溶解度),而β-(1→3)-葡萄糖残基能打破这种规律,使β-葡聚糖处于不规则形态(较高的溶解度)。和单糖与寡糖不同,大多数多糖不能被人为结晶。由于其巨大的相对分子质量,多糖不会显著降低水的冰点,它是一种冷冻稳定剂(不是冷冻保护剂)。在冷冻过程中,多糖能抑制食品中水分的移动,从而使食品形成更为细腻的冰晶,能有效保护产品的结构与质地稳定,从而改善冷冻食品的品质。

2. 多糖溶液的黏度 与单糖和寡糖相比,在相同质量浓度下,多糖溶液的黏度更高。有些多糖在较低浓度下就能形成黏度很高的溶液。多糖水溶液的高黏度一方面是多糖分子与水分子强烈作用的结果,另一方面也是水溶液中多糖分子之间强烈相互作用的结果。多糖溶液的黏度受到多糖相对分子质量、分支情况、荷电状况及环境温度等因素的影响。大多数多糖分子在溶液中呈无序的无规线团状态(图3-15)。一般来说,相对分子质量越高的多糖形成的溶液的黏度也越高。图3-16给出了常见来自谷物的β-葡聚糖溶液特性黏度([η])与其相对分子质量(M_m)之间的关系。

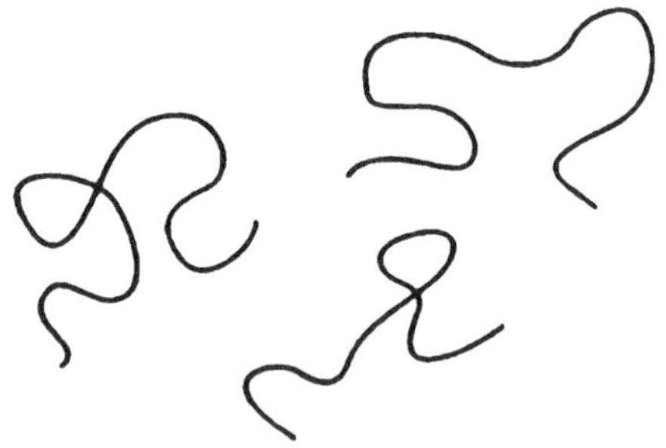

图3-15 多糖分子在水溶液中的无规线团状态

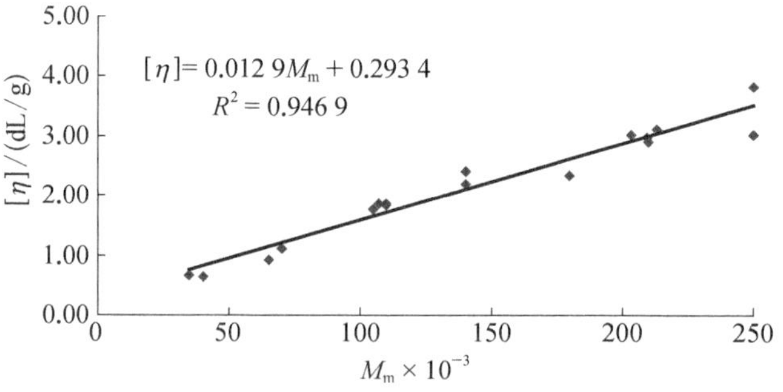

图3-16 谷物β-葡聚糖溶液特性黏度([η])与分子质量(M_m)的关系

多糖分子的分支度也严重地影响着多糖溶液的黏度。高度分支的多糖分子往往比具有相对分子质量相同的直链多糖分子占有更小的体积,在溶液中运动阻力小,分子之间的碰撞频率低,分子间摩擦力小,因而溶液的黏度也比较低。带电荷多糖分子,由于分子链上相同电荷的静电斥力引起分子链伸展、使链长增加,使多糖分子占有更大的体积,导致溶液的黏度大幅度提高。大多数多糖溶液的黏度随温度的升高而降低,这是因为温度升高导致水的流动性增加。但是黄原胶溶液除外,它在0～100℃内的黏度基本保持不变。

利用多糖溶液的黏度特性,可对食品体系进行增稠,控制食品体系的口感和稳定性,如提升汤料的黏稠性及稳定悬浮果肉颗粒等。当然,也能通过多糖的添加量控制液态食品的流动性,多糖添加量越大,液态食品越黏稠,其流动性越差。当多糖添加量达到某一水平时,液态食品甚至会失去其流动性而处于凝胶状态。处于凝胶状态的半固体食品具有一定的可塑性,如常见的软糖。

3. 多糖溶液的流变特性　流变学是研究在外力作用下食品体系流动特性(如黏度)变化的科学。液体的黏度(η)指其剪切应力(τ)与剪切速率($d\gamma/dt$)的比值,即 $\tau=\eta d\gamma/dt$,γ 表示剪切速率。但这个公式仅适用于一些简单的液体,如水、油以及溶解有小分子溶质(如单糖、蔗糖、乙醇等)的水溶液。该类液体的剪切速率与剪切应力成正比,即溶液黏度不受外界作用力(如搅拌)干扰,将这类流体称为牛顿流体,也称为纯粹黏性流体。但大多数多糖溶液属于黏弹性流体,介于纯粹黏性流体和弹性固体之间。黏弹性流体具有明显的蠕变应变(creep)或应力弛豫(stress relaxation)现象。所谓蠕变应变指当黏弹性流体受到恒定应力作用时,其剪切应变随作用时间的延长而增大;所谓应力弛豫指当黏弹性流体受到恒定应力作用时为保持其剪切速率恒定,剪切应力必须随时间不断减小。由此可见,在恒定剪切应力作用下,多糖溶液的剪切速率会不断提升,表现为溶液黏度不断下降,这被称为黏弹性流体的剪切变稀效应(shear thinning)。多糖溶液剪切变稀效应赋予了其假塑性和触变性。所谓假塑性指多糖溶液黏度随其流速的增大而减小,具有明显的剪切变稀的性质;而触变性指在剪切作用下多糖溶液可由黏稠状态变为流动性较大的状态,而当剪切作用取消后,要滞后一段时间才恢复到原来状态。为表达多糖溶解对溶剂黏度的影响,也常使用比黏度(specific viscosity,η_{sp})的概念,其表达公式为 $\eta_{sp}=(\eta-\eta_s)/\eta_s$,式中,$\eta$ 表示一定浓度(c)多糖溶液的黏度,η_s 表示溶剂的黏度。

多糖溶液的剪切变稀特性有明显的剪切速率、浓度、时间和相对分子质量依赖性。一般多糖溶液在低剪切速率下不表现出明显的剪切变稀效应,而且剪切速率越高其剪切变稀效应越强。根据多糖溶液剪切速率与特性黏度的关系外推可得到多糖在零剪切作用下的黏度,又称为零剪切比黏度[zero-shear specific viscosity,$(\eta_{sp})_0$],是多糖溶液与浓度直接相关的特性参数。一般新鲜配制的多糖溶液的剪切变稀效应非常弱而随多糖溶液储存时间的延长,其剪切变稀效应明显加强,也就是常说的多糖溶液流变学特性的时间依赖性。多糖溶液流变学特性的时间依赖性主要是由多糖溶液在储存过程中分子间形成网络结构所致。多糖溶液的浓度对其黏度有明显影响。为表述多糖分子的黏度特性,流变学上常使用特性黏度(intrinsic viscosity,[η])的概念。特性黏度是反映高分子特性的黏度,指高分子溶液浓度趋于零时的比浓黏度(reduced viscosity),即表示单个高分子对溶液黏度的贡献,其值不随浓度而变。多糖溶液 log[η]与 log$c$ 之间关系图在较低浓度范围内曲线的斜率为 1.0 左右,而在较高浓度范围内曲线的斜率为 3.3 左右。将两段不同斜率线段交汇点所对应的浓度称为多糖溶液的线团重叠浓度(coil-overlap concentration,c^*)。当多糖溶液的浓度 $c<c^*$ 时,多糖分子以单分子状态存在于溶液中,不同多糖分子链之间没有相互缠绕,此时的多糖溶液不表现出剪切变稀效应;而当多糖溶液的浓度 $c>c^*$ 时,多糖分子不再以单分子状态存在于溶液中,不同多糖分子链之间相互缠绕发生无规线团重叠,此时的多糖溶液具有剪切变稀效应。多糖溶液的浓度越高其剪切变稀效应越强。图 3-17 给出了多糖溶液 log$(\eta_{sp})_0$ 与其比浓浓度 c[η](reduced concentration)之间的关系图。多糖的分子质量与其精细结构对其线团重叠浓度的影响有限,如具有不同(1→4)/(1→3)比例的相对分子质量分别为 35 000、65 000、110 000、140 000和250 000 的燕麦 β-葡聚糖的线团重叠浓度(c^*)分别为 180、190、160、190 和 200 g/L。同样,右旋糖、羧甲基淀粉、高甘露海藻酸、高葡萄糖醛酸海藻酸、λ-角叉胶和透明质酸拥有近似的线团重叠浓度(c[η]≈4.0)。

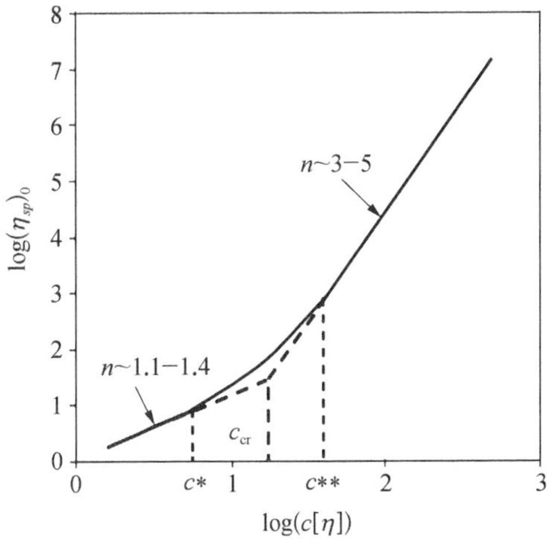

图 3-17　多糖溶液 log$(\eta_{sp})_0$ 与其比浓浓度 c[η]关系图

虽然线团重叠浓度(c^*)与其分子质量关系不大,但多糖溶液的特性黏度([η])受其分子质量和分子形状的控制。常用 Mark-Houwink-Sakurada 方程[η]$=KM^a$ 描述多糖分子质量(M)与其溶液特性黏度([η])的关系,式中 K 和 a 是与多糖构象有关的参数。具有伸展线团构象多糖的 K 值往往比具有紧凑线团结构多糖的高;对具有柔性随机线团构象的多糖其 a 值一般位于 0.5~0.8,随多糖链刚性的不断增强,a 值也不断增大。低 a 值的多糖在溶液中具有紧凑构象,高 a 值的多糖在溶液中具有伸展构象。a 值还与多糖溶液的溶剂种类相关。表 3-6 给出了常见多糖的 K 值、a 值及测试条件。

表 3-6 常见多糖溶液 Mark-Houwink-Sakurada 方程的 *K* 值与 *a* 值

多　糖	$K\times10^6$	a	测　试　条　件
海藻酸钠（ManA/GulA=1∶8）	4.8	1.15	0.01 mol/L NaCl，20℃
	20	1.00	0.1 mol/L NaCl，20℃
	91	0.87	1.0 mol/L NaCl，20℃
	120	0.84	$I\rightarrow\infty$，20℃
羧甲基淀粉	252	0.64	37.5℃
羧甲基纤维素钠	72	0.95	0.005 mol/L NaCl
	430	0.74	0.2 mol/L NaCl
		0.92	0.01 mol/L NaCl
	190	0.82	0.05 mol/L NaCl
	1 900	0.60	$I\rightarrow\infty$
葡萄聚糖	0.87	0.50	
乙基羟乙基纤维素	370	0.80	
半乳甘露聚糖	0.168	0.98	K 和 a 参考：$[\eta]=K\ DP_W^a$
	670	0.80	20℃
	K_x	0.98	$K_x=(11.55\times10^{-4})\times(1-x)^{0.98}$，此处 $x=G/M+G$
瓜尔豆胶	7.76	0.98	
	380	0.723	
透明质酸	228	0.82	pH=6，0.2 mol/L NaCl
	318	0.78	pH=6，0.5 mol/L NaCl
羟乙基纤维素	1 000	0.70	
	95.3	0.87	
羟乙基淀粉	2 910	0.35	
槐树豆胶	80.2	0.79	M/G=1
甲基纤维素	2 800	0.63	K 和 a 参考 M_n
	3 160	0.55	
果胶		0.8	DM=30—72%，0.1 mol/L NaCl
	216	0.79	DM≦70%，水
	955	0.73	ΔDM
黄原胶		1.14	$\Delta M_W=0.31-7\times10^6$，0.1 mol/L NaCl
	170	1.2	$M_W>1.5\times10^5$，0.01 mol/L NaCl
		1.32	$M_W<1.5\times10^5$，0.01 mol/L NaCl
		0.95	$M_W>1.5\times10^5$，0.01 mol/L NaCl，80℃
	63	0.93	0.5% NaCl
直链淀粉	132	0.68	
	69.2	0.78	0.20 mol/L KOH
	1 150	0.50	0.33 mol/L KCl
	1 120	0.50	0.33 mol/L KCl
	550	0.53	0.50 mol/L KCl
壳聚糖	1.04	1.12	0.2 mol/L CH_3COOH/0.1 mol/L CH_3COONa，DD=69%，30℃
	14.24	0.96	0.2 mol/L CH_3COOH/0.1 mol/L CH_3COONa，DD=84%，30℃
	65.89	0.88	0.2 mol/L CH3COOH/0.1 mol/L CH3COONa，DD=91%，30℃
		0.81	0.2 mol/L CH_3COOH/0.1 mol/L CH_3COONa，DD=100%，30℃
		0.296	CF_3COOH
	168	0.147	1% CH_3COOH/2.8% NaCl
		0.186	1% CH_3COOH/2% LiCl
		0.71	0.2 mol/L CH_3COOH/0.1 mol/L NaCl/4 mol/L 尿素
	18.1	0.93	0.1 mol/L CH_3COOH/0.2 mol/L NaCl
支链淀粉	236	0.658	
	258	0.646	
裂褶多醣	0.001 3	1.7	$M_W<S\times10^5$
	0.92	1.2	$M_W>S\times10^5$
	2 230	0.69	DMSO
琥珀酰聚糖	6.5	1.4	$M_W<106$，0.1 mol/L NaCl

$M_w=10^6$，若无另外说明：$T=25$℃；DO=脱乙酰度，OM=甲基化程度。

多糖的流变学特性直接决定着液态含多糖食品的流动特性、稳定性和口感。剪切变稀效应越大的多糖溶液的流动性也越好。但剪切变稀效应过大会导致由多糖稳定的食品体系在运输振动等过程中发生质地改变，如分层、絮凝等现象。此外，有人根据多糖溶液入口时的口感将其分为3组：A组（玉米淀粉、直链淀粉和黄原胶）、B组（瓜尔胶、黄芪胶、角叉菜胶、秋葵胶、岩藻多糖）和C组（果胶、低甲氧基果胶、刺槐胶、琼脂、阿拉伯胶、支链淀粉、海藻酸钠、羧甲基纤维素钠）。感官评定发现在相同浓度下A组形成的溶液最黏稠，B组居中，而C组最清薄。其本质原因是A组多糖的溶液的剪切变稀效应最大，而C组的最小。而有趣的是发现具有相同感官评定黏度的糖浆和汤在剪切速率为50 s^{-1}具有相同的仪器测定黏度，而嘴巴的剪切速率一般也恰好为50 s^{-1}。

4. 多糖的凝胶作用 在许多食品中，一些高聚物分子（例如多糖或蛋白质）能形成海绵状的三维网状凝胶结构（图3-18）。凝胶(gel)是一种特殊的食品质地，它直接影响人们在口腔中对食物的感觉。食品凝胶是由高分子通过氢键、疏水相互作用、范德华引力、离子桥联、缠结或共价键形成连接区，网孔中充满了液相，液相是由低相对分子质量的溶质和部分高聚物组成的水溶液。多糖凝胶通常是在一定情况下由多糖溶液转化形成的。凝胶与胶凝过程是多糖最重要的食品性质之一。有许多科学家试图对凝胶进行定义，但到目前仍没有一个公认的概念。凝胶的定义集中在对凝胶和溶液的区别标准上。通常认为溶液是可以流动的而凝胶是不能流动的。因而通常也用试管倒置法区分液体与凝胶。目前比较公认区分溶液与凝胶的标准是由Winter和Chambon提出的。这个标准认为在多糖溶液存在一个临界胶凝点(critical gelation point)，确定多糖溶液临界胶凝点的方法为动态黏弹分析(dynamic viscoelastic analysis)。

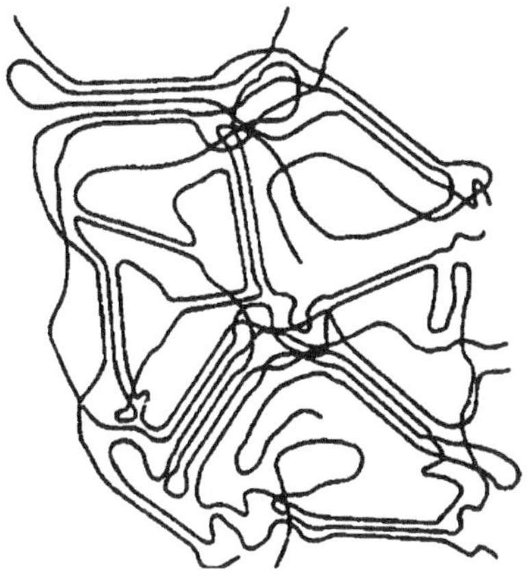

图3-18 典型的三维网状凝胶结构示意图

多糖体系的动态黏弹分析有3个重要的参数：储能剪切模量(storage shear modulus, G')、损耗剪切模量(loss shear modulus, G'')和机械损耗角正切(mechanical loss tangent, $\tan\delta$)。储能剪切模量(G')又称为弹性模量，是指材料在发生形变时由于弹性（可逆）形变而储存能量的大小，反映材料弹性大小；损耗剪切模量(G'')又称黏性模量，是指材料在发生形变时由于黏性形变（不可逆）而损耗的能量大小，反映材料黏性大小；损耗和储能剪切模量的比值称为损耗角正切，即$\tan\delta=G''/G'$，反映材料黏性弹性比例。一般来说，当材料体系储能剪切模量远大于损耗剪切模量时，材料体系主要发生弹性形变，所以呈固态；当损耗剪切模量远大于储能剪切模量时，材料主要发生黏性形变，所以呈液态。因此，当储能模量和损耗模量相当时，材料体系处于从溶液向凝胶转变的过渡点，亦称为临界胶凝点。按照Tung等人的理论可用材料的$\tan\delta$值判断临界胶凝点，当$\tan\delta=1$时多糖体系达到严格的临界胶凝点。因此当多糖体系的$\tan\delta>1$时可以判断为液体；当$\tan\delta<1$时可以判断为凝胶。但这个方法的缺陷是结果会受到剪切频率(ω)的影响，在不同剪切速率下获得的临界胶凝点不同。为解决此问题，Winter提出可以通过测量不同剪切频率下的tan曲线，发现这些曲线有个交叉点（严格来说是一个非常窄的交叉区域），这个交叉点被定义为凝胶点。图3-19给出了利用此法测定1%(w/w) ι-角叉菜胶的临界胶凝温度(T_{cr})示意图。

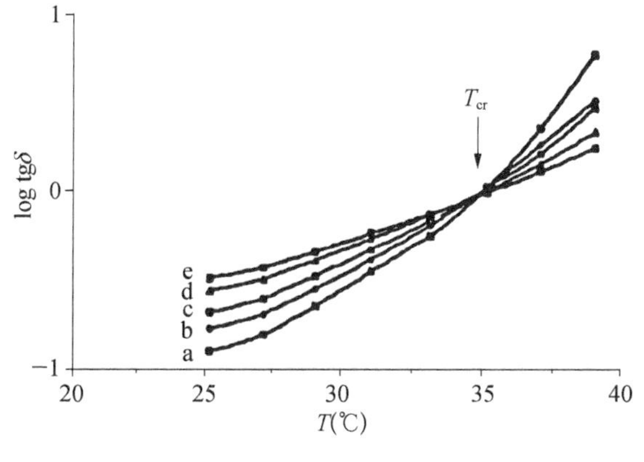

图3-19 1%(w/w) ι-角叉菜胶的临界胶凝温度Winter图

（注曲线a～e分别代的剪切频率为0.1、0.398、1、3.98和10 rad/s）

按照上述理论，当多糖溶液达到临界胶凝点后形成的凝胶具有如下特性：① 体系的储能剪切储存模量(G')和损耗剪切模量(G'')随剪切频率变化的规律具有相同的幂律频率依赖性($G'\sim G''\sim\omega^n$)；② 体系的机械损耗角正切($\tan\delta$)为$\tan(n\pi/2)$，n为上述幂律频率依赖函数的指数。大多数多糖溶液都服从这一规律，但凝结多糖(curdlan)是个例外。

一般说来多糖溶液形成凝胶与温度、多糖浓度和分子结构密切相关。通常食品多在高于或低于体温约25℃的温度范围内被食用，即60℃和10℃之间。进入口腔后的加热与冷却作用会导致流变学特性与温度高度相关的食品的口感发生明显的变化。由此看来，凝胶的温度依赖性在实际食品品质呈现中有重要作用。根据多糖凝胶的温度依赖性可将其划分为4种：① 冷致凝胶(cold-set gels)，包括琼脂、角叉菜胶、结冷胶、β-葡聚糖等在冷却时形成凝胶；② 热致凝胶(heat-set gels)，包括甲基纤维素、羟丙基甲基纤维素、凝结多糖、魔芋葡甘露聚糖等在加热时形成凝胶；③ 凸型凝胶(inverse re-entrant gels)，如甲基纤维素与明胶形成的凝胶在高温或低温下都能形成凝胶而在中等温度下呈溶液状；④ 凹型凝胶(re-entrant gels)，如被部分脱除半乳糖基的木葡聚糖在中等温度下能形成凝胶而在高温或低温下都呈溶液状。一般来说，随着多糖溶液浓度的升高，其形成凝胶的临界温度也不断提升，即高浓度的多糖溶液在较高温度下即可形成凝胶，而如要低浓度多糖溶液形成凝胶，温度必须降得更低。当多糖溶液浓度太低时，它是无法形成凝胶的；同样随着多糖分子质量的增大，其形成凝胶的临界温度也不断提升，即高分子质量多糖的溶液在较高温度下即可形成凝胶，而低分子质量多糖的溶液若要形成凝胶，温度必须降得更低。这说明多糖浓度越高、分子质量越大越有利于其形成凝胶，其临界胶凝温度越低，且凝胶速度也越快。浓度为40～120 g/L的β-葡聚糖溶液在恒温条件下(5～45℃)静置就可以形成凝胶，而浓度较低(10～40 g/L)的β-葡聚糖溶液经反复冻融后才可形成凝胶。而凝结多糖的浓度与分子质量直接影响其在不同温度下形成的凝胶是否具有热可逆性。但需要指出的是对已经形成凝胶的多糖体系由于其吸水膨胀或失水收缩，其多糖浓度与凝胶强度之间的关系会变得异常复杂，主要看在膨胀或收缩过程中多糖凝胶的网络结构是否遭到破坏。

除根据凝胶形成的机理可将多糖凝胶分为热致凝胶和冷致凝胶等外，按照凝胶的强度可将其分为弱凝胶与强凝胶。弱凝胶有很好的黏性而较差的弹性，相反，强凝胶的弹性很好而黏性很弱。在大变形试验中，强凝胶已发生破裂而弱凝胶有很好的回复性。根据溶液与凝胶是否可以互变分为热可逆凝胶和热不可逆凝胶。一般说来冷致凝胶一般为热可逆凝胶；甲基纤维素和羟丙基甲基纤维素热致凝胶以及凝结多糖低热致凝胶(<60℃)是热可逆的；魔芋葡甘露聚糖只有在有碱存在的条件下才能形成热致凝胶，这种凝胶是热不可逆的；凝结多糖高热致凝胶(>60℃)也是热不可逆的。需要说的是热可逆多糖凝胶的胶凝温度(溶液与凝胶转换的临界温度)与多糖浓度、分子质量、分支度、取代度、荷电种类与密度以及体系中共同存在的盐、糖、酸和其他多糖有关。如果多糖溶液的胶凝温度在37℃左右，此类多糖凝胶食品进入口腔即呈溶液状，能使食品风味物质最大限度地释放而提高食品的感官质量。来自动物的明胶就具有这样的特性。

利用多糖的凝胶特性可生产诸如甜食凝胶、果冻、仿生水果块等食品。具有凝胶特性的多糖体系可作为增稠剂、结晶抑制剂、澄清剂、成膜剂、絮凝剂、泡沫稳定剂、悬浮稳定剂、乳状液稳定剂、缓释剂、吸水膨胀剂、胶囊剂、脂肪代用品等。

5. 多糖的降解 多糖在酸、碱或酶的催化下会发生降解反应，但其降解程度与降解条件(温度、pH、催化剂种类)以及多糖的结构与构象密切相关。其中水解是多糖最常见的降解方式。多糖水解主要过程是多糖中的糖苷键断裂，多糖被降解为低聚糖甚至单糖。但在一定条件下，不同多糖的水解速度是不同的。影响多糖水解速度的因素主要包括糖苷键构型与类型、糖残基的构型以及多糖所处的形态。处于有序结构(如结晶)状态的多糖比处于无序结构状态的多糖难于被降解。就酸和碱水解而言，一般酸和碱的浓度越高，多糖的水解速度越快。多糖的酸降解主要是引起对酸敏感的糖苷键断裂；而多糖的碱降解要比酸降解更为复杂。发现在280℃用6%(w/w)NaOH降解10%(w/w)的淀粉、纤维素和水稻秸秆时有7种有机酸同时生成。如在淀粉的碱降解过程中能生成19.8%乳酸、13.0%甲酸、5.7%甘醇酸以及大约总含量为2%的醋酸、2-羟基丁酸和2-羟基戊酸等。多糖的酶降解因酶的催化特异性而各异，但较酸碱降解相比，其副反应较小。多糖的酶降解是通过多糖水解酶的作用下将多糖链上特定位置的特定糖苷键水解所致，具有位置专一性，这是酶的特异性所决定的。除上述水解反应外，多糖还可能发生热降解、超声辅助降解、氧化降解等反应。但与酶水解不同，多糖的热降解和超声降解随机发生在多糖链的不同部位。表3-7给出了常见食品多糖热降解遵循Arrhenius方程的有关参数。有些具有取代基团的多糖还可能发生取代基团水解，如常见的壳聚糖和魔芋葡甘露聚糖的脱乙酰作用。

表 3-7　常见食品多糖降解速率与温度关系的 Arrhenius 方程($\ln k=\ln A-Ea/RT$)参数

多糖	Ea(kJ mol^{-1})	A(min^{-1})	降解方式
纤维素	58.5	3.4×10^{16}	加热(空气)
	83.7	3.4×10^{9}	加热(空气)
	242	6.3×10^{20}	加热(氮气)
	189～199	—	加热(氮气)
D-葡萄糖	174	—	加热(氮气)
玉米淀粉	50	—	加热(空气)
	474	2.0×10^{42}	加热(氮气)
海藻酸钠	171.4	—	加热(空气)
黄原胶	130	—	加热
玻璃酸钠	135	—	加热
甲基纤维素	140	—	加热
壳聚糖	87.1	—	亚硝酸
	130	—	酸水解
	92	—	碱水解
	181	1.6×10^{14}	加热(氮气)
	160	4.8×10^{12}	加热(空气)
氯化壳聚糖	109	—	加热
几丁质	124	—	亚硝酸
κ-卡拉胶	105	5.3×10^{12}	水解,pH 2
	113	2.5×10^{13}	水解,pH 2
	126	4.6×10^{15}	水解,pH 2
	120	3.2×10^{16}	水解,pH 2
	97.2	7.0×10^{7}	水,pH 7
ι-卡拉胶	162	1.3×10^{21}	水解,pH 2
	133	7.4×10^{17}	水解,pH 2
λ-卡拉胶	116	1.9×10^{13}	水解,pH 2
硫酸葡聚糖	103	9.7×10^{10}	水解,pH 2
琼脂糖	103	7.8×10^{10}	水,pH 7

多糖降解直接导致多糖分子原有结构被破坏,其分子质量降低。给食品带来的直接影响包括以下几个方面:① 多糖溶液的黏度下降。基于此可通过适度水解控制多糖溶液的黏度而改变或控制食品的质地与流动性;② 一些新鲜水果中多糖(如原果胶)的降解,一般为酶水解,会直接导致果蔬质地变软,从而影响果蔬的贮藏寿命。因此果蔬加工也常用热烫的方式使原料组织中的果胶酶失活而保持产品良好的脆性;③ 在果汁加工业中常用果胶酶和纤维素酶处理来提升果汁的出汁率。果胶酶的使用能使果汁黏度降低,容易榨汁过滤,提高出汁率,一般添加量为果肉的 0.2%～0.3%。另外,对澄清果汁来说,果汁中果胶物质的存在会导致果汁浑浊,且会增加果汁黏度而阻碍果汁澄清,酶澄清法主要利用了这一原理。

二、食品中的主要多糖

食品中常见的多糖有淀粉、果胶、糖原、纤维素、半纤维素、植物胶、种子胶及改性多糖等。下面重点对食品中的淀粉、果胶、活性多糖和膳食纤维加以论述。

1. 淀粉　淀粉(starch)是大多数植物的主要储能物质。有些植物的种子、根部和块茎中蕴藏着丰富的淀粉。常见的很多植物性食物中淀粉都是其主要组成成分,如常见的粮谷类食物玉米、大米、大麦、燕麦、高粱、小米、荞麦、薏仁等;根茎类食物如马铃薯、甘薯、木薯、藕、山药、芋头、菱角等;豆类食物如绿豆、豌豆、红豆、芸豆、蚕豆、扁豆等;坚果类食物如板栗、银杏、莲子等;除此之外,香蕉、南瓜等中也含有大量淀粉。

淀粉具有其独特的物理化学性质及功能特性,在食品中应用广泛,其用途主要包括以下几个方面:① 作为食品其他配料生产的原料。利用淀粉有限水解或完全水解可生产葡萄糖、果葡糖浆、淀粉糖浆等产品,也可经过微生物发酵生产柠檬酸、乳酸、食用酒精等产品。② 作为食品的填充剂或稀释剂。淀粉或淀粉糖浆可作糖果填充剂，以较低的成本赋予糖果固形物，降低其甜度，改善其组织状态及风味。在片状食品生产中淀粉作为填充剂、赋形剂或稀释剂可增大片的重量或体积，同时便于压片。在肉糜类产品（如午餐肉）中淀粉是常用的填充剂，可以有效减少用肉量，提高出品率，降低成本；在面粉中加入少量淀粉（5%～10%），可稀释面筋浓度，降低面团弹韧性和筋力，提高可塑性。在使用面筋含量太高的面粉生产饼干时，可以添加适量的淀粉来解决饼干收缩变形的问题。③ 可生产凝胶类食品。可利用豆类淀粉和黏高粱淀粉的胶凝特性来制造高粱饴类软糖，使产品具有很好的柔糯性。而常见的凉粉、凉皮等都是利用淀粉的凝胶特性生产的食品。④ 作为黏结剂使用。如制造午餐肉罐头和肉丸子等产品时，使用淀粉可增加制品的黏结性和持水性。⑤ 作为增稠剂使用。淀粉常作为冷饮食品雪糕和棒冰的增稠稳定剂。

（1）淀粉的分子结构：淀粉是由 *D*-葡萄糖通过 α-1,4 和 α-1,6-糖苷键结合而成的高聚物，根据其分子形状主要可分为直链淀粉（amylose）和支链淀粉（amylopectin）（图 3-20）。在天然淀粉颗粒中，这两种淀粉同时存在。不同来源的淀粉颗粒中所含的直链淀粉和支链淀粉比例不同（表 3-8），即使同一品种，因生长条件不同，也会存在一定的差别。一般淀粉中支链淀粉的含量要明显高于直链淀粉，而糯性食物的淀粉中直链淀粉的含量极低甚至没有。

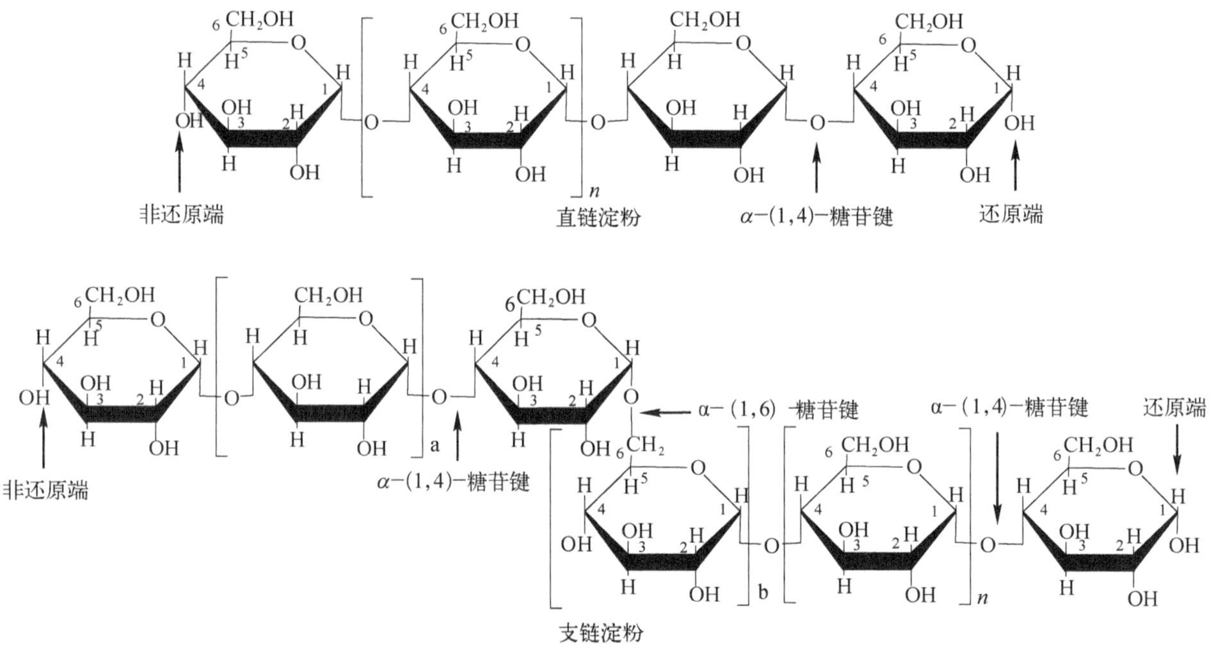

图 3-20 直链淀粉与支链淀粉的结构图

1）直链淀粉　直链淀粉是 *D*-吡喃葡萄糖通过 α-1,4-糖苷键连接起来的线状大分子，聚合度为 100～60 000，一般为 250～300。水溶液中的直链淀粉分子并不是完全伸直的线性分子，而是由分子内羟基间的氢键作用使整个链分子蜷曲成左手螺旋结构（left handed helical structure），形成的螺旋的外径为 1.35 nm，内径为 0.54 nm，螺距为 0.81 nm，每一个螺旋节距包含 6 个葡萄糖残基（图 3-21）。对于支链淀粉，其分子链中间的葡萄糖残基均为 α-1,4-葡萄残基，但两个末端的葡萄糖残基分别为 α-4-葡萄残基、α-1-葡萄残基，由于前者的半缩醛羟基游离，因而称为还原端，后者的半缩醛羟基被取代称为非还原端。整个直链淀粉分子在溶液中呈不规则卷曲状。

2）支链淀粉　支链淀粉是 *D*-吡喃葡萄糖通过 α-1,4 和 α-1,6 两种糖苷键连接起来的带分支的复杂大分子，即每个支链淀粉分子由 1 条主链和若干条连接在主链上的侧链组成。一般将主链称为 C 链，侧链又分成 A 链和 B 链。A 链是外链，经 α-1,6-糖苷键与 B 链连接，B 链又经 α-1,6-糖苷键与 C 链连接，A 链和 B 链的数目大致相等，A 链、B 链和 C 链本身是由 α-1,4-糖苷键连接而成的（图 3-22）。对于支链淀粉分子而言，其具有 1 个还原端和多个非还原端。每一个分支平均含有 20～30 个葡萄糖残基，分支与分支之间相距 11～12 个葡萄糖残基，各分支也卷曲成螺旋结构，所以支链淀粉分子近似球形，并如“树枝”状的枝杈结构。支链淀粉分子的聚合度为 1 200～3 000 000，一般在 6 000 以上，比直链淀粉分子的聚合度大得多，是最大的天然化合物之一。支链淀粉的分子结构多以簇型(cluster model)表示，该模型认为支链淀粉在 C 链或 B 链上的分支点并非随机存在的，而是以簇的形式存在。簇(或微晶束)由位置相邻且链长近似的 A 链和 B 链以结晶方式构成，层厚约 5～7 nm。表 3－8 给出了直链淀粉与支链淀粉的性质对比。

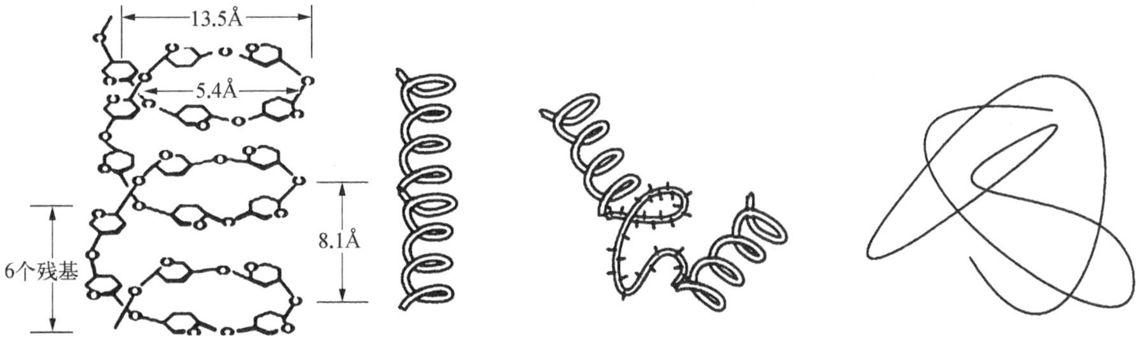

图 3－21 直链淀粉的构象

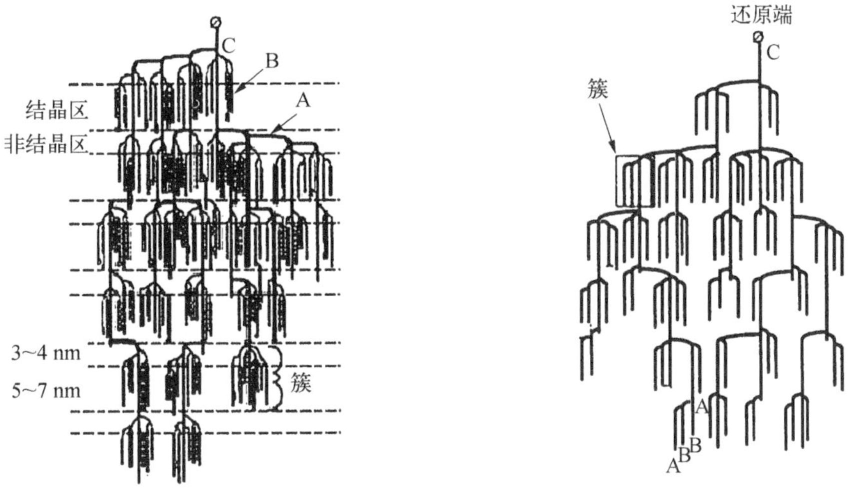

图 3－22 支链淀粉的结构

表 3－8 直链淀粉与支链淀粉的性质比较

性 质	直链淀粉	支链淀粉
分子形状	线性	分支
与碘的显色反应	深蓝色	紫色
碘复合物的最大吸收波长(λ_{max})	～680 nm	～540 nm
碘亲和力	19%～20%	<1%
平均链长(葡萄糖残基数)	100～10 000	15～30
聚合度(葡萄糖残基数)	100～10 000	10 000～100 000
相对分子质量	150 000～400 000	10 000 000～15 000 000
溶解性(水)	依来源不同	可溶
凝胶	硬，不可逆	软，可逆
成膜性	好	差
β-淀粉酶消化率	～100%	～60%
水溶液的稳定性	易老化	稳定

3) 中间组分 在食物淀粉中存在一部分分子结构和特性介于长链线性直链淀粉与高度分支支链淀粉

之间的物质，将这部分物质称为中间组分(intermediate components)。中间组分往往具有支链淀粉的分支结构，但其相对分子质量与直链淀粉接近。中间组分的碘亲和力低于直链淀粉，但高于支链淀粉，一般为8%～10%。其平均链长(chain length，CL)显著低于直链淀粉但高于支链淀粉。通常情况下，依据结构特征将中间组分并入支链淀粉。发现燕麦淀粉中含有56%支链淀粉和18%直链淀粉，而中间组分含量高达26%。不同来源淀粉中中间组分的含量不尽相同，报道发现玉米淀粉、燕麦淀粉和小麦淀粉中中间组分含量分别为5%～7%、26%和10%。另外，当天然淀粉受到比较激烈物理处理时也会形成数量可观的中间组分，如超声、湿热高温处理等。另外在玉米和大米的 *sugary-1* 突变体胚乳中发现一种称为植物糖原(phytoglycogen)的分枝型水溶性多糖，其分子的内链(B链)平均长度与支链淀粉接近，但外链(A链)平均长度(DP=2.9)明显短于支链淀粉。

4) 食物淀粉的组成　不同淀粉中直链淀粉与支链淀粉的含量是不同的(表3-9)。常见的大多数食物淀粉中支链淀粉含量(70%～80%)明显高于直链淀粉(20%～30%)。对于糯性食物(如糯玉米、糯高粱等)其中的淀粉基本为支链淀粉，几乎不含直链淀粉。但对新型培育的具有特殊用途的高直链淀粉玉米，其中直链淀粉(约70%)的含量明显高于支链淀粉(约30%)。但就同一种食物而言，其淀粉中直链淀粉与支链淀粉的比例(直/支比)除与食物本身的种类有关之外，还与具体的植物品种、栽培环境条件等密切相关。

表3-9　常见淀粉的碘亲和力与直链淀粉含量

淀粉种类	碘亲和力/%		直链淀粉含量/%		A-B
	全淀粉	支链淀粉	表观含量(A)	绝对含量(B)	
A型淀粉					
玉米淀粉	5.88±0.14	1.78±0.03	29.4	22.5	6.9
大米淀粉	5.00±0.02	1.11±0.00	25.0	20.5	4.5
小麦淀粉	5.75±0.15	0.8±0.20	28.8	25.8	3.0
大麦淀粉	5.1±0.30	0.50±0.04	25.5	23.6	1.9
小米淀粉	3.97±0.06	1.08±0.03	19.8	15.3	4.5
绿豆淀粉	7.58±0.06	2.07±0.03	37.9	30.7	7.2
芋头淀粉	2.75±0.06	0.00±0.00	13.8	13.8	0.0
木薯淀粉	4.7±0.20	1.39±0.07	23.5	17.8	5.7
B型淀粉					
马铃薯淀粉	7.20±0.01	4.6±0.10	36.0	16.9	19.1
美人蕉淀粉	8.64±0.00	5.31±0.03	43.2	22.7	20.5
C型淀粉					
菱角淀粉	5.79±0.19	3.08±0.02	29.0	16.0	13.0

在直链淀粉形成的螺旋结构中，葡萄糖残基上的羟基位于螺旋的外表面，而导致螺旋内部形成疏水性内腔，因而疏水性小分子物质可进入直链淀粉的内腔与葡糖糖残基上的C—H键通过范德华力与淀粉分子形成复合物。淀粉遇 I_2/KI溶液呈现颜色，研究发现是由于戊碘离子(I_3^-、I_5^-等)能进入淀粉的螺旋结构而产生碘-淀粉复合物所致。不同淀粉与碘产生的颜色和强度是不同的。碘-淀粉复合物的最大吸收波长(λ_{max})随淀粉平均链长的增加向长波(深色)方向移动。通常碘-直链淀粉复合物和碘-支链淀粉复合物的 λ_{max} 分为680 nm和640 nm，前者呈蓝色而后者呈红色。淀粉的蓝值(blue value，BV)指含有2 mg I_2 和20 mg KI的1 mg/100 mL的淀粉溶液在680 nm下的吸光度。直链淀粉与支链淀粉的蓝值分别约为1.01～1.63和0.08～0.38。因此，通常可以用淀粉的碘亲和力(iodine affinity，IA)来定量分析淀粉样品中直链淀粉的含量。一般说来，每100 g直链淀粉与支链淀粉的碘亲和力(以 I_2 计)分别约为20 g和0.5～3.0 g。假定淀粉样品的碘亲和力均来自其中的直链淀粉，因此可以根据IA值计算淀粉中直链淀粉的含量，即直链淀粉含量(%)=IA/20×100。但实际上，除直链淀粉外，淀粉样品中的支链淀粉以及中间组分对整个样品的碘亲和力是有贡献的。因此，利用上述公式获得的直链淀粉含量比实际的要略高。为此，将基于淀粉全样品碘亲和力获得的直链淀粉含量称为表观直链淀粉含量(apparent amylose content)，它明显高于样品的绝对直链淀粉含量(absolute amylose content)。

(2) 淀粉粒的形态与结构：在天然富含淀粉的食物中，淀粉分子并非以游离的形式存在于食物中，而是以特定的淀粉分子有序集聚体的形式存在，将存在于天然食物中淀粉分子的有序集聚体称为淀粉粒（starch granule）。但不同来源的食物的淀粉粒其大小、形状、组织的有序性（结晶度）等都有差异。

1）淀粉粒的大小和形状　淀粉粒的大小与形状受植物的品种、生长条件、成熟度、胚乳结构以及直链淀粉和支链淀粉的相对比例等因素的影响，对淀粉的性质也有很大影响。在显微镜下观察时，能根据这些特征识别不同植物品种的淀粉。淀粉粒有圆形、椭圆形和多角形等多种形状（图 3－23）。例如马铃薯淀粉和甘薯淀粉的大粒为椭圆形，小粒为圆形；玉米淀粉粒大多为圆形和多角形；蚕豆淀粉为椭圆形且更接近肾形；绿豆淀粉和豌豆淀粉粒则主要是圆形和椭圆形；稻米淀粉粒为多角形。

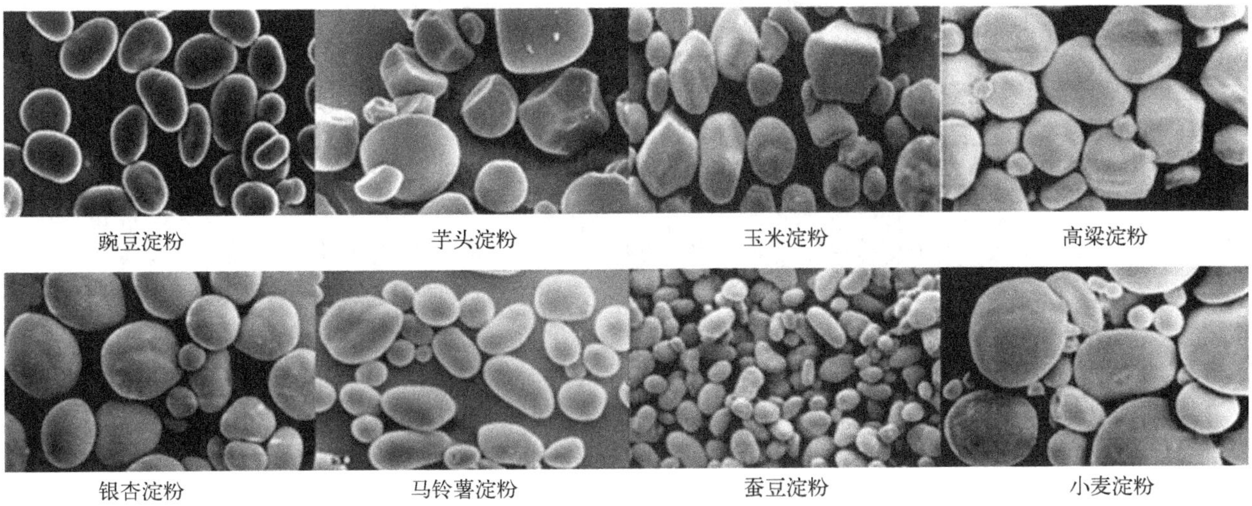

图 3－23　部分淀粉粒扫描电子显微镜图（不同放大倍数）

不同淀粉粒的大小差别很大，同种淀粉粒大小也有很大差别（表 3－10），如在常见的几种淀粉中，马铃薯淀粉粒最大，而大麦、大米的淀粉粒最小。但需要指出的是在同淀粉中其淀粉粒有大有小，并非大小均一。常用激光粒度散射仪测定淀粉粒度的大小，并通过累计体积百分数反映粒度的均匀状况。累积体积百分数是指小于某个直径的所有颗粒的体积占全部颗粒体积的百分数，如 $D_{0.1}$，$D_{0.5}$，$D_{0.9}$ 分别表示体积百分数为 10%，50%，90%时所对应的粒子直径。$D_{0.5}$ 即通常所指的平均粒度。如果 $D_{0.1}$ 越小，而 $D_{0.5}$ 和 $D_{0.9}$ 越接近，则表明粉体的粒度分布越窄，约集中在中位粒度。

表 3－10　常见食物中淀粉粒的大小与形状

淀粉种类	淀粉粒大小	淀粉粒形状	淀粉种类	淀粉粒大小	淀粉粒形状
玉米	5～25 μm	圆形，多角形	大米	3～8 μm	多角形
高直链玉米	～15 μm	圆形，细丝状	蚕豆	17～31 μm	球形
糯玉米	5～25 μm	圆形，破损椭圆形	光皮豌豆	5～10 μm	肾脏形
小麦	2～38 μm	圆形，扁圆片状	皱皮豌豆	30～40 μm	肾脏形
燕麦	5～15 μm	圆形	马铃薯	15～100 μm	圆形，椭圆形
大麦	2～5 μm	圆形，扁圆片状	蜡质马铃薯	14～44 μm	圆形，椭圆形
高粱	4～24 μm	圆形，多角形	甘薯	2～42 μm	圆形，椭圆形
小米	4～12 μm	圆形，多角形	木薯	5～35 μm	无端椭圆形
黑麦	12～40 μm	扁圆片状	绿豆	8～12 μm	椭圆形

2）淀粉粒的结构　X 射线发现淀粉粒中的淀粉分子有序排列，具有一定的结晶形态。常根据淀粉的 X 射线衍射图形将它们分成 A、B、C 结晶形态。A－型淀粉在 17°～18°之间有两个结晶峰，在 15°和 23°各有一个单结晶峰；B－型在 5.6°有个小的结晶峰，在 17°只有一个结晶峰值，在 22°～24°之间有两个结晶峰。C－型是介于 A－型和 B－型之间的混合型（图 3－24）。淀粉粒的晶格为淀粉链左手双螺旋结构，每个晶格中包含有 12 个葡萄糖残基。A－型结晶为单斜晶格，晶格参数为：$a=11.90$Å，$b=17.70$Å，$c=10.52$Å，其中 c 为层间距，各晶角为 $\alpha=\beta=\lambda=90°$，每个晶格中含有 8 个水分子；而 B－型结晶为六方晶格，晶格参数为：$a=b=$

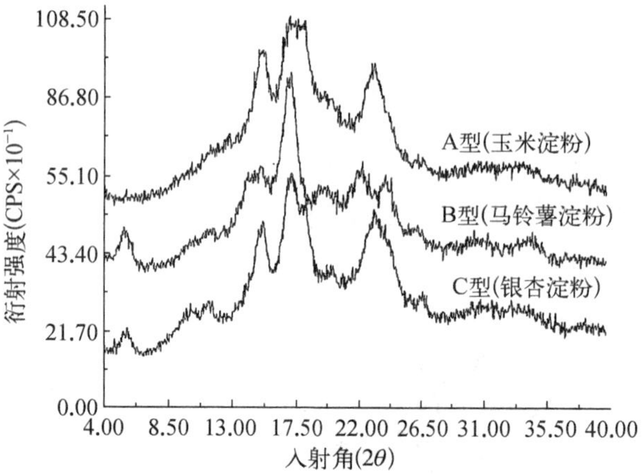

图 3-24 不同结晶形态淀粉粒的 X-衍射图

18.50Å,c=10.40Å,各晶角为 $\alpha=\beta=90°$,$\lambda=120°$,每个晶格中含有 36 个水分子。且 A-型淀粉粒的含水量(6.9%)明显低于 B-型(25%),A-型的理论密度($1.56\ g/cm^3$)也略高于 B-型($1.40\ g/cm^3$)。常见粮谷类食物淀粉多为 A-型,根茎类食物淀粉多为 B-型,而豆类、银杏等淀粉为 C-型(表 3-9)。淀粉粒中支链淀粉的平均链长(CL)是决定淀粉粒结晶形态的主要因素。一般来说,具有较短平均链长(CL=23～29)支链淀粉的淀粉粒常处于 A-型,相反具有较长平均链长(CL=30～44)支链淀粉的淀粉粒则常处于 B-型。需要指出的是在不同条件下处理淀粉粒可能导致其结晶形态的转型,而不同老化方式得到的淀粉的结晶形态是不一样的。发现在可食淀粉膜干燥过程中,低于 60℃下干燥的膜中淀粉往往处于 B-型,而在 60～100℃时为A-型和 B-型的混合物。淀粉中 A-型和 B-型淀粉的比例对淀粉的膨胀性、酶水解性、糊化特性和化学改性反应特性都有明显的影响。研究发现小麦粉中 A-型和 B-型淀粉的比例直接影响面团的流变学特性、面包的体积以及面皮的柔软性。淀粉颗粒结晶结构的差异是由植物固有的生理条件和环境因素(温度、光照等)二者所决定的。与脂类结合的淀粉处于有别于以上结晶形态的 V-型结晶。

在淀粉粒中,直链淀粉和支链淀粉分子沿淀粉粒径向排列(图 3-25)。支链淀粉的分支(B 链和 C 链)靠氢键缔合以双螺旋形式排列成簇(或微晶束)而构成淀粉粒的晶格或晶胞。支链淀粉形成簇的区域构成了淀粉粒的结晶区。结晶层构成了淀粉颗粒的紧密层,非结晶层构成了淀粉颗粒的稀疏层,在淀粉粒中紧密层与稀疏层交替排列。而夹在支链淀粉中间的直链淀粉分子则形成了由淀粉粒表面径向通入其中心的无定形通道(图 3-26)。这些通道汇集之处即为淀粉粒的初始生长点,也称为淀粉粒的脐点(hilum)。淀粉粒中葡萄糖链垂直于颗粒表面排列着,即以脐点为中心向颗粒表面呈放射状排列。

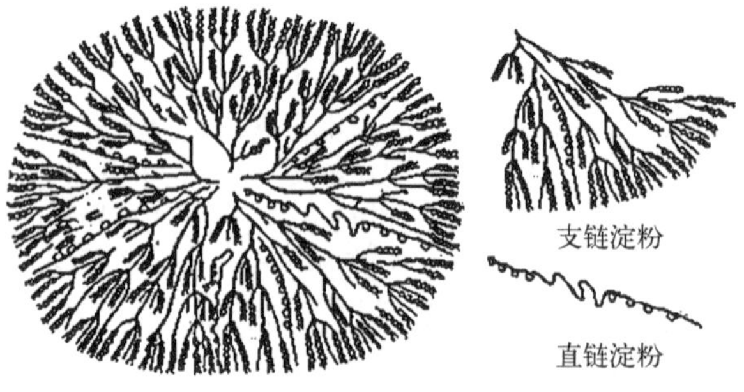

图 3-25 淀粉粒中淀粉分子的排列方式

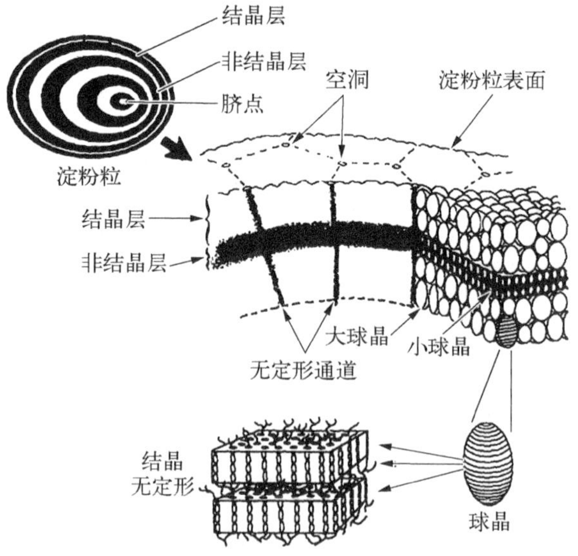

图 3-26 淀粉粒结构示意图

通过淀粉粒在 α-淀粉酶作用后的扫描电镜图(图 3-27)可以清楚地看到淀粉酶对淀粉粒的水解方式为打孔式水解。这个水解方式与上述淀粉粒中存在有淀粉粒表面径向通入其中心的无定形通道密切相关,这个无定形区域的水解速度明显高于其他结晶区域。而由高度水解的淀粉粒的扫描电镜图明显看出淀粉粒中结晶区按层状分布,也证实了淀粉粒中结晶层与非结晶层交替排列的结构。习惯上,人们将淀粉粒的这种结晶结构比作为洋葱式结构。

由于淀粉颗粒内部存在着两种不同的结构即结晶结构和无定形结构的缘故，在结晶区淀粉分子链是有序排列的，而在无定形区淀粉分子链是无序排列的，这两种结构在密度和折射率上存在差别。在偏光显微镜下观察淀粉粒会产生双折射现象（bireferingence），即黑色的偏光十字（polarizing cross）或马耳他十字（Maltese cross）将淀粉粒分成4个白色区域（图3－28）。偏光十字的交叉点即淀粉颗粒的粒心（脐点）。

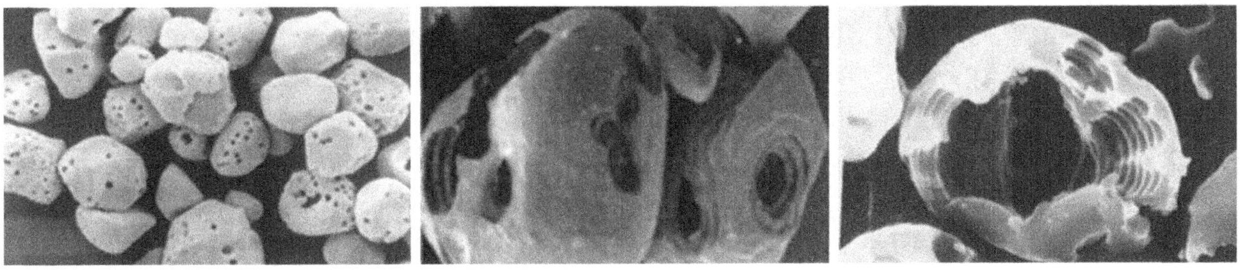

图3－27　不同程度α-淀粉酶作用后淀粉粒的扫描电镜图

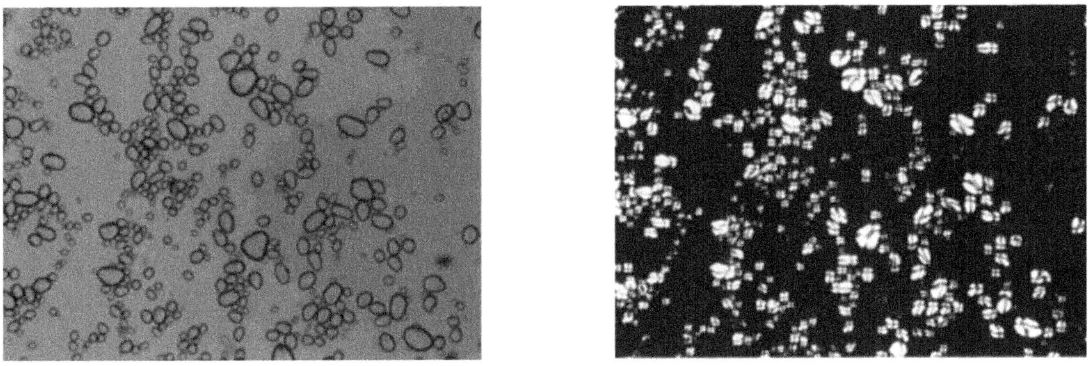

(a)　(b)

图3－28　马铃薯淀粉粒的显微图片

a. 无偏光；b. 有偏光

（3）*淀粉的物理性质*：常见的与淀粉食品工艺学特性密切相关的淀粉的物理学性质主要包括溶解度、膨胀力、溶液黏度、凝胶及与疏水性物质的复合作用。

1）溶解度与膨胀力　天然淀粉为白色粉末，以淀粉粒形式存在，完全不能溶于冷水。支链淀粉易分散于冷水中而直链淀粉只能溶于热水。这是由于直链淀粉分子在氢键作用下易形成胶束状，不利于与水分子之间形成氢键，而支链淀粉由于高度分支，结构相对开放，有利于与水分子形成氢键而具有较高的冷水分散性。将淀粉粒置于一定温度（通常55～95℃）的热水中时，易发生吸水溶胀，颗粒体积增大。在振荡水浴上淀粉置于过量水中完全吸水溶胀后，置于冰浴充分冷却，在室温下离心（5 000 rmp），去掉上清液，获得沉淀，沉淀湿重与干重之比即为淀粉的膨胀力（swelling power，SP），单位为g/g，将沉淀体积与原淀粉体积之比称为膨胀因子（swelling factor）。通常将沉淀湿重与淀粉总质量的比值称为淀粉持水力（water holding capacity，WHC），单位为g/g，而将上清液的干重除以淀粉总质量后再乘以100即可获得淀粉的水溶性指数（water soluble index，WSI），单位为%。一般淀粉的膨胀力随溶胀温度的升高而增大。当淀粉粒在溶胀时，其中的以直链淀粉为主的一些淀粉分子会从淀粉粒向水中转移，把这个现象称为淀粉的直链淀粉溶出（amylose leaching）。从淀粉粒中溶出的淀粉分子形成胶体溶液，而结晶度高的支链淀粉仍保留在淀粉粒中。如果充分溶胀后的淀粉粒继续受到加热，则支链淀粉的结晶结构会被破坏，分子分散于水中形成黏稠的胶体溶液。淀粉水溶液呈右旋，其比旋光度约为＋201.5～205°。当淀粉胶体溶液冷却时，其中的直链淀粉分子易相互集聚而沉淀，而支链淀粉在溶液中相对稳定。

淀粉的膨胀度主要取决于其中的支链淀粉含量与结晶度，而淀粉的溶解度主要取决于其中的直链淀粉的含量。一般说来，支链淀粉含量越高，淀粉的膨胀力越好；同时支链淀粉的平均链长越长，淀粉的膨胀力也越好。淀粉中脂类的含量越高，其膨胀力、溶解度以及支链淀粉溶出度则越低，而磷含量对膨胀力和溶解度的影响恰好相反。淀粉糊的黏度取决于淀粉粒膨胀后的体积大小。马铃薯淀粉的膨胀力、溶解度以及糊的透明度和黏度明显高于小麦、玉米和大米淀粉。淀粉的膨胀力与淀粉制品的品质密切相关。小麦粉或其淀粉的膨胀力越好，其生产的盐白面条(white salted noodles)的质量也越好。

2) 糊稳定性与凝胶　直链淀粉与支链淀粉具有不同的糊稳定性与凝胶特性。直链淀粉糊在室温下是不稳定的，低浓度直链淀粉糊(低于线团重叠浓度 c^*)容易形成沉淀而高浓度直链淀粉糊(高于线团重叠浓度 c^*)容易形成凝胶。随着放置时间的延长，直链淀粉易发生脱水收缩作用(syneresis)，如在糊表面产生一层淀粉膜。一般来说，直链淀粉的凝胶浓度为 0.9%～1.0%。直链淀粉凝胶的第一步是在淀粉糊中淀粉分子相互作用形成网络结构，淀粉糊出现浑浊，浑浊的本质原因是由于淀粉分子相互集聚在体系中形成了淀粉分子富集区与淀粉分子稀疏区的结果。其中淀粉分子富集区的出现对直链淀粉凝胶的形成至关重要。而随时间延长网络结构不断加强，主要驱动力是在淀粉分子富集区内淀粉分子进一步有序排列而结晶。直链淀粉凝胶的热稳定性非常高，属于非热可逆性凝胶。支链淀粉糊的稳定性较高，只有在较低温度(<5℃)和较高浓度下(>10%)才能形成凝胶。与直链淀粉形成不透明、硬而脆的凝胶不一样，有些支链淀粉能形成透明凝胶，如马铃薯和木薯支链淀粉，而有些则形成浑浊凝胶，如粮谷类和豆类支链淀粉。与直链淀粉相比，支链淀粉形成凝胶的速度要慢得多，而且形成的凝胶的强度也远不及直链淀粉。但支链淀粉形成的凝胶为热可逆凝胶，其熔点一般为 40～60℃。因此，在淀粉凝胶过程中常会出现支链淀粉与直链淀粉不相容的现象(incompatibility)而出现相分离(phase separation)，体系分为连续相和分散相。连续相和分散相的归属由淀粉中支链淀粉与直链淀粉的比例决定，高者为连续相。

3) 与疏水性物质的复合作用　淀粉与脂类往往共存于食品体系中，同时，大多数淀粉中含有一定量的脂类。脂类(如乳化剂)的存在对淀粉的行为和特性有显著影响，如乳化剂的使用能有效改善淀粉糊以及土豆泥的黏性，可以延长面包的货架期。脂类对淀粉的影响主要通过与直链淀粉分子及支链淀粉的外链形成脂类-淀粉复合物。前面已提及直链淀粉可以与碘(I_5^-)结合形成复合物，除此之外，淀粉还能与脂肪酸、醇类、表面活性剂等形成复合物。脂类分子的亲水头露在螺旋外面，而疏水部分能够进入淀粉螺旋结构的疏水性内腔而以范德华力与淀粉复合。与脂类结合的淀粉的结晶形态不再属于 A-型、B-型或 C-型，而处于 V-型。脂类-淀粉复合物会进一步相互作用形成Ⅰ-型(无定形)和Ⅱ-型(正交性晶型)结构，这种形态差异与脂质的种类密切相关，Ⅱ-型的熔点通常比Ⅰ-型的高 10～30℃。大多数脂类-淀粉复合物都是水不溶性的，其稳定性(以解离率表示)和熔点随脂质的疏水链的增长而升高。不饱和脂质-淀粉复合物的稳定性不及饱和脂质-淀粉复合物，且其稳定性随脂质的不饱和程度增大而降低。平均链长越短，直链淀粉对脂质的复合能力越强，化学改性(羟丙基化、羟乙基化等)常会导致淀粉对脂质的复合能力下降。淀粉与脂质的复合作用能明显降低其老化程度，因此常在淀粉类食品中添加单甘酯、蔗糖酯等以提升产品的品质。与淀粉相比，淀粉-脂质复合物的酶水解速率明显降低，具有一定的抗消化性。对直链淀粉而言，淀粉-脂质复合物的消化性介于无定形直链淀粉与老化直链淀粉之间，这常导致工业上酶水解淀粉时产品收率降低且产物过于黏稠而难于过滤。但利用这一特性，可很好地实现疏水性风味物质在淀粉类食品中的持留。

(4) 淀粉的糊化

1) 淀粉糊化的概念与过程　淀粉粒中直链淀粉处于无定形状态而支链淀粉处于结晶状态。当有水存在的情况下，将淀粉粒加热，首先通过淀粉分子与水分子的相互作用，淀粉粒会吸水而膨胀，体积增大几倍至数十倍。起初淀粉粒与水的相互作用主要通过无定形直链淀粉实现，伴随着淀粉粒的膨胀，直链淀粉等从淀粉粒中不断溶出，溶液黏度持续升高。而伴随着温度的升高，支链淀粉的结晶结构被破坏，淀粉粒中支链淀粉链的无序性急剧提高，水分子渗入支链淀粉的结晶簇发生水合。在伴有机械搅拌的情况下，高度膨胀的淀粉粒发生破裂和碎片化，处于溶液中的淀粉分子以胶体的形式(连续相)将淀粉粒碎片(不连续相)分散或包裹于其中形成黏稠的糊状物(淀粉糊，paste)。将这一过程称为淀粉的糊化(gelatinization)。糊化导致淀粉粒中淀粉分子组装秩序(packaging order)发生不可逆改变。通常将具有结晶结构的生淀粉称为 β-淀粉，而将糊化后的淀粉称为 α-淀粉。在高温、高剪切和过量水存在的情况下，淀粉分子甚至可以形成为水包围的单分子溶液。

淀粉的糊化可分为三个阶段(图 3-29)：① 可逆吸水阶段(Ⅰ阶段)。水分进入淀粉粒的无定形部分区域，主要与直链淀粉水合而使淀粉粒体积略有膨胀，此时冷却干燥，淀粉粒可以复原，双折射现象保持不变。

② 不可逆吸水阶段(Ⅱ阶段)。随温度升高,水分进入淀粉粒中支链淀粉的结晶簇内,淀粉粒大量吸水,颗粒体积快速膨胀,体系黏度持续提升,支链淀粉的结晶"溶解",分子伸张,双折射现象开始消失。③ 淀粉粒解体阶段(Ⅲ阶段)。淀粉粒破裂,体系黏度下降,双折射现象完全消失,形成淀粉糊。淀粉粒在不同温度下的电子扫描显微图见图 3-30。

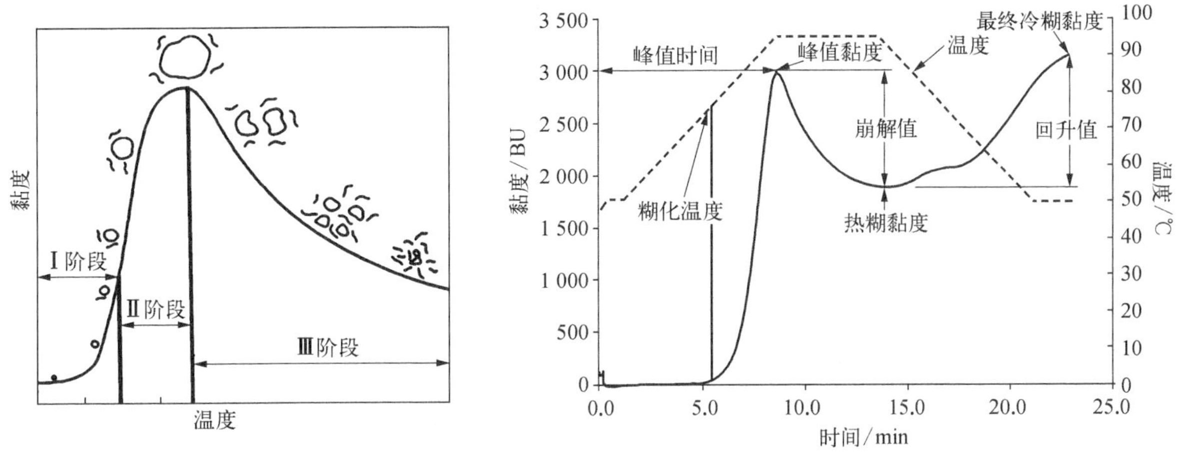

图 3-29　淀粉糊化过程淀粉粒形态示意图(左)和布拉班德黏度曲线(右)

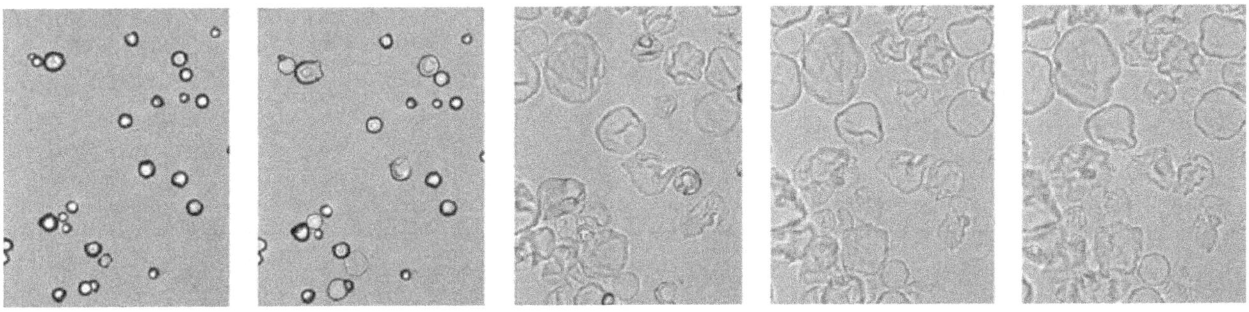

55.0℃　57.5℃　62.5℃　67.5℃　75.0℃

图 3-30　淀粉粒在糊化过程中的形态变化

淀粉的糊化特性可用布拉班德黏度仪(Brabender viscograph,BV)或快速黏度分析仪(rapid visco analyzer,RVA)进行记录,两者获得的糊化曲线形状接近(图 3-29)。曲线可完整记录整个加热升温、热保温、降温及冷保温中黏度的变化。RVA 测定所需时间一般不超过 20 min,需要样品量为 2～4 g,而 BV 测定所需时间 2 h 以上,样品量 20～ 40 g。因此,尽管 BV 属于最经典的方法,但 RVA 的使用越来越普遍。通过 BV 或 RVA 可以获得淀粉样品的糊化温度(pasting remperature)、峰值黏度(peak viscosity)、热糊黏度或低谷黏度(tourgh viscosity)、崩解值(breakdown)、回升值(setback)和最终冷糊黏度(final visocosity)等特性参数。淀粉的糊化需在一定温度下才能发生,习惯上将淀粉开始糊化的温度称为淀粉的糊化温度。峰值黏度是由于充分吸水膨胀后淀粉粒(膨润粒)相互摩擦而使糊液黏度增大,反映淀粉膨胀能力。热糊黏度是由于淀粉粒膨胀至极限后破裂而不再相互摩擦,糊液黏度急剧下降,能反映淀粉在高温下的耐剪切能力,是影响食品加工操作难易的重要因素。崩解值表示淀粉糊的热稳定性,此值越大表示淀粉糊的热稳定性越差。最终冷糊黏度是由于温度降低后直链淀粉和支链淀粉所包围水分子运动减弱,糊液黏度上升的情况,反映淀粉的增稠能力。回升值是淀粉糊在冷却过程中黏度上升的情况,反映淀粉回生特性。

淀粉的糊化温度为一区间,其原因是淀粉中淀粉粒大小和淀粉粒结晶度的不均一性。常用差示扫描量热法(differential scanning calorimetry,DSC)测定淀粉的糊化温度,即起始糊化温度(onset temperature, T_o)、峰值糊化温度(peak temperature, T_p)和完全糊化温度(conclusion temperature, T_c),同时可以测定淀粉的糊化焓(enthalpy change, ΔH)。糊化焓是指单位质量淀粉发生完全糊化需要吸收的热量(J/g),它反映淀粉糊化的难易程度,与淀粉结晶度密切相关。DSC 测定淀粉糊化温度仅需 9 min(不包括降温时间),样品需要量

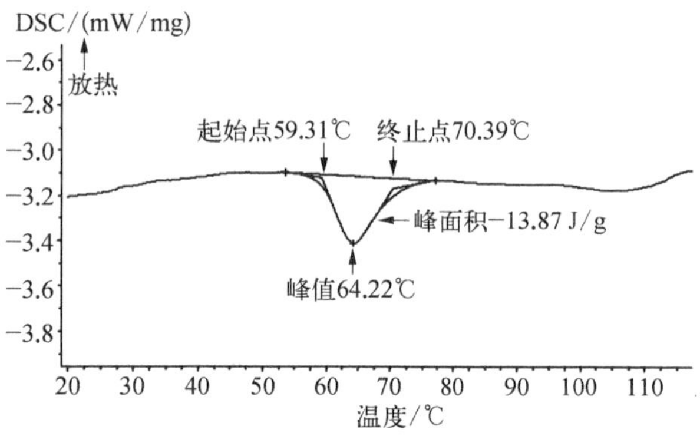

图 3-31 淀粉的差示扫描量热曲线(DSC 曲线)

为 3～6 mg。DSC 是一种热分析技术，其基本原理是当以恒定的速率向特定体系中输入热量时，如果体系没有发生任何化学反应或物理学相变，则体系温度随加热时间线性升高。因此，可以根据体系温度随时间的变化情况判断体系内的焓变或化学反应的情况。在测定淀粉糊化温度的过程中，当密闭盒中的样品发生糊化时，淀粉从结晶结构向无定形结构变化，淀粉需要吸收热量，曲线发生变化，变化的曲线记录了淀粉糊化过程(图 3-31)。

由上面的论述可知，淀粉的糊化是一个过程，其糊化温度也是一个温度区间。通常用糊化开始的温度和糊化完成的温度共同表示淀粉糊化温度，一般把糊化的起始温度称为糊化温度，而把淀粉完全糊化时的温度称为完全糊化温度。完全糊化温度与糊化温度的差值表示淀粉的糊化温度区间。表 3-11 列出了几种淀粉的糊化温度。

表 3-11 常见淀粉的糊化温度与糊化焓

淀粉种类	起始糊化温度 T_o/℃	峰值糊化温度 T_p/℃	完全糊化温度 T_c/℃	糊化温度区间 T_c-T_o/℃	糊化焓 ΔH/(J/g)
小麦淀粉	56	61	67	11	-9.62
燕麦淀粉	60	64	70	10	-10.46
扁豆淀粉	55	61	68	13	-7.53
马铃薯淀粉	54	59	64	10	-15.89
山药淀粉	72	77	83	11	-20.91
普通玉米淀粉	59	66	73	14	-14.22
蜡质玉米淀粉	65	73	82	17	-15.89

淀粉糊化是淀粉在适当水分-温度组合下发生的常见变化。而根据含淀粉食物的含水量以及处理温度的不同，其中的淀粉往往会发生三种变化(图 3-32)。通常在含水量低于 30%而处理温度也低于 55℃时，对淀粉几乎无影响；通常将低含水量淀粉在其糊化温度以上较长时间处理称为湿热处理(heat-moisture treatment)，而将高含水量淀粉在其糊化温度以下相转变温度(glass transition temperature，T_g)以上温度区间内长时间处理称为退火处理(annealing)。通常只把高含水量淀粉在其糊化温度以上处理发生的变化称为糊化(gelatinization)。需要指出的是，这种划分是人为的，实际淀粉在湿热处理、退火处理和糊化过程中发生的变化或多或少是相似的。虽然物料的水分含量和处理温度有类似之处，但湿热处理与挤压处理不同，挤压还伴随着强烈的机械剪切作用。湿热处理和退火处理对淀粉的糊化特性、膨胀力、溶解度等物理化学特性都有明显影响，它们已被广泛用作淀粉的物理改性方法。

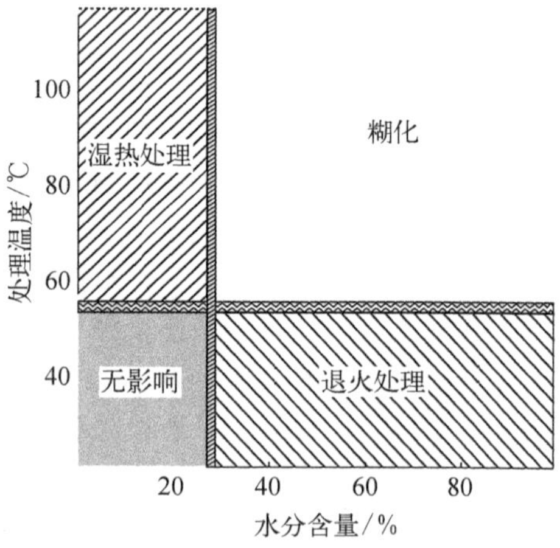

图 3-32 淀粉湿热处理、退火处理和糊化的水分-温度组合图

随着淀粉糊化的发生，淀粉体系从淀粉悬液(starch slurry)转化为淀粉糊(paste)，同时淀粉的物理化学性质发生显著变化，包括偏光十字消失、结晶度降低、溶液黏度增大、淀粉酶消化性提升、化学反应特性提高等。

2) 影响淀粉糊化的因素 有众多因素对淀粉的糊化有影响，概括起来，这些因素可以划分为四类：① 淀粉自身的特性，包括淀粉粒的大小、结晶度、支链淀粉与直链淀粉比例、脂类的含量等；② 环境条件，如加热温度、食物中的水分含量、食物的酸碱度、搅拌情况等；③ 食品中的其他物质，如糖、盐、亲水性胶体、乳化剂等;④ 淀粉的前处理方式,如湿热处理或退火处理。上述因素不仅影响淀粉的糊化,而且对形成的糊的透明度、稳定性以及后续的凝胶形成都有明显影响。

① 淀粉自身的性质

淀粉分子间的结合程度、分子排列紧密程度和淀粉分子形成微晶区的大小等均影响淀粉分子的糊化难易程度。淀粉分子间的缔合程度大、分子排列紧密,结晶度越高,破坏这些作用力和拆开微晶区所需要的能量越高,淀粉越难发生糊化。小颗粒淀粉的结构较紧密,糊化温度较高;反之,大颗粒淀粉糊化相对较容易。就结晶形态而言,大多情况下,A-型结晶比B-型和C-型具有更高的糊化温度。一般来说,直链淀粉含量越高的淀粉其糊化温度也越高,其回升值也越高,但其峰值黏度和崩解值则越低。天然淀粉中脂类和磷含量对其糊化也有影响。脂类的存在使淀粉的膨胀力下降,淀粉变得难以糊化。在相同条件下,分离的淀粉比位于植物组织中的淀粉更容易糊化。

② 环境条件

水分的存在与加热是淀粉糊化的两个必需条件。在有充足水分存在时,淀粉在其糊化温度以上才可以糊化,而低于糊化温度,它只会发生吸水膨胀,也称为膨润。在水分含量较低时,淀粉的糊化不能发生或者糊化程度非常有限。一般食物的含水量越高,其中的淀粉越容易糊化。干淀粉(含水量低于3%)加热至180℃也不会发生淀粉糊化,而对含水量为60%的淀粉悬液,在70℃左右能够完全糊化。甚至有研究认为淀粉彻底糊化存在一个最低的料液比(约为13 molH_2O/mol葡萄糖残基),且不同料液比下淀粉的糊化温度有所差异。食物的酸碱度或pH是影响淀粉糊化的另一个重要环境条件。大多数食品的pH为4~7,这样的酸浓度对淀粉溶胀或糊化影响很小。随pH向碱性方向提升,淀粉的溶胀速度和糊化程度明显提升。但过高的碱度或酸度都会导致淀粉发生水解,进而会影响淀粉糊的黏度及后续凝胶的形成及凝胶的品质。

③ 食品中的其他组分

影响淀粉糊化的食品成分主要包括糖类、脂类、盐、蛋白质等。高浓度的糖能降低淀粉糊化的速度、黏度的峰值和凝胶的强度,寡糖在推迟糊化和降低峰值糊化温度等方面比单糖更有效。低浓度的盐对糊化或凝胶的形成影响很小,但一些含磷酸盐基团的马铃薯淀粉或改性获得的离子化淀粉的糊化则受盐的影响比较明显。不同的盐对淀粉糊化的影响不尽相同。如果将淀粉看做一种弱的酸性离子交换剂,阳离子可以使淀粉稳定,因此,阴离子对淀粉糊化的影响程度明显高于阳离子。发现离子对西米淀粉糊化的影响程度遵循感胶离子序(lyotropic series)或霍夫迈斯特序(Hofmeister series)。不同阴离子钠盐抑制淀粉糊化的顺序为$SO_4^{2-}>Cl^->Br^->NO_3^->I^->SCN^-$。以糊化温度和糊化焓升高或降低的幅度来看,$Na_2SO_4^{2-}$、$NaCl^-$、$NaBr^-$和$NaNO_3^-$均可抑制淀粉的糊化,而$NaI^-$和$NaSCN^-$则明显加速淀粉糊化。阳离子抑制西米淀粉糊化的顺序为$Al^{3+}>Mg^{2+}>Ca^{2+}>Li^+>Na^+>K^+>Cs^+$。单糖、低聚糖和盐对淀粉的糊化作用的影响与这些物质能强烈地结合水,从而竞争性影响淀粉粒的吸水膨胀有关。而蛋白质、卡拉胶等亲水性胶体能抑制淀粉的糊化,其主要原因是这些物质能大幅度提升淀粉浆的黏度而阻止直链淀粉溶出和淀粉粒破裂。极性脂类化合物(或乳化剂)能与直链淀粉形成复合物,推迟了淀粉颗粒的溶胀,使糊化温度升高。

④ 淀粉的前处理过程

湿热处理能明显提升淀粉的糊化温度。如含有27%水分的马铃薯淀粉和大麦淀粉在100℃下处理16 h,其糊化温度分别从60℃和62℃提升到60.5℃和65℃。其原因是湿热处理改变了原淀粉粒中淀粉分子的结晶形态。经湿热处理后马铃薯淀粉的结晶形态会从B-型转为A-型;而木薯淀粉则从C-型转向了A-型。湿热处理时淀粉的结晶区会发生熔融,无定形区则会进行重排,对淀粉结晶区产生稳定作用,使淀粉糊化温度提高。退火处理也能提高淀粉糊化温度,且会使其糊化温度区间变窄。如大麦大颗粒淀粉在50℃退火处理6周可以使其糊化温度从61℃提升到74℃。但目前还没有发现淀粉在退火处理过程中会发生结晶形态的转变。

(5) 淀粉的老化

1) 淀粉老化的概念　经过糊化的α-淀粉在室温或低于室温下放置后,会变得不透明甚至凝结而沉淀,这种现象称为淀粉的老化(retrogradation)。这是由于糊化后的淀粉分子在低温下又自动排列成序,相邻分子间的氢键又逐步恢复形成致密、高度晶化的淀粉分子微束的缘故。所以,从某种意义上看,老化过程可看做是糊化的逆过程，但是老化不能使淀粉彻底复原到生淀粉（β-淀粉）的结构状态，它比生淀粉的晶化程度低。通常认为淀粉老化的第一步是由直链淀粉引起的，而进一步的老化是由支链淀粉外侧支链缔合引起的。以面包为例，在贮藏过程中面包心硬度增大、容易掉渣、产品新鲜度下降而发生陈化（staling）。在焙烤结束面包冷却时，陈化就开始了。陈化的主要原因是淀粉的老化，当面包冷却到室温时，直链淀粉的老化已基本完成。在产品后续冷藏过程中的老化主要是由支链淀粉引起的。老化后的淀粉与水失去亲和力，难以被淀粉酶水解，因而也不易被人体消化吸收，严重影响着食品的外观和质构。如面包的陈化导致产品新鲜度下降，米汤陈化导致黏度下降或产生沉淀。因此，淀粉老化作用的控制在食品工业中有重要意义。

2）影响淀粉老化的主要因素　影响淀粉老化的因素也可以分为三类：淀粉自身的性质、环境条件和食品其他组分的影响。

① 淀粉自身的性质

不同来源的淀粉，老化难易程度并不相同。在淀粉自身的性质中，直链淀粉与支链淀粉的比例对淀粉老化特性的影响最明显。一般来说直链淀粉较支链淀粉易于老化，直链淀粉越多，老化越快，支链淀粉几乎不发生老化，其原因是直链淀粉分子在集聚重结晶时空间位阻较小，而支链淀粉的结构呈三维网状空间分布，妨碍了微晶束氢键的形成。

② 环境条件

影响淀粉老化的环境条件主要包括食物的水分含量、贮藏温度和酸碱度。当食物含水量为30%～60%时，尤其在50%～55%时，其中的淀粉较易老化，而在含水量低于10%或在含有大量水的食品中，淀粉都不易老化。其原因是低的含水量时食品处于橡胶态，淀粉分子扩散移动而集聚的难度大，而很高的含水量导致食品体系过度稀释，降低了淀粉分子碰撞而集聚的概率。淀粉老化作用的最适温度在2～4℃之间，温度高于60℃或低于−20℃时，淀粉都不易发生老化。过高的温度（$T>T_m$），加剧了淀粉分子的布朗运动，也能使淀粉分子瞬间形成的集聚结构被破坏，使淀粉无法老化。当食品处于冻结状态时（$T<T_g$），淀粉分子在空间上被定格而无法扩散集聚。淀粉在中性条件下最容易老化，偏酸（pH 4以下）或偏碱的条件下不易老化。

③ 食品中的其他组分

通常认为添加植物胶能抑制淀粉老化，其主要原理是植物胶的加入导致淀粉糊化过程中直链淀粉的溶出减少，这减轻了后续的老化程度；其次，植物胶能与支链淀粉、直链淀粉之间发生相互作用而抑制淀粉的老化。但发现魔芋葡甘露聚糖对玉米淀粉糊贮藏过程中早期（1 d）的淀粉老化有促进作用，但对后期（14 d）的淀粉老化有轻度抑制作用。极性脂类的添加能有效抑制淀粉的老化，主要是极性脂类与直链淀粉以及支链淀粉的较长外链（链长20～40葡萄糖残基）形成复合物所致。盐的添加能抑制淀粉的老化，对大多数盐而言盐浓度越高，抑制效果也越好。各类离子在抑制淀粉老化时仍遵循感胶离子序，对阴离子来说，其抑制淀粉老化的能力顺序为：$CNS^- > PO_4^{2-} > CO_3^{2-} > I^- > NO_3^- > Cl^- > C_2H_3O_2^- > F^- > SO_4^{2-}$；对于阳离子，这一顺序为$Ba^{2+} > Sr^{2+} > Ca^{2+} > K^+ > Na^+ > Li^+$。其主要原因是极性越高、电荷密度越高的离子能使淀粉分子带上电荷，这一方面通过静电斥力使淀粉分子难以集聚，另一方面是淀粉分子带上很厚的水层而阻止老化。

3）防止淀粉老化的方法　生产中可通过控制淀粉的含水量、贮存温度、pH及加工工艺条件等方法来防止淀粉的老化。

① 降低水分含量

将糊化后的α-淀粉，在80℃以上的高温迅速除去水分（水分含量最好达10%以下）或冷至0℃以下迅速脱水，成为固态的α-淀粉。α-淀粉加水后，因无胶束结构，水易于进入而将淀粉分子包围，不需加热，亦易糊化。这就是制备富含淀粉方便食品的原理，如方便米饭、方便面条、饼干、膨化食品等。

② 控制食品的温度

将食品保持在较高温度下存放可以有效防止淀粉的老化，但此时要防止食品中水分过度蒸发。这在短时间保持淀粉类食物的新鲜度是可行的，但长时间会导致大量的热能消耗。虽然在理论上冻结可以有效抑制食品中的淀粉老化，但在冻结食品生产的冷冻过程以及使用前的解冻过程中淀粉会发生严重的老化，从而影响产品的品质，对液态食品甚至在解冻后会出现沉淀、分层或析水的现象。

③ 添加淀粉老化抑制剂

糊化淀粉在有单糖、二糖和糖醇存在时，不易老化，这是因为它们能妨碍淀粉分子间缔合，并且本身吸水性强能夺取淀粉凝胶中的水，使溶胀的淀粉成为稳定状态。表面活性剂或具有表面活性的极性脂(如甘油棕榈酸单酯、硬脂酰-α-乳酸钠、单甘酯、蔗糖酯等)，由于直链淀粉与之形成复合物，推迟了淀粉的老化。一些大分子物质如蛋白质、半纤维素、植物胶等对淀粉的老化也有减缓作用。

(6) 淀粉的水解：淀粉在酶、酸、碱等条件下的水解在食品加工中具有重要意义。淀粉的水解产物因催化条件、淀粉的种类不同而有差别，但最终水解产物为葡萄糖。工业上利用淀粉水解可生产糊精、淀粉糖浆、麦芽糖浆、葡萄糖等产品。可溶性糊精是淀粉的有限水解产物。淀粉糖浆为葡萄糖、低聚糖和糊精的混合物。麦芽糖浆也称为饴糖，其主要成分为麦芽糖，也有麦芽三糖和少量葡萄糖。葡萄糖为淀粉水解的最终产物，结晶葡萄糖有含水α-葡萄糖、无水α-葡萄糖和无水β-葡萄糖三种。淀粉水解法有酸水解法和酶水解法两种。

1) 酸水解法　酸法水解是用无机酸作为催化剂使淀粉发生水解反应，常用浓度为0.02～0.03 mol/L的盐酸在高温(135～150℃)处理淀粉5～8 min。工业上，将盐酸均匀地喷洒到淀粉上，或用氯化氢气体在搅拌情况下处理水合淀粉，然后再加热，通过控制加热时间获得希望的水解度后将酸中和，回收淀粉产品。这时的淀粉仍为颗粒状，但在加水加热时非常容易破裂，将此种淀粉称为酸改性或酸稀化(acid-thinned starch)淀粉。稀化能使淀粉的凝胶透明度得到改善，凝胶强度有所加强，但糊的黏度有所下降。它非常适合用于制造凝胶软糖产品。用酸对淀粉深度改性可以得到糊精、糖浆或葡萄糖。淀粉的水解程度常用产物的葡萄糖当量(dextrose equivalence，DE)来表示。DE与淀粉平均聚合度(DP)的关系是DE=100/DP，其定义是淀粉水解产物的还原力占纯葡萄糖还原力的百分比。通常将DE值<20的淀粉水解产物称为麦芽糊精，DE值为20～60的称为淀粉糖浆。不同来源的淀粉，其酸水解难易程度不同，一般马铃薯淀粉较玉米、小麦、高粱等谷类淀粉易水解，大米淀粉较难水解。支链淀粉较直链淀粉容易水解。糖苷键酸水解的难易顺序为α-1,6>α-1,4>α-1,3>α-1,2，α-1,4-糖苷键的水解速度较β-1,4-糖苷键快。结晶区比非结晶区更难水解。另外，淀粉的酸水解反应还与温度、底物浓度和无机酸种类有关。一般来讲，盐酸和硫酸的催化水解效率较高。

2) 酶水解法　淀粉的酶水解在食品工业上称为糖化，所使用的淀粉酶也被称为糖化酶。淀粉的酶水解一般要经过糊化、液化和糖化3道工序。淀粉酶水解所使用的淀粉酶主要有α-淀粉酶(液化酶)、β-淀粉酶(糖化酶)和葡萄糖淀粉酶等。

α-淀粉酶(α-amylase，EC 3.2.1.1)是一种内切酶，它能将直链淀粉和支链淀粉两种分子从内部水解任意位置的α-1,4-糖苷键，产物还原端葡萄糖残基为α-构型，故称α-淀粉酶。α-淀粉酶不能催化水解α-1,6-糖苷键，但能越过α-1,6-糖苷键继续催化水解其余的α-1,4-糖苷键。此外，α-淀粉酶也不能催化水解麦芽糖分子中的α-1,4-糖苷键。所以α-淀粉酶对直链淀粉的水解产物主要是α-葡萄糖、α-麦芽糖和很小的糊精分子；对支链淀粉的水解产物主要是α-葡萄糖、α-麦芽糖和α-极限糊精。α-淀粉酶对B-型淀粉的水解速度通常明显高于A-型淀粉。工业上常用来自枯草芽孢杆菌(*Bacillus subtilis*)或地衣芽孢杆菌(*Bacillus licheniformis*)的耐高温α-淀粉酶对淀粉液化。

β-淀粉酶(β-amylase，EC 3.2.1.2)属于外切酶，只存在于高等植物中，可以从淀粉分子的非还原端开始催化α-1,4-糖苷键水解，但不能催化α-1,6-糖苷键水解，也不能越过α-1,6-糖苷键继续催化水解剩余的α-1,4-糖苷键。因此，β-淀粉酶对直链淀粉的水解产物几乎是β-麦芽糖，而对支链淀粉的水解产物主要是β-麦芽糖和β-界限糊精。

葡萄糖淀粉酶(glucoamylase，EC 3.2.1.3)属于外切酶，可从淀粉分子的非还原端开始催化淀粉中的任何糖苷键(α-1,6、α-1,4、α-1,3-糖苷键)水解。即葡萄糖淀粉酶不管作用于直链淀粉还是支链淀粉其最终产物全部是β-葡萄糖。工业上使用的葡萄糖淀粉酶常来自黑曲霉(*Aspergillus niger*)。但葡萄糖淀粉酶也会催化两分子葡萄糖形成异麦芽糖的复合反应。

有一些脱支酶，如普鲁兰酶(pullulanase，EC 3.2.1.41)和异淀粉酶(isoamylase，EC 3.2.1.9)，能专一性催化水解支链淀粉的1→6连接键，使支链淀粉发生脱支产生许多相对分子质量较低的直链分子。

(7) 淀粉的改性：为了拓展淀粉的应用范围，需将天然淀粉经物理、化学或酶处理，使淀粉原有的水溶性、黏度、色泽、味道、流动性、耐酸性、抗剪切性或耐热性等物理化学性质发生一定的改变，这种经过处理的淀粉总称为改性淀粉(modified starch)。目前,化学改性淀粉的种类较多,如可溶性淀粉、氧化淀粉、交联淀粉、酯化淀粉、醚化淀粉和接枝淀粉等。通常将化学试剂对淀粉的修饰改性程度称为改性淀粉的取代度(degree of substitution,DS)。取代度指改性淀粉每摩尔葡萄糖残基所携带的取代基团的量。一般化学试剂对淀粉的改性都借助于淀粉分子中的羟基。而根据淀粉的结构可知,淀粉分子的末端葡萄糖残基每个拥有4个可供改性的游离羟基,支链淀粉分支部位的葡萄糖残基每个只拥有2个游离羟基,而处于链内的大多数葡萄糖残基每个均拥有3个游离羟基。因此,从结构的角度来看,化学改性淀粉的最大取代度约为3。

1) 可溶性淀粉 可溶性淀粉(soluble starch)是经过轻度酸或碱处理的淀粉,其淀粉溶液加热时有良好的流动性,冷凝时能形成坚柔的凝胶。α-淀粉(预糊化淀粉)是由物理处理方法生成的可溶性淀粉。生产可溶性淀粉的方法:一般在25~35℃,用盐酸或硫酸作用于40%玉米淀粉乳,处理时间根据黏度需要来定,约为6~24 h,用纯碱或者稀 NaOH 中和,再经过滤和干燥即得到可溶性淀粉。可溶性淀粉可用于制造胶姆糖、冲剂和糖果。

2) 氧化淀粉 氧化淀粉(oxidized starch)是工业上应用次氯酸钠、过氧化氢等强氧化剂处理淀粉而制得。通过氧化反应可改变淀粉的胶凝特性。氧化淀粉糊的黏度较低、稳定性高、透明度较好、颜色较白和成膜性好。由于直链淀粉被氧化后,分子链成为扭曲状,因而不易发生老化。氧化淀粉在食品加工中可形成稳定溶液,适用作分散剂或乳化剂。高碘酸或其钠盐能氧化相邻的羟基成醛基,在研究糖类的结构中有应用。

3) 交联淀粉 有多元官能团的试剂,如甲醛、环氧氯丙烷、三氯氧磷或三偏磷酸盐等作用于淀粉颗粒,能将不同淀粉分子经"交联键"结合而生成的淀粉称为交联淀粉(crosslinked starch)。交联淀粉具有良好的机械性能,并且耐酸、耐热和耐碱,且随交联程度增高,甚至有些交联淀粉高温受热也不能糊化。如羟丙基二淀粉硫酸酯的膨润性好,透明度高,糊液对温度、酸及剪切力的稳定性好;淀粉磷酸双酯的糊化温度较高,膨润性较低;羟丙基甘油双淀粉的分子亲水性强、吸水膨胀后黏度稳定;乙酰化二淀粉硫酸酯的溶解度、膨润性、透明度均高于原淀粉,糊液冷冻稳定性好。在食品工业中,交联淀粉主要用作增稠剂和赋形剂。

4) 酯化淀粉 淀粉分子利用其羟基能与酸或酸酐形成酯化物,形成的产物称为酯化淀粉(esterized starch),常见的有淀粉醋酸酯、淀粉硝酸酯、淀粉磷酸酯等。工业上用醋酸酐或乙酰氯在碱性条件下与淀粉乳作用来制备淀粉醋酸酯。低取代度的淀粉醋酸酯(取代度<0.2,乙酰基<5%)糊的凝沉性弱(抗老化的作用),稳定性高。三醋酸酯(高取代度)含乙酰基44.8%,能溶于醋酸、氯仿和其他氯烷烃溶剂中,其氯仿溶液常用于测定黏度、渗透压力、旋光度等。磷酸为三价酸,与淀粉作用可生成的酯衍生物有磷酸淀粉一酯、二酯和三酯。用正磷酸钠和三聚磷酸钠 $Na_5P_3O_{10}$ 进行酯化,得磷酸淀粉一酯。磷酸淀粉一酯糊具有较高的黏度、透明度、胶黏性。用具有多官能基的磷化物如三氯氧磷($POCl_3$)进行酯化时可得到一酯和交联的二酯、三酯混合物产品。二酯和三酯称为磷酸多酯,属于交联淀粉。因为淀粉分子的不同部分被羟酯键交联起来,淀粉颗粒的膨胀受到抑制,糊化困难,黏度和黏度稳定性均增高。酯化度低的磷酸淀粉可改善某些食品的抗冻结-解冻性能,降低冻结-解冻过程中水分的离析。

5) 醚化淀粉 淀粉糖基单体上的游离羟基可被醚化而得到醚化淀粉(etherized starch)。颗粒状或糊化淀粉在碱性条件下易与环氧乙烷或环氧丙烷反应,生成部分取代的羟乙基或羟丙基醚衍生物。低取代度的羟乙基淀粉具有较低的糊化温度,受热膨胀较快,糊的透明性和胶黏性较高,凝沉性较弱,干燥后形成透明、柔软的薄膜。醚键对于酸、碱、温度和氧化剂的作用都很稳定。

2. 果胶 果胶物质(pectins)是高等植物中存在的一类以半乳糖醛酸为主要构成单元的多糖,属于阴离子型聚电解质(anionic polyelectrolytes)和酸性多糖。它是植物细胞壁的成分之一,存在于相邻细胞壁间的胞间层,起着将细胞黏在一起的作用,使水果蔬菜具有较硬的质地。果胶物质广泛存在于植物中,尤其是水果、蔬菜中含量较多,如苹果、橘皮、柚皮和向日葵花盘等均是提取果胶的重要原料。果胶物质糖醛酸残基上的羧基可以是游离的,也能以钠盐、钾盐、钙盐、铵盐形式或以甲酯化形式存在。

植物体内的果胶物质一般有3种形态:原果胶(protopectins)、果胶和果胶酸(pectic acid)。在未成熟果蔬组织中,一些果胶物质与纤维素和半纤维素粘接在一起形成较为牢固的细胞壁,将这部分甲酯化(methyl-esterification)半乳糖醛酸链称为原果胶,它只存在于细胞壁中,不溶于水。随果蔬成熟度增加,原果胶从细胞壁上脱落发生水解后生成果胶,使果胶的水溶性增高,溶于细胞液中,导致果蔬组织质地变软。果胶是不同程度甲酯化和中和的聚半乳糖醛酸链。当果实过熟时，果胶发生脱酯作用(demethylation)生成果胶酸，果蔬组织成软疡状态。果胶酸是完全未甲酯化的聚半乳糖醛酸链，在细胞汁液中与 Ca^{2+}、Mg^{2+}、K^{+}、Na^{+} 等矿物质形成不溶于水或微溶于水的果胶酸盐。

(1) 果胶的化学结构：果胶属于杂多糖，其分子的主链是被少量 α-1,2-鼠李糖残基间隔的由 α-1,4-糖苷键连接的 α-*D*-半乳糖醛酸残基构成，且主链上存在鼠李糖残基富集链段，在这个区域存在大量有中性糖构成的侧链。因此，果胶分子的结构可分为由 α-*D*-半乳糖醛酸残基连续构成的不带侧链的主链光滑区(smooth region)和带有大量中性糖侧链的鼠李糖残基富集主链段的毛发区(hairy region)(图 3-33)。通常每个光滑区的聚合度最低约 72～100，随果胶来源有差异。大多数果胶分子毛发区的侧链主要是由半乳糖、阿拉伯糖形成的半乳聚糖、阿拉伯聚糖和阿拉伯半乳聚糖，它们主要连接在主链毛发区鼠李糖残基的 C-4 位上。

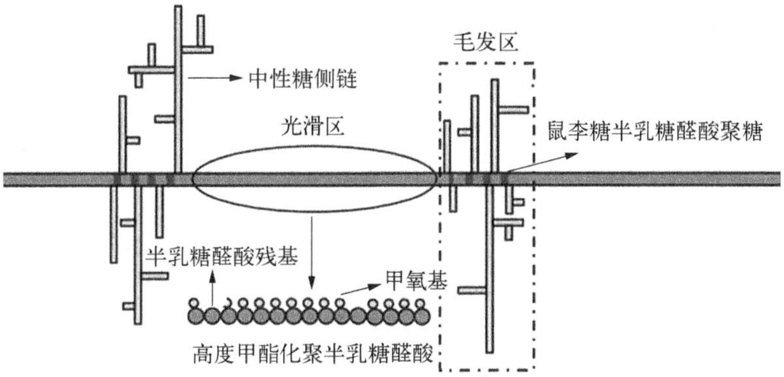

图 3-33 果胶分子结构示意图

果胶分子中的半乳糖醛酸残基上的羧基是部分甲酯化的，甲酯化度，又称为酯化度(degree of esterification, DE)，是果胶分子的重要结构参数，是指果胶分子中甲酯化的半乳糖醛酸残基占总半乳糖醛酸残基的百分数。提取自天然果蔬原料的果胶酯化度一般为 55%～75%，适度脱脂后的商品果胶产品的酯化度一般为 20%～70%。根据果胶分子羧基酯化度的不同，天然果胶一般分为两类：高甲氧基果胶(high-methoxyl pectin, HM)，指酯化度大于 50%的果胶；低甲氧基果胶(low-methoxyl pectin, LM)，指酯化度小于 50%的果胶。有时也用甲氧基含量来反映酯化度。完全甲酯化的聚半乳糖醛酸的理论甲氧基含量为 16.32%，一般将甲氧基含量大于 7%者称为高甲氧基果胶，而将甲氧基含量小于或等于 7%者称为低甲氧基果胶。

(2) 果胶的性质：由于羧基的存在，果胶的水溶液呈酸性，1%果胶溶液的 pH 通常为 2.7～3.0，羧基的解离常数(intrinsic ionization constant, pK_a)约为 2.9～3.2。果胶在水中的溶解度随聚合度的升高而降低，而随 DE 值降低而降低。低甲氧基果胶的溶解度可以通过与阳离子结合而得以改善。果胶酸的溶解度较低(1%)，但其衍生物如甲醇酯和乙醇酯溶解度较大。果胶的酯化度对产品的溶解性、增稠性、胶凝能力、凝胶条件和凝胶的性质有显著的影响。果胶分散所形成的溶液是高黏度溶液，其黏度与果胶分子的链长成正比。果胶在一定条件下具有胶凝能力。

果胶的阴离子型聚电解质特性使其具有很强的阳离子结合力。一般 DE 值越低的果胶其阳离子结合力越强，低甲氧基果胶对 Ca^{2+} 的结合能力明显高于高甲氧基果胶。果胶对 Ca^{2+} 的结合能力有 pH 依赖性，一般在 pH 5～7.5 时最大。但随着离子强度的增大，果胶对 Ca^{2+} 的结合率逐渐降低。果胶水溶液的流变学特性与普通中性多糖完全不同，且受其浓度、酯化度、pH 和离子强度控制。

果胶在酸、碱或酶的作用下可发生水解，可使酯水解(去甲酯化)或糖苷键水解；在高温强酸条件下，糖醛酸残基发生脱羧作用。果胶甲酯酶能催化果胶分子发生脱酯作用，而聚半乳糖醛酸酶能使果胶分子发生水解，二者协同作用使植物组织中的原果胶转化为果胶。在酸性条件下，果胶会发生糖苷键水解和脱酯作用，而侧链上连接中性糖的糖苷键的酸水解效率明显高于主链糖苷键。因此，酸水解后果胶分子半乳糖醛酸的含量会得到提升而中性糖含量会降低。在较低温度下进行酸处理，果胶主要发生脱酯作用而糖苷键水解作用很弱，基于此可以生产低甲氧基果胶。在碱性条件下或 pH 接近 7 的情况下，果胶也会发生包括脱酯作用和糖苷键的快速降解，高温会加速这一进程，且酯化度越高的产品降解速率越高。

(3) 果胶形成凝胶的条件与机理

1) 果胶物质形成凝胶的条件　果胶的凝胶特性受其酯化度的影响非常明显，高甲氧基果胶和低甲氧基果胶形成凝胶的条件完全不同。高甲氧基果胶在可溶性固形物含量(一般是糖)超过 55%，pH 2.0～3.5，果胶含量 0.3%～0.7%时可以形成凝胶；低甲氧基果胶要求可溶性固形物为 10%～20%，pH 为 2.5～6.5 且加入 Ca^{2+}、Mg^{2+} 等二价金属离子时才能形成凝胶。

2) 果胶物质的胶凝机理　高甲氧基果胶与低甲氧基果胶的胶凝机理是不同的。高甲氧基果胶溶液必须在具有足够的糖和酸存在的条件下才能胶凝，又称为糖-酸-果胶凝胶。当果胶溶液 pH 足够低时，羧酸盐基团转化为羧酸基团，因此分子不带电荷，分子间斥力下降，水合程度降低，分子间缔合形成凝胶。在果胶溶液中加入糖类，能与果胶分子链竞争结合水，致使分子链的溶剂化程度大大下降，有利于分子链间相互作用，使果胶分子间形成结合区。糖的浓度越高，越有助于形成结合区，一般糖的浓度至少在 55%，最好在 65%。低甲氧基果胶必须在二价阳离子(如 Ca^{2+})存在情况下形成凝胶，胶凝的机理是在二价阳离子能加强果胶分子间的交联作用(形成“盐桥”)，在不同分子链的均匀区间(均一的半乳糖醛酸)形成分子间结合区，从而形成凝胶。

3) 影响果胶凝胶的因素

① 果胶分子结构的影响

影响果胶凝胶的果胶分子结构因素主要包括相对分子质量和酯化度。在相同条件下，相对分子质量越大的果胶形成的凝胶越强。果胶溶液在降温转变为凝胶的过程中，当果胶分子链发生降解，其形成的凝胶强度就会减弱。果胶的凝胶强度随其酯化度的增加而增大，这是因为通过酯基团之间相互作用能形成凝胶网络结构的结晶中心。高甲氧基果胶形成的凝胶是热不可逆的，其分子间作用主要为氢键和疏水相互作用，后者对凝胶自由能的贡献约为前者的一半。果胶的酯化度直接影响凝胶速度，果胶的凝胶速度随酯化度增加而增大。甲酯化度为 100%的全甲酯化聚半乳糖醛酸，只要有脱水剂(如糖)存在就能形成凝胶。甲酯化度大于 70%的果胶称为速凝果胶，加糖、加酸(pH 3.0～3.4)后可在较高温度下形成凝胶(无需低温冷却)。在“蜜饯型”果酱中，可防止果肉块的浮起或下沉。甲酯化度为 50%～70%的果胶称为慢凝果胶，加糖、加酸(pH 2.8～3.2)后，可在较低温度下形成凝胶(凝胶较慢)，所需酸量也因果胶分子中游离羧基增多而增大。慢凝果胶用于果冻、果酱、点心等生产中，在汁液类食品中可用作增稠剂、乳化剂。对于低甲氧基果胶，即使在加糖、加酸的情况下充分冷却也难形成凝胶，需要添加多价阳离子(常用 Ca^{2+})与游离羧基交联才能形成凝胶。Ca^{2+} 的存在对果胶凝胶的质地有硬化作用，这就是果蔬加工中首先用钙盐前处理的原因。这类果胶的胶凝能力受酯化度的影响大于相对分子质量的影响。

② 环境条件的影响

影响果胶凝胶性质的环境条件主要包括 pH、共存溶质(糖)浓度和温度。不同类型的果胶凝胶时，所需 pH 不同。如低甲氧基果胶对 pH 变化的敏感性差，能在 pH 2.5～6.5 范围内形成凝胶，而正常的果胶则仅在 pH 2.7～3.5 范围内形成凝胶。不适当的 pH，不但无助于果胶形成凝胶，反而会导致果胶水解，尤其是高甲氧基果胶和在碱性条件下。凝胶形成的 pH 也和酯化度相关，快速胶凝的果胶在 pH 3.0～3.4 也可以胶凝，而慢速胶凝的果胶在 pH 2.8～3.2 可以胶凝。高甲氧基果胶形成凝胶其体系中的共存溶质(糖)的含量不能低于 55%；低甲氧基果胶形成凝胶时，可以不加糖，但加入 10%～20%的蔗糖，凝胶的质地会更好。当脱水剂(糖)的含量和 pH 适当时，在 0～50℃范围内，温度对果胶凝胶影响不大。但温度过高或加热时间过长，果胶将发生降解，蔗糖也发生转化，从而影响凝胶的强度。固形物含量越高及 pH 越低，果胶则可在较高温度下胶凝。因此在制造果酱和糖果时必须选择 Brix(固形物含量)、pH 以及适合类型的果胶才能达到所期望的胶凝温度。但在 pH 3.5 时，低甲氧基果胶胶凝所需的 Ca^{2+} 量比中性条件下更高。

4) 果胶在食品中的应用　果胶的主要用途是作为果酱与果冻的胶凝剂。果胶的类型很多，不同酯化度的果胶能满足不同的要求。常用慢胶凝高甲氧基果胶与低甲氧基果胶用于制造凝胶软糖。果胶还可作为增稠剂和稳定剂。高甲氧基果胶可应用于乳制品，它在 pH 3.5～4.2 范围内能阻止加热时酪蛋白的聚集，这适用于经巴氏杀菌或高温杀菌的酸奶、酸豆奶以及牛奶与果汁的混合物。高甲氧基与低甲氧基果胶能应用于蛋黄酱、番茄酱、浑浊型果汁、饮料以及冰淇淋等，一般添加量<1%；凝胶软糖除外，它的添加量为2%～5%。

3. 功能性多糖与膳食纤维

(1) 功能性多糖

1) 功能性多糖定义和分类　功能性多糖是指那些具有某些特殊生理功能的多糖类化合物，如免疫活性多糖、抗肿瘤多糖、抗辐射多糖等。根据其来源可分为5大类：① 动物活性多糖，如肝素、硫酸软骨素B等；② 植物活性多糖，如南瓜多糖、茶叶多糖、枸杞多糖等；③ 藻类活性多糖，如螺旋藻多糖、海带多糖、多管藻多糖等；④ 真菌活性多糖，如灵芝多糖、木耳多糖、香菇多糖等；⑤ 微生物活性多糖，如乳酸链球菌胞外多糖等。

2) 免疫活性多糖　多糖最为突出而普遍的功能就是其对机体免疫功能的加强。多糖主要通过以下一条或几条途径而发挥促进免疫功能：① 提高巨噬细胞的吞噬能力，诱导白细胞介素1(IL-1)和肿瘤坏死因子(TNF)的生成，具有这种免疫促进功能的多糖有香菇多糖、黑柄炭角多糖、裂裥菌多糖、细菌脂多糖、牛膝多糖、商陆多糖、树舌多糖、海藻多糖等；② 促进T细胞增殖，诱导其分泌白细胞介素2(IL-2)，具有这类免疫促进功能的多糖有中华猕猴桃多糖、猪苓多糖、人参多糖、刺五加多糖、枸杞子多糖、芸芝多糖肽、香菇多糖、灵芝多糖、银耳多糖、商陆多糖Ⅰ、黄芪多糖等；③ 促进淋巴因子激活的杀伤细胞(LAK)活性，这类多糖有枸杞子多糖、黄芪多糖、刺五加多糖、鼠伤寒菌内毒素多糖等；④ 提高B细胞活性，增加多种抗体的分泌，加强机体的体液免疫功能，这类多糖有银耳多糖、香菇多糖、褐藻多糖、苜蓿多糖等；⑤ 通过不同途径激活补体系统，有些多糖是通过替代通路激活补体的，有些则是通过经典途径，这类多糖有酵母多糖、裂裥菌多糖、当归多糖、茯苓多糖、酸枣仁多糖、车前子多糖、细菌脂多糖、香菇多糖等。

3) 抗肿瘤活性多糖　自从20世纪50年代发现酵母多糖具有抗肿瘤效应以来，已分离出了许多具有抗肿瘤活性的多糖，其研究成果令人振奋。就多糖的抗肿瘤作用而言，其机理主要有以下两个方面：一是具有细胞毒性的多糖直接杀死了肿瘤细胞，这类多糖有牛膝多糖、茯苓多糖、刺五加多糖、银耳多糖、香菇多糖、芸芝多糖等；其次抗肿瘤活性多糖作为生物免疫反应调节剂通过增强机体的免疫功能而间接抑制或杀死肿瘤细胞的，如能促进LAK、自然杀伤细胞(NK)活性、诱导巨噬细胞产生肿瘤坏死因子的多糖，具有抗肿瘤活性的多糖大多是通过这种途径起作用的，也就是常说的宿主介导抗肿瘤活性。此外，有些活性多糖可使Lewis肿瘤细胞内的P53基因表达明显增强，从而引发Lewis肺癌细胞的程序性死亡，这可能是多糖抗肿瘤作用的又一新途径。

4) 抗突变、降血脂、抗病毒活性多糖　目前发现具有抗突变活性的多糖有人参多糖、波叶大黄多糖、魔芋多糖、枸杞子多糖、紫芸多糖等；具有降血脂活性的多糖有海带多糖、褐藻多糖、甘蔗多糖、硫酸软骨素、灵芝多糖、茶叶多糖、紫菜多糖、魔芋多糖等；早在1965年，研究者陆续发现某些天然多糖硫酸酯如卡拉胶、肝素有抑制疱疹病毒复制的作用。目前，许多经硫酸酯化的多糖，如香菇多糖、地衣多糖、右旋糖酐、裂褶菌多糖、木聚糖的硫酸酯有明显的抑制人类免疫缺陷病毒-Ⅰ(human immune effciency virus type Ⅰ, HIV-1)的活性。

(2) 膳食纤维：膳食纤维(dietary fibre, DF)曾被认为是没有营养价值的粗纤维，但随着人们发现膳食纤维摄入量的减少与肥胖症、高血压、糖尿病、心血管疾病等"富贵病"发病率上升密切相关之后，膳食纤维得到了空前的重视。现代医学界以及营养界因此将膳食纤维誉为"第七大营养素"。

1) 膳食纤维定义　膳食纤维最早定义为植物细胞壁中的抗消化性组成成分，包括纤维素、半纤维素及木质素。美国谷物化学家学会(AACC)对膳食纤维的定义是"凡是不能被人体内源酶消化吸收的可食用植物细胞、多糖、木质素及其相关物质的总和。"这一定义包括了食品中的大量组成成分，如纤维素、半纤维素、木质素、胶质、改性纤维素、黏质、寡糖、果胶，还包括了少量的组成成分，如蜡质、角质、软木脂等。

2) 膳食纤维的分类　膳食纤维可按照溶解性、大肠内的发酵程度、来源进行分类。根据膳食纤维的溶解性可以把膳食纤维分成水溶性膳食纤维(soluble dietary fiber, SDF)和水不溶性膳食纤维(insoluble dietary fiber, IDF)。SDF是指不被人体消化道酶消化，但可溶于温水或热水，与水结合会形成凝胶状物质，其组成主要是一些胶类物质，包括果胶、阿拉伯胶、角叉胶、瓜尔豆胶、琼脂以及聚半乳糖、聚甘露糖、聚葡聚糖、海藻酸钠、微生物发酵产生的胶(黄原胶等)和人工合成半合成纤维素以及真菌多糖等。IDF是指不被人体消化道酶消化且不溶于热水的那部分膳食纤维,它主要是细胞壁的组成成分,包括纤维素、半纤维素、木质素和植物蜡等。

根据在大肠内的发酵性(fermentilbility)分类,DF可以被分为高发酵性膳食纤维和低发酵性膳食纤维。膳食纤维的发酵性指膳食纤维在肠道微生物作用下产生短链脂肪酸(short chain fatty acids,SCFA)和降低肠道pH的能力。低发酵性膳食纤维包括纤维素、半纤维素、木质素、植物蜡和角质等。高发酵性膳食纤维包括β-葡聚糖、果胶、瓜尔豆胶、阿拉伯胶、海藻胶和菊粉等。一般来说,高发酵性膳食纤维多属于SDF,而低发酵性膳食纤维多属于IDF。但也有一些例外,如羧甲基纤维素,它虽然易溶于水,但几乎不被大肠内的菌群所发酵。

3) 膳食纤维的生理功能　目前研究发现膳食纤维具有功能多样性,而不同来源膳食纤维的功能有差异。膳食纤维的主要功能包括改善肠道菌群、预防肠道疾病、促进生长发育、提高机体免疫力、抗肿瘤、降血糖、预防糖尿病、降低血清胆固醇水平、预防心血管疾病、预防胆结石、降血压等。

第四节　食品碳水化合物研究热点

一、抗性淀粉

1. 抗性淀粉由来与定义　随着人们发现有部分淀粉在人小肠内无法消化吸收后,一直认为淀粉可在小肠内完全消化吸收的观点受到了挑战,新型的一种淀粉分类方式也就应运而生。Englyst和Baghurst等人依淀粉在小肠内的生物可利用性将淀粉区分为3类:易消化淀粉(ready digestible starch,RDS)指那些能在小肠中迅速被消化吸收的淀粉分子,一般是α-淀粉,如热米饭、煮红薯、粉丝等;慢消化淀粉(slowly digestible starch,SDS)指那些能在小肠中被完全消化吸收但速度较慢的淀粉,主要指一些生的未经糊化的淀粉,如生米、生面等;第3类便是所谓的抗性淀粉(resistant starch,RS)。其实这种分类方式是依单个淀粉分子为基础的,也就是说,有的食物中可能同时含有上述3类或其中的两类。抗性淀粉是指在正常健康成年人小肠中不被消化吸收的淀粉及其降解物的总称。

2. 抗消化淀粉分类　食物中存在的抗性淀粉可分为4类:物理包埋淀粉(physically trapped starch,RS_1)主要存在于完整的或部分研磨的谷粒、豆粒之中;抗性淀粉颗粒(resistant starch grarules, RS_2)指未经糊化的生淀粉粒和未成熟的淀粉粒,常存在于生马铃薯、生豌豆、绿香蕉中;老化淀粉(retrograded starch,RS_3)指糊化后的淀粉在冷却或储存过程中部分重结晶,常存在于冷米饭、冷面包、油炸土豆片中;化学改性淀粉(chemically modified starch RS_4)是指通过化学反应向淀粉分子中引入其他化学基团,从而改变了淀粉分子的结构使淀粉酶无法作用,如常见的羧甲基淀粉、羟丙基淀粉等。

3. 抗消化淀粉生理功能　抗性淀粉属于人体无法消化吸收的多糖类物质,显然它不属于通常的膳食纤维;但其生理功效与水溶性膳食纤维有许多相似之处。抗性淀粉是无能量的,因而可以减少人体能量和可消化吸收糖的摄入,从而有助于体重控制和防止糖尿病。抗性淀粉可降低血液胆固醇、甘油三酯和预防脂肪肝的形成。和膳食纤维一样,抗性淀粉可增加粪便体积,有助于防止便秘及直肠癌的发生。虽然抗性淀粉不能在小肠中被消化吸收,但可被肠道内细菌发酵利用而产生短链脂肪酸。抗性淀粉能在肠道内被发酵形成大量与直肠癌防治关系密切的短链脂肪酸,如丁酸。

二、抗氧化膳食纤维

抗氧化膳食纤维(antioxidant dietary fiber,ADF)为大量天然抗氧化剂结合到膳食纤维基质中的产物。这些天然抗氧化剂主要为多酚类,包括:黄酮类(花色素苷、黄烷、黄酮、黄酮醇、黄烷醇)、酚酸(没食子酸、阿魏酸)和缩合单宁(聚合的原花色素和高分子质量水解鞣质)等。由于多酚类物质的抗氧化能力和自由基清除力,可通过抑制低密度脂蛋白的氧化并促进血管舒张来减少冠心病(CHD)的发生,同时还可以预防癌症(DNA遭受自由基攻击产生突变可导致癌症)、神经变性紊乱等疾病的发生。所以从营养和健康的角度，抗氧化膳食纤维的研究具有非常重要的意义，ADF 能够部分取代合成抗氧化剂（BHA、TBHQ）应用于食品领域。

目前，抗氧化膳食纤维已应用于油脂行业，抑制油脂的自动氧化；在水产品中添加适量的抗氧化膳食纤维不仅能够改善产品的口感，而且能够增加保健功能（调节肠道、抗氧化等）；在焙烤食品（面包、饼干）中，添加一定量的抗氧化膳食纤维，能够在不影响产品感官品质的基础上，增加产品的抗氧化能力，延长食品的货架期。

本章扩展阅读材料

1. UGA CCRC（佐治亚大学复合碳水化合物研究中心）http://ccrc. uga. edu/（建议）.
2. 碳水化合物酶数据库 www. cazy. org.
3. 惠斯特勒碳水化合物研究中心 www. whistlercenter. purdue. edu/.
4. 谌小立，赵国华. 2009. 抗氧化膳食纤维研究进展[J]，食品科学，30(5)：291～293.
5. 杨月欣. 2004. 食物血糖生成指数[M]. 北京：北京大学出版社.
6. 张树政. 2002. 糖生物学与糖生物工程[M]，北京：清华大学出版社.

思考题

1. 简述单糖的结构和理化性质。
2. 阐述两种常见双糖的结构和性质。
3. 简述几种具有保健作用的低聚糖的结构特点和功能性。
4. 简述多糖的结构和功能的关系。
5. 比较单糖与多糖在性质上的异同点。
6. 阐述常见改性淀粉的种类和应用。
7. 改性纤维素的种类及其在食品中的应用。
8. 简述果胶的性能及其凝胶形成的机理。
9. 阿拉伯胶、瓜尔豆胶、海藻胶结构和性质的异同。
10. 阐述食品中碳水化合物的功能。
11. 论述膳食纤维的定义及其生理功能。
12. 阐述抗性淀粉类型、抗氧化膳食纤维在食品中的应用。

第四章

脂 类

第一节 概 述

一、脂类的定义与分类

脂类(lipids)是一类易溶于有机溶剂而难溶于水的化合物。食物中的脂类按其来源主要分为植物油、动物油、合成油脂、海产品油、微生物油、乳脂等。按照脂类物质的结构和组成,可将其分为简单脂质(simple lipids)、复合脂质(complex lipids)、衍生脂质(derivative lipids)(表 4-1)。在食品中,酰基甘油(glycerides)一般占油脂总量的 95%左右,它是甘油与脂肪酸形成的酯化物。按饱和程度,可将脂类分为干性油、半干性油和不干性油。干性油指碘值(iodine value)>130 的脂类,如桐油、亚麻籽油、红花油等;半干性油指碘值为 100~130 的脂类,如棉籽油、大豆油等;不干性油指碘值<100 的脂类,如花生油、菜籽油、蓖麻油等。按常温下的状态,可将脂类分为油(呈液态)(oil)和脂(呈固态)(fat)。根据脂类分子的极性可将其分为极性脂(polar lipids)与中性脂(neutral lipids)。将具有 3 个相同酰基的酰基甘油称为单纯酰基甘油酯(monoacid triacylglycerols);而将连接 3 个不完全相同或完全不同酰基的酰基甘油称为混合酰基甘油酯(multiacid triacylglycerols)。

表 4-1 脂类按结构和组成的分类

类 型	亚 类	组 成
简单脂类	酰基甘油	甘油+脂肪酸
	蜡	长链脂肪醇+长链脂肪酸
复合脂类	磷酸酰基甘油	甘油+脂肪酸+磷酸盐+含氮基团
	鞘磷脂类	鞘氨醇+脂肪酸+磷酸盐+胆碱
	脑苷脂类	鞘氨醇+脂肪酸+糖
	神经节苷脂类	鞘氨醇+脂肪酸+碳水化合物
衍生脂类		类胡萝卜素、类固醇、脂溶性维生素等

二、脂类在食品中的作用

脂类在食品中的作用主要体现在以下几个方面:① 脂类是重要的食品营养素。脂类(尤其中性脂肪)是三大产能营养素之一。与蛋白质和碳水化合物相比,中性脂肪的能量密度更高,每克脂肪能为人体提供 39.6 kJ(9.4 kcal)的热量。同时脂类还能为人体提供必需脂肪酸,是脂溶性维生素的载体。② 脂类是重要的食品风味成分。有些极性油脂本身具有风味,如低级脂肪酸和很多香料的挥发油。同时油脂适度氧化能赋予诸如腊肉、香肠、火腿等产品特有的风味。当然,过度的油脂氧化也会带给食品不良的风味。油脂在高温下发生的一系列变化是油炸食品风味形成的主要途径。③ 脂类具有众多食品工艺学性质。油脂在烹饪时附着在食物表面,使食物滑腻油润;焙烤食品中加入起酥油能赋予产品酥脆的特性;一些极性油脂(如单甘酯)具有良好的乳化性;油脂的性质和添加量还直接影响和改变着食品的质地。例如相对于全脂乳,脱脂乳淡而无味,高脂肪含量的冰激凌有滑爽的口感。另外,油脂还是食品工业常用的加热介质。油脂的这些性质在焙烤食品、人造奶油、冰淇淋、巧克力、制作糖果点心和烹调食品中都特别重要。

三、食品中的主要脂类

1. 脂肪酸

(1) 脂肪酸定义及分类：脂肪酸(fatty acids)是指分子一端带有一个羧基的脂肪族碳氢链。天然食物的脂肪酸基本为偶数碳链，最常见的为 C14、C16、C18 和 C20 脂肪酸。根据脂肪酸的饱和程度可将其分为饱和脂肪酸(saturated fatty acids)、单不饱和脂肪酸(monounsaturated fatty acids)和多不饱和脂肪酸(polyunsaturated fatty acids)。根据不饱和脂肪酸中双键的构型可将不饱和脂肪酸分为顺式脂肪酸(*cis*)和反式脂肪酸(*trans*)。食物中的天然脂肪酸多以顺式结构存在。对于多不饱和脂肪酸，只要其中有双键处于反式构型(geometry)，就将这种脂肪酸划分为反式脂肪酸。习惯上，根据多不饱和脂肪酸中双键的位置可将其主要分为 $n-3$、$n-6$ 和 $n-9$ 系列。根据脂肪酸烃链的长度可将其分为短链脂肪酸(碳原子<6)(short-chain fatty acids)、中链脂肪酸(碳原子 6～12)(medium-chain fatty acids)和长链脂肪酸(碳原子>12)(long-chain fatty acids)。根据脂肪酸在食品中的状态可将其分为游离脂肪酸(free fatty acids)与酯化脂肪酸(esterified fatty acids)。在营养学上，常根据脂肪酸的需要程度分为必需脂肪酸(essential fatty acids)和非必需脂肪酸。亚麻酸、亚油酸和花生四烯酸为必需脂肪酸。除此之外，通常将那些沸点较低的短链脂肪酸称为挥发性脂肪酸(volatile fatty acids)，如常见的乙酸、丙酸、丁酸等。天然食品中常见的脂肪酸大约有 20 余种(表 4-2)。

表 4-2 天然食物中常见的脂肪酸

数字命名	系统名称	俗名(英文名称)	英文缩写
4∶0	丁酸	酪酸(butyric acid)	B
6∶0	己酸	羊油酸(caproic acid)	H
8∶0	辛酸	亚羊脂酸(caprylic acid)	Oc
10∶0	癸酸	羊蜡酸(capric acid)	D
12∶0	十二酸	月桂酸(lauric acid)	La
14∶0	十四酸	肉豆蔻酸(myristic acid)	M
16∶0	十六酸	棕榈酸(palmtic acid)	P
16∶1	9-十六碳一烯酸	棕榈油酸(palmitoleic acid)	Po
18∶0	十八酸	硬脂酸(stearic acid)	St
18∶1ω9	9-十八碳一烯酸	油酸(oleic acid)	O
18∶2ω6	9,12-十八碳二烯酸	亚油酸(linoleic acid)	L
18∶3ω3	9,12,15-十八碳三烯酸	α-亚麻酸(linolenic acid)	α-Ln
20∶0	二十酸	花生酸(arachidic acid)	Ad
20∶4ω6	5,8,11,14-二十碳四烯酸	花生四烯酸(arachidic acid)	An
20∶5ω3	5,8,11,14,17-二十碳五烯酸	EPA(eicosapentaenoic acid)	EPA
22∶1ω9	13-二十二碳一烯酸	芥酸(erucic acid)	E
22∶6ω3	4,7,10,13,16,19-二十二碳六烯酸	DHA(docosahexanoic acid)	DHA

不同食物中油脂的脂肪酸组成差异很大。脂肪酸组成是衡量食品油脂营养价值高低的重要指标之一。表 4-3 给出了常见食物油脂的脂肪酸组成情况。

表 4-3 常见食物油脂的脂肪酸组成

油　脂	脂肪酸组成/(g/100 g 脂肪酸)			
	饱和脂肪酸	单不饱和脂肪酸	$n-3$ 脂肪酸	$n-6$ 脂肪酸
青鱼油	20～25	55～60	15	5
鲑鱼油	30	40	20～25	5～10
沙丁鱼油	30～35	30～35	25～30	5～10
鸡油	30～35	45～50	≤3	15～20
蛋黄油	35～40	50～55	≤5	10
猪油	40	50	≤3	<10
牛油	40～50	45～55	≤	5

续 表

油 脂	脂肪酸组成/(g/100 g 脂肪酸)			
	饱和脂肪酸	单不饱和脂肪酸	$n-3$ 脂肪酸	$n-6$ 脂肪酸
羊油	50～60	30～40	5	5
奶油	60～70	23～25	≤2	≤5
菜籽油	10	60	10	20
核桃油	10～15	15	10～15	60
葵花籽油	10～15	20	0	65～70
玉米油	15～20	30	≤1	50～55
大豆油	15～20	25～30	10	45
橄榄油	15	80	≤1	≤4
花生油	20～25	35	0	40～45
可可油	60～70	25～35	≤1	≤4

(2) 脂肪酸的命名

1) 系统命名法(IUPAC nomenclature)　系统命名法是由国际纯粹与应用化学联合会(The International Union of Pure and Applied Chemists,IUPAC)提出的。该法的命名方法包含以下几点：① 选择含羧基的最长碳链为主链，按照与其相同碳原子数的烃命名为某酸(将烃中的甲基以—COOH 代替)，对含有两个羧基的脂肪酸，选择同时含两个羧基的最长碳链为主链。② 主链的碳原子数及编号从羧基碳原子开始，顺次编为 1,2,3,… 也可以用甲、乙、丙、丁……来表示。③ 主链碳原子编号除上法外，也常用希腊字母把原子的位置定位 $\alpha,\beta,\gamma,\cdots$ 以此表示碳原子的位置。④ 对不饱和脂肪酸，则选择同时含最多羧基(第一选择因子)和最多双键(第二选择因子)的最长碳链为主链，命名为某烯酸，并把双键位置用 Δ 指代写在某烯酸前面。脂肪酸分子双键的顺式和反式构型通常用 *cis* 和 *trans* 表示，习惯上缩写为 *c* 和 *t*，并将其直接标写在双键碳原子数之后。如对结构式为 $CH_3(CH_2)_7CH=CH(CH_2)_7COOH$ 的顺式脂肪酸的命名为 Δ^{9c}-十八碳一烯酸或直接为 9(*cis*)-十八碳一烯酸。

2) 俗名法(trivial name)　许多脂肪酸最初是从某种植物或动物中发现的，因此通常根据其来源进行命名。如来自肉豆蔻的十四烷酸的俗名就为肉豆蔻酸，类似的还有花生酸、棕榈酸、月桂酸等。

3) 数字命名法(numbering nomenclature)　数字命名法又称为 $n:m$ 命名法，以碳原子数(n)和双键数(m)对脂肪酸进行命名。如 18∶1 即指十八碳一烯酸。但对不饱和脂肪酸来说，这个命名结果缺乏有关双键位置和几何构型的信息。为此可将双键位置信息(碳原子编号)和几何构型信息(*c* 或 *t*)以前缀形式加在数字命名法前面。如对于亚油酸(十八碳二烯酸，18∶2)可以命名为 9*c*,12*c*-18∶2。

4) 速记法(shorthand terminology)　由于数字命名法在命名多不饱和脂肪酸时，双键数目越多，命名就越长。为克服这一缺点，引入了速记法。天然食物中的多不饱和脂肪酸的双键一般以 1,4-*cis*,*cis*-戊二烯(五碳双烯)的结构单元形式存在。因此，给出其中一个最靠端头的双键的位置就可以确定其他双键的位置。速记法中通常从脂肪酸分子甲基端开始编号，并将第一个双键的位置记作 ω 数字或 n-数字。如 9-十八碳一烯酸就可命名为 18∶1ω9 或 18∶1($n-9$)。但此法仅用于顺式双键结构和五碳双烯结构，即具有非共轭双键结构，其他结构的脂肪酸不能用 ω 法或 n 法表示。

2. 酰基甘油酯　中性油脂是由甘油和脂肪酸经酯化而形成的化合物。根据甘油分子被脂肪酸分子酯化的程度可分为单酰基甘油(甘油一酯)(monoacylglycerol)、双酰基甘油(甘油二酯)(diacylglycerol)以及三酰基甘油(甘油三酯)(triacylglycerol)(图 4-1)。常见食用油脂几乎完全由三酰基甘油组成。单酰基甘油的极性最强，其次是双酰基甘油，三酰基甘油属于非极性油脂。单硬脂酰甘油具有良好的乳化活性。在三酰基甘油分子中，若 R_x、R_y、R_z 相同时为单纯酰基甘油酯，当 R_x、R_y、R_z 不完全相同时为混合甘油酯。由于酰基与甘油上的不同碳连接能形成不同的酰基甘油，因此，食品体系各种脂肪酸能与甘油形成数量众多的酰基甘油。

酰基甘油的命名主要是由赫尔斯曼(Hirschmann)提出的立体有选择位次编排命名法(stereospecific numbering,Sn)，简称 Sn 命名法。Sn 命名法可应用于合成脂肪和天然脂肪。将甘油的费歇尔(Fisher)平面投影式中间碳原子上的羟基写在左边，碳原子自上而下进行编号，并记为 Sn-1、Sn-2 和 Sn-3 位(图 4-1)。如果某种三酰基甘油分子 Sn-1、Sn-2 和 Sn-3 位碳原子上酯化的分别是棕榈酸、油酸和硬脂酸，则 Sn 命名结果常

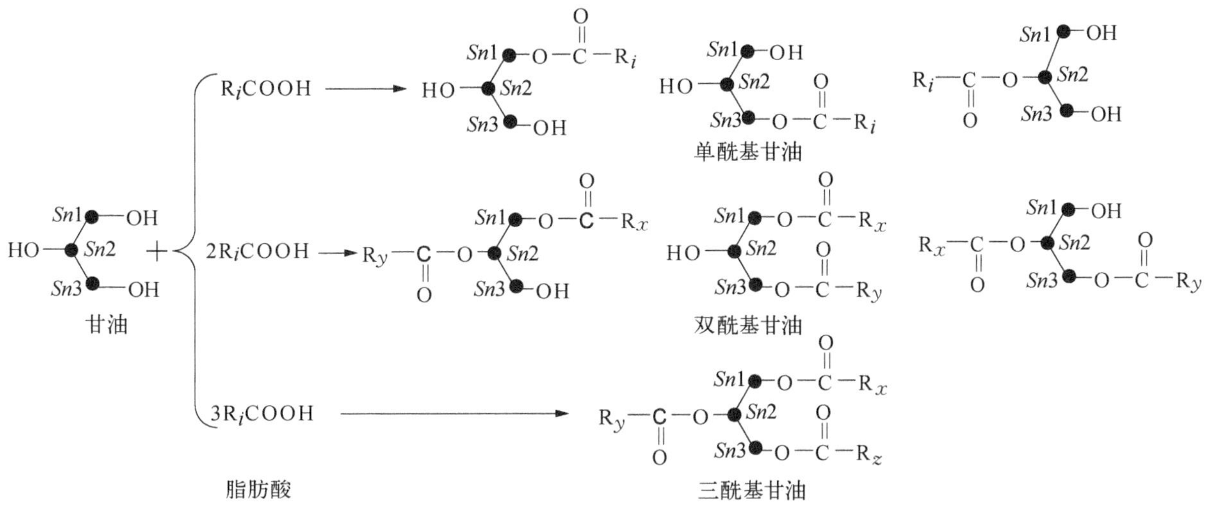

图 4-1 酰基甘油形成示意图

表达为 Sn-16:0-18:1-18:0,或利用脂肪酸的缩写表达为 Sn-POSt,其中文名称为 Sn-甘油-1-棕榈酸酯-2-油酸酯-3-硬脂酸酯或 1-棕榈酰-2-油酰-3-硬脂酰-Sn-甘油。对于单纯酰基甘油和酰基位置未知的三酰基甘油可以直接用脂肪酸分子的缩写表达,前面不用带上 Sn。如三硬脂酰甘油可表达为 StStSt。

一般来说,植物种子油脂的不饱和脂肪酸优先占据 Sn-2 位置,尤其亚油酸特别集中,而饱和脂肪酸基本分布在 Sn-1 和 Sn-3 位置。在 Sn-1 和 Sn-3 位置上饱和脂肪酸和不饱和脂肪酸基本各占一半。对动物脂肪来说,Sn-2 位置的饱和脂肪酸分布量比植物油高。在动物脂肪中,棕榈酸优先分布在 Sn-1 位置,而肉豆蔻酸优先分布在 Sn-2 位置。乳脂中短链脂肪酸优先分布在 Sn-3 位置。在猪油中,棕榈酸、硬脂酸和油酸分别集中在 Sn-1、Sn-2 和 Sn-3 位置。深海鱼油中,长链多不饱和脂肪酸优先分布在 Sn-2 位置。

3. 磷脂 磷脂(phospholipid)是一类含磷的极性复合脂类化合物,广泛存在于动物脑、肝、蛋黄、植物种子等食物中。磷脂根据甘油骨架的不同可分为甘油磷脂(glycerolphospholipid)和鞘磷脂(sphingolipid)。甘油磷脂又可以根据极性头部基团的不同区分为磷脂酰胆碱(phosphatidyl cholines,PC)、磷脂酰乙醇胺(phosphatidyl ethanolamines,PE)、磷脂酰丝氨酸(phosphatidyl serines,PS)、磷脂酰肌醇(phosphatidyl inositols,PI)、磷脂酸(phosphatidic acid,PA)等(图 4-2)。磷脂具有良好的乳化活性,还具备一定的生理活性。

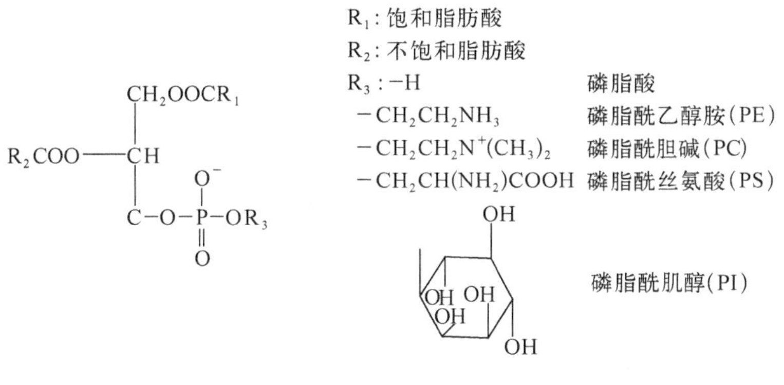

图 4-2 甘油磷脂分子的结构

4. 甾醇 甾醇(sterols)又称为固醇,是由 3 个六元环(A、B、C 环)及 1 个五元环(D 环)稠合而成的环己烷多氢菲衍生物。食物中的甾醇有部分是游离的,有部分是与脂肪酸成酯的形式存在。根据其来源可主要分为植物甾醇(phytosterols)、动物甾醇(zoosterols)和真菌甾醇(fungisterols)。植物甾醇主要有 β-谷甾醇(β-sitosterol)和豆甾醇(stigmasterol);动物甾醇以胆固醇(cholesterol)为主;麦角甾醇(ergosterol)属于真菌甾醇。胆固醇属于极性脂类,它是人体合成胆酸、7-脱氢胆酸和甾体激素的原料。它也是血脂的主要成分,与动脉粥样硬化密切相关。

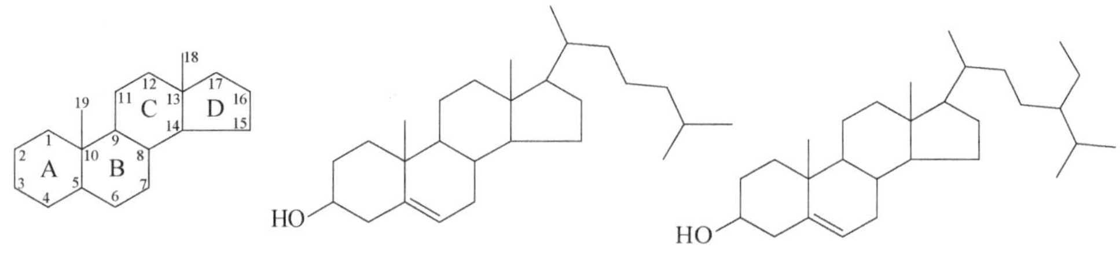

甾核　　胆固醇　　β-谷甾醇

图 4-3　甾核及常见甾醇结构

第二节　脂类在食品加工中的物理性质

一、气味与色泽

纯净的油脂大多数是无色无味的，少数食用油脂因含有游离短链脂肪酸而略带异味或臭味。加工过程中原料及油脂在高温等作用下其中某些成分发生降解或转化而形成的脂溶性化合物，是市售油脂风味的主要来源。油脂的气味大多是由非脂成分引起，如芝麻油的香气是由乙酰吡嗪引起的，椰子油的香气是由壬基甲酮引起的，而菜籽油受热时产生的刺激性气味则是由其中的黑芥子苷分解所致，此外，油脂经过氧化后的降解产物也能赋予油脂特殊的气味。天然油脂色泽是由其中所含的呈色物质带来的。如类胡萝卜素(carotenes)的存在使油脂呈绿色或红色。大多数油脂中的类胡萝卜素含量很低，但棕榈油中含有约 0.05%～0.2%的类胡萝卜素。叶绿素(chlorophylls)的存在使大豆油、菜籽油和橄榄油等呈现绿色；蛋白质或多糖的降解物能使油脂发生褐变；棉子酚(gossypol)能使棉籽油呈黄色。加工过程油脂的褐变主要是其中多糖、蛋白质或食物残渣等非脂成分发焦变黑的结果。

二、结晶

1. 油脂的晶型　脂肪在常温下处于固体，其主要成分是三酰基甘油。X-衍射发现固体油脂中脂肪分子在空间上排列具有秩序性，也就是说固体油脂具有结晶结构。对脂肪结晶形态(crystal morphology)或晶习(crystal habit)的研究表明，常见脂肪是由多种晶型的油脂结晶组成的。习惯上，将物质能通过不同的分子组装方式形成具有不同结构特征晶胞(unit cell)的能力称为同质多晶性(polymorphism)，即化学组成相同的物质具有不同晶体结构的现象。按照油脂分子晶胞的结构特征，将油脂划分为 α、β、β′和 γ 四种晶型(图 4-4)。其中 β 型具有三斜型(triclinic，$T_{//}$)亚晶胞(subcell)结构，具有平行的脂肪酸碳氢链平面；β′型具有正交型(orthorhombic，$O_{\perp}$)亚晶胞结构，脂肪酸链呈正交(perpendicular)排列；α 型具有六方堆积型(hexagonal，

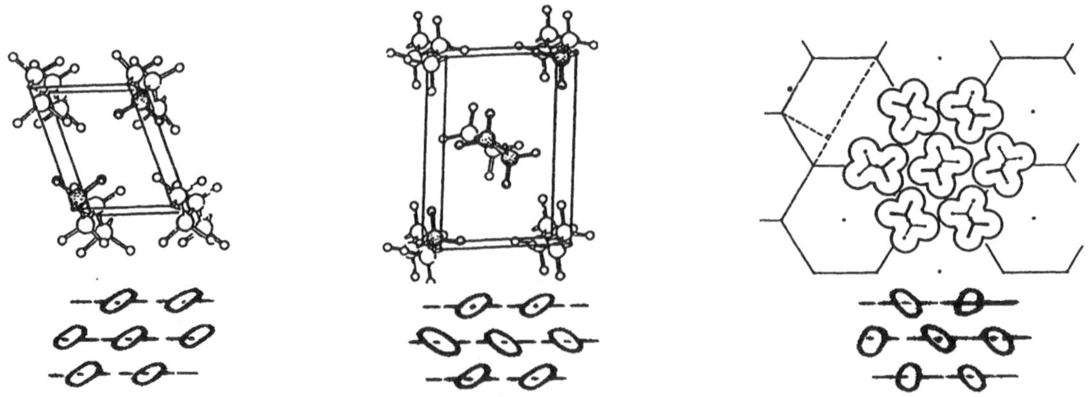

三斜型(β型)　　正交型(β′型)　　六方堆积型(α型)

图 4-4　不同晶型油脂亚晶胞堆积规律示意图

H)亚晶胞结构，脂肪酸链没有特定的排列构型；γ型实际上三酰基甘油分子排列的秩序性很差，很多时候不能被认定为晶体。亚晶胞代表晶格(lattice)中的一个点。在α、β和β'三种晶型中，α型的稳定性最差，密度最低，吉布斯(Gibbs)自由能最高，硬度最小，熔点最低，最接近原始熔体；而β型稳定性最高，密度最大，硬度最大，熔点最高；β'型介于二者之间。α型的红外特征吸收峰为 720 cm^{-1}，β'型的为 727 cm^{-1}和 719 cm^{-1}，β型的为 717 cm^{-1}。在一定温度下，油脂能从低稳定的晶型向高稳定的晶型转变，把对应的温度称为相转变温度(phase transition temperature)。

对甘油三酯晶体学数据的研究发现晶体中的三酰基甘油处于音叉构象(tuning fork conformation)或椅式构象(chair conformation)，其中 Sn－1 和 Sn－2 上的酰基呈反向伸展状线性排列，Sn－3 上的酰基与 Sn－1 和 Sn－2 垂直并在羰基碳处折叠与 Sn－1 平行排列(图 4－5)。对于β和β'型的油脂其油脂分子成对层状排列，甲基和甘油骨架位于分割区。饱和和反式不饱和酰基具有直链构型，而顺式不饱和酰基具有弯曲构型。对于单纯酰基甘油酯，一般形成双层或 2 倍链长(double chain length, DCL)短间距(d-spacing)结构；对于 Sn－2 位置连接顺式不饱和脂肪酸或 Sn－2 上碳链长度比 Sn－1 和 Sn－3 上碳链多或少 4 个及以上碳原子的三酰基甘油，一般形成三层或 3 倍链长(triple chain length, TCL)长间距结构。通常将具有 2 倍链长或 3 倍链长的$\beta(\beta')$型油脂称为$\beta(\beta')$－2 型和$\beta(\beta')$－3 型。

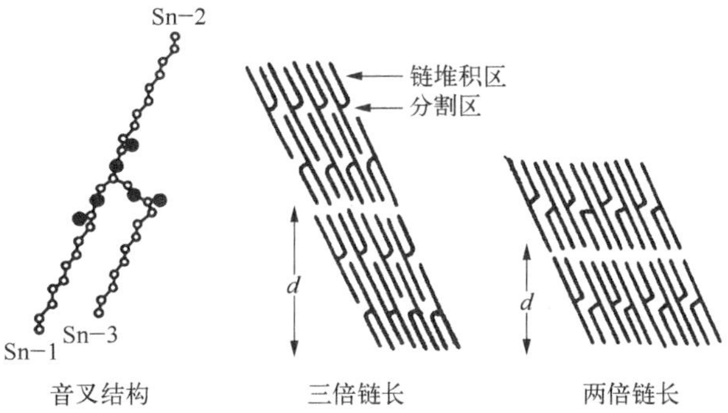

图 4－5　结晶油脂分子的构型及其排列方式

2. 影响油脂晶型的因素　影响油脂晶型的因素包括油脂的分子结构、来源以及油脂加工工艺。

(1) 油脂的分子结构：如果用 A、B、C 分别代表 Sn－1、Sn－2 和 Sn－3 位置上的酰基，则三酰基甘油的结晶形态与其分子结构关系如下：① 当 A＝B＝C 时且均为饱和或反式不饱和酰基时，形成β－2 型结晶；② 当 A＝C 且均为饱和酰基，B 为顺式不饱和酰基或比 A 和 C 多或少 4 个及以上碳原子的酰基时，形成β－3 型结晶；③ 在不饱和/饱和混合体系中，当 A＝B 或 B＝C(不对称)时，形成β'－3 型结晶；当 A＝C 时，形成β－3 型结晶。

(2) 油脂的来源：不同来源的天然油脂其结晶晶型倾向性不一。大豆油、花生油、玉米油、橄榄油、椰子油、红花油、可可脂和猪油易结晶成β型结晶；棉籽油、棕榈油、菜籽油、乳脂和牛脂易形成稳定的β'型。具备β'型结晶形态的油脂适宜于制备起酥油、人造奶油。

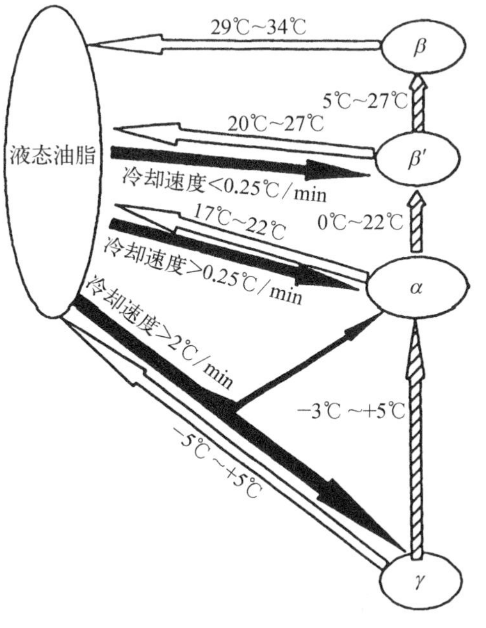

图 4－6　可可脂不同结晶形态之间的转变

(3) 加工工艺：熔融状态的油脂冷却时的温度和降温速度将对油脂的晶型产生显著的影响。以可可脂为例，当液态油脂快速冷却(降温速率大于 2℃/min)时，能形成γ-型油脂；当中速冷却(降温速率 0.25℃/min～2℃/min)时，能形成α-型油脂；而当缓慢冷却(降温速率小于 0.25℃/min)时，则形成β'-型油脂。

由于固体脂肪的结晶形态直接决定着油脂产品的性能和口感，因此，基于上述原理，常用调温(tempering)的手段获得具有特定结晶形态的油脂。所谓调温是指通过控制液态油脂的结晶温度、结晶时间和结晶速度来选择性获得不同结晶形态固态油脂的方法。例如，可可脂主要由 3 种甘油三酯组成：Sn－POSt(40%)、Sn－StOSt(27.5%)和 Sn－POP(15%)。它们可能形成六种同质多晶体：Ⅰ型(亚α-型)、Ⅱ型(α-型)、Ⅲ型(β'-型)、Ⅳ型(β'-型)、Ⅴ型(β-型)和Ⅵ型(β-型)，它们的熔点分别为 17.3℃、23.3℃、25.5℃、27.3℃、33.8℃和 36.3℃。其中Ⅴ型是巧克力品质所需要的结构，因为它能使巧克力涂层外观明亮光滑。在巧克力成型之前，通过加温使部分物料在 33℃左右保持一段时间，然后迅速冷却并在16℃左右储存即可形成Ⅴ型结晶。调温处理不适当的巧克力产品(Ⅳ型)在室温下储存会导致其晶型迅速从Ⅳ型向Ⅴ型转化,结果引起巧克力表面起霜(bloom),即表面出现白色小斑点。除此之外,经过合理调温处理(Ⅴ型)的巧克力产品在高温下储存(高于23℃)或经历多次热冷循环,可使其中的油脂从Ⅴ型向Ⅵ型转化,出现较为轻微的起霜,但这一过程需要很长的时间。另外,色拉油生产过程的冬化(winterization)工序实际也属于油脂调温处理的方式。冬化是指在低温下缓慢处理油脂,使其中易结晶成分形成粗大的β型晶粒,再将其过滤除去,从而保持精炼油脂在低温下不会出现相分离。

三、热性质

1. 油脂的熔点与沸点 与非同质多晶类晶体具有熔点不同,天然固态油脂由于其同质多晶特性,其熔化不是在某一温度点上完成的,而是在一个温度区间完成的,因此固态油脂没有明确的熔点(melting point,T_m)。一般来说,天然固态油脂的熔点最高为40~55℃,这与其脂肪酸碳链长度、饱和度、双键构型有关。液态油脂冷却会转变成为固态油脂,但油脂的凝固点一般比其熔点低1~5℃。通常来讲,油脂的熔点越高,油脂的消化吸收速度则越低。对酰基甘油而言,脂肪酸碳链越长、饱和度越高,其熔点就越高;在脂肪酸链长与饱和度相同的情况下,含共轭双键脂肪酸的油脂的熔点比含非共轭双键的高;含反式脂肪酸的油脂的熔点比含顺式的高。含有较高饱和脂肪酸的可可脂和动物油脂在室温下呈固态,而含较多不饱和脂肪酸的植物油脂在室温下多呈液态。图4-7表示β-型和α-型油脂的热焓熔化曲线(随着温度上升的热焓变化)。以β-型为例,随温度升高,固态油脂(A点)吸热,β-型的热焓增加。在熔点时油脂吸热但温度不上升,直至全部固体转变成液体(B点)时温度才继续上升(C点)。不稳定的α-型油脂在E点转变为稳定的β-型,同时释放出热量。

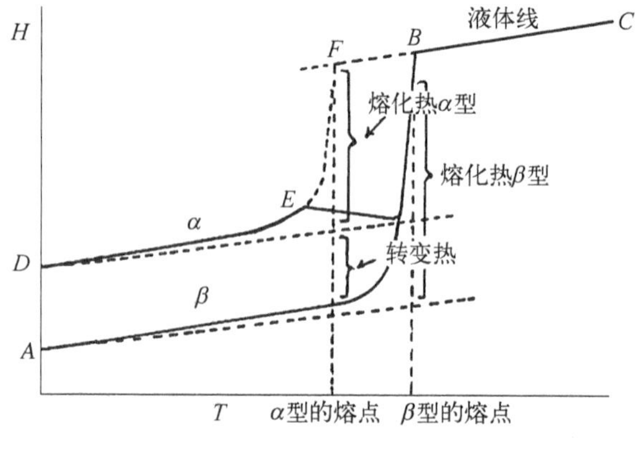

图4-7 β-型和α-型油脂的热焓曲线

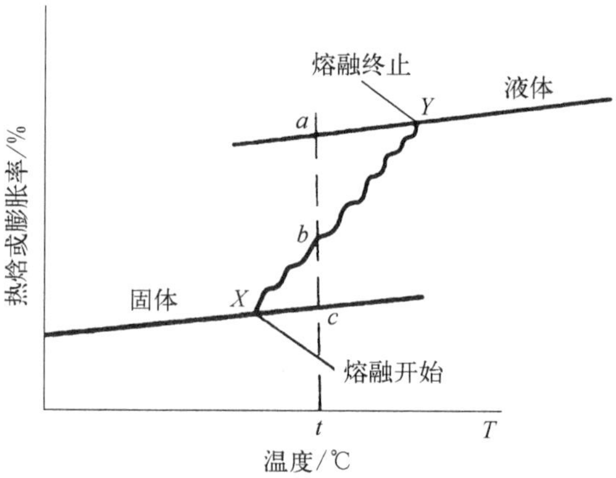

图4-8 甘油酯混合物的热焓或膨胀熔化曲线

图4-8给出了油脂熔化的示意曲线。固态油脂在X点开始熔化,在Y点全部转化为液体油,曲线XY表示体系中固体成分的逐步熔化。b点为固液混合物,处于该温度下的油脂中固态脂肪的比例为ab/ac;液体脂肪的比例为bc/ac。将特定温度下油脂中固态脂肪与液态脂肪的比例(ab/bc)称为油脂的固体脂肪指数(solid fat index, SFI)。

同样,天然油脂作为混合物体系,其沸点是一个温度范围,一般为180~220℃。组成油脂的脂肪酸碳链越长,其沸点越高;脂肪酸碳链长度相同时,饱和程度对沸点的影响不大。但油脂的沸点随其游离脂肪酸的含量的增加而降低。表4-4和表4-5给出了常见油脂的特性参数。

表4-4 常见油脂的特性参数(1)

指 标	大豆油	棉籽油	花生油	玉米油	葵花籽油	菜籽油	橄榄油
比重 25/25℃	0.917 5	0.917	0.912	0.919	0.917	0.917	0.912
折光率 25℃	1.472 8	1.470	1.468	1.472	1.473	1.472	1.470
碘值	131	108.0	95.0	124.0	133.0	115.0	82.0
皂化值	192	193.5	189	190	191	187	192

续 表

指 标	大豆油	棉籽油	花生油	玉米油	葵花籽油	菜籽油	橄榄油
不皂化值	0.6	<1.5	0.4	1.8	1.0	0.8	0.75
冻点(℃)	24.0	34.9	30.00	17.0	18.0	26.0	20.0
熔点(℃)	−22	13.0	−2.0	−11	−19	−9.0	0.0
凝固点(℃)	−13	12.0~−13.0	1.5	−10	−17.0	—	−2.0
浊点(℃)	−9	3.0	4.4	−9.5	−9.5	−5.0	−5.6
冷实验(h)	25	—	—	20	24	24	0.0
稳定性(h)	13.5	16.0	25.0	19	11	18	22.0
生育酚(mg/kg)							
α-生育酚	100	355	211	152	690	233	103
β-生育酚	23	—	20	12	26		
γ-生育酚	842	502	239	1 276	5	421	8
δ-生育酚	363	8	11	61		13	
脂肪酸组成(%)							
豆蔻酸(C-14:0)	0.1	0.7	0.1	0.1	0.1	0.1	<0.1
棕榈酸(C-16:0)	10.6	21.6	11.1	10.9	7.0	4.1	9.0
软脂酸(C-16:1)	0.1	0.6	0.2	0.2	0.1	0.3	0.6
十七酸(C-17:0)	0.1		0.1	0.1			<0.3
硬脂酸(C-18:0)	4.0	2.6	2.4	2.0	4.5	1.8	2.7
油酸(C-18:1)	23.3	18.6	46.7	25.4	18.7	60.9	80.3
亚油酸(C-18:2)	53.7	54.4	32.0	59.6	67.5	21.0	6.3
亚麻酸(C-18:3)	7.6	0.7	<0.1	1.2	0.8	8.8	0.7
花生酸(C-20:0)	0.3	0.3	1.3	0.4	0.4	0.7	0.4
鳕油酸(C-20:1)	<0.3	0~0.1	1.6	<0.5	0.1	1.0	<0.4
山嵛酸(C-22:0)	0.3	0.2	2.9	0.1	0.7	0.3	<0.2
芥酸(C-22:1)	<0.3	0~0.3	<0.3	—	<0.2	0.7	
木蜡酸(C-24:0)	<0.4	0~0.1	1.5	—	<0.3	0.2	<0.3
甘油三酯(%)							
三饱和(GS3)	0.1	0.1	0	0.3	0.3	0.4	0
二饱和(GS2U)	5.6	13.2	3.6	3.7	3.1	3.4	5.6
单饱和(GSU2)	35.7	58.4	35.0	33.3	26.6	20.2	38.3
三不饱和(GU3)	58.4	28.3	59.0	63.0	70.2	75.9	56.7
氢化油脂晶型	β	β′	β	β	β	β	β

表 4-5 常见油脂的特性参数(2)

指 标	棕榈油	椰子油	猪 油	牛 油	乳 脂	可可脂
比重	0.889	0.917	0.900	0.900	0.909	0.917
折光率	1.455	1.448	1.450	1.450	1.447	1.448
碘值	53.0	10.0	57.0	45.0	34.0	10.10
皂化值	196	251	196	196	230	256
不皂化值	0.5	<0.8	<1.0	<0.8	<0.4	0.4
冻点(℃)	46.3	22.0	38.0	44.5	34.0	22.0
熔点(℃)(MDP)	37.5	26.5	32.5	46.5	35.0	26.5
凝固点(℃)	38.5	18	2.0	34.5	21.5	18.0
AOM 稳定性(h)	54.0	150	4.0	16.0	42.0	150
脂肪酸组成(%)						
丁酸(C-4:0)					3.6	
己酸(C-6:0)		0.5	0.1		2.2	0.5
辛酸(C-8:0)		7.8			1.2	7.8
癸酸(C-10:0)		6.7			2.5	6.7
王浆酸(C-10:1)					<0.3	
月桂酸(C-12:0)	0.2	47.5	0.1	0.1	2.9	47.5
十二烯酸(C-12:1)					<0.6	

续 表

指 标	棕榈油	椰子油	猪 油	牛 油	乳 脂	可可脂
豆蔻酸(C-14:0)	1.1	18.1	1.5	3.2	10.8	18.1
豆蔻烯酸(C-14:1)			<0.2	0.9	0.8	
十五酸(C-15:0)			0.1	0.5	2.1	
软脂酸(C-16:0)	44.0	8.8	26.0	24.3	26.9	8.8
棕榈油酸(C-16:1)	0.12		3.3	3.7	2.0	
十六碳二烯酸(C-16:2)				<1.0		
十七酸(C-17:0)			0.4	1.5	0.7	
十七烯酸(C-17:1)			0.2	0.8		
硬脂酸(C-18:0)	4.5	2.6	13.5	18.6	12.1	2.6
油酸(C-18:1)	39.2	6.2	43.9	42.6	28.5	6.2
亚油酸(C-18:2)	10.1	1.6	9.5	2.6	3.2	1.6
亚麻酸(C-18:3)	0.4	0.1	0.4	0.7	0.4	
花生酸(C-20:0)	0.4		0.2	0.2		0.1
鳕油酸(C-20:1)			0.7	0.3	0.1	微量
花生二烯酸(C-20:2)			0.1			
花生四烯酸(C-20:4)			<1.0	<0.5		
山萮酸(C-22:0)			<0.1			
三酰基甘油组成(%)						
三饱和(GS3)	10.2	84.0	2.0~5.0	15.0~28.0		84.0
二饱和(GS2U)	48.0	12.0	25.0~35.0	46.0~52.0		12.0
单饱和(GSU2)	34.6	4.0	50.0~60.0	0~64.0		4.0
三不饱和(GU3)	6.8	0	10.0~30.0	0~2.0		0
晶型	β'	β'	β	β'	β'	β'
固体脂肪指数(%)						
10.0℃	34.5	54.5	29.0	36.0	33.0	54.5
21.1℃	14.0	26.6	21.6	23.5	14.0	26.0
26.7℃	11.0	0	15.3	21.0	10.0	0
33.3℃	7.4		4.5	15.0	3.0	
37.8℃	5.6		2.8	9.5		
40.0℃	4.7		2.2	7.0	0	

2. 油脂的烟点、闪点、着火点 油脂的烟点(smoking point)、闪点(flash point)和着火点(fire point)是与空气接触时油脂加热时的热稳定性指标。烟点是指在不通风条件下加热油脂观察到冒烟时的温度。闪点是指油脂加热产生的挥发物能被点燃，但不能持续燃烧的温度；着火点是指油脂挥发物能被点燃，并能维持燃烧不少于5s的温度。常见油脂的烟点、闪点和着火点分别为240℃、340℃和370℃。精炼油脂的烟点、闪点和着火点明显低于原始油脂。油脂的烟点、闪点和着火点随其中游离脂肪酸含量的增大而降低。

四、塑性

室温下呈现为固态的脂肪(即表观固体脂肪)实际是由液态油和固态脂两部分构成的。这种油脂既可以在自主维持自身的形状，也可以在受到外力作用时发生形变，即具有可塑性。油脂的塑性(plasticity)通常指在外力作用下表观固体脂肪抗应变的能力。将具有较好塑性的脂肪称为起酥油(shortening)。油脂工业常用油脂的稠度来反映油脂产品的软硬度和塑性。影响塑性的因素包括以下三点：① 油脂的晶型。当油脂处于β'-型结晶时，其塑性最好。因为β'-型油脂在结晶时产品中存留了大量小气泡，赋予产品较好的塑性和奶油凝聚性质，因此可塑性最强；β型油脂中所包含的气泡少且大，可塑性差。② 固体脂肪指数。当油脂具有适中的SFI时，塑性最好。SFI太高，油脂中固态脂肪比例过高，油脂过硬，塑性不佳；而SFI太低时，油脂中液态脂肪比例过高，油脂太软，塑性也不佳。③ 熔化温度范围。油脂的熔化温度区间越大，油脂的塑性越好。

塑性脂肪具有良好的涂抹性、起酥性和可塑性。在涂抹性黄油中的塑性脂肪赋予产品良好的涂抹性；而在焙烤食品中使用的塑性脂肪则具有良好的起酥性，如在饼干、糕点、面包生产中使用的起酥油，具有在 40℃ 不变软，在低温下不太硬，不易氧化的特性。在面团调制过程中加入塑性脂肪，能形成较大面积的薄膜和细条，使面团的延展性增强，油膜的隔离作用使面筋粒彼此不能黏合成大块面筋，降低了面团的弹性和韧性，同时降低面团的吸水率，使面团起酥；此外，塑性脂肪的晶体形成可使其包含一定数量的气泡，使面团体积增大。通常通过测定 10℃、21.2℃、26.7℃、33.3℃和 37.8℃下油脂中液态油和固态脂的含量来衡量油脂的塑性。

五、介晶相

固态油脂中分子在三维空间形成高度有序的结构，而液态油脂中分子处于完全无序的状态。将介于固态和液态之间的相态称为介晶相(mesomorphic phase)或液晶(liquid crystal)。两亲性化合物，即既具有亲水性(极性基团)又具有疏水性(非极性基团)的物质，可以形成介晶相。两亲性化合物形成介晶相的结构与其浓度、结构及体系的含水量、温度和共存物质密切相关。极性脂类，如甘油一酯和甘油二酯等，形成的介晶相的结构主要包括层状、六方形和立方形(图 4-9)。

图 4-9 极性脂类的介晶相结构

六、乳化

很多天然或加工的食物都是部分或全部以乳状液(emulsion)的形态存在。牛奶是天然食品中以乳状液存在的食品的典型代表，而蛋黄酱、人造黄油、沙拉酱等则是以乳状液存在的加工食品的典型代表。乳状液是指互不相容(immiscible)的两种液体，一种以直径 0.1～50 μm 的微小液滴分散在另外一种中所形成的热力学不稳定体系。前者称为分散相或内相，后者称为连续相或外相。食品中常见的这两相分别是水和油脂。乳状液分为水包油型(O/W，水为连续相)、油包水型(W/O，油为连续相)和多层乳状液(W/O/W，O/W/O)。乳状液属于热力学不稳定体系，其不稳定形式主要包括分层(creaming)、絮凝(flocculation)、凝结(coalescence)、Ostwald 熟化(Ostwald ripening)、相转变(phase inversion)和相分离(phase separation)等(图 4-10)。

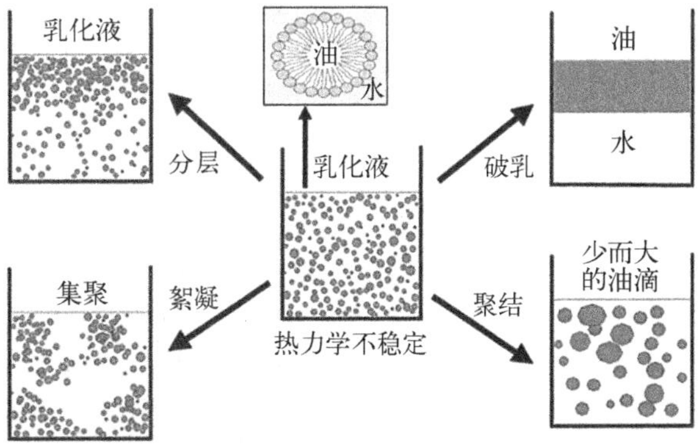

图 4-10 乳状液不稳定的几种机制与形式

要使乳状液能在较长时间内保持稳定，在制备乳状液时需要加入乳化剂(emulsifier)。乳化剂是一类具有表面活性的物质，它们能吸附到乳状液制备时新形成的油水界面上，在分散相表面形成一层保护膜从而防止分散液滴相互靠近甚至集聚。在结构上看，乳化剂属于两亲性化合物，食品中常用的乳化剂主要包括脂肪基乳化剂(单甘酯、蔗糖酯、磷脂等)和两亲性生物大分子(蛋白质、多糖等)两大类。对特定的食品乳化体系的稳定，关键是选择使用合适的乳化剂。根据 Bancroft 规则(Bancroft's rule)，乳化剂溶解度高的一相作为连续相有利于乳状液稳定，也就是说，水溶性乳化剂能较好稳定 O/W 乳状液，而油溶性乳化剂能较好稳定 W/O

乳状液。另外也可以根据乳化剂分子的亲水亲油平衡值(hydrophile lipophilic balance，HLB)对其加以选用。*HLB* 值反映乳化剂分子亲油或亲水程度的高低。在乳化剂分子结构已知的情况下，可用下式计算其 *HLB* 值：

$$HLB = 7 + \sum(\text{亲水基数}) + \sum(\text{亲油基数})$$

乳化剂分子中各基团的基团数可以在文献中查得，如—COOH 的基团数为 2.1，而—CH_x—的基团数为 0.475。当然，乳化剂分子的 *HLB* 值还可以通过实验测定。乳化剂分子的 *HLB* 值不仅能够反映其亲水性或亲油性的强弱，而且可依据此判断其适合用于什么样的乳状液制备。当乳化剂分子的 *HLB* 值为 4～6 时，该类乳化剂具有较强的疏水性，能用于稳定 W/O 型乳状液；当乳化剂分子的 *HLB* 值为 8～18 时，该类乳化剂具有较强的亲水性，能用于稳定 O/W 型乳状液；乳化剂分子的 *HLB* 值为 6～8 时，它们在水相和油相中的溶解度近似。对非离子型乳化剂而言，当其 *HLB* 值低于 4 或高于 18，它的表面活性就很差，无法很好地吸附于油水界面而产生乳化作用。一般说来，*HLB* 值为 10～12 的乳化剂能形成稳定的 O/W 型乳状液，而 *HLB* 值为 3～5 的乳化剂能形成稳定的 W/O 型乳状液。

第三节　脂类在食品加工中的化学性质

一、脂类水解

脂类化合物可在脂肪酶作用或加热条件下发生水解，释放出游离脂肪酸。成熟的油料种子在储藏期间由于酶促水解产生少量游离脂肪酸，导致“毛油”的酸价升高。活体动物组织中实际不存在游离脂肪酸，但在宰杀后由于脂肪酶的作用生成游离脂肪酸。油炸用油在煎炸时会发生水解并释放出大量游离脂肪酸，导致油的烟点降低。新鲜液态牛乳中的乳脂水解生成 C_4～C_{12} 游离脂肪酸，导致牛乳产生酸败味(表 4-5)。在有些食品的加工中，脂类的轻度水解是有利的，如游离短链脂肪酸可以赋予干酪典型的风味。

催化脂类水解反应的酶为脂肪酶(lipase，E. C. 3.1.1.3)，亦称酰基甘油水解酶(acylglycerol hydrolase)。脂肪酶广泛存在于原核生物(如细菌)和真核生物(如酵母菌、霉菌、哺乳动物、植物)中。脂肪酶的天然底物是甘油酯类。脂肪酶除了能够催化甘油酯类的水解外，还可以催化脂肪的合成、醇解、酯化和酯交换反应。此外，脂肪酶催化脂类水解是广泛用于脂类研究的一种分析方法，如胰脂肪酶和蛇毒磷酸二酯酶被用来确定脂肪酸在酰基甘油分子中的位置和分布。除脂肪酶外，脂类还可以在无机酸、无机碱以及碱金属氧化物的催化下发生水解反应。

二、脂类氧化

脂类氧化是食品变质的主要原因之一。它能导致油脂及油基食品产生各种不良风味和气味，一般称为酸败。酸败会降低食品的营养价值，有些氧化产物还具有毒性。在某些情况下，对于一些特殊的食品如油炸食品，脂类的轻度氧化是期望的。因此，脂类的氧化对于食品行业至关重要。简单地说，脂类氧化实际上是脂类分子与空气中的氧分子结合而形成氧化物的过程。对脂类分子而言，甘油部分相对稳定，很难被氧化，而脂肪酸部分，尤其是不饱和脂肪酸是脂类(RH)氧化的主要对象。脂类氧化的过程可简单表示为：$RH + O_2 = ROOH$。将脂肪酸与氧气结合形成的氧化物称为氢过氧化物，它是油脂氧化的第一个中间产物。实际上，上述反应 $RH + O_2 = ROOH$ 在正常情况下很难发生，为推动上述反应发生，一般有 3 个策略：① 活化脂肪酸分子，提高其反应活性；② 活化氧气分子，提高其反应活性；③ 引入催化剂，降低反应的活化能。因此，根据不同策略，又将油脂的氧化分为自动氧化、光氧化和酶促氧化。

1. 自动氧化　自动氧化(autoxidation)是脂类与分子氧接触的反应，是脂类氧化变质的主要原因。多不饱和脂肪酸以游离脂肪酸、甘油三酸酯、磷脂等形式通过自动氧化过程发生氧化变质。含一个或多个非共轭戊二烯单位(—CH═CH—CH_2—CH═CH—)的脂肪酸对氧分子特别敏感。自动氧化的过程复杂，涉及许多中间反应物。大量的研究证明，脂肪的自动氧化遵循自由基链式反应历程，它具有如下特征：① 干扰自由基反应的化学物质也能显著地抑制氧化速率;② 光和产生自由基的物质对反应有催化作用;③ 产生大量的氢过氧化物(ROOH);④ 由光引发的氧化反应量子产额超过 1;⑤ 用纯底物时,存在一个较长的诱导期。

脂类的自动氧化历程包括引发、传递和终止三个阶段,如图 4-11 所示。

$$RH \xrightarrow{\text{引发剂}} R\cdot + H\cdot \qquad \text{引发阶段}$$

$$\left.\begin{array}{l} R\cdot + O_2 \longrightarrow ROO\cdot \\ ROO\cdot + RH \longrightarrow ROOH + R\cdot \end{array}\right\} \text{传递阶段}$$

$$\left.\begin{array}{l} R\cdot + R\cdot \longrightarrow R{-}R \\ R\cdot + ROO\cdot \longrightarrow ROOR \\ ROO\cdot + ROO\cdot \longrightarrow ROOR + O_2 \end{array}\right\} \text{产生非自由基产物} \quad \text{终止阶段}$$

图 4-11 脂类自动氧化的三个阶段

通常整个反应过程的焓比引发反应阶段的焓低,且 $RH + O_2 \rightarrow$ 自由基的反应是热力学上的速率控制步骤(活化能约 146 kJ/mol)。所以通常通过催化产生最初几个引发传递反应所必需的自由基,如氢过氧化物的分解,金属催化或光等的活化作用可导致第一步的引发反应。当有足够的自由基形成时,脂类(RH)的双键 α 碳原子上的氢被除去,生成烷基自由基 R·,开始链反应传递,基态分子氧($^3O_2$)与 R· 发生加成,生成过氧根自由基 ROO·;接着,ROO· 又从另一些 RH 分子的 α 亚甲基上夺取氢形成氢过氧化物(ROOH)和新的自由基(R·);新的 R· 与氧反应,重复上述步骤。由于 R· 的共振稳定性,反应的结果一般伴随双键位置的移动,生成含有共轭双二烯基的异构化氢过氧化物。

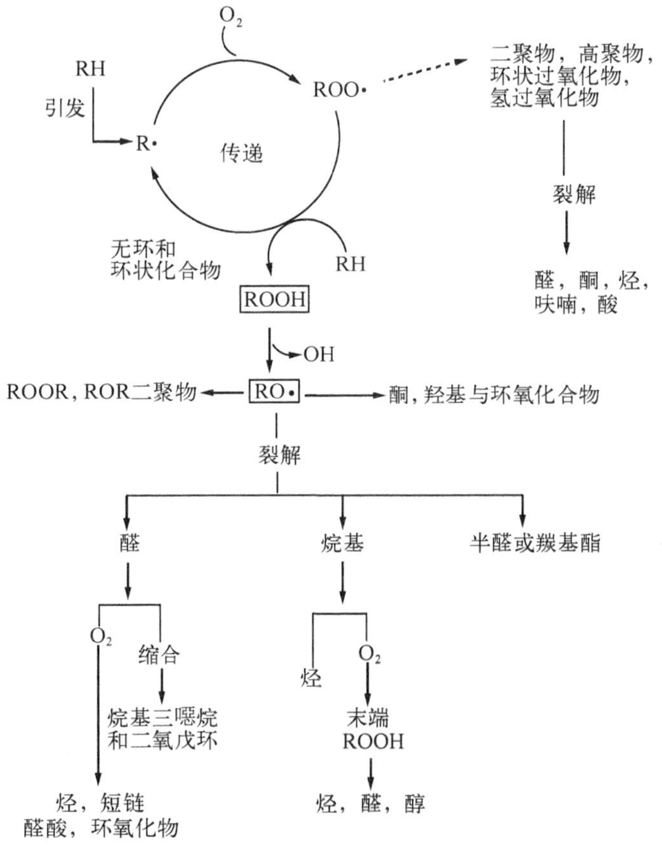

图 4-12 脂类自动氧化过程的一般示意图

脂类自动氧化的主要初始产物氢过氧化物不稳定,无挥发性且没有气味,它们经历无数次的裂解和相互作用等复杂反应,产生很多具有不同相对分子质量、风味阈值以及生物活性的化合物。氢过氧化物是脂类自动氧化的主要初级产物,其结构与底物(不饱和脂肪酸等)的结构有关。以下分别以油酸、亚油酸及亚麻酸为例，阐释自动氧化的历程。

(1) 油酸：油酸分子的C8位和C11位脱氢生产两种烯丙基自由基中间物。氧在每个自由基的末端碳上进攻生成8-、9-、10-及11-烯丙基氢过氧化物的异构混合物，如图4-13所示。反应中形成的8-、9-、10-和11-氢过氧化物含量基本相同。在25℃时，顺式和反式的8-和11-氢过氧化物的数量是相近的，但9-和10-的异构体主要是反式。即形成的氢过氧化物中反式产物约占70%。

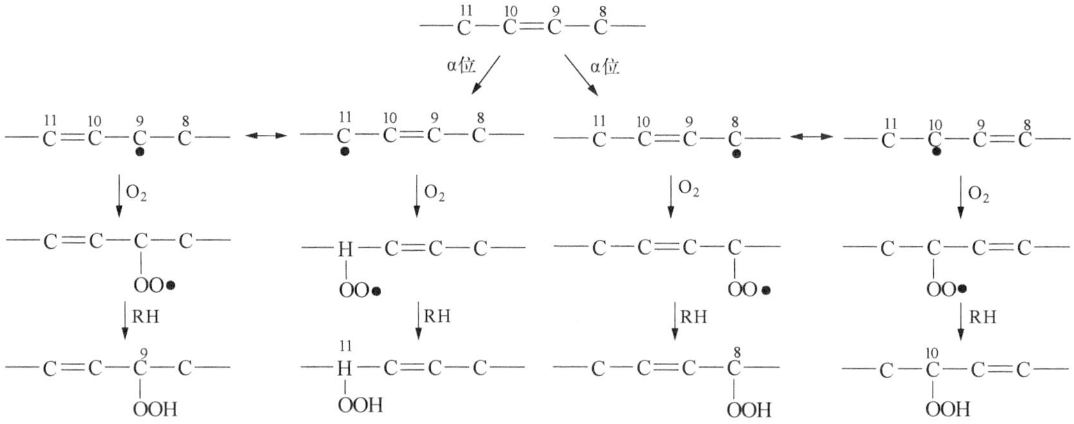

图4-13 油酸自动氧化生成氢过氧化物的历程

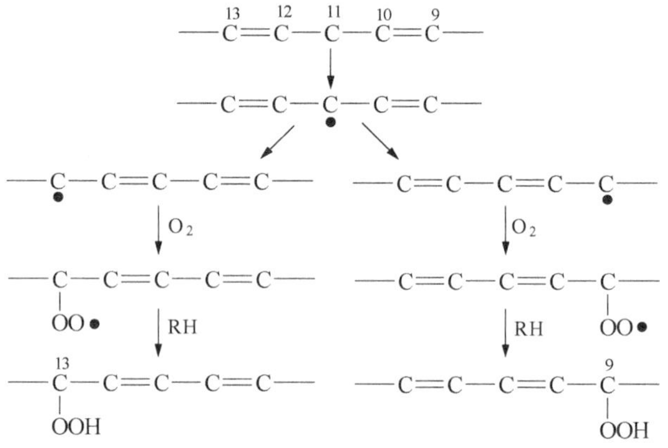

图4-14 亚油酸自动氧化生成氢过氧化物的历程

(2) 亚油酸：亚油酸分子中1,4-戊二烯结构使其对氧化的敏感性远远超过亚麻酸中的丙烯体系(约为20倍)，且C11位的氢原子特别活泼，受到相邻两个双键的双重活化。C11位自由基只产生两种氢过氧化物，且产生的9-和13-氢过氧化物的量是相等的。同时，由于异构化现象的发生，这个反应过程中存在顺，反-和反，反-异构体，如图4-14所示。脂肪酸分子中形成自由基的碳原子位置实际上决定于碳原子上去氢所需要的能量高低。在亚油酸分子中，C8和C14位置上的C—H的键能约为75 kcal/mol，其他非临近双键的碳原子位置上的C—H的键能约为100 kc al/mol，而受C9和C12位置上双重双键的影响，C11位置上的C—H的键能仅为50 kcal/mol。因此，亚油酸分子的自由基最先在C11位产生。

(3) 亚麻酸：亚麻酸分子中存在两个1,4-戊二烯结构。C11和C14的两个活化的亚甲基脱氢后生成两个戊二烯自由基。氧攻击每个自由基的端基碳生成9-、12-、13-以及16-氢过氧化物的混合物，这4种氢过氧化物都存在几何异构体，每种都具有顺式-反式或反式-反式构型的共轭二烯体系。反应中形成的9-、16-氢过氧化物(80%)明显多于12-和13-的异构体(20%)，这是因为：① 氧优先与C9和C16反应；② 12-和13-氢过氧化物分解较快；③ 12-和13-氢过氧化物通过1,4-环化生成六环过氧化物的氢过氧化物，或通过1,3环化生成类前列腺素桥环过氧化物。脂肪酸分子中C—H键的强度直接决定了油酸、亚油酸和亚麻酸自动氧化的速率之比为1∶12∶25。

2. 光氧化 通常情况下脂类与基态氧直接作用，生成氢过氧化物所需的活化能很大，所以脂类与氧作用直接生成自由基是比较困难的。基态氧分子由于能量较低，无法与脂肪酸分子(RH)发生化合而使脂类氧化。作为基态氧气分子，其分子的外层轨道有两个未成对电子，且自旋方向相同，呈最低能量状态。而当基态氧气分子接收到外界能量激发时，其外层未成对电子会发生跃迁而排列于同一轨道，且自旋方向相反，呈高能量状态。分子的线态表示为分子中的未成对电子数+1。基态氧气分子的线态为3，而激发态氧气分子的线态为1，因此将基态氧气分子称为三线态氧气，用$^3O_2$表示，而将激发态氧气分子称为单线态氧气，用$^1O_2$表示(图4-16)。$^1O_2$的能量比$^3O_2$能量高约22.4 kcal/mol，其寿命根据存在体系溶剂的不同有差异，约为

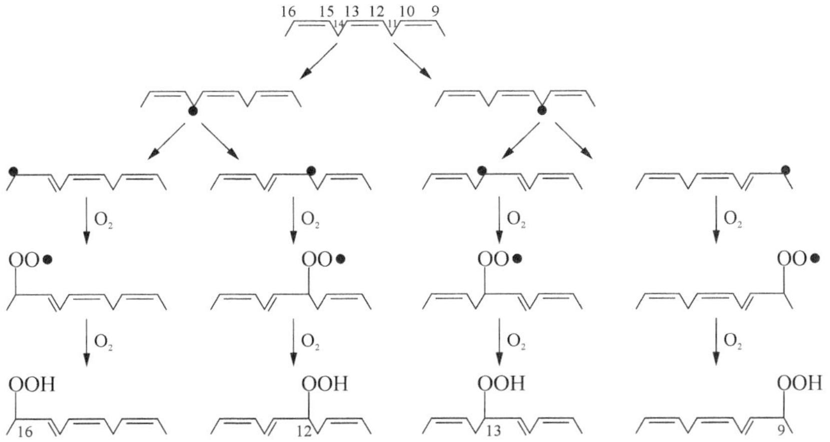

图 4-15 亚麻酸自动氧化生成氢过氧化物的历程

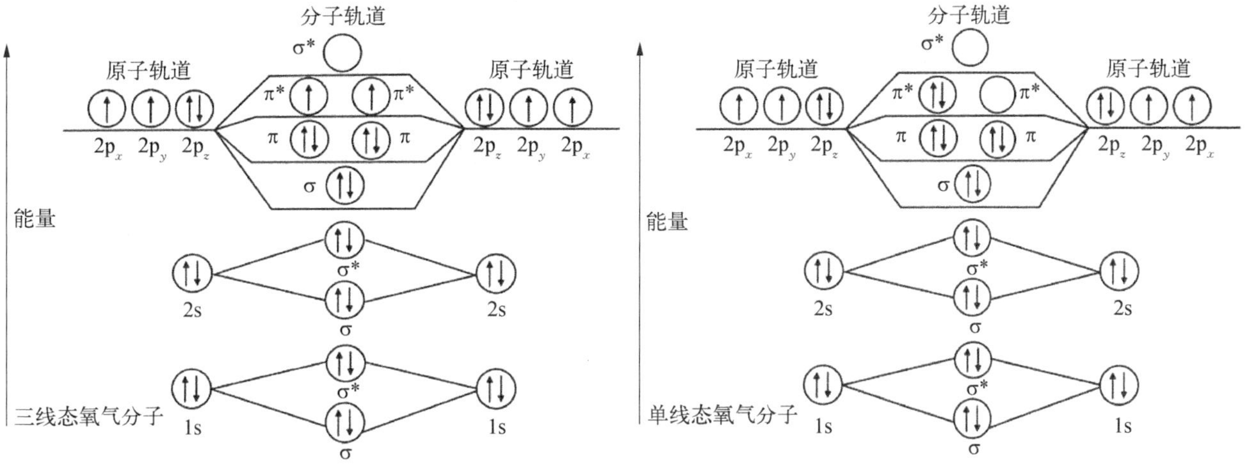

三线态氧气分子($^3O_2$)与单线态氧气分子($^1O_2$)的分子轨道式

50～700 μs。

单线态氧气分子比三线态氧气分子的亲电子能力更强，它能迅速与脂肪酸分子中高电子密度部分如—C═C—发生反应(速度是三线态氧气分子的 1 500 倍)，从而引起油脂的氧化。单线态氧气分子可通过多种途径产生，但在食品中最重要的是通过食品中天然色素的光敏作用，因此将单线态氧气引起的油脂氧化反应又称为光敏氧化(photosensitized oxidation)，简称光氧化。油脂中存在的一些天然色素，如叶绿素、血红蛋白等能吸收可见光和近紫外光而活化，这些物质称为光敏剂(sensitizer，简写 Sen)。通过光敏剂的介导，能将基态氧(三线态氧$^3O_2$)转化为反应活性更强的激发态氧(单线态氧$^1O_2$)，其过程如下。

$$\text{Sen(基态)} + h\nu \longrightarrow \text{Sen}^*\text{(激发态)}$$

$$\text{Sen}^*\text{(激发态)} + {}^3O_2\text{(基态氧)} \longrightarrow \text{Sen(基态)} + {}^1O_2^*\text{(激发态氧)}$$

光敏氧化的机理与自动氧化不同，它是通过“烯”反应进行氧化的。高亲电性的单线态氧可以直接进攻双键部位上的任一碳原子，进攻的点数是 $2n$(n 为双键数)，形成六元环过渡态，然后双键位移形成反式构型的氢过氧化物，生成的氢过氧化物种类为 $2n$。因此，油酸经光氧化生成 9-和 10-氢过氧化物；亚油酸生成 9-，10-，12-和 13-氢过氧化物(图 4-17)；而亚麻酸则生成 9-，10-，12-，13-，15-和 16-氢过氧化物。$^1O_2$ 与油酸、亚油酸、亚麻酸和花生四烯酸的反应速率分别为 0.74，1.3，1.9 和 $2.4\times10^5\ M^{-1}\ s^{-1}$，这与脂肪酸分子中双键的数目呈正比例。

3. 酶促氧化 脂肪在酶参与下所发生的氧化反应，称为酶促氧化(enzymatic oxidation)。食品中催化油脂氧化的酶主要为脂肪氧合酶(lipoxygenase，Lox)。Lox 是一种含有 Fe^{2+} 的结合蛋白，被氢过氧化物作

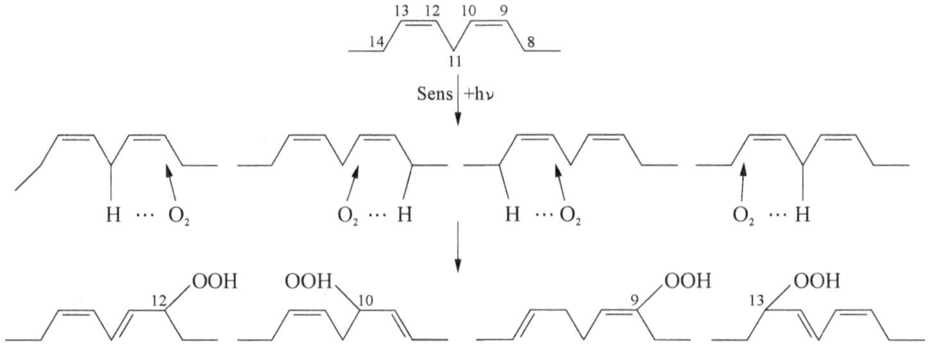

图 4-17 亚油酸光氧化机理图

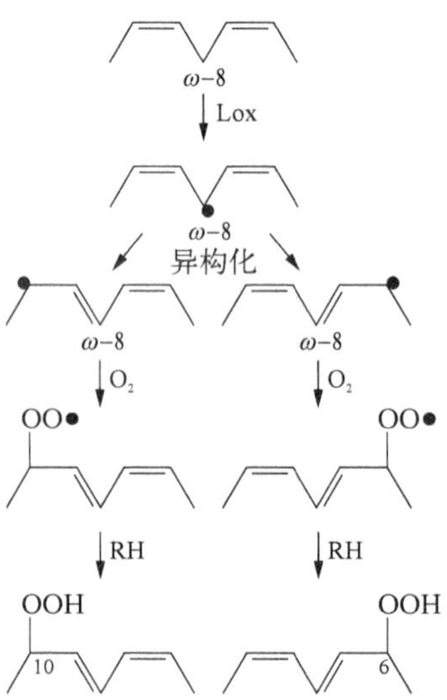

图 4-18 脂肪酶促氧化机理

用而激活，在 0～20℃范围内有很高的反应活性。Lox 专一地作用于具有 1-顺,4-顺戊二烯(—CH═CH—CH_2—CH═CH—) 结构单元，且中间亚甲基—CH_2—位于脂肪酸分子 ω-8 位置的多不饱和脂肪酸。因此，亚油酸和亚麻酸是植物油脂酶促氧化的优先底物，花生四烯酸是动物脂肪酶促氧化的优先底物，油酸不会发生酶促氧化。图 4-18 给出了脂肪酸发生酶促氧化的历程。首先是 ω-8 亚甲基脱去一个 H· 并生成相应的自由基，然后自由基通过异构化使双键移位并转变成反式构型，随后生成相应的氢过氧化物(ω-6 或 ω-10)。

4. 氢过氧化物的分解 油脂氧化形成的氢过氧化物在常温和没有金属离子存在的情况下是相对稳定的，但在高温或金属离子存在的情况下，它很容易降解而形成烷氧基自由基，并进一步转化形成醛、酮、酸、酯、醇和短链烃等(图 4-19)。氢过氧化物降解最容易发生的位置是 ROOH 中的 O—O 键，进而产生 R—O 和 O—H，而脱氢产生 R—O—O 和 H。这是因为 ROOH 中 O—O 键的键能只有 44 kcal/mol，而 O—H 键的键能约为 90 kcal/mol。氢过氧化物降解形成的烷氧基自由基经过 C—C 键的 β-均裂(homolytic β-

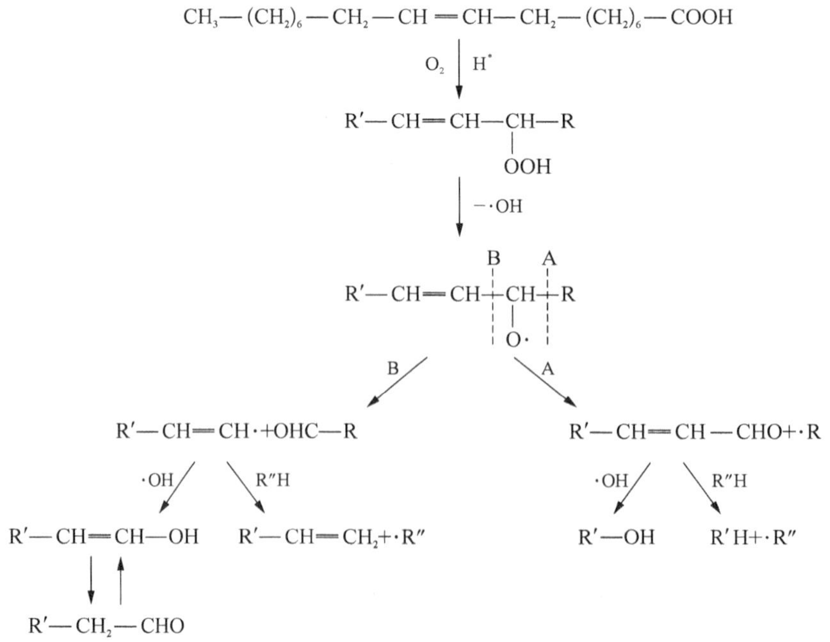

图 4-19 氢过氧化物的分解历程

scission)反应形成一个含氧化合物和另外一个烷基或烷基自由基,这一反应实际上也是油脂在氧化过程中形成风味化合物的主要途径。对于氢过氧化物降解形成的不饱和烷氧基自由基,可能通过两种方式(图 4-19 中 A 与 B)发生裂解。一种方式是远离双键与 O 邻近的 C—C 键裂解(A),形成不饱和含氧化合物与烷基自由基;另外一种是在靠近双键与 O 邻近的 C—C 键裂解(B),形成烯烃自由基和烷氧基化合物。形成的烷基自由基可与羟基自由基形成醇类化合物,而形成的烯烃自由基可进一步转化为烯醇类化合物。烯醇类化合物可以通过互变异构化(tautomerization)形成羰基化合物(醛、酮等)。当然 β-均裂形成的烷氧基自由基也可以通过夺取脂肪酸分子中的 H 而被消除。表 4-6 给出了脂肪氧化形成的主要二级氧化产物。

表 4-6 脂肪酸甲酯氧化的主要次级氧化产物

物质种类	油 酸	亚油酸	亚麻酸
醛	辛醛 壬醛 2-正癸醛 正癸醛	戊醛 正己醛 2-辛烯醛 2-壬醛 2,4-癸二烯醛	丙醛 正丁醛 2-正丁醛 2-戊醛 2-正己醛 3,6-壬二烯醛 癸三烯醛
羧酸	甲基庚酸 甲基辛酸 甲基 8-羰基辛酸 甲基 9-羰基辛酸 甲基 10-羰基辛酸 甲基 10-羰基-8-癸烯酸 甲基 11-羰基-9-十一碳烯酸	甲基庚酸 甲基辛酸 甲基 8-羰基辛酸 甲基 9-羰基辛酸 甲基 10-羰基辛酸	甲基庚酸 甲基辛酸 甲基壬酸 甲基 9-羰基辛酸 甲基 10-羰基辛酸
醇	1-庚醇	1-戊醇 1-辛烯-3-醇	
碳氢化物	庚烷 辛烷	戊烷	乙烷 戊烷

5. 影响脂类氧化的因素 在食品如此复杂的体系中,油脂的氧化进程也异常复杂,难以一概而论。影响食品中油脂氧化的因素主要包括与油脂自身相关的内因(如脂肪酸组成、饱和程度、助氧化剂、抗氧化剂、重金属含量等)与油脂所处环境条件相关的外因(温度、光、包装等)。以下简要介绍有关影响因素。

(1) *油脂的脂肪酸组成*:脂肪酸的不饱和度、双键的位置、数量以及顺反构型等都会影响油脂的氧化速率。花生四烯酸、亚麻酸、亚油酸以及油酸氧化的相对速率比约为 40∶20∶10∶1。顺式比反式异构物更易被氧化;共轭双键比非共轭双键活泼得多;饱和脂肪酸的自动氧化极慢,在室温下,当不饱和脂肪酸产生明显的氧化酸败时,饱和脂肪酸仍然保持不变,但在高温下,饱和脂肪酸产生显著的氧化,其氧化速率随温度而定。游离脂肪酸的氧化速率略大于甘油酯化的脂肪酸。当油脂中游离脂肪酸含量大于 0.5%时,自动氧化速率明显加快;而甘油酯中脂肪酸的无规则分布有利于降低氧化速率。

(2) *氧气浓度*:在大量氧存在的情况下,氧化速率与氧浓度无关,但当氧浓度较低时,则氧化速率与氧浓度近似成正比。氧浓度对氧化速率的影响还受其他因素如温度与表面积的影响,因此可采取排除氧气,采用真空或充氮包装和使用透性低的包装材料来防止含油脂食品的氧化变质。

(3) *温度*:一般来说,随着温度上升,氧化速率加快。这是因为高温既能促进自由基的产生,又能促进氢过氧化物的分解和聚合,但温度上升,氧的溶解度会有所下降,因此在高温和高氧条件下,氧化速率和温度间的关系会有一个最高点。温度对光氧化影响非常小,因为光氧化反应的活化能非常低(0~6 kcal/mol)。饱和脂肪酸在室温下稳定,但在高温下也会发生氧化,例如猪油中饱和脂肪酸含量通常比植物油高,但猪油的货架期却比植物油短,这是因为猪油一般经过熬炼而得,经历了高温阶段,引发了自由基所致。

(4) *表面积*:氧化速率直接与脂类暴露于空气的表面积成正比。在 O/W 乳状液中氧化速率与氧扩散到油相中的速率有关。故采用真空或充氮包装及使用低透气性材料包装,可防止含油食品的氧化变质。

(5) 水分：在脂类模拟体系和含各种脂肪的食品中，氧化速率主要取决于水分活度(a_w)。在 a_w 为 0.33 时氧化速率最低；当 a_w 从 0 至 0.33，随着 a_w 增加，氧化速率降低，这是因为十分干燥的样品中添加少量水，既能与催化氧化的金属离子水合，使催化效率明显降低，又能与氢过氧化物结合并阻止其分解；a_w 从 0.33 至 0.73，随着 a_w 增大，催化剂的流动性提高，水中的溶解氧增多，分子溶胀，暴露出更多催化位点，故氧化速率提高；当 a_w＞0.73，水量增加，使催化剂和反应物的浓度被稀释，导致氧化速率降低。

(6) 分子定向：脂质分子的定向对其氧化具有重要的影响。例如通过研究多不饱和脂肪酸(polyunsaturated fatty acids，PUFA)在 37℃、pH 7.4 以及 Fe^{2+}-维生素 C 催化剂存在条件下的氧化稳定性，得出氧化稳定性随不饱和度的增加而增加，与预料的结果恰恰相反，这与水溶性介质中存在的 PUFA 的构象有关。脂类分子定向对氧化速率影响可以亚油酸乙酯氧化为例来说明。亚油酸分子以两种状态存在：一种为无规则体相结构，另一种为有序的定向结构(以单分子层吸附在硅胶表面)。在 60℃时，单分子层中的亚油酸乙酯的氧化速率比在体相中快得多，这是因为单分子层中亚油酸乙酯更易接近氧。但在 180℃时，结果恰好相反，这是因为体相中亚油酸乙酯的分子与结合的自由基的运动速度比在单分子层中快，因此补偿了因与氧接近程度的差异而产生的影响。无论是体相还是单分子层样品，主要的分解产物虽然不完全相同，但它们都是氢过氧化物的经典分解产物。

(7) 辐射能：可见光、紫外光以及 γ 辐射都能有效地促进氧化，尤其是紫外光和 γ 射线，所以脂类的贮藏宜用遮光容器。

(8) 助氧化剂：助氧化剂(pro-oxidant)是一类能加速油脂氧化的物质。一些具有合适的氧化还原电位的二价或多价过渡金属离子，例如钴、铜、铁、锰以及镍等是有效的助氧化剂，即便其浓度低至 0.1 mg/kg，助氧化剂也能缩短诱导期和提高氧化速率。食用油中通常存在着微量重金属，并以游离态(free form)和结合态(bound/conjugated form)两种形式存在。不同金属催化能力强弱排序如下：铅＞铜＞锡＞锌＞铁＞铝＞不锈钢＞银。金属催化氧化的机理如下：

1) 促进氢过氧化物分解

$$M^{n+} + ROOH \longrightarrow M^{(n+1)+} + OH^- + RO\cdot$$
$$M^{n+} + ROOH \longrightarrow M^{(n-1)+} + H^+ + ROO\cdot$$

2) 直接与尚未氧化的脂类作用

$$M^{n+} + RH \longrightarrow M^{(n-1)+} + H^+ + R\cdot$$

3) 使氧分子活化，产生单载态氧和过氧化自由基

$$M^{n+} + O_2 \longrightarrow M^{(n-1)+} + O^{2-}$$
$$O^{2-} \xrightarrow{e^-} {}^1O_2$$
$$O^{2-} \xrightarrow{H^+} HO_2^-$$

另外，许多食品组织中存在羟高铁血红素，也是一种重要的助氧化剂，例如，熬炼猪油时若血红素未去除完全，则猪油酸败速度快。α-生育酚在 100 mg/kg 时具有良好的抗氧化活性，但在高浓度时它具有明显的助氧化作用。β-胡萝卜素在 5×10^{-5} mol/L 时具有最好的抗氧化性，高浓度时则具有助氧化作用。还发现，β-胡萝卜素在低氧浓度时(氧分压＜20 kPa)为抗氧化剂，而在高氧浓度时表现为助氧化剂。抗坏血酸(ascorbic acid)在低浓度时(1.65 mmol/L)和高张力时具有助氧化作用，但在高浓度时(4.15 mmol/L)为抗氧化剂。

(9) 抗氧化剂：能延缓和防止脂类氧化速率的物质称为抗氧化剂(antioxidant)。按抗氧化机理，抗氧化剂可分为自由基清除剂、单线态氧淬灭剂、氢过氧化物分解剂、酶抑制剂、抗氧化剂增效剂。

三、抗氧化剂及其机理

抗氧化剂(antioxidant)是一类能延缓或防止脂类氧化的物质，文献已报道了上百种具有抗氧化能力的天然和(或)合成化合物。按照单个抗氧化剂的抗氧化机理可以将抗氧化剂分为自由基清除剂、单线态氧淬灭

剂、氢过氧化物分解剂、金属螯合剂、酶抗氧化剂、氧清除剂、紫外线吸收剂等。从抗氧化剂混合使用的角度，还包括抗氧化剂再生剂和抗氧化剂增效剂。各类抗氧化剂的作用示意图见图 4-20。

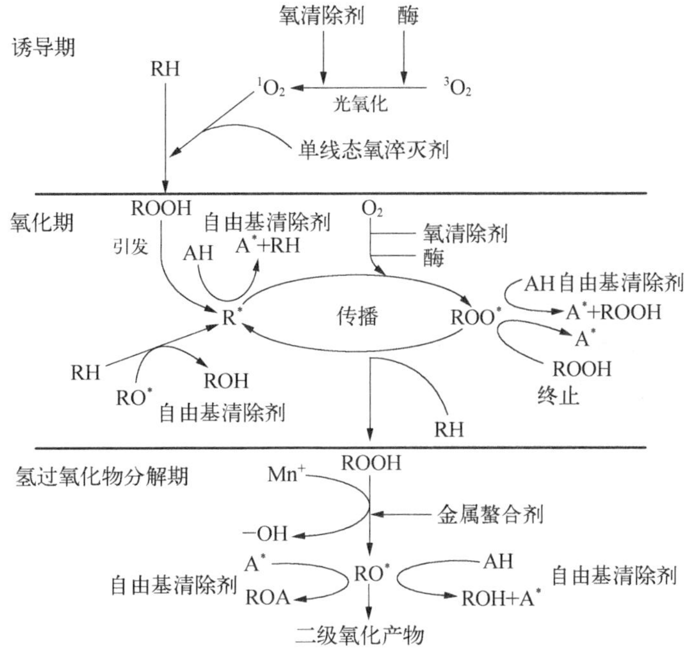

图 4-20　各类抗氧化剂的作用示意图

1. 自由基清除剂(free radical scavenger)　　酚类抗氧化剂是通过清除自由基而实现抗氧化的，它是优良的氢供体。在遇到自由基时，酚类物质能贡献氢将自由基清除，同时自身形成性质稳定、反应不活泼的自由基中间产物(图 4-21)。新形成的酚基自由基中氧原子上的单电子可与苯环上的 π 电子云共轭而稳定化。尤其是当酚羟基的邻位上具有叔丁基时，由于空间位阻作用阻碍了分子氧的进攻。从而降低了酚基自由基进一步引发自由基链式反应的能力，体现出抗氧化活性。由此可见，作为自由基清除剂的酚类抗氧化剂，一方面能将高反应活性自由基转变为低反应活性自由基，是对自由基链氧化功能的清除与消除。另一方面同时经过两步反应通过形成氧化物的形式可以将自由基彻底清除。常见的酚类抗氧化剂见图 4-22 所示。

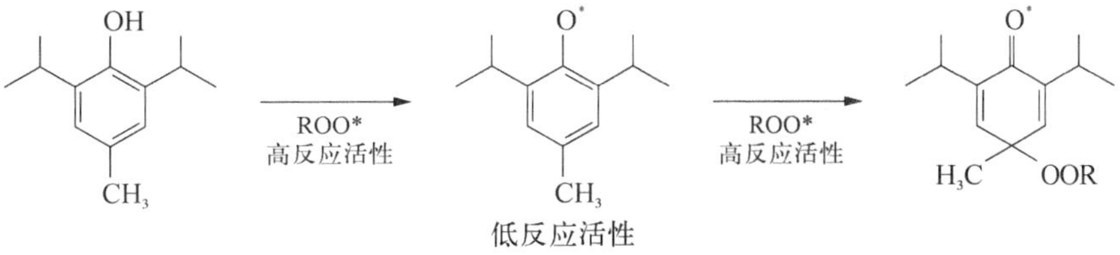

图 4-21　自由基清除剂的抗氧化机理

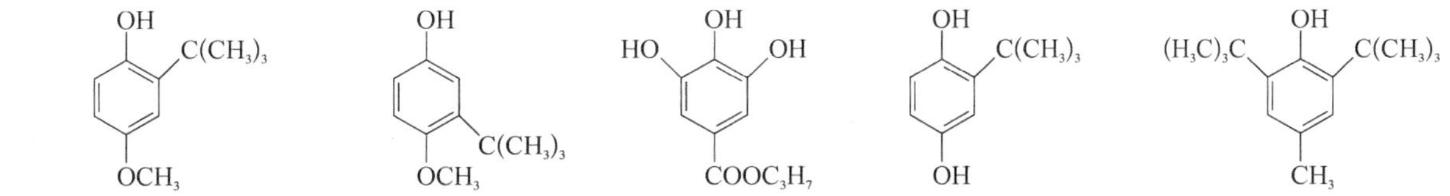

2-叔丁基羟基茴香醚 (2-BHA)　　3-叔丁基羟基茴香醚 (3-BHA)　　没食子酸丙酯 (2-PG)　　2-叔丁基苯二酚 (TBHQ)　　2,6-二叔丁基-4-甲基苯酚 (BHT)

图 4-22　常见的酚类抗氧化剂

2. 单线态氧淬灭剂($^1O_2$ quencher)　　由于类胡萝卜素(carotenoids)具有较低的单线态能量，因此它们容易从单线态氧气分子接受能量而使 $^1O_2$ 转化为 $^3O_2$，从而实现 $^1O_2$ 的淬灭(quenching)。一分子的 β-胡萝卜素(β-carotene)可以按 $1.3\times10^{10}\ M^{-1}s^{-1}$ 的速率淬灭 250～1 000 个 $^1O_2$ 分子。能量转移是类胡萝卜素淬灭$^1O_2$的作用机制。$^1O_2$将电子激发能量转移给类胡萝卜素(CAR)，进而产生三线态类胡萝卜素(^3CAR)和$^3O_2$，这被称为$^1O_2$淬灭。同样处于激发态的三线态光敏素($^3Sen^*$)也可以将能量转移给单线态类胡萝卜素(^1CAR)，这被称为三线态光敏素淬灭。而处于三线态的类胡萝卜素(^3CAR)很容易通过热量散失而回到单线态(^1CAR)。类胡萝卜素淬灭$^1O_2$的效率与其共轭双键的数目、水溶性和浓度密切相关。一般随着分子中共轭双键数目增多、浓度上升和水溶性增加，类胡萝卜素淬灭$^1O_2$的效率提升。

$$^1O_2 + {}^1CAR \longrightarrow {}^3O_2 + {}^3CAR$$
$$^1CAR + {}^3Sen^* \longrightarrow {}^3CAR + {}^1Sen$$
$$^3CAR \longrightarrow {}^1CAR + \text{热量}$$

图 4-23 类胡萝卜素淬灭$^1O_2$和$^3Sen^*$的机制

3. 氢过氧化物分解剂(hydroperoxide decomposer) 氢过氧化物是油脂氧化的主要初级产物，有些化合物如硫代二丙酸的月桂酸酯或硬脂酸酯(R_2S)可将氢过氧化物转变为非活性物质，从而起到抑制油脂进一步氧化的作用，将这类抗氧化物质称为氢过氧化物分解剂(图 4-24)。

$$R_2S + R'OOH \longrightarrow R_2S{=}O + R'OH$$
$$R_2S{=}O + R''OOH \longrightarrow R_2SO_2 + R'OH$$

图 4-24 氢过氧化物分解剂抗氧化机制

4. 金属螯合剂(metal chelator) 一些高价金属阳离子一方面能催化脂肪酸形成自由基，另一方面又能加速氢过氧化物分解，因此具有很强的助氧化作用。金属螯合剂一方面能通过降低高价金属阳离子的氧化势而稳定其氧化状态，另一方面可通过与金属离子结合产生空间位阻抑制氢过氧化物与金属离子的结合。柠檬酸、酒石酸、抗坏血酸、EDTA 等均可作为金属螯合剂抑制油脂的氧化。

5. 酶抗氧化剂(enzymatic antioxidant) 超氧化物歧化酶(superoxide dismutase，SOD)、谷胱甘肽过氧化物酶(glutathione peroxidase，GSH)、过氧化氢酶、葡萄糖氧化酶等都是食品中存在的具有抗氧化活性的酶类。SOD 可将超氧化物自由基转变成三线态氧和过氧化氢，形成的过氧化氢在过氧化氢酶的作用下转变成水和三线态氧，从而起到抗氧化作用。

6. 氧清除剂(oxygen scavenger) 抗坏血酸除具有螯合金属离子的作用外，还具有清除氧气的作用。它通过消耗食品中的氧气而起到抗氧化作用。食品包装袋内常使用的铁系脱氧剂和亚硫酸盐脱氧剂也具有类似的功效。

7. 紫外线吸收剂(violet absorbent) 透过食品包装的紫外线会引起食品中油脂的氧化。因此，在包装材料中添加紫外线吸收物质能有效减缓包装食品中油脂的氧化。常用的紫外线吸收剂主要包括有机化合物和无机超微粒子两类。前者如 2-羟基-4-正辛氧基二苯甲酮、苯甲酮和苯并三唑等，后者主要是粒径大约在 1～100 nm 的氧化铁、氧化锌、氧化钛等的超微颗粒。

8. 酶抑制剂(enzyme inhibitor) 脂肪酶促氧化的主要影响因素是脂氧合酶的活性，如能抑制脂氧合酶的活性则可有效抑制酶促氧化。黄酮、酚酸及其没食子酸酯能有效抑制脂氧合酶。茶黄素单没食子酸酯与茶黄素二没食子酸酯是大豆脂氧合酶的有效抑制剂。加热虽然也能钝化脂氧合酶，但它能加速油脂的自动氧化。

9. 抗氧化剂的增效作用(synergism) 在食品生产中，常将几种抗氧化剂混合使用，其原因是在相同使用量的情况下，抗氧化剂混合使用可以获得更好的抗氧化效果。也就是说，在获得相同抗氧化效果的情况下，混合使用抗氧化剂所需要的总用量更低。将这种不同抗氧化剂之间互相增强其抗氧化力的现象称为抗氧化剂的增效作用。增效作用可以发生在同一类型抗氧化剂之间也可以发生在不同类型抗氧化剂之间。自由基清除剂、氢过氧化物分解剂、金属螯合剂、单线态氧淬灭剂之间常能产生增效作用。磷脂与生育酚、抗坏血酸与生育酚、BHA 与 BHT 之间都具有增效作用。不同抗氧化剂之间增效作用的机制尚不完全清楚。在 BHA 与 BHT 的增效体系中，前者为主抗氧化剂，被氧化形成自由基(BHA·)，而形成的自由基能与 BHT 作用使其还原为 BHA。

四、油脂酸败

油脂或含有较多油脂的食品在贮藏过程中因各种原因(氧气、光、微生物、酶等)导致产生不愉快的气味的现象称为油脂的酸败(rancidity),俗称油脂哈喇。根据引起油脂酸败的原因和机制,油脂酸败可分为水解型酸败、酮型酸败和氧化型酸败。

1. 水解型酸败(hydrolytic rancidity) 含低级脂肪酸较多的油脂,在自身所含脂酶或污染微生物所产生脂酶的作用下,油脂发生水解,释放出短链脂肪酸分子(C4～C10),如丁酸、己酸、辛酸等。这些脂肪酸分子具有特殊的汗臭气味和苦涩滋味,从而使油脂出现不愉快的气味,这种现象称为油脂的水解型酸败。

2. 酮型酸败(ketonic rancidity) 油脂中的饱和脂肪酸在一系列酶的作用下发生酶促氧化,最后生成具有异味的酮酸或甲基酮,导致油脂气味异常的现象称为酮型酸败(图 4－25)。这种酸败主要是因为食品被灰绿青霉、曲霉等污染进而产生的酶(如脱氢酶、脱羧酶、水合酶等)所引起的。该氧化反应多发生在饱和脂肪酸的 β-碳位上,因而又称为 β-氧化作用。

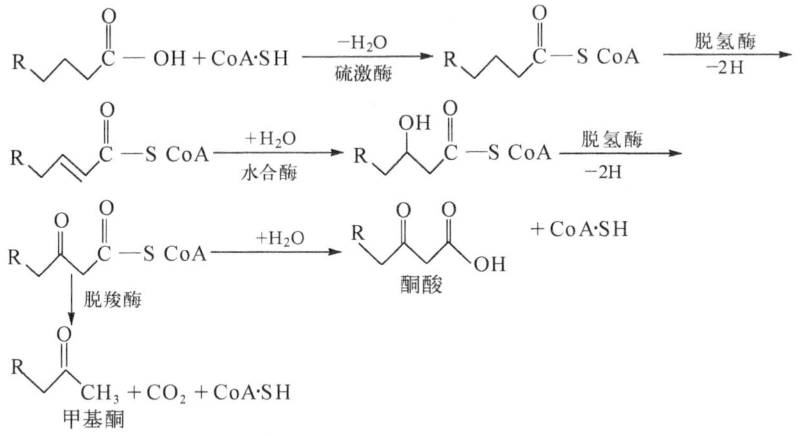

图 4－25 油脂酮型酸败的反应历程

3. 氧化型酸败(oxidative rancidity) 氧化型酸败主要指不饱和脂肪酸经历自动氧化、光氧化或酶促氧化后形成氢过氧化物,而后者经过分解产生一些导致油脂异味的化合物的过程。其发生的机理即为油脂氧化的机理。

五、油脂在煎炸过程中的变化

煎炸能赋予油炸食品诱人的风味、酥脆的质地以及黄褐色的颜色。但在煎炸过程中(～190℃),油脂会发生热降解或氧化降解,产生一些挥发性或难挥发分解产物,从而使油脂的功能、感官和营养价值发生劣变。油炸过程中轻度的油脂氧化对油炸食品的风味赋予非常有必要,但油炸过程中油脂通过水解、氧化降解以及发生聚合所形成的产物可能给油炸食品带来异味甚至影响到产品的安全性。

1. 油炸过程中油脂的变化 油炸过程中油脂的变化包括物理变化与化学变化(图 4－26)。物理变化包括油脂颜色的加深、起泡性提高以及黏度增加等。化学变化主要包括水解、氧化、聚合和降解,下面逐一简述。

(1) 水解(hydrolysis):当食品在煎炸时,温度、气体以及水分相互作用引发食品中一系列反应。水和蒸汽能使甘油三酯水解产生甘油一酯与甘油二酯,甚至脂肪酸和甘油。生成的甘油在煎炸温度超过 150℃时会部分蒸发,进而促进其他油脂分子水解。油炸过程中油脂的水解程度与油炸温度、油水界面的面积、体系中的水与蒸汽的量有关。水使油脂水解的速度显著高于蒸汽。而油炸过程中水解、氧化产生的游离脂肪酸以及低分子质量酸性产物也能加速油脂水解。

(2) 氧化(oxidation):油脂煎炸过程中的氧化过程与常温下油脂的自动氧化类似,不同的是形成的氢过氧化物在温度高于 190℃时会发生迅速降解形成醛类与酮类等二级降解产物。二级降解产物中的不稳定醛

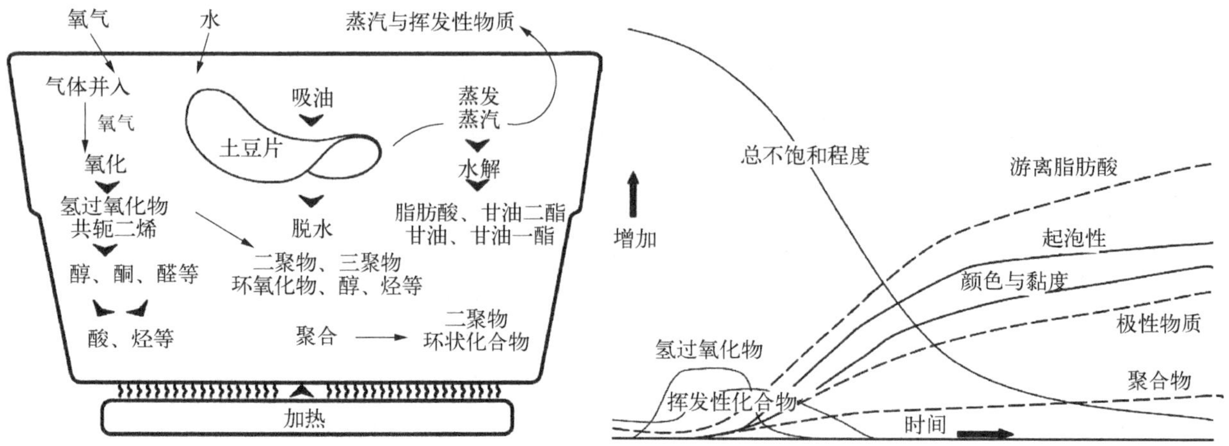

图 4-26 油炸过程中的物理变化与化学变化

类(挥发性醛类),如 2,4-癸二烯醛、2,4-壬二烯醛、2,4-辛二烯醛、庚烯醛、2-辛烯醛等能赋予油炸食品特殊的香气,是期望的产物;而二级降解产物中另外一些饱和或不饱和的醛类,如正己醛、正庚醛、正辛醛、正壬醛、2-癸烯醛等则会导致油炸食品产生异味。油脂中的多不饱和脂肪酸在油炸过程中能形成大量异味物质,因此亚油酸和亚麻酸含量高的大豆油、向日葵油和菜籽油在油炸时就很容易产生明显的异味。

(3) 聚合(polymerization):油炸过程中油脂分子会发生聚合而形成高分子质量产物,从而导致油脂黏度升高、颜色加深。油炸过程中油脂的聚合主要包括非氧化性热聚合与氧化性热聚合。非氧化性热聚合主要是不饱和油脂分子在热的作用下通过 Diels-Alder 反应在油脂分子内或分子间形成环状聚合物的过程。氧化性热聚合是指油脂分子先发生氧化形成自由基,两个油脂自由基通过自由基消除反应而形成聚合物的过程。

(4) 降解(decomposition):油脂在油炸过程中能发生两类降解反应,即非氧化性热降解与氧化降解。前者是油脂在不接触氧气的情况下充分加热时发生的反应,在此情况下,油脂分子会发生分子内共价键断裂形成诸如酸类、醛类、烃类等,甚至放出二氧化碳。但在通常情况下油脂主要发生的是氧化降解,即油脂被氧化形成氢过氧化物,氢过氧化物进一步发生降解而形成油脂的氧化降解产物,这与油脂的氧化机制基本一致。

油炸用油由于容易发生质量劣变,因此需对其质量进行密切关注,以保障油炸食品的安全。常通过测定油炸用油的黏度、游离脂肪酸含量、感官特性、烟点、起泡性、介电常数、极性降解产物含量等指标确定油炸用油是否合格。如果油炸用油石油醚不溶物≥0.7%和烟点低于 170℃,或者石油醚不溶物≥1.0%,无论烟点是否改变,均可判定为变质油脂。

六、电离辐射对油脂的影响

常用辐照的方式处理食品,其主要目的包括抑制发芽、保鲜和杀菌(表 4-7)。含有油脂的食品在进行辐照处理时,其中的油脂可能发生辐照裂解(radiolysis)。油脂分子在辐照裂解时(图 4-27,以甘油三酯为例),化学键的断裂主要集中在羰基附近的 5 个位置(a、b、c、d 和 e)。其他位置的化学键也可能发生断裂,但似乎

表 4-7 食品辐照的用于与剂量

剂　量	用　途	剂量/kGy	辐　照　产　品
低剂量 (≤1 kGy)	抑制发芽 杀虫、寄生虫 催熟	0.05~0.15 0.15~0.50	土豆、洋葱、大蒜、姜 谷物、豆类、鲜果、干果 鲜果、蔬菜
中剂量 (1~10 kGy)	保鲜 杀灭腐败、致病菌 改进食品特性	1.0~3.0 1.0~7.0 2.0~7.0	新鲜水产、草莓等 鲜(冻)海产品、冻肉等 葡萄(包括酱)、脱水蔬菜等
高剂量 (10~50 kGy)	杀菌(结合热处理) 食品添加剂等消毒	30~50 10~50	肉及肉制品、水产品、预制食品等 香辛料、酶制剂、天然胶等

无规律可循。油脂辐照裂解的产物包括烃、醛、酸、酮、酯等，其中碳原子数比原来脂肪中脂肪酸少一个或两个的烃类化合物数量最多。如猪油富含18∶1脂肪酸，经辐照后生成的C17和C16的烃最多；椰子油富含月桂酸，经辐照后生成的烃主要是十一烷与十一烯。在有氧气的情况下，辐照还可以通过引发自由基、促进氢过氧化物形成、加速氢过氧化物分解、破坏抗氧化剂等多种方式促进油脂的自动氧化。

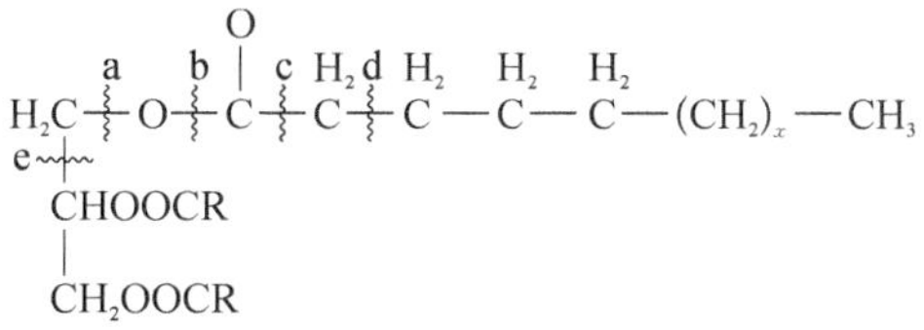

图4-27 油脂分子辐照裂解的机制

第四节 脂类的改性

天然油脂的氧化稳定性、工艺学特性等在一定情况下并不能满足使用的需要，因此人们常用改性的方式对天然油脂进行改良，以获得性质稳定、用途明确的特殊油脂。油脂的性质主要由其组成成分和结构决定。因此，常见的油脂改性的途径有两种：一是改变油脂的组成，二是对油脂的结构（包括分子结构与结晶结构）进行修饰（图4-28）。第一种方式常见的是油脂的精炼，而酯交换和氢化是第二种方式的典型代表。

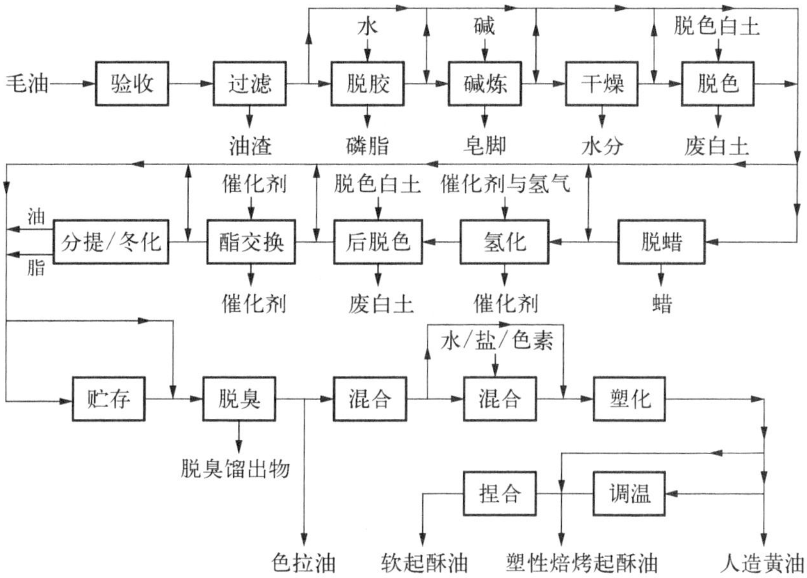

图4-28 油脂的精炼与转化

一、油脂的精炼

从消费者可接受性来看，油脂应该无味或淡味、色浅、物理形态稳定、不易氧化。虽然有些油脂（如橄榄油、牛油、猪油等）可直接食用，而大多数植物油无法以毛油形式被消费者接受，需要经过精炼（refining）。主要是油脂中存在一些非甘油酯化合物，如色素、游离脂肪酸、蛋白质、含硫化合物等，导致油脂在颜色、气味、稳定性等方面不能被消费者接受。下面将油脂精炼的主要工艺环节加以简述。

1. 脱胶（degumming） 脱胶实际上是用水淋洗油脂除去其中磷脂（lecithin）的过程。大量磷脂的存在可因其极强的水合能力而使油脂从空气中吸收水分致使油脂含水量过高。同时，磷脂的存在会导致油脂在加热时颜色快速变深，它还能使油炸用油大量起泡。大豆油和菜籽油属于磷脂含量较高的油脂。油脂中的磷脂根据水合性质可分为水合磷脂（hydratable phosphatides）与非水合磷脂（nonhydratable phosphatides）。一般磷脂酰胆碱和磷脂酰肌醇属于前者，而磷脂酰乙醇胺和磷脂酸能与二价金属离子（Ca^{2+}和Mg^{2+}）复合而成为非水合磷脂。大豆油中磷脂的含量约为1%～3%，非水合磷脂的含量约为0.2%～0.8%。因此，油脂脱胶的加水量要根据其中水合磷脂的含量而定。当磷脂的含水量达到1%～3%时，它就不溶于油脂。工业上将油脂与水在60～80℃缓慢搅拌30～60 min使磷脂充分水合而絮凝。由于水合磷脂的密度明显高于油脂，可通过静置、过滤或离心的方法将形成的胶质与油脂分离。通过上述处理一般可脱除90%的磷脂，所得胶质中含有约25%的水分和75%的油溶性物质。对于含非水合磷脂较多的油脂，可采取酸法脱胶(acid degumming)，即在脱胶前先向油脂中混入一定量浓酸(磷酸或柠檬酸)使非水合磷脂转变为水合磷脂，提升脱胶的效果。而对于一些磷脂含量很低的油脂，如棕榈油、花生油等，可采取干法脱胶(dry degumming)，即添加少量浓酸使胶质聚结并在后续脱色工艺中被除去。

2. 碱炼(caustic refining) 碱炼，又称为中和，指向油脂中加入碱液使游离脂肪酸被中和形成皂角(soapstock)而除去的过程。常用NaOH碱液对油脂进行碱炼。对油脂碱炼要特别注意加碱量，加碱不足导致油脂碱炼不充分，而加碱过量会引起甘油酯发生皂化(saponification)，导致油脂碱炼损耗过大。加碱量决定于油脂中游离脂肪酸的含量。碱炼后将油脂用一定量软化水(油重的10%～20%)在90℃淋洗后通过离心除去皂角。残留的皂角可在脱色工序中被除去。除了大豆油和菜籽油，大多数植物油在精炼时将脱胶与碱炼合二为一进行处理。形成的皂角可通过酸化回收脂肪酸用于医药或化学工业。棉籽油在碱炼过程中也能同时除去大部分棉子酚使油脂颜色变浅。

3. 干燥(drying) 油脂中水分的饱和水平可达0.8%，但为确保油脂稳定，需要将油脂的含水量保持在0.3%以内。只有经过干燥处理的油脂才可在后续氢化和脱臭工序的高温长时间处理中表现良好的稳定性，否则油脂极易发生水解而形成新的游离脂肪酸。常通过油脂在高温(115℃)真空塔(真空度15 mmHg)中雾化的方式进行干燥，这样可使油脂的含水量降低到0.1%以下。

4. 脱色(bleaching) 脱色是指向油脂中加入吸附材料以脱除油脂中的色素，使油脂颜色变浅的过程。常用的吸附材料包括中性白土、活性土、硅酸盐、硅胶、活性炭等，在使用之前常用酸法活化。脱色同时能脱除残留在油脂中的皂角和磷脂。常见油脂中的色素主要包括红褐色色素(类胡萝卜素、叶黄素、棉子酚等)和绿色色素(叶绿素)。通常将吸附材料与热油(80～110℃)混合15～30 min使色素分子与吸附材料表面充分接触而被吸附，再经过滤将吸附材料除去。脱色白土的使用量以油脂中色素分子的多少而定，通常为0.2%～2.0%。对大豆油常用0.20%～0.45%，而对米糠油其用量需达到3%～5%。

5. 脱蜡(dewaxing) 蜡质的存在可能会导致瓶装油脂发生浑浊甚至沉淀。诸如玉米油、米糠油、红花油、芝麻油和葵花籽油等含有较高的蜡质(0.2%～3.0%)，必须经过脱蜡处理。脱蜡是指先将油脂缓慢(4 h以上)降温至6～8℃，保持6 h使蜡质结晶并成熟，然后将油脂小心加热到18℃后过滤除去结晶的蜡质。

6. 脱臭(deodorization) 脱臭是油脂精炼的最后一道工序，很多油脂在脱臭之前根据使用需要经过转化处理。脱臭是将导致油脂产生异味的物质去除的过程，常见这些物质包括残留游离脂肪酸(尤其小分子脂肪酸)、醛类、酮类、醇类等物质。脱臭也能将油脂氧化的二级产物脱除。油脂的脱臭常通过高温(180～270℃)真空(3～8 mmHg)水蒸气蒸馏的方式进行。一般直接将高压蒸汽通入油脂，蒸汽同时起加热、搅拌和携带气味物质的作用。蒸汽的用量常为10～50 kg/100 kg油脂。脱臭的同时能除去油脂中的农药残留和溶剂残留。脱臭对油脂中的β-胡萝卜素有很强的破坏作用，可使油脂颜色变浅。研究发现脱臭还能导致油脂发生轻度的几何异构。大豆油的脱臭馏出物中含有约12.3%的生育酚和21.9%的甾醇。

二、油脂转化

1. 冬化(winterization) 油脂中饱和脂肪酸在不同甘油三酯分子上的分布并不是完全随机的，有些甘油三酯的饱和程度明显高于其他。因此根据饱和程度将油脂进行分部，可使各部分具备不同的熔化特性、氧化稳定性以及工艺学特性。油脂冬化和分步结晶就属于此类方式，它们一般都需要经过三步处理：① 将油脂冷却到过饱和状态以形成结晶所需晶核；② 缓慢冷却去除结晶潜热并使晶体不断成长；③ 通过过滤将结晶体从液态油脂中分离去除。冷却速度过快会导致油脂形成大量细小的晶体而难以通过过滤去除。

最早使用冬化处理的油脂是棉籽油。冬季室外低温贮藏的棉籽油会发生浑浊，随着晶体的不断生长进而形成沉淀。沉淀的油脂比液态的油脂含有更多的饱和脂肪酸(如棕榈酸)。通常将沉淀的部分称为硬脂

(stearin),约占棉籽油的20%～25%。硬脂可与其他高熔点脂肪混合而生产起酥油(shortening)或人造黄油(margarine)。未经过冬化的棉籽油不适合用于加工色拉油(salad oil)和蛋黄酱(mayonnaise),因为它会导致色拉油在低温时发生浑浊,而使蛋黄酱发生破乳。目前冬化一般将脱色油脂经过连续热交换器使其温度降至4～7℃置于油罐中长时间(一般持续几天)缓慢搅拌而完成。搅拌速度至关重要,它既要有足够的速率以释放结晶产生的潜热,也不能太快而导致生成的晶体破碎而使后续无法通过真空过滤去除硬脂。也可向油脂中加入结晶抑制剂促进大颗粒油脂晶体的形成。也有生产企业在溶剂中(如正己烷)对油脂进行冬化处理。

2. 分级结晶(fractional crystallization)　油脂的分级结晶按处理方式分为干法分级(dry fractionation)与湿法分级(wet fractionation)。前者与冬化处理非常接近,但这个概念多用于高饱和度油脂(棕榈油、棕榈仁油、动物脂肪等),而冬化多用于液态油脂。通过干法分级可将结晶脂肪按其熔点进行分级,即通常将油酸甘油酯(olein,富含油酸)与高熔点的硬脂(富含硬脂酸)分离。干法分级的操作温度一般比冬化的要高,例如棕榈油在20℃进行分级以生产棕榈油酸甘油酯(70%)和棕榈油硬脂。对棕榈油酸甘油酯进行更低温度的分级可获得顶级油酸甘油酯(super-palm olein,用于煎炸或烹调)以及棕榈油中间组分(palm mid-fraction,作为代可可脂)。湿法分级是指在各种溶剂中(正己烷、丙酮、异丙醇等)对棕榈油、氢化大豆油、棉籽油等进行分级的过程。通过此法可获得糖果用脂肪(confectionary fat)和高氧化稳定性油脂。

3. 氢化(hydrogenation)

(1) 氢化过程:氢化是指在有催化剂存在的情况下,使不饱和油脂分子与氢气反应形成加成物质,从而提升油脂饱和程度的过程。氢化最早(1903年)用于鲸鱼油的处理,在1909年出现了通过氢化棉籽油来代替猪油生产起酥油的专利。氢化主要有两个目的:一是提高油脂的氧化稳定性,另外就是将液态油脂或软脂转变成塑性油脂或硬脂。如通过氢化可将液态油脂转变成起酥油和人造黄油;也可以将大豆油等易氧化油脂部分氢化后作为色拉油或油炸用油。氢化属于放热反应,油脂的碘值每降低一个单位熔点则升高1.7℃。油脂在氢化之前必须经过良好精炼,除去那些可使催化剂中毒、氢化效率降低的杂质,如皂角、胶质、含硫化合物、钾、镁、铬、汞等。菜籽油中含有较高水平的含硫化合物,常使其氢化异常困难。

氢化过程是同时存在固相、液相和气相的多相反应体系。氢化油脂为液态,氢气为气态,而氢化的催化剂(镍粉)为固态。在这样一个体系中,油脂分子、氢气分子和催化剂的有效接触就成为限制氢化效率的主要因素。氢气首先以气泡方式分散到液态油相,部分溶于油脂并扩散到催化剂固体颗粒表面被吸附。油脂分子首先必须扩散并吸附于催化剂表面,在那里与氢气分子发生加成反应之后再扩散回油相(图4-29)。通常通过提高搅拌速度和反应温度来使氢气以更小的气泡进行分散。快速搅拌可使催化剂和气泡表面油膜厚度保持最小,而提升氢气通气速率(压力)可确保油相中溶解氢有较高的水平。因此,氢化一般在压力容器中进行,油脂中溶解氢始终保持在饱和浓度。此外,催化剂的用量与活性也是影响氢化的重要因素。氢化通常在250～300℃进行40～60 min,催化剂(镍、铜、铂、钯、钌等)的用量约为油重的0.01%～0.02%。为提高催化效率,常对催化剂进行表面致孔处理,但孔的直径至少保持在10 nm以上,否则无法容纳甘油三酯分子。

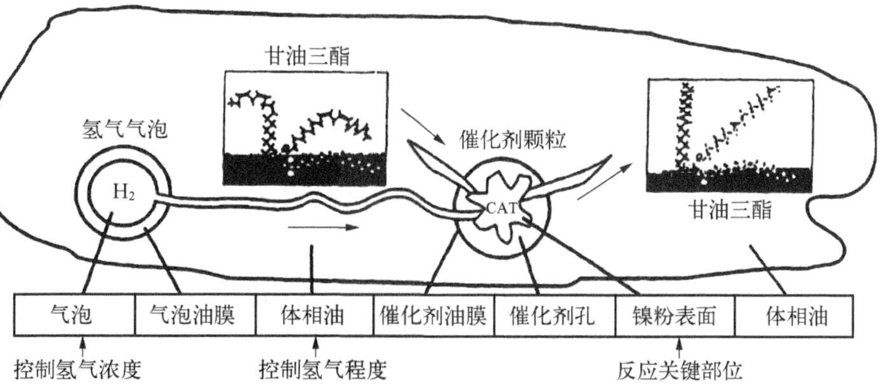

图4-29　油脂氢化的机理示意图

就油脂氢化的具体过程来看(图 4-30),首先金属催化剂在烯键的任一端形成碳-金属复合物(a),接着这个中间复合物再与催化剂所吸附的氢原子相互作用,形成不稳定的半氢化状态(half-hydrogenated state)(b 或 c)。在半氢化状态时,烯键被打开,烯键两端的碳原子其中之一与催化剂相连,原来不可自由旋转的 C=C 键变为可自由旋转的 C—C 键。半氢化复合物(b,c)能加上一个氢原子生成饱和产品(d),也可失去一个氢原子,恢复双键,但再生的双键可以处在原来的位置如产品(g),也可以是原有双键的几何异构体(e 和 f),且均有反式异构体生成。

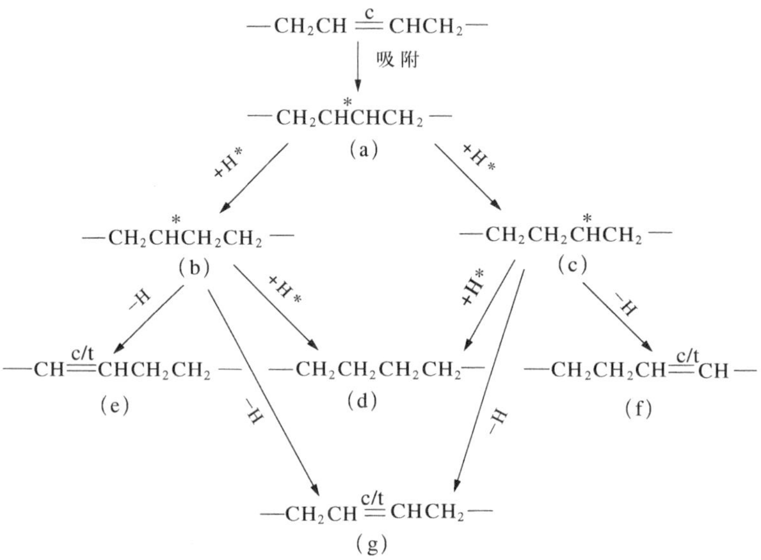

图 4-30 油脂氢化的示意图(* 代表金属键)

(2) 氢化的选择比:所谓油脂氢化的选择比(selectivity)是指不饱和程度较高的脂肪酸与不饱和程度较低的脂肪酸的氢化速率之比(SR)。根据氢化过程起始和终止的脂肪酸组成以及氢化时间可计算出反应速率常数。例如亚麻酸的氢化反应:

$$\text{亚麻酸}\xrightarrow{K_3}\text{亚油酸}\xrightarrow{K_2}\text{油酸}\xrightarrow{K_1}\text{硬脂酸}$$

$$SR = K_2/K_1 = 0.159/0.013 = 12.2$$

这意味着亚油酸氢化比油酸氢化快 12.2 倍。各反应 K 值大小,实际上与催化剂及反应条件有关。通过选择合适的催化剂及反应条件,可提高反应的选择性。各种催化剂有不同的选择性,操作参数对选择性有很大影响。例如 Cu 作催化剂时对孤立双键不起作用,故可避免全饱和产物的产生。操作参数诸如氢气压力、搅拌强度、温度以及催化剂浓度均影响氢对催化剂位点的结合,最终影响氢化选择性。例如,高温可增加转化速率,并使氢更快地从催化剂表面除去,结果使选择性提高。

(3) 异构化:油脂的氢化过程不仅可使双键加成变饱和,而且也可使双键重新定位和(或)从通常的顺式转变成反式构型,形成的异构物称为异酸(isoacid),将这一现象称为异构化(isomerization)。将油脂分子双键位置保持不变而构型从顺式(cis)变成反式(trans)的异构化称为几何异构(geometrical isomerization),而将双键位置在脂肪酸链不同位置之间变化所导致的异构化称为位置异构(positional isomerization)。因此,部分氢化可能生成一个较为复杂的混合产物,这取决于被氢化的双键类型和异构化程度,以及这些反应的相对速率。油脂氢化的程度不同,其产物也不同,如亚麻酸酯(18∶3)氢化时可能发生如下反应(图 4-31)。

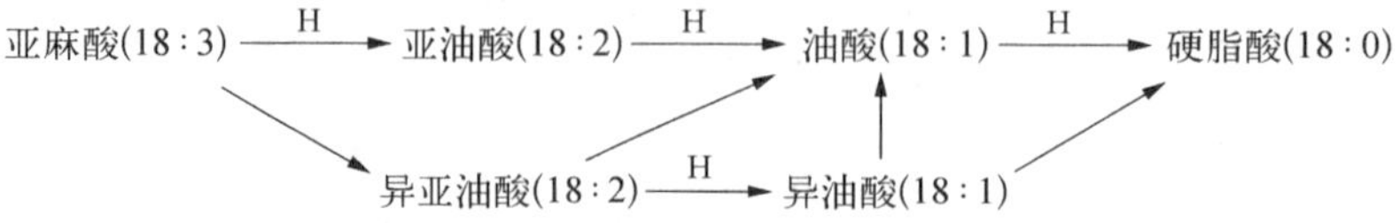

图 4-31 亚麻酸酯氢化异构化示意图

油脂氢化过程中不发生异构化是不可能的，但异构化程度是可以控制的。当反应体系中氢的水平足够高时，当脂肪分子中的双键在催化剂表面被打开时，催化剂表面的氢气迅速与打开的双键反应使其饱和；而当催化剂表面没有足够的氢时，打开的双键无法获取到外源性氢，它就可能从其任意一侧的碳原子上掠夺一个氢原子，这就导致双键位置在脂肪酸链上向上或向下移动了一个碳原子位置，这时新形成的双键可能是顺式也可能是反式。研究发现，当氢化过程在高氢气压力、低温、高搅拌速度、高通气速率和低催化剂用量的情况下进行时，其异构化程度很低。但同样在此条件下选择比也很低。氢化催化剂使用次数越多，其选择性越差，异构化程度也会越明显。

(4) 氢化对油脂的影响：氢化对油脂的影响是多方面的，归结起来主要体现在以下四个方面：① 油脂的熔点提高、碘值降低、固体脂肪指数提高、颜色变浅、氧化稳定性提高；经过氢化可使室温下的液态油脂转变为半固态塑性脂肪。完全氢化的油脂(碘值小于1)在室温下呈易碎性固体。② 多不饱和脂肪酸含量下降，使油脂的营养学品质下降；③ 脂溶性维生素和类胡萝卜素被破坏；④ 不完全氢化有反式油脂形成。在某些产品中，反式脂肪酸的含量可高达55%，而常见的人造黄油和氢化起酥油的反式脂肪酸含量约为12%～33%。因此氢化油脂有一定的安全风险。

4. 酯交换(interesterification) 天然脂肪中脂肪酸在甘油酯分子中的分布并非完全随机的，每种脂肪酸都趋向于分布在特定的Sn位置。这种分布模式在一定程度上赋予了油脂特定的物理性质如结晶特性、熔点等。某些天然脂肪中脂肪酸的分布模式限制了它们的应用。因此，可以通过改性的方法如酯交换改变脂肪酸的分布模式，以适应特定的需要。例如猪油的三酰基甘油酯多为Sn-SUS，该类酯结晶颗粒大，口感粗糙，稠度差，也不适合用在糕点制品上，但经过酯交换后，改性猪油可结晶成细小颗粒，稠度改善，熔点和黏度降低，适合于作为人造奶油和糖果用油。

酯交换是指酯和酸(酸解)、酯和醇(醇解)或酯和酯(酯基转移作用)之间进行的酯基交换或分子重排的过程。通过酯交换，可以改变油脂的甘油酯组成、结构和性质，生产出人们希望得到的特性油脂，以适应特定需要。也可生产单甘酯、双甘酯以及甘三酯外的其他甘三酯类。目前酯交换已被广泛应用于表面活性剂、乳化剂、植物燃料油以及各种特性食用油脂等的生产。酯交换可以在分子内进行，也可在不同分子间进行(图4-32)。

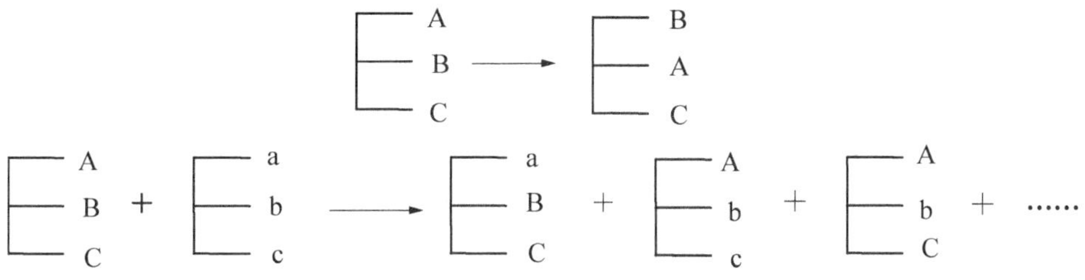

图4-32 分子内和分子间酯交换

酯交换可在高温下发生，也可在催化剂甲醇钠或碱金属及其合金等的作用下在较温和的条件下进行。采用甲醇钠作催化剂时，通常只需在50～70℃下，不太长的时间内就能完成。

(1) 酯交换机理：以S_3、U_3分别表示三饱和甘油酯和三不饱和甘油酯。首先是甲醇钠与三酰基甘油反应，生成二酯酰甘油钠。这个中间产物U_2ONa再与另一分子三酰甘油分子发生酯交换，除去一个脂肪酸分子，形成一个新的三酰基甘油分子；反应如此不断继续下去，直到所有脂肪酸酰基改变其位置，并随机化趋于完全为止。

$$U_3 + NaOCH_3 \longrightarrow U_2ONa + U-CH_3 \qquad S_3 + U_2ONa \rightleftharpoons SU_2 + S_2ONa$$

(2) 随机酯交换：当酯化反应在高于油脂熔点时进行，脂肪酸的重排是随机的，产物很多，这种酯交换称为随机酯交换。随机酯交换可随机地改组三酰基甘油，最后达到各种排列组合的平衡状态。如50%的三棕榈酸酯和50%的三油酸酯发生随机酯交换反应，可形成如图4-33所示6种油脂的混合物。油脂的随机酯交换可用来改变油脂的结晶性和稠度，如猪油的随机酯交换增强了油脂的塑性，在焙烤食品可作起酥油用。

PPP(50%)+OOO(50%)　　随机酯交换

↓ $NaOCH_3$

PPP(12.5%)　POP(12.5%)　OPP(25%)　POO(25%)　OPO(12.5%)　OOO(12.5%)

定向酯交换　OStO

↓ $NaOCH_3$

StStSt(33.3%)　OOO(66.7%)

图 4－33　酯交换机理示意图

(3) 定向酯交换：定向酯交换是将反应体系的温度控制在油脂熔点以下，反应呈定向而非无规则，结果使反应中形成的高饱和度、高熔点的三酰基甘油选择性地结晶析出，并从反应体系中不断移走，则使反应产生更多的三饱和脂肪酸酯。从理论上讲，该反应可使所有的饱和脂肪酸都生成为三饱和酰基甘油，从而实现定向酯交换(图 4－33)。

目前酯交换的最大用途是生产起酥油。由于天然猪油中含有高比例的二饱和三酰基甘油(其中 Sn－2 大部分是棕榈酸)，导致产生粗大的结晶，因此烘焙性能较差。而经酯交换后的猪油塑性范围增加，成为一种较好的起酥油。除此之外，酯交换还广泛用于代可可脂和稳定性高的人造奶油以及具有理想熔化质量的硬奶油生产中，浊点较低的色拉油也是棕榈油经定向酯交换后分部制得的产品。

5. 塑化(plasticizing)　塑化是人造黄油和起酥油制造常使用的工艺环节之一。首先将含有 5%～25%氮气或空气的熔化脂肪在热交换器的扫掠面上 10～20 s 内快速冷却到 15～25℃(以产品而异)。气体的引入能使起酥油保持良好的白色以及赋予焙烤产品一定的膨松效果。这样可以生产出硬脂人造黄油。紧接着对快速冷却的脂肪进行高速剪切处理，使其释放结晶潜热，此时脂肪的温度可能进一步降低到 5～10℃，然后将产品预热到 13～24℃就可以灌装，可以生产出软质人造黄油。

6. 捏合(stehling)　捏合常用于生产流动性起酥油，这类产品实际上是将结晶态脂肪分散于液态油脂中形成的。产品可以进行液态灌装和泵送，其特性对液态油炸起酥油、焙烤起酥油、非乳用油脂产品至关重要。捏合实际上是将经长时间翻转混合的油/脂混合物(以及乳化剂)在特定温度下进行搅拌，使固态脂形成很细小的结晶粒而稳定分散于液态油中，在后续运输和贮藏过程中不会出现相分离。

7. 调温(tempering)　调温是指将油脂在特定温度下处理一段较长的时间，利用油脂的同质多晶现象使油脂从不稳定结晶态过渡到稳定结晶态的过程。不同油脂其稳定态的晶型不一，对高棕榈酸的油脂而言 β' 型属于稳定态，它在蛋糕起酥油和人造黄油中具有良好功能特性；而对面包起酥油和糖果脂肪而言，β 型属于稳定态。经过调温可使油脂在调温温度以上的硬度略有提升而使调温温度以下的硬度略有下降。通过调温能拓宽起酥油的塑性温度范围，使产品的功能特性更丰富。

第五节　油脂的质量指标及稳定性评价

一、油脂的质量指标

1. 过氧化值　过氧化值(peroxidation value，POV)是指 1 kg 油脂中所含氢过氧化物的毫克当量数。氢过氧化物是油脂自动氧化的主要初级产物，POV 值主要用来衡量油脂氧化初期的氧化程度。当油脂深度氧化时，氢过氧化物的分解速度超过了生成速度，POV 值反而降低。

2. 碘值　碘值(iodine value，IV)指 100 g 油脂完全碘化所需要的单质碘(I_2)的克数。通过油脂的碘值可以判断油脂中脂肪酸的不饱和程度。

3. 酸价　酸价(acid value，AV)是指中和 1 g 油脂中游离脂肪酸所需的氢氧化钾的毫克数。酸价表示油脂中游离脂肪酸的数量，游离脂肪酸含量增加，说明了油脂新鲜度和质量下降。因而酸价的大小可直接说明油脂的新鲜度和质量好坏，是检验油脂质量好坏的重要指标。

4. 皂化值　皂化值(saponify value，SV)是指 1 g 油脂完全皂化时所需氢氧化钾(KOH)的毫克数。皂化值的大小与油脂的平均相对分子质量成反比，一般油脂的皂化值在 200 左右。组成油脂的脂肪酸分子质量越小，油脂的皂化值越大。皂化值高的食用油脂，熔点较低，消化率则较高。

5. 二烯值　二烯值(diene value，DV)是指 100 g 油脂完全发生 Diels－Alder 反应所需要的顺丁烯二酸酐的量换算成碘的克数。二烯值反映出不饱和脂肪酸中共轭双键的多少。

6. 丙二醛值　丙二醛值，又称为硫代巴比妥酸值(TBA)值，指 1 kg 油脂中所含的丙二醛的毫克数。它是油脂氧化酸败的重要指标。

7. 乙酰值　乙酰值(acetylation value)是指 1 g 乙酰化的油脂分解出的乙酸用 KOH 中和时所需 KOH 的毫克数。它是对脂肪中羟基数目的定量指标。

二、油脂氧化稳定性评价

1. 活性氧法(AOM 法)　活性氧法(active oxygen method，AOM)是在 97.8℃的恒温条件下迅速连续通入 2.33 mL/s 的空气，测定 POV 值达到 100(植物油)或 20(动物油)时所需的时间(h)。AOM 值越大，说明油脂的抗氧化稳定性越好。

2. 史卡尔温箱实验法　史卡尔(Schaal)温箱实验法是把油脂置于 63±0.5℃烘箱中，定期测定 POV 值达到 20 的时间，或用感官评定确定油脂出现酸败的时间，一般以 d 为单位。

第六节　食品脂类研究热点

一、共轭亚油酸

共轭亚油酸(conjugated linoleic acid，CLA)是天然存在于食品中的亚油酸异构体，具有抑制癌症和肿瘤的形成、减肥、抗动脉粥样硬化、改善免疫功能、降低胆固醇、促进生长等多种功能，是一种新型功能性油脂。共轭亚油酸是一类在 C_9 和 C_{11} 位、C_{10} 和 C_{12} 位或 C_{11} 和 C_{13} 位含有顺式或反式共轭双键的十八碳二烯酸，是亚油酸的一组构象和位置异构体的通称。c-9，t-11 和 t-10，c-12 异构体(图 4-34)是含量最多的两种异构体。

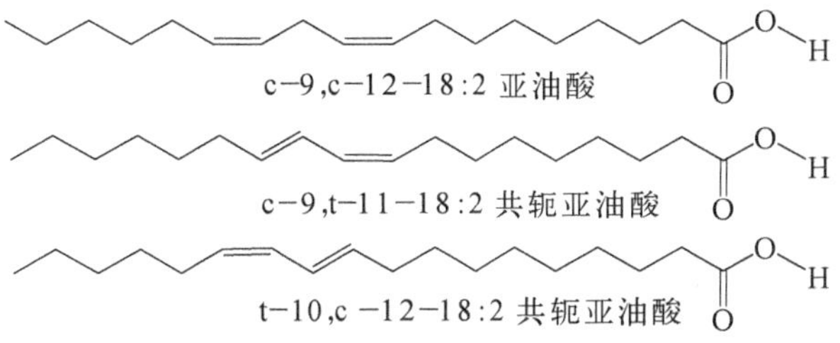

图 4-34　亚油酸和两种主要共轭亚油酸的分子结构

共轭亚油酸在紫外区 234 nm 处有特征吸收峰，而亚油酸却没有。故色谱法常在这个波长下检测 CLA 的存在及含量。CLA 在红外区 900～1 000 cm^{-1} 有吸收峰，如顺反共轭在 985 cm^{-1}、950 cm^{-1} 有两个吸收峰(═C—H 平面外变形扭动)等，可测出各种异构体的含量。游离 CLA 很不稳定，比亚油酸、亚麻酸和花生四烯酸的氧化速度还要快。CLA 在空气中很快氧化分解成呋喃脂肪酸。CLA 在 50℃条件下，经过 110 h 后，约 80% CLA 被氧化，不同异构体的氧化稳定性为 c，c-CLA<c，t-CLA<t，t-CLA。有研究表明，CLA 经环状糊精包埋微胶囊化处理可以有效地防止其氧化。研究报道 CLA 可以有效防止不饱和脂肪酸形成过氧化物，其机理有待进一步研究。

二、中链脂肪酸

中链脂肪酸(medium-chain fatty acids，MCFAs)主要是指由 6～12 个碳原子构成的脂肪酸，它是自然界中含量比较稀有的脂肪酸，主要来源于母乳、牛乳及其制品、棕榈油和椰子油等。最常见的 MCFA 有辛酸(C8)、癸酸(C10)和月桂酸(C12)等。相应地，其碳链上的碳原子数小于 6 的称为短链脂肪酸(short chain fatty acids，SCFAs)，也称作挥发性脂肪酸(volatile fatty acids，VFAs)，而碳链上碳原子数大于 12 的，称为长链脂肪酸(long chain fatty acids，LCFAs)。中链脂肪酸可以降低脂肪沉积、改善胰岛素敏感性、调节能量代谢，有的还具有抑菌效果。中链脂肪酸形成的甘油三酯主要包括中链甘油三酯(medium chain triglycerides，MCT)和中长链甘油三酯(medium and long chain triglyceride，MLCT)。与长链脂肪酸甘油三酯(LCT)相比，中链脂肪酸酯更容易消化吸收。

三、脂肪替代物

脂肪替代物通常分为脂肪替代品和脂肪模拟品两类。脂肪替代品(fat substitutes)是一类物理化学性质与天然脂肪类似的物质，由人工化学合成或者是利用酶法对天然脂肪进行改性而得到，它在体内不能被酶消化而达到无能量或低能量的效果。脂肪替代品有以下三种类型：① 用合适的多元醇或糖替换甘油三酯中部分甘油；② 改变脂肪酸和甘油的酯键；③ 把部分甘油的酯键转为醚键。脂肪替代品 Olestra 已用于替代咸味休闲食品中的脂肪。脂肪模拟品(fat mimetics)则是利用非脂类物质，通常以蛋白质、糖类为基质，通过特殊的加工与处理，使得最终产物在感官和物理特性上可以模拟三酰基甘油。例如 Simplesse 是一种由乳清蛋白浓缩物经过微粒化制成的脂肪模拟物，已被用于酸乳、色拉调味品、沙司、蛋黄酱、干酪中，可以提供脂肪似的乳脂感，同时保持蛋白质的生物效价。类似的产品还有 Dairylo、Traiblazer、Lita、Finesse 等。Z-trim 是由美国农业部开发的一种非消化非溶纤维的脂肪替代物，主要成分是含纤维的燕麦、大豆、大米、谷物或小麦壳加工的小分子纤维，可用于甜食、冰激凌、乳制品、色拉调味料、甜食品及烘烤食品中。

本章扩展阅读材料

1. 脂质组学(lipidomics)网站(http://www.lipidmaps.org/).
2. 脂质分类系统网站：http://www.lipidmaps.org/data/classification/.

思考题

1. 脂肪如何分类？脂肪酸和脂类如何命名？
2. 脂类氧化反应的类型有哪些？脂类自动氧化的机理和历程如何？
3. 影响油脂贮藏时氧化的因素有哪些？
4. 脂类氧化的测定方法有哪些？过氧化值如何测定？
5. 从哪些方面对油脂进行质量评价？
6. 油脂精炼的步骤和原理是什么？油脂精炼对油脂品质的影响有哪些？
7. 什么是油脂的氢化，机理如何？油脂的改性有哪些？
8. 如何利用植物油制造人造奶油？
9. 巧克力为什么会起霜？如何防止？

第五章

蛋白质

第一节 概　　述

一、蛋白质的定义

蛋白质源于希腊字“proteios”，是“最初的”、“第一重要的”意思，表明蛋白质是生命活动中头等重要的物质，即没有蛋白质就没有生命。蛋白质是细胞的重要组成成分，在细胞的结构和功能维持中起着重要的作用。蛋白质由C(50%～55%)、H(6%～7%)、O(20%～23%)、N(12%～19%)和S(0.2%～3%)等元素组成。蛋白质是存在于所有生物体中的一类含氮高分子化合物，是由20种天然氨基酸(amino acids)通过肽键(peptide bond)连接而成的生物大分子。一些动物性食品和植物性食品含有丰富的蛋白质。动物性食品中蛋白质常分布于肌肉、皮、骨骼、血液、乳和蛋中。植物性食品中的蛋白质常分布于种子、块根和块茎中。蛋白质在各类食品中的含量差异较大，肉类(包括鱼类)一般为10%～30%，乳类为1%～4%，蛋类为11%～14%，干豆类为20%～50%，坚果类(包括核桃仁、榛子仁等)为15%～26%，谷类为6%～13%，薯类约为2%～3%。

二、蛋白质的分类

蛋白质的基本结构单元是氨基酸，一般由20种常见氨基酸构成。这些氨基酸以不同的顺序通过肽键连接成多达几百个氨基酸残基的多肽链，进而构成不同的蛋白质分子。按照不同的分类标准，可将蛋白质分为不同的类型。

1. 根据蛋白质形状分类　根据蛋白质形状可将蛋白质分为球状蛋白质(globular protein)和纤维状蛋白质(fibrous protein)。球状蛋白质分子比较对称，外形接近球形或椭球形，其多肽链折叠紧密，疏水的氨基酸侧链位于分子内部，亲水的侧链暴露于分子表面。大多数球状蛋白质在水中的溶解度较好。常见的血红蛋白、血清蛋白、肌红蛋白、抗体等都属于球状蛋白质。纤维状蛋白质分子对称性差，具有比较简单、有规则的线性结构，类似于细棒状或纤维状。这类蛋白质的溶解性各不相同，大多数不溶于水或稀盐溶液，如胶原蛋白、角蛋白、弹性蛋白和丝蛋白等。有些纤维状蛋白质则能溶于水，如肌球蛋白、血纤蛋白原等。

2. 根据蛋白质组成分类　根据蛋白质的组成可将蛋白质分为单纯蛋白质(homoprotein)和结合蛋白质(conjugated protein)。单纯蛋白质又称为均一蛋白质，分子组成成分仅为α-氨基酸，不含其他化学成分。自然界的大多数蛋白质都属于此类。结合蛋白质又称为杂蛋白质(heteroprotein)，由氨基酸和其他非氨基酸成分共同组成。将结合蛋白质的非氨基酸部分统称为辅基(prosthetic group)或配体(ligand)。根据辅基的不同，结合蛋白质可细分为糖蛋白(卵清蛋白、胶原蛋白、γ-球蛋白、蛋白聚糖)、脂蛋白(血浆蛋白、卵黄球蛋白、β1-脂蛋白)、核蛋白(核糖体、脱氧核糖核蛋白、腺病毒)、磷蛋白(酪蛋白、胃蛋白酶、磷酸化酶)、金属蛋白(铁蛋白含铁，乙醇脱氢酶含锌，固氮酶含钼和铁)和黄素蛋白(琥珀酸脱氢酶、D-氨基酸氧化酶)等。

3. 根据蛋白质生物功能分类　根据蛋白质的生物功能可将蛋白质分为生物活性蛋白质(bioactive protein)和非生物活性蛋白质(passive protein)。生物活性蛋白质是指除具有一般蛋白质的营养作用外，还具有某些特殊生理功能的一类蛋白质。生物活性蛋白质包括在生命过程中一切有活性的蛋白质及其前体，如酶、激素、运载蛋白、受体蛋白、毒蛋白等。非活性蛋白质一般只作为生物机体的构成部分，不具有任何生物活性调节功能，大多属于生物体的能量贮存物质，如肌肉蛋白、大豆蛋白、牛奶蛋白等。

4. 根据蛋白质营养特性分类 根据蛋白质的营养特性可将蛋白质分为完全蛋白质（complete protein）、半完全蛋白质（semi complete protein）和不完全蛋白质（incomplete protein）。完全蛋白质所含必需氨基酸种类齐全，各种氨基酸的比例与人体需要基本相符，人们单一依赖于某种完全蛋白质并不会影响生长发育与正常的生命活动。常见的奶、蛋、鱼、肉、大豆中的蛋白质都属于完全蛋白质。半完全蛋白质所含氨基酸虽然种类基本齐全，但相互之间比例不太合适。如果以它作为唯一的蛋白质来源，虽然可以维持生命，但是对生长发育有一定的影响。小麦和大麦中的麦胶蛋白就属于这类，它们含较少的赖氨酸。不完全蛋白质所含必需氨基酸种类不全，质量也差。如果用它作为膳食蛋白质唯一来源，既不能促进生长发育也难以维持正常生命活动，会出现蛋白质缺乏症状。如玉米中的玉米胶蛋白、动物结缔组织和肉皮中的胶原蛋白，以及豌豆中的球蛋白等。

三、蛋白质在食品体系中的作用

蛋白质在食品体系中的作用主要包括营养功能、工艺学功能、生物活性功能和食品安全功能等。

1. 营养功能 蛋白质是人体不可或缺的成分，是构成人体最基本的结构物质和功能物质。人体的肌肉、内脏、皮肤、毛发、大脑、血液的主要成分都是蛋白质，蛋白质约占人体质量的16%。蛋白质是六大营养素之一，主要为生命活动提供营养和能量。蛋白质可为人体提供生命活动所需必需氨基酸（essential amino acid，EAA），同时每克蛋白质可为人体提供17.19 kJ的热量，成人每日约有18%的能量来自蛋白质。人体内的消化酶基本都是蛋白质。蛋白质是人体中唯一的氮源，糖类和脂肪都不能代替。

2. 工艺学功能 某些蛋白质良好的水溶性成就了以该类蛋白质为主的饮料的生产；牛奶蛋白质、大豆蛋白质等在特定条件下的凝胶作用成就了酸奶、豆腐等产品；面粉中的麦谷蛋白和麦醇溶蛋白使其能形成面团，为面制品的生产奠定了良好的物质基础；蛋清蛋白良好的起泡性使其成为蛋糕生产不可缺少的配料；而天然液态奶与豆奶、花生奶等产品中的蛋白质则促进了油水共存体系的稳定性，使很多乳化类食品的生产成为可能。焙烤食品、油炸食品、发酵食品的颜色与风味呈现也与其中的蛋白质密切相关，而且有些蛋白质或其降解物本身就是风味调节剂，如甜蛋白和风味肽。各类食品加工用酶在食品制造业中也具有非常重要的地位。由此可见，蛋白质在食品中起着非常重要的工艺学功能。

3. 生物活性功能 一方面许多蛋白质在人体机能调节中具有非常重要的作用，其中以激素蛋白和抗体蛋白最为重要，如胰岛素、血红蛋白、免疫球蛋白等。另一方面很多天然来源的蛋白质及其降解物（多肽）被证实对人体具有保健作用。如大豆蛋白对预防前列腺疾病具有良好效果，铁蛋白（ferritin）对预防贫血有积极意义，马铃薯糖蛋白（patatin）具有良好的抗氧化作用，来自牛奶酪蛋白的钙结合肽能提升人体对钙的吸收等。

4. 食品安全功能 蛋白质虽然具有上述对食品至关重要的功能，但有时它可能成为食品安全的隐患。有些蛋白质是抗营养因子（如外源凝集素和蛋白酶抑制剂），如不钝化可能对人体消化功能产生抑制作用；有些蛋白质可充当过敏原引起人体过敏，如菠萝蛋白酶等；有害微生物污染食品之后往往能产生一些蛋白质类的毒素，如金黄色葡萄球菌毒素等。

第二节 氨基酸、肽与蛋白质的结构

一、氨基酸的结构与分类

氨基酸是组成蛋白质分子的基本单元，常见蛋白质是由20种氨基酸（确切说是19种氨基酸和1种亚氨基酸）组成。氨基酸是带有氨基的羧酸类化合物，分子中都至少含有1个伯氨基（$—NH_2$）和1个羧基（—COOH）。常见氨基酸均为α-氨基酸，即氨基酸分子在α-碳原子上同时连接1个伯氨基和1个羧基。不同氨基酸分子结构的差异主要在其侧链基团（R）的不同。图5-1和表5-1给出了常见氨基酸的结构与性质。

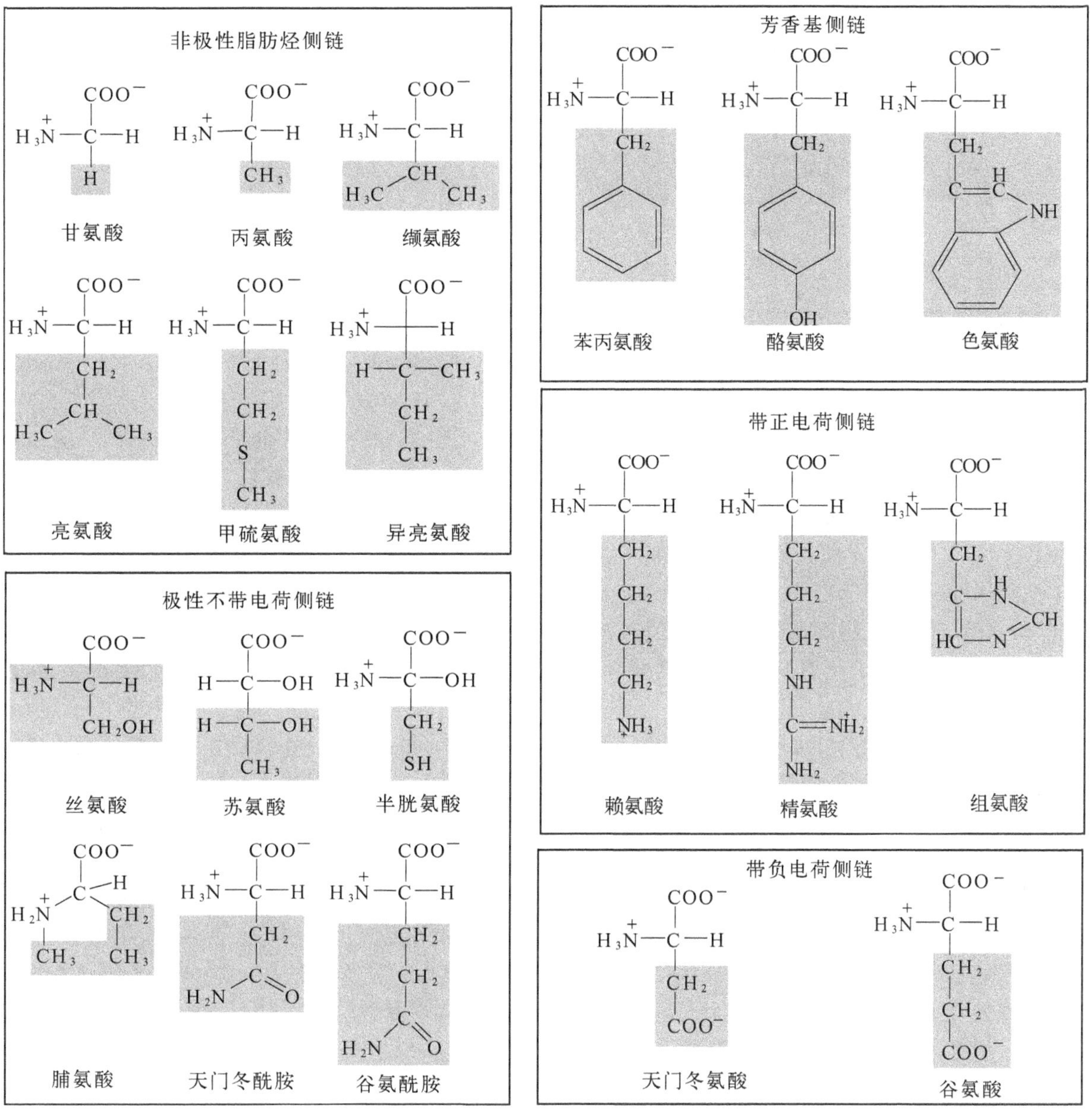

图 5-1 常见氨基酸的结构及分类

表 5-1 常见氨基酸的食品相关性质(25℃)

氨基酸	简写	R 基团特性	官能团	pK/α-COOH	pK/NH_3^+	pK/R 基团	等电点	溶解度	L 型滋味	疏水性	水合能力
丙氨酸	Ala	无极性	—	2.34	9.69	—	6.00	16.55	甜	2.09	1
精氨酸	Arg	带正电极性基团	胍基	2.17	0.04	12.48	10.80	85.56	苦	3.10	3(3)
天冬氨酸	Asp	带负电极性基团	羧基	2.09	9.82	3.86	2.80	0.50	中性	2.09	2(6)
天冬酰胺	Asn	不带电荷极性基团	氨基	2.02	8.80	—	5.41	2.85	中性	0.00	2
半胱氨酸	Cys	不带电荷极性基团	巯基	1.71	10.78	8.33	5.00	—	中性	4.18	1
谷氨酸	Glu	带负电极性基团	羧基	2.19	9.67	4.25	3.20	0.86	肉羹味	2.09	2(7)
谷氨酰胺	Gln	不带电荷极性基团	氨基	2.17	9.13	—	5.70	0.72	中性	−0.42	2
甘氨酸	Gly	无极性	—	2.34	9.60	—	6.00	24.99	甜	0.00	1
组氨酸	His	带正电极性基团	咪唑基	1.82	9.17	6.00	7.50	4.19	苦	2.09	4
异亮氨酸	Ile	无极性	—	2.36	9.68	—	5.90	4.12	苦	12.54	1
亮氨酸	Leu	无极性	—	2.36	9.60	—	6.00	2.43	苦	9.61	1
赖氨酸	Lys	带正电极性基团	ε-氨基	2.18	8.95	10.53	9.60	73.90	苦	6.25	4(4)
蛋氨酸	Met	无极性	硫醚基	2.28	9.21	—	5.70	5.62	酸	5.43	1

续 表

氨基酸	简写	R基团特性	官能团	pK/α-COOH	pK/NH_3^+	pK/R基团	等电点	溶解度	L型滋味	疏水性	水合能力
苯丙氨酸	Phe	芳香族	苯基	1.83	9.13	—	5.50	2.97	苦	10.45	0
脯氨酸	Pro	不带电荷极性基团	—	1.94	10.60	—	6.30	62.00	甜	10.87	3
丝氨酸	Ser	不带电荷极性基团	羟基	2.21	9.15	—	5.70	42.20	甜	−1.25	2
苏氨酸	Thr	不带电荷极性基团	羟基	2.63	10.43	—	5.70	1.32	甜	1.67	2
色氨酸	Trp	芳香族	吲哚基	2.38	9.39	—	5.90	1.14	苦	14.21	2
酪氨酸	Tyr	芳香族	苯酚基	2.20	9.11	10.07	5.70	0.05	苦	9.61	7
缬氨酸	Val	无极性	—	2.32	9.62	—	6.00	5.81	先甜后苦	6.27	1

注：官能团指除氨基酸分子应有氨基和羧基之外的活性基团，常可用于蛋白质改性；溶解度单位为 g/100 g 水；疏水性指将 1 mol 氨基酸从水溶液转移到乙醇溶液中的自由能变化(kJ/mol)；水合能力指 1 mol 氨基酸能够结合水的摩尔数(括号中为离子化氨基酸的水合能力)。

在食品中，氨基酸有不同的分类标准。根据氨基酸侧链基团的极性及荷电状况可将氨基酸分为以下类型：① 非极性脂肪链氨基酸(甘氨酸、丙氨酸、缬氨酸、异亮氨酸，亮氨酸，甲硫氨酸)；② 极性不荷电侧链氨基酸(丝氨酸、苏氨酸、半胱氨酸、脯氨酸、天冬酰胺、谷氨酰胺)；③ 非极性芳香族氨基酸(苯丙氨酸、色氨酸、酪氨酸)；④ 荷正电荷侧链氨基酸(赖氨酸、精氨酸、组氨酸)；⑤ 荷负电荷侧链氨基酸(天冬氨酸、谷氨酸)。根据氨基酸的酸碱性、侧链官能团以及侧链分支情况可将氨基酸分为酸性氨基酸(天冬氨酸、谷氨酸)、碱性氨基酸(精氨酸、赖氨酸、组氨酸)、芳香族氨基酸(色氨酸、酪氨酸、苯丙氨酸)、含羟基氨基酸(丝氨酸、苏氨酸、酪氨酸、羟脯氨酸)、含硫氨基酸(半胱氨酸、胱氨酸、甲硫氨酸)和支链氨基酸(缬氨酸、亮氨酸、异亮氨酸)等。

另外，从食品营养学角度可将氨基酸分为：① 必需氨基酸(essential amino acid)。必需氨基酸指人体自身不能合成或合成速度不能满足人体需要，必须从食物中获取的氨基酸。对成人来讲赖氨酸、色氨酸、苯丙氨酸、甲硫氨酸、苏氨酸、异亮氨酸、亮氨酸、缬氨酸(8 种)是必需氨基酸。对婴幼儿除上述 8 种之外，组氨酸也是必需氨基酸。② 生糖氨基酸(glucogenic amino acid)。这类氨基酸在代谢过程中可转变为丙酮酸、α-酮戊二酸、草酰乙酸、琥珀酰辅酶 A 等，并进一步转变为磷酸烯醇式丙酮酸，最后经过糖异生途径合成葡萄糖。生糖氨基酸包括丙氨酸、精氨酸、天冬酰胺、天冬氨酸、半胱氨酸、谷氨酸、谷氨酰胺、甘氨酸、组氨酸、甲硫氨酸、脯氨酸、丝氨酸、苏氨酸、异亮氨酸、缬氨酸等 15 种。③ 生酮氨基酸(ketogenic amino acid)。这类氨基酸在代谢过程中可生成乙酰辅酶 A 和乙酰乙酸。生酮氨基酸包括亮氨酸、异亮氨酸、苯丙氨酸、酪氨酸、苏氨酸、色氨酸、赖氨酸等 7 种。

二、肽的结构

肽(peptide)是氨基酸通过肽键连接形成的、相对分子质量小于常见蛋白质的氨基酸聚合物。由 2 个氨基酸形成的多肽称为二肽，由 3 个氨基酸形成的多肽称为三肽，以此类推。将组成氨基酸残基数目少于 10 的肽称为寡肽；而将相对分子质量更高的肽称为多肽。多肽与蛋白质之间没有明确的相对分子质量间隔。

三、蛋白质的结构

1. 蛋白质结构层次 蛋白质是以氨基酸为单位通过肽键连接而成的高分子化合物，结构非常复杂。蛋白质的结构可分为一级结构和高级结构(二级、三级和四级结构)。蛋白质的一级结构(primary structure)指氨基酸分子通过特定顺序以肽键连接形成的多肽链。对特定的蛋白质，其所含氨基酸的种类、数目以及连接顺序都是一定的。一级结构直接影响着蛋白质的理化性质与生物活性，也是蛋白质形成高级结构的基础。蛋白质的二级结构(secondary structure)是指蛋白质分子中多肽链的折叠方式，主要包括 α-螺旋(α-helix)、β-折叠(β-sheet)和 β-转角(β-turn)等周期型结构与无规线圈(random coil)等非周期型结构。二级结构的多肽链进一步折叠、卷曲可形成复杂球形分子结构即蛋白质的三级结构。在蛋白质的三级结构(tertiary structure)中，通常亲水性氨基酸残基倾向分布于蛋白质分子的表面而疏水性氨基酸则分布于蛋白质分子的内部，这种结构特征赋予了天然蛋白质良好的水溶性。蛋白质的四级结构(quaternary structure)是指在三级结构基础上两条及其以上多肽链通过非共价作用或/和二硫键缔合形成的大分子体系。将构成蛋白质四级结构的每一个三级结构单元称为一个亚基。

2. 维持蛋白质高级结构的作用力 蛋白质形成高级结构并使之稳定的作用力包括两类：① 蛋白质分子内基团之间固有的作用力，如范德华力；② 蛋白质受其溶剂或环境影响在其分子内基团之间产生的作用力，如氢键、静电相互作用和疏水相互作用等(表 5-2)。因此，也可以理解为，蛋白质多肽链之所以能卷曲、折叠形成高级结构，实际上是蛋白质多肽链间各种化学键交互作用的结果。

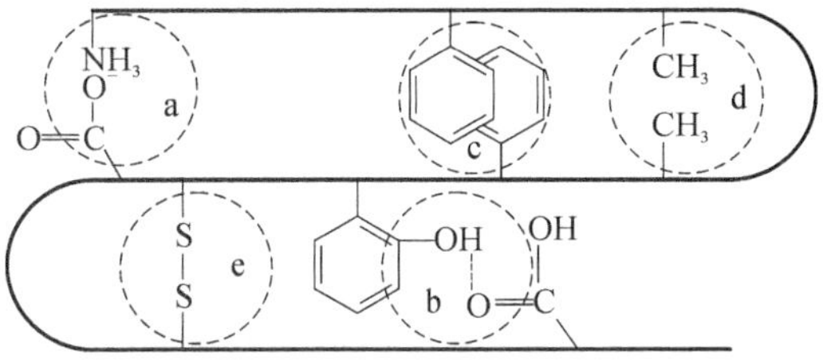

图 5-2 维持蛋白质高级结构的作用力

a. 静电相互作用；b. 氢键；c. 疏水相互作用；d. 范德华力；e. 二硫键

静电相互作用是指蛋白质分子中带有电荷的基团之间的作用力。带有同种电荷的基团之间表现为斥力，促进蛋白质肽链伸展，而带有异种电荷的基团之间表现为引力，促进蛋白质肽链折叠或靠近。蛋白质分子中的精氨酸、赖氨酸、组氨酸以及肽链的 N-末端氨基酸残基容易形成正离子，而谷氨酸、天冬氨酸和肽链 C-末端氨基酸残基易形成负离子。

表 5-2 维持蛋白质高级结构的作用力

类　型	键能/(kJ/mol)	作用距离/nm	作用基团	破坏条件	增强条件
静电相互作用	42～84	0.2～0.3	$—NH_3^+$、$—COO^-$ 等	高或低 pH、盐	—
氢键	8～40	0.2～0.3	—NH、—OH、—CO—、—COOH 等	脲、胍、去污剂、加热	冷冻
疏水相互作用	4～12	0.3～0.5	长链烷基、苯基等	有机溶剂、去污剂	加热
范德华力	1～9	—	极性基团与非极性基团	—	
二硫键	330～380	0.1～0.2	—SH	还原剂(Cys)	—

蛋白质分子中的氢键主要由肽链上的羧基(—COOH)、亚氨基(—NH—)、羟基(—OH)、羰基(—CO—)之间形成的一种化学键。其数量众多，是维持蛋白质高级结构的主要作用力，它存在于键内、键间，对二级结构 α-螺旋、β-折叠的稳定起主要作用。此外，氨基酸残基上的—OH 上的 H(如 Tyr)也可与主链上的—CO—上的 O、侧链—COOH 上的 O(Glu)之间形成氢键，对稳定三级、四级结构起作用。

疏水相互作用是蛋白质分子中两个非极性基团(疏水基团)在溶剂水分子推动下发生集聚而产生的一种作用力。往往这类作用力产生于蛋白质分子的内部，是蛋白质分子发生折叠的主要推动力。静电相互作用与疏水相互作用受蛋白质溶液中离子强度和有机溶剂的影响结果恰好相反。有机溶剂可破坏蛋白质分子内部的疏水相互作用，但它通过降低介电常数而使静电相互作用得以加强。而提高蛋白质溶液的离子强度，则可使维持蛋白质高级结构的疏水相互作用加强，而使静电相互作用减弱。

范德华力的本质实际上也是静电相互作用，它发生在极性基团之间时表现为偶极-偶极相互作用；发生在极性基团与非极性基团之间时表现为偶极-诱导偶极相互作用；发生在非极性基团之间时表现为瞬时偶极之间的相互作用。

二硫键是指蛋白质分子内两个半胱氨酸残基的巯基(—SH)通过脱氢氧化而结合形成的一种共价键。一般随蛋白质分子中二硫键数目的增多，蛋白质抗拒外界因素的能力也随之增加，蛋白质的稳定性加强。生物体中具有保护功能的毛、发、甲、角、爪中的角蛋白就含有丰富的二硫键，其性质非常稳定。

3. 蛋白质高级结构的稳定性 蛋白质高级结构的稳定性实际上决定于维持蛋白质高级结构各种作用力引起蛋白质分子吉布斯总自由能下降的幅度(ΔG_D)。大多数蛋白质的 ΔG_D 为 20～85 kJ/mol，这说明维持蛋白质高级结构的总力量实际很弱，环境条件微小的改变都可能引起蛋白质高级结构被破坏。蛋白质多肽链的构象熵(conformational entropy)的主要作用是使蛋白质的天然结构去稳定。当处于无规则线团结构的多肽链折叠成紧凑结构时，蛋白质分子内基团的移动性(平动、转动和振动)受到大幅度限制，蛋白质分子的构象熵随之降低，总吉布斯自由能减少。一般，处于非折叠状态的蛋白质每个氨基酸残基的构象熵约为 8～42 $kJ \cdot mol^{-1}K^{-1}$，平均为 21.7 $kJ \cdot mol^{-1}K^{-1}$；而一个具有 100 个氨基酸残基的蛋白质的构象熵为

672.7 kJ・$mol^{-1}K^{-1}$。实际上，可以将构象熵理解为打开蛋白质折叠结构所需要的能量，从其数值来看只相当于1～3个氢键或2～5个疏水相互作用的能量。也就是说尽管蛋白质通过作用力维持了其高级结构，但这个结构也只是刚刚处于稳定状态，并不十分牢靠，打破其中几个非共价相互作用就可能导致其结构被破坏或过渡到另外一种结构。

第三节 蛋白质变性

一、蛋白质变性的概念与原理

蛋白质变性(denaturation)是指在一定条件下，天然蛋白质分子特定的高级结构(空间构象)被破坏的过程。蛋白质变性不涉及肽键的断裂，它只涉及维持蛋白质高级结构作用力的改变及由此引起的结果(二级、三级、四级结构的变化)。就蛋白质变性的原理来看，实际上是由于各种外界条件导致维持天然蛋白质高级结构的力平衡被破坏，蛋白质为达到新的力平衡而结构发生改变的过程。处于特定溶液中的天然蛋白质，之所以能够维持其特定的构象，实际是在该条件下蛋白质分子内部的斥力与引力刚好达到平衡的结果。随蛋白质肽链的加长，蛋白质分子的自由能增加，多肽链变得越不稳定。为降低自由能，肽链发生折叠而形成高级结构。蛋白质的天然状态的构象是热力学最稳定的状态，具有最低的吉布斯自由能。由于维持蛋白质高级结构的非共价作用力具有环境敏感性(表5-2的破坏条件和增强条件)，因此，当环境相关因素一旦发生改变，维持蛋白质高级结构作用力中的一种或几种会发生强烈的改变，这会导致维持天然蛋白质的力平衡被破坏。在非平衡力的作用下，蛋白质多肽链在空间上发生明显移动形成新的空间取向与定位，蛋白质高级结构因此而发生改变，这种改变即表现为蛋白质变性(图5-3)。从蛋白质伸展(unfolding)或折叠(refolding)的角度来看，维持蛋白质高级结构的作用力可分为引力(氢键、疏水相互作用、范德华力、盐键等)与斥力(构象熵、水合作用、共价键弯曲与伸展、同性粒子斥力等)，前者推动蛋白质折叠而后者推动蛋白质伸展。往往某一种外界因素会同时对这两种作用力产生影响，因此蛋白质发生伸展还是收缩决定于二者之间改变的相对程度。但通常情况下，蛋白质变性的结果是外界因素使斥力增加(引力减小)的幅度高于引力增加(斥力减少)的幅度，蛋白质变性往往表现为肽链的伸展。

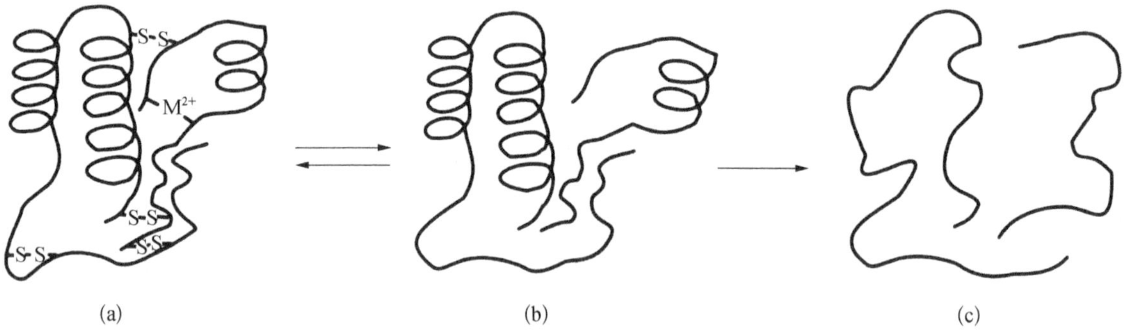

图5-3 蛋白质变性过程示意图

(a) 天然蛋白质；(b) 部分变性蛋白质(二硫键与静电相互作用被破坏)；(c) 完全变性的蛋白质

蛋白质变性有时是可逆的，而有时是不可逆的。前者在引起变性的环境条件解除后蛋白质能回复到天然蛋白质的构象，将此过程称为复性(renaturation)；而后者一旦发生蛋白质构象不可再回复。温和条件下，蛋白质多发生可逆变性，而剧烈条件下，蛋白质多发生不可逆变性。这主要由于剧烈条件下变性蛋白质聚集、肽键构型改变(*trans*→*cis*)、二硫交换反应、氨基酸残基脱氨、亚基交联以及伴侣蛋白(chaperonin)的缺失等因素导致。对大多数蛋白质而言，其变性过程实际是变性与复性同时发生的过程，蛋白质总体的变化决定于变性速率(即肽链伸展(unfolding)速率 k_U)与复性速率(即肽链回折(refolding)速率 k_F)的相对高低。即蛋白质变性的平衡常数(equilibrium constant) $K=k_F/k_U=[N]/[U]$。[N]和[U]分别为溶液中变性蛋白质和复性蛋白质分子的数量。

二、变性对蛋白质的影响

变性可引起蛋白质结构的改变。按照结构决定功能(活性)的理论,变性蛋白质的理化性质、食品工艺学性质以及生物活性都和天然蛋白质有差异。概括起来,变性对蛋白质的影响主要体现在以下几点:① 变性对蛋白质理化性质的影响。变性后的蛋白质由于疏水基团的对外暴露,直接导致蛋白质的溶解性降低,甚至发生凝集而沉淀。在较高蛋白质浓度下,变性会导致蛋白质溶液黏度增大甚至凝胶化,如蛋清的加热。此外,变性也会导致蛋白质的等电点(isoelectric point,pI)、旋光特性、表面疏水性(surface hydrophobicity)、荧光特性、结晶特性、紫外吸收强度等理化性质发生改变。② 变性对蛋白质食品工艺学特性的影响。变性常会导致蛋白质的持水力下降,如肉类的烹调,但很多研究表明加热可能会改善蛋白质的乳化特性与起泡特性,但不同的蛋白质表现是不一致的。③ 变性对蛋白质化学反应特性的影响。由于变性,蛋白质分子趋于伸展,更多的肽键或官能基团暴露于分子表面,这一方面增加了蛋白质对蛋白酶的敏感性,使蛋白质易于被水解、消化吸收;另一方面也大幅度提升了蛋白质参与各类化学反应的效率,这在蛋白质改性中有充分的体现。④ 变性对蛋白质生物活性的影响。变性往往会导致具有生物活性的蛋白质失去其生物活性。如酶蛋白分子发生变性就使其催化活性大幅下降甚至完全丧失;而变性的免疫球蛋白就失去了其免疫活性。同时,必须指出,蛋白质变性也是食品杀菌的核心机制,通过各种条件使食品腐败菌或病原微生物维持其生命活动必需的蛋白质变性而达到杀灭有害微生物的目的。

三、引起蛋白质变性的因素

理论上,所有能对维持蛋白质高级结构非共价作用力产生影响(加强或减弱)的外界条件都可能引起蛋白质变性。根据引起蛋白质变性的因素的属性,常将其分为物理因素与化学因素。前者包括加热、冷冻、剪切、高压、辐射、界面作用等;后者包括酸、碱、盐、有机溶剂、蛋白质变性剂、还原剂等。

1. 蛋白质变性的物理因素

(1) *加热*:热处理是食品加工常用的方法,也是引起蛋白质变性最普通的物理因素。蛋白质热变性的机理非常复杂,主要涉及以下几个方面:① 加热对维持蛋白质高级结构非共价作用力的去稳定化。维持蛋白质高级结构的氢键、静电相互作用和范德华力具有放热效应(焓驱动),即这些作用力随体系温度的升高而减弱,而随温度的降低而加强。在水环境中,蛋白质极性基团、荷电基团受到水分子巨大的引力,驱动蛋白质肽链尽可能伸展而为水所结合。因此,水环境中蛋白质高级结构的稳定主要靠疏水相互作用。可以这样说,在水溶液中加热时,蛋白质结构稳定主要靠疏水相互作用,其他稳定力贡献很小。与上述作用力不同,疏水相互作用属于吸热反应(熵驱动),即随温度增高加强,而随温度降低弱化。而研究发现,水溶液中蛋白质分子内部的疏水相互作用在70～80℃时最高,但超过一定温度,迅速弱化。其原因是当温度达到一定水平后,水的有序结构被破坏,焓的驱动下蛋白质分子中的疏水性基团更多地进入水,使原来结合的两个疏水性基团相互分离而分别发生疏水水合作用。热对疏水相互作用的加强以及促进疏水性基团的水合同时发生,因此也就不难理解为什么蛋白质分子中疏水相互作用随温度升高会出现一个最大值。而高温作用下,疏水相互作用的降低是蛋白质热变性的实质。② 加热对蛋白质分子焓(enthalpy,ΔH)、熵(entropy,ΔS)和吉布斯自由能(Gibbs energy,ΔG)的影响。蛋白质分子变性前后的焓变($\Delta_{N\to U}H$)、熵变($\Delta_{N\to U}S$)和自由能变化($\Delta_{N\to U}G$)的关系为:$\Delta_{N\to U}G/RT=\Delta_{N\to U}H/RT-\Delta_{N\to U}S/R=\ln([N]/[U])=\ln K$。天然蛋白质分子亚基的自由度为(degrees of freedom,Ω)为4,而侧链基团的自由度会更高。如果假定每个氨基酸残基中侧链基团的自由度6～8,按照 $\Delta S=R\ln\Omega^{100}$ 计算每个氨基酸残基的构象熵(conformational entropy,ΔS)约为1500～1700 $J\cdot mol^{-1}K^{-1}$。可以肯定的是,蛋白质分子的构象熵是驱动蛋白质构象去稳定的重要条件。随温度的升高,多肽链热运动增加,这促进了蛋白质分子伸展。图5-4给出了蛋白质分子在变性过程中的焓变、熵变和自由能变化情况。

根据上述对蛋白质热变性机理的描述,可以得知,蛋白质在加热时变性存在一个临界温度点,在该温度下蛋白质分子的总吉布斯自由能 $\Delta G=0$,[N]=[U],将该温度点称为蛋白质的变性温度(denaturation temperature,T_d)。

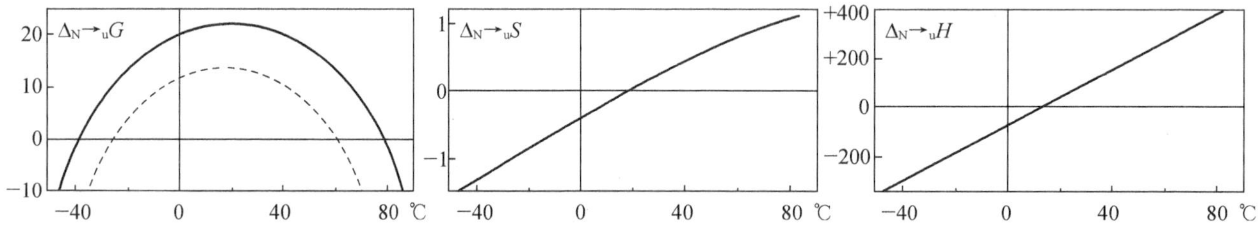

图 5-4 蛋白质变性与温度的关系

影响蛋白质热变性的因素主要包括加热温度、氨基酸组成、分子柔性、体系的水分含量以及添加物等。

1）温度 加热温度对蛋白质热变性速率有显著影响，一般，温度每上升 10℃，变性速率可增加 600 倍左右。这正是食品中如高温瞬时杀菌（high-temperature short-time sterilization，HTST）和超高温杀菌（ultra-high temperature sterilization，UHT）技术的工作原理。

2）氨基酸组成 富含疏水氨基酸残基（尤其是缬氨酸，异亮氨酸、亮氨酸和苯丙氨酸）的蛋白质的热稳定性高于富含亲水氨基酸残基的蛋白质。蛋白质分子中天冬氨酸、半胱氨酸、谷氨酸、赖氨酸、精氨酸、色氨酸和酪氨酸残基的含量与其 T_d 呈正相关（R=0.980）。而丙氨酸、甘氨酸、谷氨酰胺、丝氨酸、苏氨酸、缬氨酸等氨基酸残基的含量是与 T_d 呈负相关（R=−0.975）。其他氨基酸残基对蛋白质 T_d 的影响很小。总体来看，蛋白质分子的疏水性越高，其变性温度也越高（表 5-3）。

表 5-3 常见蛋白质的变性温度与疏水性

蛋白质	变性温度/℃	疏水性	蛋白质	变性温度/℃	疏水性
胰蛋白酶原	55	3.68	卵白蛋白	76	4.01
胰凝乳蛋白酶原	57	3.76	胰蛋白酶抑制剂	77	
弹性蛋白酶	57		肌红蛋白	79	4.33
胃蛋白酶原	60	4.02	α-乳清蛋白	83	4.26
核糖核酸酶	62	3.24	β-乳球蛋白	83	4.50
羧肽酶	63		细胞色素 C	83	4.37
乙醇脱氢酶	64		抗生物素蛋白	85	3.81
牛血清白蛋白	65	4.22	大豆球蛋白	92	
血红蛋白	67	3.98	蚕豆 11S 球蛋白	94	
溶菌酶	72	3.72	向日葵 11S 球蛋白	95	
胰岛素	76	4.16	燕麦球蛋白	108	

注：疏水性指氨基酸残基的平均疏水性，单位为 kJ/mol。

3）分子柔性（molecular flexibility） 蛋白质的热稳定性还依赖于各类氨基酸在肽链中的分布，当这些氨基酸以有利于加强蛋白质分子内相互作用的方式分布时，蛋白质分子的吉布斯自由能将最低，蛋白质分子刚性（rigidity）加强，处于稳定状态。因此，蛋白质的柔性越高，其热稳定性越差。

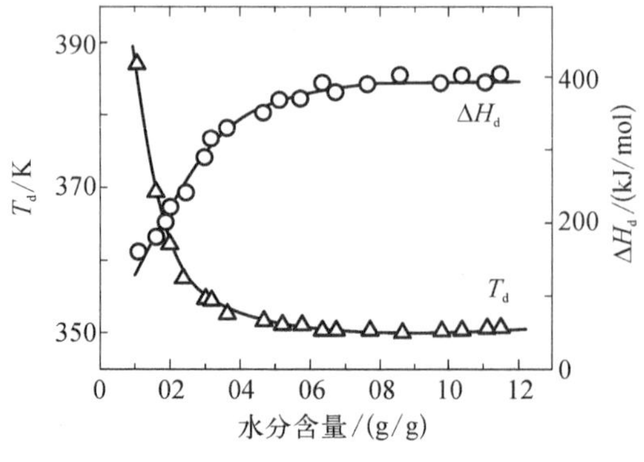

图 5-5 水分对卵清蛋白的变性温度（T_d）和变性热焓（ΔH_d）的影响

4）水 水由于其极强的极性，能使维持蛋白质高级结构的氢键破坏，从而促进蛋白质的热变性（图 5-5）。干燥的蛋白质具有相对静止的结构，多肽链的分子运动性很低。当干燥蛋白质被润湿时，水渗透到蛋白质表面的不规则空隙或进入蛋白质分子之间的毛细管，并与之发生水合作用，引起蛋白质溶胀。这使得多肽链的淌度和分子柔性提升，为热变性提供了有利条件，使蛋白质的 T_d 降低。

5）添加物 低浓度的盐（如 0.05 mol/L NaCl）和糖类（如蔗糖、乳糖、葡萄糖、甘油等）能显著提升蛋白质的热稳定性。

（2）冷冻：通常认为温度越低，蛋白质越稳定。然而事实却并非如此。对于那些维持其高级结构的主要作用力是疏水相互作用的蛋白质来说，在常温下比在冷冻(冷藏)条件下更稳定。对于稳定高级结构作用力中极性相互作用强于非极性相互作用的蛋白质，其在低温下的稳定性高于高温下。低温导致蛋白质变性原因包括：① 降低了疏水相互作用；② 改变了水的结构，破坏了蛋白质表面的水化膜，影响了蛋白质与水的相互作用；③ 由于冷冻引起的浓缩效应使体系中的盐浓度、pH 等大幅度改变，引起了蛋白质变性。如溶菌酶的稳定性随温度的下降而提高。肌红蛋白和突变型噬菌体 T_4溶菌酶分别在约 30℃和 12.5℃时显示最高稳定性，低于或高于这些温度时它们的稳定性都会降低。

(3) *剪切*：揉捏、振动或搅打等高速机械剪切(shearing)，都能引起蛋白质变性。剪切使蛋白质变性的主要原因是引起 α-螺旋的破坏。剪切速率越高，蛋白质变性程度越大。在高温下对蛋白质溶液进行高速剪切处理会导致蛋白质不可逆变性。如将 10%～20% pH 3.4～3.5 的乳清蛋白在 80～120℃下以 7 500～10 000 s^{-1}的剪切速率处理后就可以形成直径约 1 μm 不溶于水的胶体。商品名为 Simplesse 的脂肪模拟物就是这样制造的。当然，如果蛋白质溶液在剪切时伴有乳化或起泡现象，则蛋白质还会发生界面变性。

(4) *高压*：在常温下(25℃)，如果蛋白质受到的压力足够高，它就可能发生变性。对大多数蛋白质来说，高压诱导变性的压力范围为 100～1 200 MPa。蛋白质的柔性和可压缩性是压力诱导蛋白质变性的主要原因。蛋白质分子的柔性越高，分子内部空隙体积越大，蛋白质越容易发生高压变性，这也是球状蛋白质易发生高压变性而纤维状蛋白质对高压的抵抗力相对较强的原因。高压诱导的蛋白质变性是高度可逆的。当压力达到 0.1～200 MPa 时就可能引起蛋白质四级结构的亚基解离，解离后的亚基在更高的压力下发生变性。当压力解除后，解离的亚基会重新缔合，经过较长时间后蛋白质结构几乎完全恢复。高压灭菌和凝胶化(gelling)等现代食品加工技术就是利用上述原理完成的。一般 200～1 000 MPa 的压力可用于食品灭菌，100～700 MPa 的压力可用于食品凝胶化，而 100～300 MPa 的压力可用于牛肉嫩化(tendering)。

(5) *辐射*：辐射(radiation)对蛋白质结构的影响因波长和能量大小而异。一般可见光的波长较长、能量较低，对蛋白质的构象影响较小。蛋白质分子中的芳香族氨基酸残基(色氨酸、酪氨酸和苯丙氨酸)是紫外辐射变性的物质基础。如果辐射能量水平很高，还可使二硫键断裂。X 射线和 γ 射线等能改变蛋白质的构象，同时还会引起氨基酸残基氧化、共价键断裂、离子化、形成蛋白质自由基、重组、聚合等反应。这些反应大多通过水的辐解作用传递。

(6) *界面作用*：界面(interface)现象在食品体系中非常常见，最普遍的是乳化食品体系中的油/水界面和泡沫食品中的水/气界面。蛋白质具有两亲性，它能够快速扩散并吸附定位于上述界面。一旦蛋白质分子扩散到界面上，其中的疏水性基团受到水的斥力和油或气的引力，而亲水性基团则受到水的引力和油或气的斥力。这种环境条件对蛋白质分子的作用力使维持蛋白质高级结构的力平衡被破坏，蛋白质发生变性，使更多亲水性基团进入水相，更多疏水性基团进入油相或气相。经过变性后，蛋白质在界面上更加稳定，食品体系得以长时间保持。

2. 蛋白质变性的化学因素

(1) *酸碱*：酸碱导致蛋白质变性的机理是蛋白质溶液酸碱度或 pH 的改变会导致多肽链中某些基团的荷电状况发生改变，即 pH 的升高导致一些基团去质子化($—COOH \rightarrow —COO^-$、$—NH_3^+ \rightarrow —NH_2$等)，而 pH 的降低导致一些基团质子化($—COO^- \rightarrow —COOH$、$—NH_2 \rightarrow —NH_3^+$等)。基团荷电状况的改变使蛋白质分子内部的氢键和静电相互作用发生了改变，从而打破了维持蛋白质高级结构的力平衡，最终导致蛋白质变性。大多数蛋白质在 pH 4～10 范围内比较稳定，而超出此 pH 范围时，蛋白质内的离子基团产生静电排斥作用，促进蛋白质分子的伸展和溶胀(变性)。

(2) *盐与金属离子*：盐以两种截然不同的方式影响蛋白质的稳定性，这决定于盐与蛋白质的结合能力以及对体相水有序结构的影响。凡是与蛋白质相互作用不强，能提高体相水氢键强度，增加其有序结构，促进蛋白质水合作用的盐均能提高蛋白质结构的稳定性；而凡是能与蛋白质发生强烈相互作用，破坏体相水有序结构，促进蛋白质从水中析出的盐均是蛋白质的去稳定剂。低浓度时，盐离子与蛋白质之间为非特异性静电相互作用。当盐的异种电荷离子中和了蛋白质的电荷时，有利于蛋白质的结构稳定，这种作用与盐的性质无关，只依赖于离子强度。一般离子强度≤0.2 mol/L 时即可完全中和蛋白质的电荷。在较高浓度时

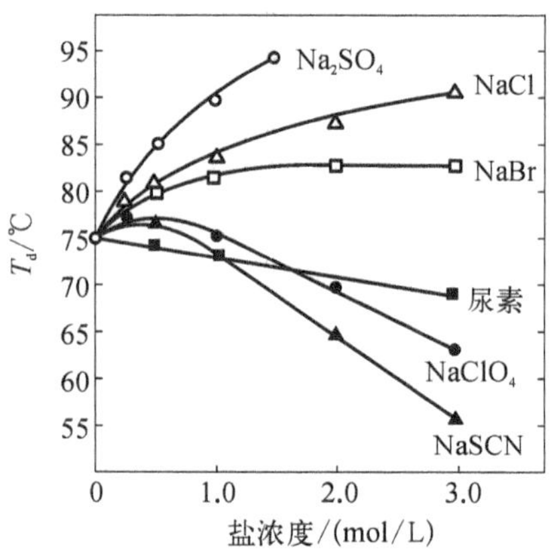

图 5-6 pH 7 时各种钠盐对 β-乳球蛋白质变性温度的影响

(>1 mol/L)，不同的盐对蛋白质稳定性有不同的影响，这种影响同时具有离子强度和离子种类依赖性(图 5-6)。在离子强度相同的情况下，阴离子对蛋白质的影响强于阳离子，并遵循如下顺序：$F^- < SO_4^{2-} < Cl^- < Br^- < I^- < ClO_4^- < SCN^- < Cl_3COO^-$，这个顺序称为感胶离子列(Hofmeister)。顺序中左侧的离子能稳定蛋白质的天然构象；而右侧的离子则使蛋白质分子伸展、解离，为去稳定剂。

碱金属(例如 Na^+ 和 K^+)只能有限度地与蛋白质结合，Ca^{2+}、Mg^{2+} 与蛋白质的结合效率略高，而诸如 Cu^{2+}、Fe^{2+}、Hg^{2+}、Pb^{2+} 和 Ag^{3+} 等离子则很容易与蛋白质结合，其中许多能与巯基形成稳定的复合物，导致蛋白质变性。Ca^{2+}(还有 Fe^{2+}、Cu^{2+} 和 Mg^{2+})可成为某些蛋白质分子的组成部分，对蛋白质构象稳定起着重要作用。金属螯合剂的使用会使这类蛋白质的稳定性明显降低。

(3) 非极性溶剂：大多数有机溶剂是蛋白质变性剂。非极性有机溶剂渗入蛋白质分子内部的疏水区，可破坏疏水相互作用，促使蛋白质变性。另一方面，非极性有机溶剂能改变介质的介电常数，从而使保持蛋白质稳定的静电相互作用发生变化。另外，处于水相中的卵清蛋白的二级结构中有 31% 为 α-螺旋，而处于 2-氯乙醇中这一数值可达到 85%，这说明有机溶剂通过多种方式改变蛋白质的构象。

(4) 蛋白质变性剂和还原剂：某些有机化合物例如尿素和盐酸胍的高浓度(4～8 mol/L)水溶液能断裂氢键，从而使蛋白质发生不同程度的变性。同时，还可通过增大疏水氨基酸残基在水中的溶解度，降低疏水相互作用。表面活性剂，如十二烷基磺酸钠(SDS)能通过破坏蛋白质内部的疏水相互作用，使天然蛋白质伸展变性并与变性蛋白质强烈结合。还原剂(半胱氨酸、抗坏血酸、β-巯基乙醇、二硫苏糖醇)可以使维持蛋白质高级结构的二硫键断裂而引起蛋白质变性。

3. 蛋白质变性因素的交互作用 蛋白质可因上述物理因素或化学因素中的某一种因素而导致变性，但在食品体系中很多时候是上述的两种或两种以上因素复合作用而导致蛋白质变性的，称为蛋白质变性因素的交互作用。研究发现，两种不同的因素在诱导蛋白质变性中往往具有协同效应。由于这方面的研究较少，在此以列举方式加以简述。

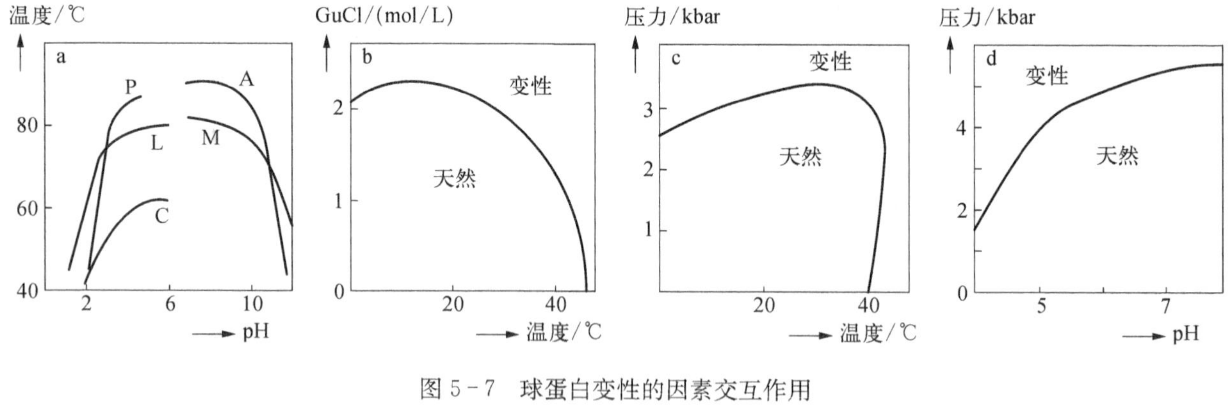

图 5-7 球蛋白变性的因素交互作用

a-变性温度与 pH 的关系(P-木瓜蛋白酶；L-溶菌酶；C-细胞色素；A-小清蛋白；M-血红蛋白)；b-氯化胍与温度在 pH 1.7 时对溶菌酶变性的交互作用；c-压力(1 bar=10^8 Pa)与温度对胰凝乳蛋白酶原变性的交互作用；d-压力与对 20℃ 下血红蛋白变性的交互作用

由图 5-7(a)可以看出，在偏离中性 pH 的方向降低或提高蛋白质溶液的 pH 可使蛋白质的变性温度显著降低。这一规律在不同 pH 食品的杀菌条件选择上得以充分体现。即酸度越高的产品可以选择较为温和的杀菌条件，而产品的 pH 越接近于中性，杀菌的条件就越苛刻。这说明高酸性能提高微生物蛋白质对热的敏感性，即酸与热在蛋白质变性上有协同效应。而图 5-7(b)说明溶菌酶可以在高变性剂浓度与低温下发生变性，也可以在低变性剂浓度与高温下发生变性。同样的现象在压力与温度、压力与 pH 之间得到了验证。

第四节　蛋白质的功能性质

一、蛋白质功能性质的定义

1. 蛋白质功能性质的定义　食品往往是各种成分混杂在一起形成的复杂体系。因此，从物质相互作用以及系统学的观点来看，食品的各种品质(主要指工艺学品质)形成实际上一方面是由组成食品的各组分的性质决定的，另一方面也是这些成分相互作用的结果。蛋白质的功能性质探讨的就是在一个复杂食品体系中，其中的蛋白质组分在食品品质形成中的贡献，即蛋白质组分对特定食品或食品的特定品质的重要性。因此，蛋白质的功能性质(functionality)是指在食品加工、保藏、制造和消费期间影响蛋白质在食品体系中性能的那些蛋白质的物理和化学性质。通常情况下也可以理解为对食品品质形成有利的蛋白质的物理化学性质。如蛋白质饮料的稳定性直接取决于蛋白质的水溶性；豆浆不易出现油水分离与其中蛋白质的乳化特性有关；面团的拉伸性直接取决于其中面筋蛋白的数量与质量；蛋糕的多孔性形成与蛋清的起泡性密切相关；肉的嫩度直接与其中蛋白质的水合能力相关，等等。食品成分的功能性质：指食品体系的任何成分除了其营养功能外，还存在一些对食品的色、香、味、形(质构)等感官品质及工艺过程有贡献的理化性质。

2. 食品蛋白的功能性质　不同食品在形态、颜色、风味、质地、口感等方面各具特色。因此，也不难理解，对不同的食品，为形成其期望的品质，对其中蛋白质的功能性质的要求也千差万别(表 5-4)。如蛋糕加工所用的蛋清希望其有良好的乳化、搅打起泡、凝胶性等性质；蛋白饮料的制作要利用蛋白质的乳化性和溶解性(椰子汁、杏仁露)；肉制品(香肠、火腿肠)要求其蛋白质具有良好的凝胶性、咀嚼性、热变性和持水性。

表 5-4　常见食品所需蛋白质的主要功能特性

食　　品	所需功能性质	功能性质作用机制	蛋白质
饮料	溶解性	亲水性	乳清蛋白
汤、调味汁、色拉调味汁、甜食	黏度	持水性，水合半径	明胶
香肠、蛋糕、面包	持水性	氢键、离子水合	肌肉蛋白，鸡蛋蛋白
肉、凝胶、蛋糕焙烤食品和奶酪	胶凝形成	水截留和固化，网络结构的形成	肌肉蛋白，鸡蛋蛋白和牛奶蛋白
肉、香肠、面条、焙烤食品	黏度	疏水作用，离子键和氢键	肌肉蛋白，鸡蛋蛋白的乳清蛋白
肉和面包	凝胶形成	疏水键，二硫键	肌肉蛋白，谷物蛋白
香肠、大红肠、汤、蛋糕、甜食	乳化	界面吸附和膜的形成	肌肉蛋白，鸡蛋蛋白，乳清蛋白
搅打顶端配料，冰淇淋、蛋糕、甜食	起泡	界面吸附和膜的形成	鸡蛋蛋白，乳清蛋白
低脂肪焙烤食品，油炸面圈	风味结合	疏水键或界面	牛奶蛋白，鸡蛋蛋白，谷物蛋白

3. 决定食品蛋白功能性质的因素　从总的规律来看，蛋白质的功能性质的呈现基于两个方面：一是蛋白质分子与食品体系中其他成分之间的相互作用，如通过蛋白质与水的相互作用使蛋白质的水溶性和水合作用得以体现、通过蛋白质与水、油(气)的相互作用使蛋白质的乳化特性和起泡特性得以体现；另一方面是蛋白质分子之间的相互作用，如蛋白质凝胶的形成，面团形成过程中面筋蛋白质分子的相互作用等。食品蛋白质功能性质的决定因素有三个方面：① 蛋白质的结构与性质，包括分子大小、分子形状、氨基酸组成和顺序、净电荷和电荷的分布、疏水性和亲水性之比、二级、三级和四级结构、分子柔性和刚性、分子间相互作用和同其他组分作用的能力等。② 环境因素及强度。包括温度、酸碱度、机械作用、离子、酶作用等。这些因素可能会导致蛋白质发生变性进而影响其功能性质。③ 与蛋白质相互作用的其他成分的性质。

二、蛋白质的水合作用

1. 蛋白质水合作用的概念与原理　蛋白质分子可通过其分子表面的基团与水分子发生相互作用。对于蛋白质与水分子在固体、塑性固体(半固体)或沉淀条件下与水分子发生的作用常称为蛋白质的水合作用(hydration，water binding)，而将蛋白质分子在溶液(常为水相)中与水分子发生的相互作用通常称为溶解(solvation)。蛋白质的水合作用是指固态蛋白质分子通过其分子表面的基团与水分子相互作用而形成水-蛋白质结合物的过程。对蛋白质水合作用有重要贡献的基团包括荷电基团、主链肽基团、天冬酰胺和谷氨酰胺的酰胺基、丝氨酸和苏氨酸的羟基以及非极性残基基团。这些基团与水分子之间相互作用的方式见第二章。

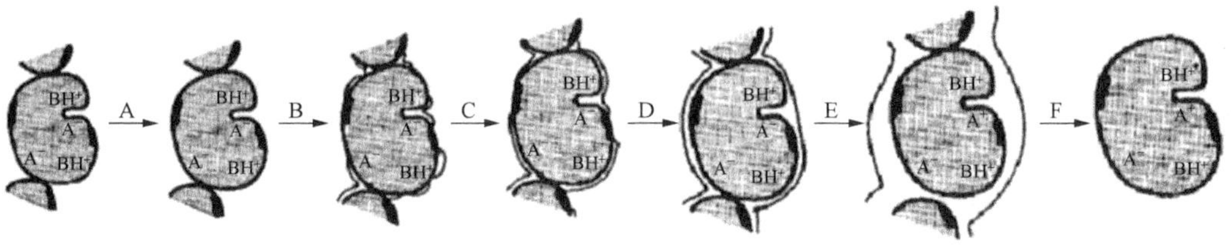

图 5-8 蛋白质逐步水合过程的示意图

A-带电基团;BH-极性基团;黑色区域为疏水部位

蛋白质的水合作用是一个逐步实现的过程(图 5-8)。首先于蛋白质表面的带电基团进行水合(A);极性基团水合并在接近极性基团和带电基团的部位形成水簇(B);蛋白质分子表面的极性部位完全被水合,被水膜所覆盖(C);蛋白质分子表面的非极性小区水合,蛋白质分子为水膜所覆盖(D);蛋白质分子表面所合水膜与体相水形成桥连,为水所包围(E);最后在较多水分存在的情况下,蛋白质完成流体动力学作用发生流动等行为(F)。伴随蛋白质的水合作用,蛋白质分子的体积会发生不同程度的膨胀,食品随之发生肿胀,质地变软或具有可塑性。在水合过程中,水分子是食品的增塑剂,同时也是蛋白质结构的调节剂。

2. 影响蛋白质水合作用的因素 影响蛋白质水合作用的因素包括蛋白质的氨基酸组成、空间结构、存在形式等蛋白质自身相关因素与温度、pH、离子强度、共存食品成分等环境相关因素。

(1) 氨基酸组成:蛋白质的水合作用本质上决定于各氨基酸残基与水分子相互作用的强度。不同类型的氨基酸残基结合水的能力是不同的(表 5-1)。一般来说荷电氨基酸残基的水合能力最强,极性氨基酸残基次之,而非极性氨基酸残基的水合能力很弱甚至无法水合。一般情况下,平均带电基团为 6 molH_2O/mol 残基,不带电的极性残基为 2 molH_2O/mol 残基,非极性残基为 1 molH_2O/mol 残基。在蛋白质水合过程中,荷电氨基酸残基首先通过静电相互作用发生水合,紧接着极性氨基酸残基主要通过氢键发生水合,而非极性氨基酸残基通过疏水水合作用最后发生水合。但并不能直接将氨基酸残基的水合能力和疏水性与蛋白质的水合能力和疏水性直接关联,这是因为蛋白质的水合主要决定于蛋白质分子表面的氨基酸残基的特性而不是所有氨基酸残基,同样蛋白质的疏水性也通常指蛋白质分子的表面疏水性。但可以肯定地说,暴露在蛋白质分子表面的荷电氨基酸残基和极性氨基酸残基数量越多,蛋白质的水合作用则越强。根据蛋白质分子的氨基酸构成,可通过以下公式简单估计蛋白质的水合能力。

$$a = f_c + 0.4f_p + 0.2f_N$$

式中,a 为水合能力(gH_2O/g 蛋白质);f_c、f_p和 f_N分别指带电的、极性和非极性氨基酸残基所占的分数。

(2) 蛋白质的结构:可从三个层面对蛋白质结构对其水合作用的影响加以论述。一是食品质地。水合食品的质地越紧密,水分进入到食品体系越困难,食品的水合作用速度越慢,完全水合所需要的时间越长。二是蛋白质颗粒的微观结构。蛋白质粒子的水合作用受其表面积、表面结合位点数和颗粒的多孔性共同决定。蛋白质颗粒上孔的数量与尺寸决定着水合的界面面积,而这些孔的尺寸与界面特性(interfacial property)决定着水合作用的速率与程度。三是蛋白质分子的微观结构。从理论上讲,变性会使蛋白质分子伸展、表面积增大、荷电或亲水基团更多暴露,从而大幅度提升蛋白质的水合作用。但实际情况是有些蛋白质在变性后水合作用确实得以加强,但幅度很小,一般不超过 10%;而很多蛋白质变性之后水合作用不但不加强,反而严重受损,其原因被归结为变性后的蛋白质分子之间能发生强烈的相互作用,严重抑制了蛋白质与水的相互作用。在粉状、块状食品的水合过程中,毛细管力(capillary force)也是推动水合的重要作用力。

(3) pH:pH 在蛋白质水合作用中具有极其重要的作用。在等电点时,蛋白质分子之间的静电引力最强(主要发生在—COO^- 和—NH_3^+之间),其水合作用最差。例如处于僵直期的肌肉的持水力最差,就是由于肌肉的 pH 从 6.5 下降到 5.0 左右,其持水量显著减少,导致肉汁减少,嫩度下降。而在远离等电点的 pH 范围内,蛋白质都表现出比在等电点时更强的水合作用,pH 偏离等电点越远,水合作用越强(图 5-9)。但蛋白质水合作用对 pH 的这种依赖性会受到水合体系盐浓度和温度的影响而改变。一般来说，盐浓度越高或温度越高，蛋白质水合作用对 pH 的依赖性越弱(图 5-9)。

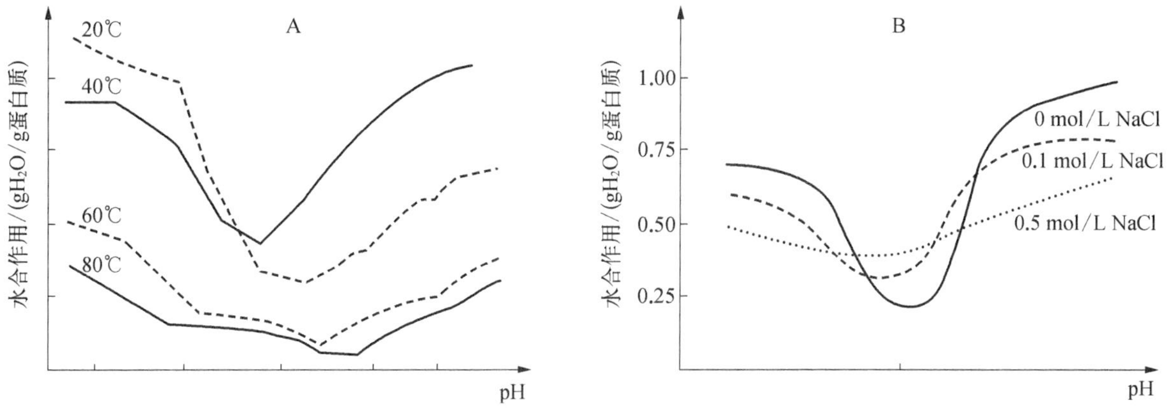

图 5-9 温度与 pH(A)以及盐与 pH(B)对蛋白水合作用的交互影响

(4) *离子强度*：离子的种类和浓度对蛋白质的吸水性、溶胀和溶解度也有很大影响。盐类和氨基酸侧链基团通常同水发生竞争性结合。在低盐浓度(<0.2 mol/L)时，蛋白质的水合作用增强，这是由于盐离子与蛋白质分子的带电基团发生微弱结合的原因。高盐浓度时，水和盐之间的相互作用超过水和蛋白质之间的相互作用，因而可引起蛋白质“脱水”，使蛋白质的水合能力降低。

(5) *温度*：蛋白质结合水的能力一般随温度升高而降低，这是因为温度的下降降低了氢键作用和离子基团结合水的能力。凡是加热变性后聚集的蛋白质，其水合作用严重下降，是因为集聚减少了蛋白质的表面面积和极性氨基酸对水结合的有效性。有时变性尽管对蛋白质水合能力的影响有限，但仍会剧烈降低蛋白质的水溶性。因此不能简单将蛋白质的水合作用与蛋白质的水溶性相关。

(6) *钙离子螯合剂*：在肉类加工中常用一些钙离子(Ca^{2+})螯合剂(多聚磷酸盐和柠檬酸盐等)来提升肌肉蛋白质的水合能力，从而提高肉的保水力和嫩度，而且效果非常明显。其主要原因是钙离子螯合剂能使肌原纤维(myofibrillary)中的钙桥打开，肽链发生排斥而伸展，从而促进肌肉蛋白的水合作用(图 5-10)。常用的多聚磷酸盐包括焦磷酸盐、三聚磷酸盐和六偏磷酸盐。有关这个方面更为详细的信息可参阅有关文献(肉中添加多聚磷酸盐的研究进展，肉类工业，2009，1：74-77.)。

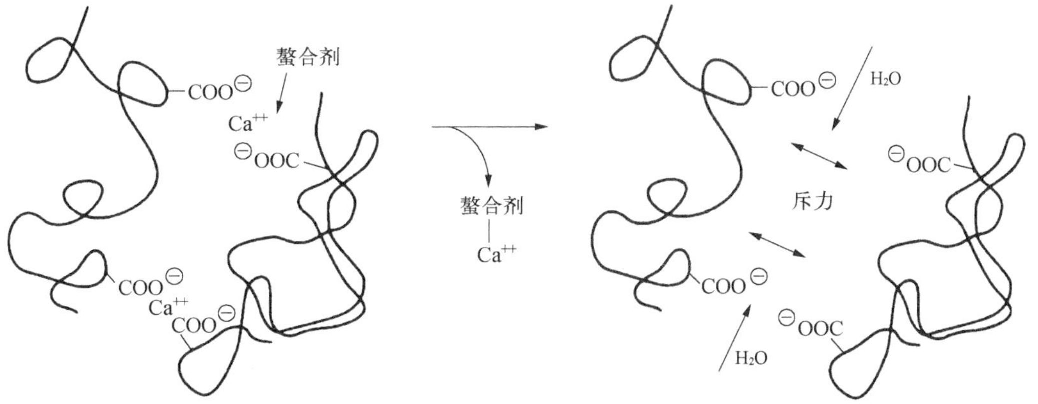

图 5-10 钙离子螯合剂对蛋白质水合作用的影响机制

3. 蛋白质水合作用的测定方法 蛋白质的水合能力通常指当干蛋白质粉与相对湿度为 90%～95% 的水蒸气达到平衡时每 100 克蛋白质所结合的水的克数。但在实际食品加工过程中，蛋白质的水合能力常以持水力(water holding capacity，WHC)和保水性(water binding capacity，WBC)来衡量。蛋白质的持水力是指蛋白质将水分截留(或保留)在其形成的组织内不被丢失或掠夺的能力。蛋白质持水力可按如下方法测定：取50 mL塑料(聚碳酸酯)离心管，称量(m_1，g)。准确称取 1 g(w)蛋白质样品置于离心管，加蒸馏水

30 mL，用磁力搅拌器使蛋白质分散均匀，调节 pH 至 7.0。在恒温水浴中，于 60℃加热 30 min，然后再在冷水中冷却 30 min，在 18 000×g 条件下离心 10 min 后倾去上清液，称取离心管的质量(m_2，g)，计算蛋白质持水力 WHC($gH_2O/100\ g$)=$(m_2-m_1)/w\times100$。

蛋白质的水合能力对各类食品的品质形成均有意义，其食品学意义主要体现在以下几个方面：① 蛋白质水合作用是很多富含蛋白质的干货食品涨发和品质改良的关键环节。如常见的蹄筋的涨发、毛肚的涨发、干鱿鱼的涨发等过程主要是蛋白质水合的过程；② 蛋白质的水合作用对蛋白质的诸如分散性、湿润性、溶解性、持水能力、凝胶作用、增稠、黏度、凝结、乳化和起泡等功能特性有重要影响；③ 蛋白质水合作用是许多食品将水分保留于食品体系，不至于出现干缩、变硬等劣变现象，并保持产品良好新鲜度和口感的重要基础。如肉及肉制品嫩度的赋予、蛋白类凝胶食物的水分保持等。而面团内部面筋蛋白的水合作用则对保持面包芯松软的质地有重要作用。

三、蛋白质的溶解性

1. 溶解度的概念及溶解机制 蛋白质的溶解度(solubility)是蛋白质-蛋白质和蛋白质-溶剂相互作用达到平衡的热力学表现形式。蛋白质分子之间的引力(主要是疏水相互作用)促使蛋白质从水中析出，而蛋白质分子之间的斥力以及蛋白质分子与水分子之间的相互作用促进蛋白质溶解于水中。Bigelow 认为蛋白质的溶解度与氨基酸残基平均的疏水性和电荷频率有关。平均疏水性越小且荷电频率越高的蛋白质，其溶解度越大。此外，蛋白质分子表面的疏水区域数目越少，其溶解度也越大。

根据蛋白质的溶解性常将它们分为 4 类：① 清蛋白(albumin)，能溶于 pH 6.6 稀酸性水中，如血清蛋白、卵清蛋白、α-乳清蛋白等；② 球蛋白(globulin)，能溶于 pH 7.0 稀盐溶液中，如大豆球蛋白、菜豆球蛋白和 β-乳球蛋白等；③ 谷蛋白(glutelin)，仅能溶于酸(pH 2)和碱(pH 12)溶液，如小麦谷蛋白等；④ 醇溶谷蛋白(prolamin)，能溶于 70%乙醇，如玉米醇溶蛋白和麦醇溶蛋白等。

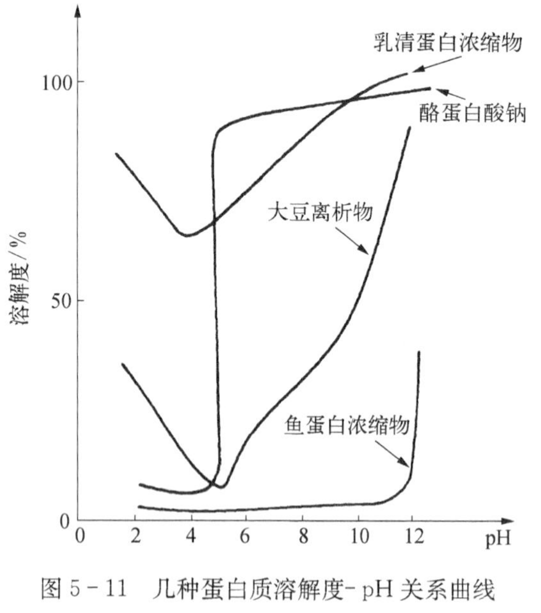

图 5-11 几种蛋白质溶解度-pH 关系曲线

2. 影响蛋白质溶解度的因素

(1) pH：pH 对蛋白质的溶解度有决定性的影响。一般说来，蛋白质在等电点时溶解度最低，而在远离等电点的 pH 范围内，蛋白质都表现出比在等电点时更好的溶解度，pH 偏离等电点越远，溶解度越高。这是因为在等电点处由于缺乏静电斥力，疏水相互作用导致蛋白质聚集而沉淀。在低于和高于等电点 pH 时，蛋白质分别带有净的正电荷或净的负电荷，带电的氨基酸残基的静电斥力和水合作用促进了蛋白质的溶解。大多数食品蛋白质的溶解度-pH关系为一条 U 形曲线(图 5-11)。因此，工业上常用碱法提取蛋白质，而进行酸法等电沉淀蛋白质。但 β-乳球蛋白(pI=5.2)和牛血清清蛋白(pI=4.8)即使在它们的等电点时，仍然是高度溶解的，这是因为其分子中表面亲水性残基的数量远高于疏水性残基数量。

(2) 离子强度：盐对蛋白质的溶解度有明显影响。通常以溶液离子强度对蛋白质溶解度的影响来反映盐对蛋白质溶解度的影响。盐溶液的离子强度可用下式计算：$\mu=0.5\sum C_iZ_i^2$，μ 为离子强度，C_i 为离子的摩尔浓度，Z_i 为离子的化合价。蛋白质在盐溶液中的溶解度(S)与盐溶液离子强度(μ)的关系为：(低盐浓度时) $\log S=K\cdot\mu$，K 为盐析常数。(高盐浓度时) $\log S=-K\cdot\mu+\log S_0$ 或 $\log(S/S_0)=\beta-K\cdot Cs$(其中 S_0 是离子强度为零时的溶解度，Cs 为盐的摩尔浓度，β 为常数，K 为盐析常数)。盐一般通过影响蛋白质分子表面电荷对溶解度产生影响。在低浓度时(一般<0.5 mol/L)，中性盐能提升蛋白质的溶解度，将此现象称为盐溶(salting in)效应。这是因为在低浓度时，离子能中和蛋白质的表面电荷，而这种电荷中和作用可能提升蛋白质的溶解度也可能使蛋白质的溶解度降低，这要取决于蛋白质分子的表面极性。对分子表面以极性为优势

的蛋白质，盐能降低蛋白质分子之间的相互作用而使蛋白质溶解度提高；对分子表面以非极性为优势的蛋白质，盐能增强蛋白质分子之间的相互作用而使蛋白质溶解度降低。盐溶效应与盐的性质无关，只依赖于离子强度。在高浓度时（>1 mol/L），不同的盐对蛋白质溶解度有不同的影响，这种影响同时具有离子强度和离子种类依赖性。在离子强度相同的情况下，阴离子对蛋白质溶解度提升的强度遵循顺序感胶离子列，即 $SO_4^{2-}<F^-<Cl^-<Br^-<I^-<ClO_4^-<SCN^-$；而阳离子降低蛋白质溶解度的幅度也遵循顺序感胶离子列，即 $NH_4^+<K^+<Na^+<Li^+<Mg^{2+}<Ca^{2+}$。

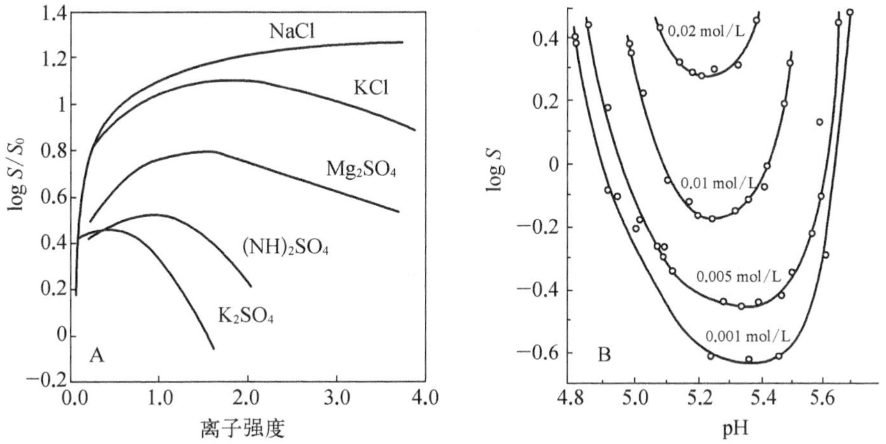

图 5-12 蛋白质溶解度的盐效应(A)及其温度-pH交互影响(B)曲线上数据为离子强度)

(3) 温度：在恒定的pH和离子强度下，大多数蛋白质的溶解度在0～40℃范围内随温度的升高而提高，而一些高疏水性蛋白质，如β-酪蛋白和一些谷类蛋白质的溶解度却和温度呈负相关。当温度超过40℃时，由于热导致蛋白质结构的展开(变性)，促进了聚集和沉淀作用，使蛋白质的溶解度下降。

(4) 有机溶剂：有机溶剂会导致蛋白质溶解度下降或沉淀。因为加入能与水互溶的有机溶剂，如乙醇和丙酮，降低了水介质的介电常数，从而提高了蛋白质分子内和分子间的静电作用力(排斥和吸引)，导致蛋白质分子结构的展开；在此展开状态下，介电常数的降低又能促进暴露的肽基团之间氢键的形成和带相反电荷的基团之间的静电相互吸引作用，这些相互作用均导致蛋白质在有机溶剂-水体系中溶解度下降甚至沉淀。

3. 蛋白质溶解度测定方法 蛋白质的溶解度可用氮溶解指数(nitrogen soluble index，NSI)或蛋白质分散指数(protein dispersibility index，PDI)来衡量，这也是美国油脂化学家协会(American Oil Chemists Society，AOCS)所采纳的方法。氮溶解指数是指在一定条件下将蛋白质在水中充分分散后离心，用凯氏定氮法测定上清液里面的可分散蛋白质，从而计算可分散蛋白质占总蛋白质的质量百分比。蛋白质分散指数测定方法与氮溶解指数的测定基本雷同，但其结果用溶解的氮占样品中总氮的质量百分比表示。有关氮溶解指数和蛋白质分散指数的详细测定方法可参考AOCS Ba 10－65和AOCS Ba 11－65方法。

蛋白质的许多功能特性都与蛋白质的溶解度有关，特别是增稠、起泡、乳化和胶凝作用。目前不溶性蛋白质在食品中的应用非常有限。

四、蛋白质的溶液黏度

蛋白质溶液属于胶体溶液，通常具有一定的黏度。蛋白质流体的黏度主要由蛋白质粒子的水合半径(hydrated radius)，也称为流体力学半径(hydrodynamic radius)决定。蛋白质颗粒的水合半径与以下因素相关：① 蛋白质分子的固有特性(如摩尔浓度、大小、体积、结构及电荷等)；② 蛋白质与水的相互作用；③ 蛋白质分子之间的相互作用。任何能影响到蛋白质粒子水合半径的因素都会对蛋白质溶液的黏度产生影响，诸如加热处理、酸碱度改变、水解、盐的存在等。

与其他大多数高分子聚合物溶液一样，蛋白质溶液的黏度会随其剪切速率(或流速)的增加而降低，将这种现象称为剪切变稀(shear thinning)。导致蛋白质溶液产生剪切变稀的原因如下：① 蛋白质在静置条件下形成的网络结构被破坏；② 蛋白质分子在顺着剪切方向取向，降低了水平方向的摩擦阻力；③ 蛋白质分子之间的氢键等弱相互作用破裂，蛋白质集聚体解体，形成水合半径更小的颗粒。

蛋白质体系的黏度和稠度是流体食品如饮料、肉汤、汤汁、沙司和奶油等需要的主要功能性质。蛋白质分散体系的黏度对流体食品的输送、混合、加热、冷却和喷雾干燥等加工过程也同样具有实际意义。

五、蛋白质的凝胶作用

1. 蛋白质凝胶作用的概念与原理 凝胶在广义上指利用一定条件诱导高分子溶质或胶体粒子相互连接，形成空间网状结构，而溶剂小分子或其他食品成分充满在网架空隙中，呈现塑性的半固体体系。蛋白质的凝胶作用(gelation)指变性的蛋白质分子集聚并形成有序蛋白质网络结构的过程。蛋白质凝胶与其他蛋白质分散程度降低的现象是有区别的。缔合(association)一般指亚基单位或分子水平发生的变化；聚合(polymerization)或聚集(aggregation)一般是指较大复合物的形成；沉淀(precipitation)指由于溶解度全部或部分丧失而引起的聚集反应；絮凝(flocculation)指没有变性时的无序聚集反应；凝结(coagulation)指发生变性的无规则聚集反应和蛋白质分子间相互作用大于蛋白质-溶剂间相互作用引起的聚集反应，凝结反应可生成粗糙的凝块。

通常，蛋白质的凝胶分为三个步骤(图 5-13)：① 蛋白质变性。这一过程通常是利用蛋白质变性的物理或化学因素引起的。变性导致天然蛋白亚基解离、分子伸展，此过程的关键作用是将蛋白质分子中可用于分子间相互作用的功能基团暴露出来。② 前凝胶(pregel)形成。变性后的蛋白质分子由于其分子间作用力的加强发生凝聚，形成细小的水合蛋白质颗粒。③ 凝胶网络形成。当蛋白质浓度足够高的情况下，集聚的水合蛋白质颗粒通过氢键、疏水相互作用、静电相互作用、缠绕甚至二硫键等化学与物理作用结合到一起，形成有序且连续的三维网络结构，并将水以及其他物质包裹在中间，形成具有良好整体性的塑性固体或半固体。

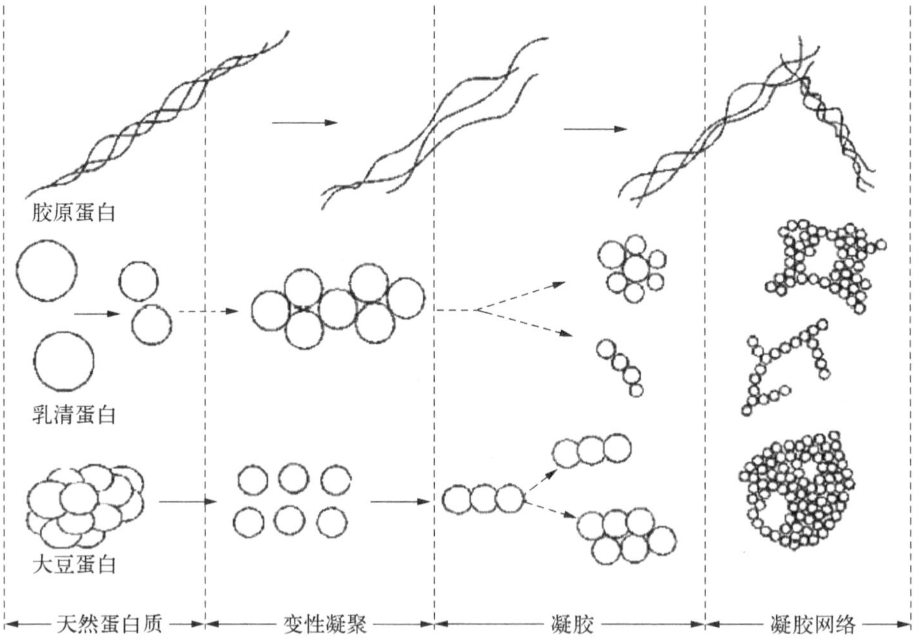

图 5-13 蛋白质凝胶原理示意图

不同变性因素诱导的蛋白质凝胶的过程基本相似，但机理略有差异，现予以分别简述。

(1) 热诱导凝胶(heat-induced gelation)：热致凝胶引起蛋白质变性的因素是较高的温度。但热致凝胶形成过程中蛋白质的变性速度与变性蛋白质的凝胶速度对凝胶的结构有重要影响。热变性的加热速率对凝聚形成的蛋白质颗粒大小有显著影响。加热速率越高，形成的蛋白质颗粒的尺寸越小。需要指出的是不同蛋白质在相同条件下的热变性程度有很大差异，而食品蛋白质往往是混合蛋白质体系，其凝胶过程中蛋白质变性、凝聚与网络形成要比想象的更为复杂。这类凝胶如煮鸡蛋蛋白凝胶的形成。

(2) 高压诱导凝胶(high pressure-induced gelation)：高压诱导蛋白质变性一方面是压力作用下蛋白质体积收缩的结果。另一方面，有研究发现高压会导致水分子解离而使溶液呈酸性。但与热诱导凝胶不同，高压诱导凝胶往往是可逆的，且形成的凝胶质地与热凝胶有很大的差异。

(3) 离子诱导凝胶(ionic-induced gelation)：离子诱导凝胶的形成基于两个方面：一方面是由于离子对蛋白质分子表面电荷的中和或掩蔽作用(shielding)使蛋白质分子(或凝聚颗粒)之间的静电斥力导致蛋白质变性和颗粒集聚；另一方面，如 Ca^{2+} 等高价阳离子在等电点以上 pH 范围内能在蛋白质分子(凝聚颗粒)之间形成盐桥而促进蛋白质网络的形成。常见的离子诱导凝胶如豆腐。

(4) 酸/碱诱导凝胶(acid/alkaline-induced gelation)：酸/碱诱导凝胶的机理常用分形凝聚理论(fractal aggregation theory)进行解释，即在酸/碱对稳定蛋白质构象作用力破坏以及蛋白质轻度水解的基础上，蛋白质分子集聚形成分形束(fractal cluster)构成凝胶的结构单元。后者进一步相互作用形成凝胶。常见的酸/碱诱导凝胶如酸奶和皮蛋等。

(5) 酶诱导凝胶(enzyme-induced gelation)：谷氨酰胺转移酶(EC 2.3.2.13)、过氧化物酶(EC 1.4.3.13)和多酚氧化酶(EC 1.14.18.1)等是通过引起蛋白质分子发生不同方式的交联而实现凝胶形成的。

根据形成凝胶的特性也可对蛋白质凝胶进行分类。常根据蛋白质凝胶的透明度将其分为半透明凝胶与不透明凝胶。凝胶的透明度决定于蛋白质的性质、浓度、变性速率等因素。一般认为非极性氨基酸残基比例越高，蛋白质越倾向于形成不透明凝胶；另外，如果在变性时蛋白质凝聚速率高于其分子变性速率，则往往形成不透明的凝胶。根据形成的凝胶在加热时是否能够转化为蛋白质溶液将蛋白质凝胶分为热可逆凝胶(thermoreversible gel)和热不可逆凝胶(thermoset gel)。蛋白质凝胶是否具有热可逆性，与蛋白质浓度、蛋白质性质、凝胶形成方式等密切相关。

2. 影响蛋白质凝胶的因素

(1) 蛋白质浓度与结构：蛋白质溶液浓度达到一定水平是蛋白质形成凝胶的必要条件。在特定条件下，每种蛋白质都有一个形成凝胶的临界浓度(critical concentration，c_0)，高于此浓度可以形成凝胶，而低于此浓度则无法形成凝胶，可能会出现沉淀现象。大豆蛋白、卵清蛋白和明胶的临界凝胶浓度分别为 8%、3% 和 0.6%。蛋白质浓度(c)越高其形成的凝胶的强度(G)也越高($G \propto [c-c_0]$)(图 5-14)。在相同蛋白质浓度和凝胶形成条件下，蛋白质的分子质量越大，形成的凝胶强度也越高；而分子中二硫键或巯基含量越高的蛋白质，越容易形成热不可逆凝胶。

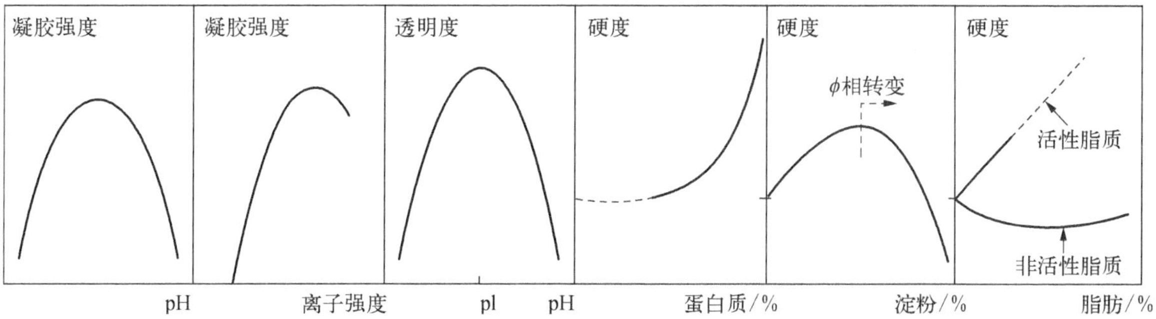

图 5-14　影响蛋白质凝胶特性的主要因素

(2) pH：改变 pH 会影响蛋白质分子的解离率和净电荷值，从而使维持蛋白质结构的引力和斥力以及蛋白质的水合能力发生改变。在等电点附近，蛋白质最容易形成凝胶，但形成的凝胶往往性能不佳且常为热不可逆凝胶。而在极端 pH 时，由于蛋白质分子间极强的静电斥力，蛋白质仅能形成弱凝胶。

(3) 添加物：由于不同类型蛋白质形成的凝胶特性有很大差异，因此可将不同蛋白质混合而制备出特定形式的凝胶。不同蛋白质不但能相互改变其凝胶的特点，而且对凝胶形成条件的需要程度也随之发生改变，如凝胶 pH 范围扩大，蛋白质浓度降低等。将不同蛋白质共同作用形成凝胶的现象称为蛋白质共凝胶作用(Ca^{2+})。其他食品添加物如淀粉、脂质、多糖也能产生显著影响(图 5-14)。正如上述，食品中盐的存在对蛋白质凝胶也有明显影响。例如带正电荷的明胶与带负电荷的海藻酸盐或果胶酸盐之间通过非特异性离子间的相互作用能生成高熔点(80℃)的凝胶。

六、蛋白质组织化

1. 蛋白质组织化的概念与原理 蛋白质组织化(texturization)具体应为植物蛋白组织化，有时也称为蛋白质结构化(structurisation)，出现于 20 世纪 70 年代的“神秘肉”或“人造肉”，即组织化植物蛋白(texturized vegetable protein)。蛋白质组织化指经特定处理使植物性蛋白具备类似于动物肉咀嚼特性(meat-like chewy texture)和口感(mouthfeel)的方法。组织化植物蛋白可以多种形态呈现，如纤维状、碎片状、块状、粒状、片状及其他形状。和普通植物蛋白不同，这类产品烹调后仍能保持产品的整体性和应有的咀嚼质地。常见的组织化植物蛋白有肉填充物(meat extender)、结构化肉类似物(structured meat analog)、纤维大豆蛋白(fibrous soy protein)和高水分肉类似物(high moisture meat analog)等。

从原理上讲，蛋白质组织化要经历 3 个步骤，这与蛋白质凝胶非常相似。因此从广义上也将蛋白质凝胶理解为蛋白质流态组织化方法，而蛋白质组织化是固态蛋白质组织化方法。常用的蛋白质组织化的方法为挤压(extrusion)。图 5－15 给出了蛋白质组织化的原理。首先蛋白质在挤压腔内经高温、机械剪切、高压、氧化或还原、添加物(盐、酸等)以及疏水性助挤压剂(溶剂、变性剂、惰性气体等)的作用下发生变性；紧接着，变性后的蛋白质分子在挤压螺杆转动下进行取向(orientation)并凝胶成为纤维状集聚体；最后在挤压出口冷却和水分蒸发过程中，通过重新形成分子内或分子间作用力而使经上述重新取向而形成的蛋白质有序结构体相互结合(binding)或硬化(stiffening)定型。有关蛋白质组织化的详细知识可参阅有关文献(Linden G 和 Lorient D 著，New ingredients in food processing: Biochemistry and agriculture 中的第 3 章 Extraction and texturisation processes, CRC Press LLC, 2000 年)。

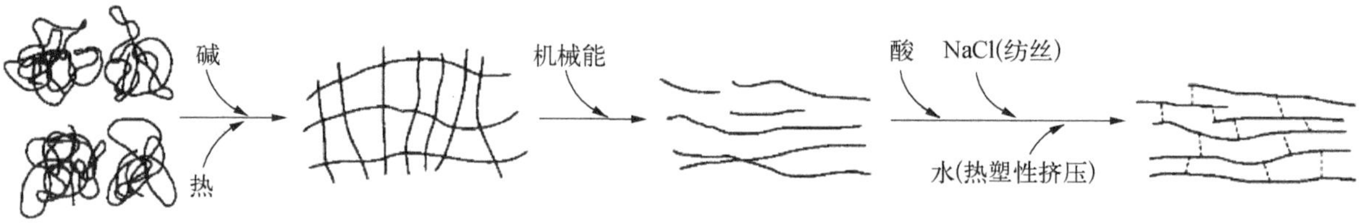

图 5－15 蛋白质组织化原理示意图

2. 蛋白质组织化方法

(1) *热凝固和薄膜形成*：热凝固(heat solidification)和薄膜形成(film formation)指浓缩的蛋白溶液在滚筒干燥机等的金属表面加热，由于水分蒸发、蛋白质热变性凝结，形成薄的蛋白质膜的过程。如腐竹的加工(大豆蛋白的浓溶液在平滑的金属表面热凝结，加热蒸发蛋白质溶液表面水分成膜→揭膜→干燥)。而常见豆筋棍(或豆棒)的加工仍采用直接将豆浆加热形成薄膜后卷膜、干燥而得。

(2) *热塑性挤压*：热塑性挤压(cooking extrusion)是目前植物蛋白组织化的主要方法。将含水(10%～30%)的蛋白质(或蛋白质-多糖)溶液通过一个圆筒，在高压(10～20 MPa)、高温(在 20～150 s 时间内将物料温度升至 150～200℃)和强剪切力作用下转变成黏稠状态，快速地通过模具被挤出，在压差和温差的推动下，物料水分迅速蒸发并膨胀形成多孔结构。

(3) *纺丝*：蛋白质纺丝(spinning)类似于人造纺织纤维的生产。在 pH＞10 的条件下，高浓度蛋白溶液通过静电斥力而使分子离解并充分伸展，经脱气、澄清后，将高黏度、高浓度的蛋白质溶液从模板小孔经高压挤入蛋白质凝结剂(如酸性食盐溶液)中，肽链平行定向凝结成丝，经适度干燥、加黏合剂、调味、压力成形后形成产品。

七、面团形成

1. 面团形成的概念及机理 面团形成(dough formation)是指小麦粉在有适当水分(粉：水约 3：1，w/h)存在时在室温下混合和揉搓(kneading)形成强内聚力和黏弹性糊状物的过程。面团形成是利用面粉制作面制品的基础，面团的性能也直接决定着后续面制品的品质，如面包、馒头、拉面等的生产。但需要指出的是，不同的面制品生产需要不同特性的面团。与面粉能形成面团不同，大麦粉、荞麦粉、燕麦粉、玉米粉等谷类粉体都无法形成面团。小麦粉能形成面团，主要源于其中的蛋白质。按溶解性可将小麦粉中的蛋白质分为可溶性和不可溶性蛋白，前者约占总蛋白的20%，主要包括清蛋白、球蛋白以及少量糖蛋白，它们对面团形成没有贡献。后者主要指面筋蛋白，它是小麦粉中不溶性蛋白质的总称，占80%，主要包括麦醇溶蛋白和麦谷蛋白，两者在面筋蛋白中的占比分别为约60%和40%。

面筋蛋白的性能与其氨基酸组成密切相关，其氨基酸组成有如下特点：① 谷氨酰胺、天冬酰胺和脯氨酸残基占比在50%以上，极易通过氢键而发生水合，并容易产生分子间氢键而有助于蛋白质分子黏合。② 荷电氨基酸残基的占比很低(<10%)，且约有30%的疏水性氨基酸残基，这使面筋蛋白具有较强的疏水性。一方面通过疏水相互作用促进面筋蛋白分子集聚，另一方面能实现与脂类等其他非极性成分的结合。③ 含有较为丰富的胱氨酸和半胱氨酸残基(2%～3%)，这为面筋蛋白通过巯基氧化交联形成二硫键提供了基础。

与面糊相比，成熟的面团具有两个典型的特征，即拉伸性和膨胀性。拉伸性(stretchability)是指面团在两个相反方向牵引力的作用下发生形变而延长，直至成条状或丝状而保持不断裂的性能，这在拉面等产品加工中非常重要。膨胀性(expansibility)，也称为持气性(gas holding capacity)，是指面团在发酵过程中能将微生物产生的二氧化碳持留在面团内而不散失的能力，这在馒头和焙烤食品的加工中尤为重要。面团拉伸性的形成一方面来源于面筋蛋白分子取向的结果，同时也是面筋蛋白分子之间强相互作用的结果。而面团的膨胀性主要是面粉在混合和揉搓时，如果面团中间有小的气泡，蛋白质由于两亲作用向气/水界面富集，到达气/水界面的面筋蛋白取向而排列成行，适度变性后通过疏水相互作用和二硫键而形成蛋白质薄膜。气泡表面连续化的具有三维立体结构蛋白质囊泡将气体稳定地持留在其中。未达到气/水界面的面筋蛋白也会形成类似蛋白质薄膜并与上述蛋白质囊泡连接而在面团中形成连续的蛋白质网络。这个网络将淀粉粒和其他食品截留在中间。因此，面团实际是面筋蛋白形成的一种凝胶结构。

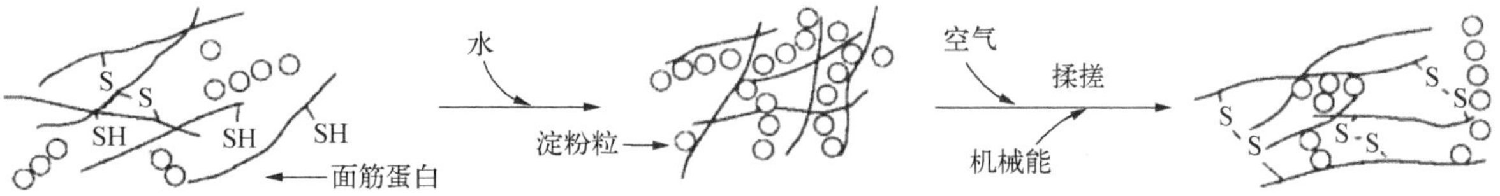

图5-16　面团形成原理示意图

如果对面团长时间进行机械处理或揉搓，会导致面团特有的结构和质地被破坏，而形成传统所谓的“死面”。一般来说在面团形成的早期，面团对抗机械作用的能力(即混合耐受性)随揉搓时间的延长而增强，而后达到最大值，保持一段时间后，面团的性能会急剧下降甚至出现塌陷，这表明维持面团结构和特性的面筋蛋白网络结构被破坏，这很可能是由于面筋蛋白网络结构中的二硫键断裂所致。

2. 影响面团形成的因素

(1) *面筋的含量与质量*：面筋蛋白含量高或面筋蛋白筋力强的面粉，需要长时间揉搓才能产生黏合的面团，其忍受机械损伤的能力也较高；而面筋蛋白含量低的面粉形成的面团，则很容易出现塌陷。用不同比例的麦醇溶蛋白-麦谷蛋白的均质麦粉制作面团的试验表明麦谷蛋白决定着面团的弹性、黏结性和混合耐受性，而麦醇溶蛋白决定着面团的流动性、延伸性和膨胀性。因此，在面包制作过程中麦谷蛋白和麦醇溶蛋白的平衡非常重要。大分子的麦谷蛋白与面包的强度有关，它的含量过高会抑制膨胀，而麦醇溶蛋白含量过高会导致过度的膨胀，面团容易出现塌陷。

(2) *氧化还原剂*：向面粉中加入半胱氨酸、偏亚硫酸氢盐等还原剂可通过二硫交换反应等打断部分二硫键而降低面团的黏弹性；相反，氧化剂的加入则能诱导形成更多的二硫键而提高面团的硬度和黏弹性。

(3) *添加物*：面粉中加糖、淀粉等可争夺面筋蛋白的水分，阻碍其水化作用；脂也可能改变面筋网络；在面团中加入极性脂类、变性球蛋白有利于麦谷蛋白和麦醇溶蛋白的相互作用，提高面筋的网络结构。少量的可溶性蛋白(清蛋白和球蛋白)在焙烤面包的过程中变性和凝集有利于面包芯的形成；焙烤面包时一部分水分从面筋蛋白中释放而被糊化淀粉吸收，所以面包仍具有良好的柔软性(含水40%～50%)。

八、蛋白质的界面性质

蛋白质的界面性质(interfacial properties of proteins)是指蛋白质能自发地转移至气-水界面或油-水界面并使界面得以稳定和维持的性质。蛋白质到达界面上以后，疏水基定向到油相或气相而亲水基定向到水相并发生变性而伸展，在界面形成蛋白质吸附层，从而起到稳定乳状液(emulsion)或泡沫(foam)的作用。一般理想的表面活性蛋白质具有三个性能：① 能快速地吸附至界面；② 能快速在界面上变性伸展并定向；③ 能与邻近分子相互作用形成具有强的黏合性和黏弹性并能忍受热和机械运动的膜。蛋白质的界面性质常指蛋白质的乳化性质(emulsifying property)与起泡性质(foaming property)。

1. 乳化性质

(1) 乳化性质的概念：乳化性质是指蛋白质能使互不相容的两相(液态)，其中一相以微小的液滴或液晶形式均匀地分散到另一相中形成具有相当稳定性的多相分散体系的性质。蛋白质乳化性质的基础是蛋白质的两亲性。

(2) 蛋白质乳化性质测定方法：蛋白质的乳化性质常用乳化能力、乳化活性指数和乳状液稳定性等指标衡量。下面分别简述其测定方法。

1) 乳化能力　乳化能力(emulsion capacity，EC)或乳化容量是指在乳状液相转变前每克蛋白质所能乳化的油的体积(mL)。一般将单位质量的蛋白质(g)配成水溶液，在不断搅拌下以不变的速度连续加入油或熔化的脂肪，记录在相转变之前所消耗的油的体积(mL)即为蛋白质的乳化能力。相转变通过测量乳化液的黏度、电导率等的突变点来确定。

2) 乳化活性指数　乳化活性指数(emulsifying activity index，EAI)是指单位质量的蛋白质能够稳定油/水界面的面积(m^2)。通常用浊度法进行测定。$EAI(m^2/g)=2T/[(1-\Phi)C]$，其中 T 为乳状液的浊度，C 是单位体积蛋白质水溶液中蛋白质的质量(g)，Φ 是乳状液中油相的体积分数。当用光径为 l 的比色皿中在500 nm 测定其吸光度(A)后，计算浊度 $T=2.303\ A/l$。

3) 乳化稳定性　乳化稳定性(emulsion stability，ES)指乳状液在各种应力(离心、加热、冷冻、静置等)作用下保持稳定的能力。取新鲜配制的乳状液(V_0，mL)置于低速离心或静置(一般需几个小时)后测定乳化层的体积(V_1，mL)，则乳状液的稳定性 $ES(\%)=(V_1-V_0)/V_0\times100$。有关蛋白质乳状液不稳定的情形可参阅油脂一章的有关内容。

(3) 影响蛋白质乳化性质的因素：影响蛋白质乳化特性的因素主要包括蛋白质的结构因素(氨基酸组成、非极性/极性氨基酸残基之比、疏水性/亲水性氨基酸残基的比例与分布、高级结构、二硫键的数目、分子大小和形状、分子柔性等)和环境因素(pH、离子强度、蛋白质浓度、温度、输入能量、共存成分等)。

1) 蛋白质结构　一般说来，不溶于水的蛋白质基本无乳化活性。而在蛋白质可以溶解的情况下，其疏水性是决定乳化性质的重要因素。一般认为蛋白质的疏水性越高，其乳化性质越优。但这仍然要看疏水基团在蛋白质分子表面分布的情况。即使蛋白质可及表面被非极性氨基酸残基占据超过40%，如这些残基形成隔离小区，蛋白质的乳化活性依旧不好。而随蛋白质分子表面隔离疏水小区的增多，蛋白质自发吸附到油/水界面的效率提升。当蛋白质分子表面的疏水小区达到一定数量时，蛋白质才能稳定地吸附在油/水界面上形成稳定的乳状液。另外，蛋白质分子的结构易变性(分子柔性)越强，蛋白质的乳化性质也越好。诸如血清蛋白、乳清蛋白等球形蛋白质分子因具有稳定的结构和很大的亲水性表面而具有较差的乳化性质，酪蛋白呈柔性无规卷曲且分子表面的亲水区与疏水区相对分开，则具有良好的乳化性质。

2) pH　pH 影响蛋白质乳状液的形成和稳定。一般说来，在等电点具有较高溶解度的蛋白质(如血清蛋白、明胶、卵清蛋白等)，在等电点时的乳化性质优于其他 pH 点。这时的蛋白质由于很弱的静电斥力使其能在油/水界面获得最大的吸附量而形成牢固的黏弹性蛋白质薄膜而促进乳液形成与稳定。相反，在等电点时溶解度很低的蛋白质(如大豆蛋白、酪蛋白、肌原纤维蛋白、花生蛋白等)，往往在其他 pH 点上的乳化性质优于等电点上的。

3) 离子强度　在食品正常咸度的盐浓度范围内，盐主要通过影响蛋白质的溶解度而影响其乳化性质。如在肉馅胶体中(pH 4～8)中，适量的 NaCl(0.5～1.0 mol/L)能提高蛋白质的乳化性质，这很可能是由肌原纤维蛋白的盐溶效应所致。

4）其他　热处理对蛋白质乳化特性的影响具有两面性，有些蛋白质的乳化性质因热变性而增强，而有些则明显受损。另外，加入小分子的表面活性剂，如磷脂和甘油一酯等，它们与蛋白质竞争地吸附在界面上，从而降低了蛋白质膜的硬度和削弱了使蛋白质保留在界面上的作用力，也使蛋白质的乳化性能下降。

2. 起泡性

（1）起泡性的概念：起泡性（foamability）指蛋白质在气-液界面形成坚韧的薄膜使大量气泡并入并稳定的能力。泡沫（foam）是食品中常见的一种质地，如冰激凌、蛋糕、啤酒等都与泡沫有关。将能形成泡沫的物质称为起泡剂（foaming agent），而破坏泡沫使泡沫消失的物质则称为消泡剂（antifoaming agent）。蛋白质能作为起泡剂主要决定于蛋白质的表面活性和成膜性。例如，蛋清中的水溶性蛋白在搅打时可自发吸附到气/水界面而降低表面张力。吸附到气/水界面的蛋白质因界面变性而伸展，并相互作用形成有一定刚性和弹性的薄膜，从而使泡沫稳定。因此，良好的食品泡沫具有如下特征：① 含有大量的气体（低密度）；② 气泡细小且分散均匀，形成巨大的气/水界面面积；③ 在气/水界面较高的溶质浓度；④ 有能胀大且具刚性或半刚性并有弹性的膜或壁。

形成蛋白质泡沫常有三种方法：① 鼓泡法，即将气体通过一个多孔分配器鼓入蛋白质溶液中产生泡沫；② 搅拌法，即在有大量气体存在的条件下，通过打擦或振荡蛋白质溶液而产生泡沫，如蛋清的起泡；③ 释压法，即通过加压方式将气体溶于蛋白质溶液后突然释放压力，溶液中气体则会膨胀而形成泡沫，如啤酒泡沫的形成。

（2）起泡性测定方法：常用起泡力和泡沫稳定性等指标评价蛋白质的起泡性。

1）起泡力　起泡力（foaming power，Fp）指在一定浓度下单位质量的蛋白质（g）能够持留气体的体积（mL）。通常用形成的泡沫和起始蛋白质溶液的体积之比表示。

2）泡沫稳定性　泡沫稳定性（foam stability，Fs）指蛋白质泡沫抵抗各种应力（离心、加热、冷冻、静置等）而保持稳定的能力。通常用静置法进行测定，即取新鲜蛋白质泡沫置于量筒中，并记录其体积（V_0，mL），然后在一定条件下放置一段时间（如 30 min）后记录剩余泡沫的体积（V_1，mL），泡沫稳定性 $Fs(\%)=(V_0-V_1)/V_0\times 100$。

（3）影响蛋白质起泡性的因素

1）蛋白质结构　具有良好起泡性的蛋白质应能够快速地扩散到气/水界面，在界面上发生吸附、定向、伸展，并通过分子间相互作用力形成黏弹性的界面膜。溶解度、分子柔性、疏水性、极性基团和疏水性基团的分布等因素对蛋白起泡性的影响与它们影响蛋白质乳化特性的规律雷同。但一般说来，具有良好起泡力的蛋白质往往不具有稳定泡沫的能力；而能使泡沫稳定的蛋白质起泡力又比较弱。这主要是因为起泡力和泡沫稳定性分别由两组彼此对抗的蛋白质性质控制。起泡力受蛋白质的吸附速率、分子柔性和疏水性控制，而泡沫稳定性取决于气/水界面上形成的蛋白质膜的流变学性质。而膜的流变学性质受蛋白质水合作用、膜厚度、蛋白质浓度和有利于蛋白质分子间相互作用的因素影响。一般蛋白质的分子柔性越好，其泡沫稳定也越高。具有良好起泡性质的蛋白质包括卵清蛋白、明胶、乳清蛋白、酪蛋白、小麦谷蛋白、大豆蛋白和一些蛋白质有限水解物。

2）蛋白质浓度　蛋白质的起泡力一般随蛋白质浓度提高至某一水平时达到最大值。一般说来，蛋白质浓度在 2%～8%范围内，随浓度的增加其起泡力有所增加。而高浓度的蛋白质对泡沫稳定性的影响来自两个方面，一方面是高浓度一般伴随高黏度而提升了泡沫稳定性；另一方面是高浓度为蛋白质形成有一定厚度的黏弹性气/水界面膜提供了有利条件。蛋白质浓度越高，形成的泡沫越坚硬。

3）pH　一般说来，在等电点具有较高溶解度的蛋白质（如血清蛋白、明胶、蛋清蛋白等），在等电点时的起泡力和泡沫稳定性都优于其他 pH 点。这是由于在等电点时静电斥力的减弱有利于更多的蛋白质吸附到气/水界面，并使蛋白质分子之间的作用力加强而形成更为牢固的膜。而对那些在等电点具有较低溶解度的蛋白质，由于在等电点时能够参与泡沫形成的蛋白质分子数量有限，使其在等电点的起泡力最差。但此时，这类蛋白质中少量可溶解的蛋白质一旦形成泡沫，则其稳定性极强。而那些不溶解的蛋白质虽然不能参与起泡，但可以吸附到气/水界面增加膜的强度而使水溶性蛋白质形成的泡沫更加稳定。在偏离等电点的

pH 范围内，蛋白质往往表现良好的起泡力和较差的泡沫稳定性。

4）盐类 盐对蛋白质起泡性的影响取决于盐的种类和蛋白质的性质。一般来说，蛋白质被盐析时显示较好的起泡性质，而被盐溶时则显示较差的起泡性质。对于大多数球状蛋白，如牛血清清蛋白、卵清蛋白、面筋蛋白和大豆蛋白等，起泡力和泡沫稳定性随盐浓度增加而提高。而另外一些蛋白质，如乳清蛋白，盐浓度的增加会降低其起泡性质。NaCl 通常能提升蛋白质的起泡力而对泡沫稳定性有损伤，可能与盐溶降低溶液的黏度有关；而诸如 Ca^{2+}、Mg^{2+} 等二价阳离子在 0.02～0.04 mol/L 范围内能提高蛋白质泡沫稳定性，这与蛋白质分子之间盐键的形成有关。

5）糖类 蔗糖、乳糖和其他糖的加入会损害蛋白质的起泡力，但由于黏度的增加会改进泡沫稳定性。因此，在加工蛋白甜饼、糕点、蛋奶酥等含糖泡沫食品时，应先搅打起泡，形成稳定的界面膜后再加糖，糖可增加泡沫结构中薄层液体的黏度而提高泡沫的稳定性。

6）脂类 脂类对蛋白质的起泡力和泡沫稳定性都是不利的。由于脂类具有比蛋白质更好的表面活性，以竞争的方式在界面上取代蛋白质，减少了膜的厚度和黏结性，泡沫稳定性下降。所以，作为起泡剂使用的蛋白质应含有较低的脂类。食品工业上常使用的消泡剂大多属于极性脂类，如硅油、甘油二酯等。

7）温度 在蛋白质不发生变性的温度范围内，降低温度使蛋白质的疏水作用下降，起泡力下降，而温度降低伴随黏度的升高有利于泡沫稳定；当可导致蛋白质变性时，温度对起泡性的影响具有不确定性。有些蛋白质的热变性有利于其起泡性的发挥，如乳清分离蛋白(whey protein isolate)在 70℃加热 1 min 可改善其起泡性；而 90℃加热 5 min 后即便保持可溶，其起泡性变差。

8）起泡方法 为了形成足够的泡沫，搅拌、搅打时间和强度必须足够，使蛋白质充分地展开和吸附。然而过度激烈的搅打也会导致泡沫稳定性降低，因为剪切力使吸附膜及泡沫破坏和破裂。搅打鸡蛋清如超过 6～8 min，将引起气/水界面上的蛋白质部分凝结，使得泡沫稳定性下降。另外搅打的方向也非常重要。蛋清起泡的过程中就要求始终沿同一方向搅打，否则无法达到最佳起泡效果。

九、蛋白质的风味结合作用

1. 蛋白质风味结合作用的概念 蛋白质风味结合作用(flavor binding)指蛋白质分子可与食品中的一些风味化合物发生结合而使后者持留在食品体系中的作用。蛋白质风味结合作用对食品有有利的方面也有不利的方面。蛋白质可通过风味结合作用与食品期望的香气成分结合而使其在食品加工或贮藏期间不散失，而当食品被消费时，这些风味物质能在口腔内迅速而不失真地释放产生食品特有的香气。但另一方面，某些蛋白质食品中本身有一些让人难以接受的异味(如豆腥味、膻味等)，产生这些异味的风味物质也能够与蛋白质结合而使其难于被除去，使食品在入口被咀嚼时仍有异味。

蛋白质与风味物质的结合包括物理吸附和化学吸附。前者主要通过范德华力和毛细管作用吸附，后者包括静电吸附、氢键结合和共价结合。蛋白质中有的部位与极性风味物质结合，例如乙醇可与极性氨基酸残基形成氢键；有的部位则与弱极性风味物质结合，如中等链长的醇、醛和杂环风味物可能在蛋白质的疏水区发生结合；还有的部位能与醛、酮、胺等挥发物发生较强的结合，如赖氨酸的 ε-氨基可与风味物的醛和酮基形成席夫碱(schiff base)(图 5-17)，而谷氨酸和天冬氨酸的游离羧基可与风味物的氨基结合成酰胺。

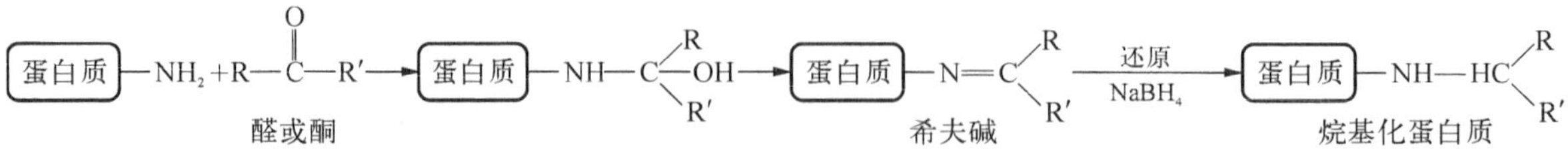

图 5-17 蛋白质与醛或酮的化学结合作用

2. 影响蛋白质风味结合作用的因素

(1) 水分：水能促进蛋白质对极性挥发物的结合而对非极性化合物则没有影响。在干燥的蛋白质中挥发物的扩散是有限的，加水就能提高极性挥发物的扩散速度和与结合部位结合的机会。脱水处理，如真空冷冻干燥能使最初被蛋白质结合的挥发物质释放 50%以上。

(2) 温度：热变性蛋白质显示较高结合风味物的能力，如 10%的大豆蛋白离析物水溶液在有正己醛存在时于 90℃加热 1 h 或 24 h，然后冷冻干燥，发现其对正己醛的结合量比未加热的对照组分别大 3 倍和 6 倍。

(3) 盐：主要是受盐溶和盐析两种作用方式的影响。在盐溶效应状态，降低了蛋白质与风味物质的结合(疏水作用下降)；在盐析效应状态可提高蛋白质与风味物质的结合。

(4) pH：pH 的影响一般与 pH 诱导的蛋白质构象变化有关，通常在碱性 pH 条件下比在酸性 pH 条件下更有利于与风味物的结合，这是由于蛋白质在碱性 pH 比在酸性 pH 发生了更广泛的变性。

第五节 蛋白质在食品加工过程中的化学变化

蛋白质在食品体系中的化学变化主要有两个方面：一是蛋白质在食品加工过程中的化学变化，这类变化伴随食品加工过程自然发生，是蛋白质自身或蛋白质与食品体系中的共存成分在正常食品加工条件下发生的变化；二是蛋白质化学改性(chemical modification)，指人为创造条件(一般要引入反应试剂，且通常不在食品正常加工条件下)引起蛋白质发生特定化学变化而改变蛋白质性能的过程。本教材对二者加以区别，当出现重复时，以第一个方面为主。下面将蛋白质在食品加工过程中的化学变化进行阐述。

一、水解

酸、碱和蛋白酶都能使肽键断裂而使蛋白质发生水解(hydrolysis)并形成一系列中间产物(胨、多肽、寡肽等)，直至成为氨基酸。因此，蛋白质在食品中常见的水解方式包括酸水解、碱水解和酶水解。这类反应可以在食品加工过程中发生也可以用于蛋白质改性。通常将蛋白质用 6 mol/L 的盐酸在 110℃回流加热 10～24 h 或加压条件下在 120℃水解 10～12 h 实现完全水解。盐酸水解的优点是催化剂可通过蒸发去除、水解彻底、水解后的氨基酸仍保持 L-型等，其缺点是色氨酸几乎完全被破坏，丝氨酸、苏氨酸、酪氨酸也部分被破坏。虽然植物蛋白酸水解物常用作配制酱油等的配料，但在盐酸水解蛋白质的过程中会生成一类致癌物——氯丙醇(chloropropanol)，包括 1,3-二氯-2-丙醇、2,3-二氯-1-丙醇、3-氯丙醇、3-氯-1,2-丙二醇、2-氯-1,3-丙二醇等。植物蛋白酸水解物中氯丙醇的量和组成取决于原料蛋白粉中类脂物的组成，其形成过程为亲核取代反应，有关氯丙醇形成的机理可查阅有关文献(Journal of the American Oil Chemists Society, 1991, 68(10): 785-790)。虽然用 6 mol/L 的 NaOH 在沸腾条件下水解 6 h 也可以完全将蛋白质水解为氨基酸，但这会引起严重的氨基酸异构，氨基酸破坏也非常严重，因此一般不采用。

常用于水解蛋白质的酶包括植物蛋白酶(如木瓜蛋白酶)、动物蛋白酶(如胰酶)和微生物蛋白酶(如中性蛋白酶)等。其优点是可在常温常压下进行、不破坏氨基酸、氨基酸也不发生异构；缺点是时间较长且水解很难完全。需要指出的是有些蛋白质的酶水解产物具有明显的苦味，这同时与蛋白质自身性质和所用酶的种类有关。详细可参阅有关文献(蛋白质水解物苦味研究进展，粮油食品科技，1999 年第 3 期)。

二、氧化

氧化(oxidation)指蛋白质分子中的某些氨基酸残基在各种氧化剂的作用下被氧化，进而由此引发的一系列反应。蛋白质分子中对氧化最敏感的氨基酸残基是甲硫氨酸、半胱氨酸、胱氨酸、色氨酸和组氨酸残基，其次是酪氨酸残基。蛋氨酸易被氧化成蛋氨酸亚砜甚至蛋氨酸砜，前者在人体内(胃酸)可被还原转化为蛋氨酸继续发挥生物效能，而后者无任何生物学价值。半胱氨酸和胱氨酸在碱性条件下氧化形成脱氢丙氨酸残基，而在酸性条件下会被氧化形成胱氨酸亚砜和胱氨酸二亚砜。色氨酸在酸性温和的氧化条件下被氧化成 β-氧代吲哚基丙氨酸；而在酸性强氧化条件下的产物为 N-甲酰犬尿氨酸等。酪氨酸的氧化产物常为二酪氨酸，并由此引发蛋白质交联。

三、赖丙氨酸等的形成(热碱处理)

在碱性条件下对蛋白质进行热处理，可形成赖丙氨酸(lysinoalanine)、羊毛硫氨酸、鸟氨丙氨酸等物质。该类物质的形成有两步反应(图 5-18)：① 蛋白质分子中的半胱氨酸和磷酸丝氨酸残基经过 β-消除反应形成脱氢丙氨酸残基；② 反应活性很强的脱氢丙氨酸残基与赖氨酸残基的 ε-氨基、鸟氨酸残基的 δ-氨基半胱氨酸残基的巯基反应分别形成赖丙氨酸、鸟氨丙氨酸和羊毛硫氨酸。

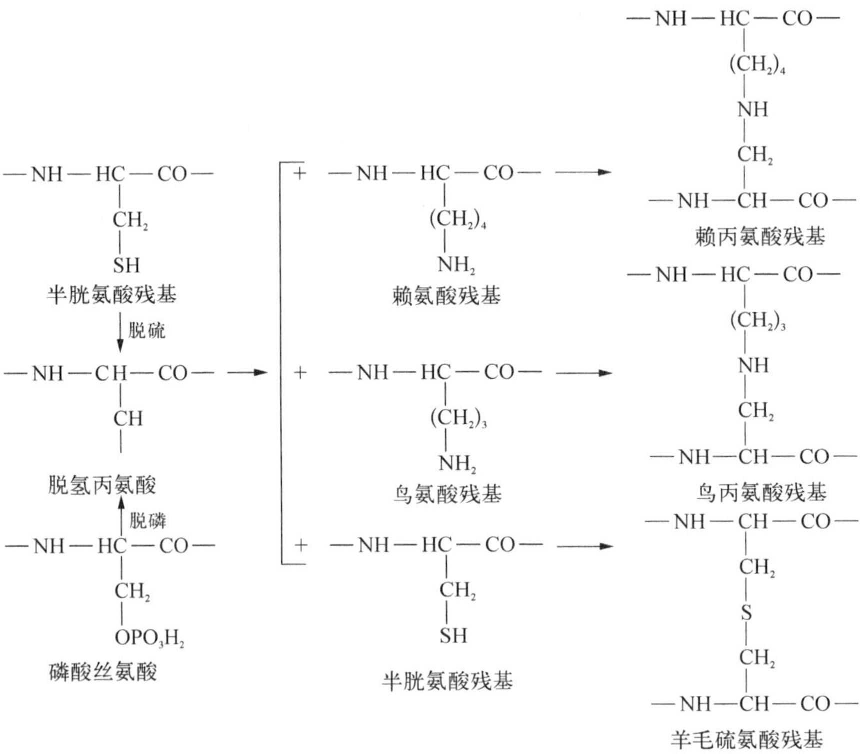

图 5-18 食品件处理过程中赖丙氨酸的形成途径

赖丙氨酸的摄入会导致动物发生腹泻、胰腺肿大、脱毛、肾原细胞增大、肾钙质沉积等症状。常见的食品如玉米片(390)、椒盐卷饼(500)、淡炼乳(590～860)、浓炼乳(360～540)、UTH 奶(160～370)、UTST 奶(260～1 030)、脱脂炼乳(520)、人造干酪(1 070)、蛋清粉(160～1 820)、酪蛋白酸钠(430～6 900)、酪蛋白酸钙(370～1 000)、水解植物蛋白(40～500)、大豆分离蛋白(0～370)、酵母抽提物(120)等中都含有一定水平的赖丙氨酸(mg/g 蛋白质)。

四、脱酰胺

脱酰胺(deamidation)是指在一定条件下使蛋白质分子中的谷氨酰胺或天冬酰胺转变成谷氨酸或天冬氨酸的过程(图 5-19)。脱酰胺作用可以提升蛋白质诸如溶解度、起泡性、乳化特性等功能性质，同时可提升蛋白质的消化性，降低蛋白质的过敏原性。

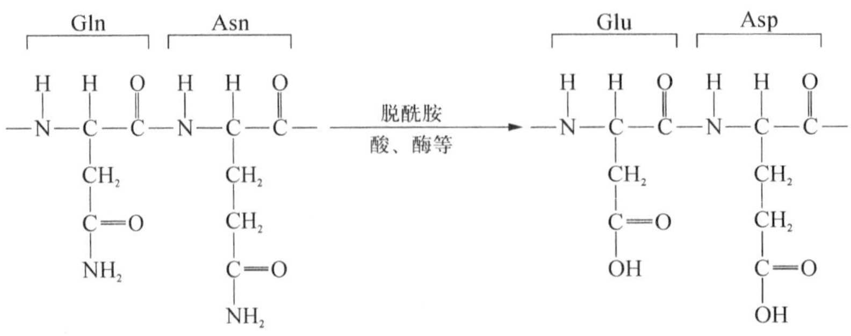

图 5-19 蛋白质脱酰胺示意图

蛋白质脱酰胺作用可通过酸、热、挤压、阳离子交换树脂或酶进行诱导。在食品体系中，酸诱导脱酰胺最常见。在酸法脱酰胺过程中，天冬酰胺残基的脱酰胺速率明显高于谷氨酰胺残基。向酸溶液中加入携带有长链烷基的硫酸根基团(如十六烷基磺酸钠，sodium dodecyl sulfate，SDS)或阳离子交换树脂(cation-exchange resin)增强脱酰胺作用。但是在酸法脱酰胺过程中蛋白质可能发生部分水解而产生苦味和异味。相比较而言，在 pH 8 和 100℃下，磷酸根和碳酸根离子能使蛋白质发生脱酰胺而醋酸根、硫酸根无脱酰胺效应。催化蛋白质酶法脱酰胺的酶主要为谷氨酰胺酶(glutaminase)和谷氨酰胺转氨酶(transglutaminase)。谷氨酰胺酶只能引起谷氨酰胺残基发生脱酰胺而对天冬酰胺残基无效，而谷氨酰胺转氨酶常会引起蛋白质发生交联。诸如胃蛋白酶(pepsin)、胰蛋白酶(trypsin)和胰凝乳蛋白酶(chymotrypsin)在碱性条件下也能催化脱酰胺。

五、异构化

在高温超过 200℃时对蛋白质进行碱处理，会导致氨基酸残基发生异构化(isomerisation)，天然氨基酸残基从 *L*-型部分转化为 *D*-型，从而使蛋白质的营养价值降低。理论上，产物中 *L*-型和 *D*-型的比例为 1∶1。

六、脱硫

脱硫作用(desulfation)是指蛋白质中甲硫氨酸在微生物代谢酶的作用下分解形成含硫风味化合物甲硫基丙醛、甲硫醇，进一步氧化产生二甲基二硫(DMDS)、二甲基三硫(DMTS)。参与蛋白质脱硫作用的微生物主要是乳球乳酸菌(*Lactococcus lactis*)和扩展短杆菌(*Brevibacterium linens*)。其中，*L. lactis* 代谢产生胱硫醚 β-裂解酶和胱硫醚 γ-裂解酶参与 γ-脱硫作用。*B. Linens* 代谢产生能特异性作用于甲硫氨酸的甲硫氨酸 γ-裂解酶，参与 α,γ-脱硫作用。脱硫作用对干酪风味的形成具有十分重要的作用。其中，甲硫基丙醛具有煮熟的马铃薯气味，是良好切达干酪风味的主要贡献者；甲硫醇、DMDS、DMTS 能够形成干酪所期望的蒜香。

七、糖基化

蛋白质糖基化作用(glycosylation)广泛发生在生物体内，这一过程主要是通过酶的作用将单糖或寡糖通过丝氨酸或苏氨酸残基的羟基以及天冬酰胺残基的氨基连接到蛋白质分子上。而食品体系中蛋白质的糖基化主要是通过赖氨酸残基的 ε-氨基或肽链 *N*-末端氨基将糖类物质连接到蛋白质分子上，这一反应的实质是美拉德反应(Maillard reaction)(详细机理见第七章)。

当然，正如蛋白质与醛类、酮类风味物质的共价结合一样，糖类物质也可以通过还原性烷基化作用连接到蛋白质分子上(图 5-17)(属于蛋白质化学改性)。通过美拉德反应可以将单糖、二糖、多糖甚至糖类衍生物(6-磷酸葡萄糖)连接到蛋白质上。糖基化对蛋白质的功能性质有改变。糊精对 β-乳球蛋白、葡萄糖对肌原纤维蛋白(myofibrillar)、单糖和二糖(葡萄糖、半乳糖、果糖、乳糖、麦芽糖)对酪蛋白的糖基化作用能提升蛋白质在等电点附近的溶解度，但麦芽糖对 β-乳球蛋白的糖基化有相反的作用。与糊精的糖基化作用能提升蛋白质的热稳定性。葡萄糖或麦芽糖对 β-乳球蛋白、半乳糖对菜豆球蛋白、多糖对荞麦蛋白的糖基化作用能改善蛋白质的乳化特性与起泡性。而多糖或二糖与酪蛋白的糖基化作用会使蛋白质的消化性降低。

八、与多酚反应

当前的研究表明，多酚与蛋白质的共价结合机理主要包括邻醌机制与碳正离子机制。多酚与蛋白质的邻醌结合机制主要分两步完成(图 5-20)。第一步是多酚被氧化形成邻醌或半醌。多酚的氧化途径主要有 3 个：首先，在诸如酪氨酸酶或漆酶的催化下，多酚发生酶促氧化生成邻苯醌；再者，食品体系中的活性氧可直接使多酚发生自动氧化形成邻苯半醌；另外，某些金属阳离子，如 Fe^{3+}，也能诱导多酚氧化形成邻苯醌或邻苯半醌。多酚与蛋白质共价结合的第二步是通过邻醌或半醌与蛋白质分子中的巯基、氨基、亚氨基等发生亲核加成反应使多酚和蛋白质之间形成 C—N 或 C—S 共价键。

多酚与蛋白质的碳正离子结合机制也主要分两步完成(图 5-21)。第一步是食品体系中的原花青素-黄烷复合物在酸性介质中发生裂解，导致高聚的黄烷-3-醇的 C4 位有碳正离子的生成以及低聚黄烷-3-醇会释放出黄烷-3-醇单体。第二步是裂解形成的碳正离子与蛋白质的亲核基团如巯基、氨基等发生加成反应使多酚和蛋白质之间形成 C—N 或 C—S 共价键，或者与外源性多肽链发生交联。

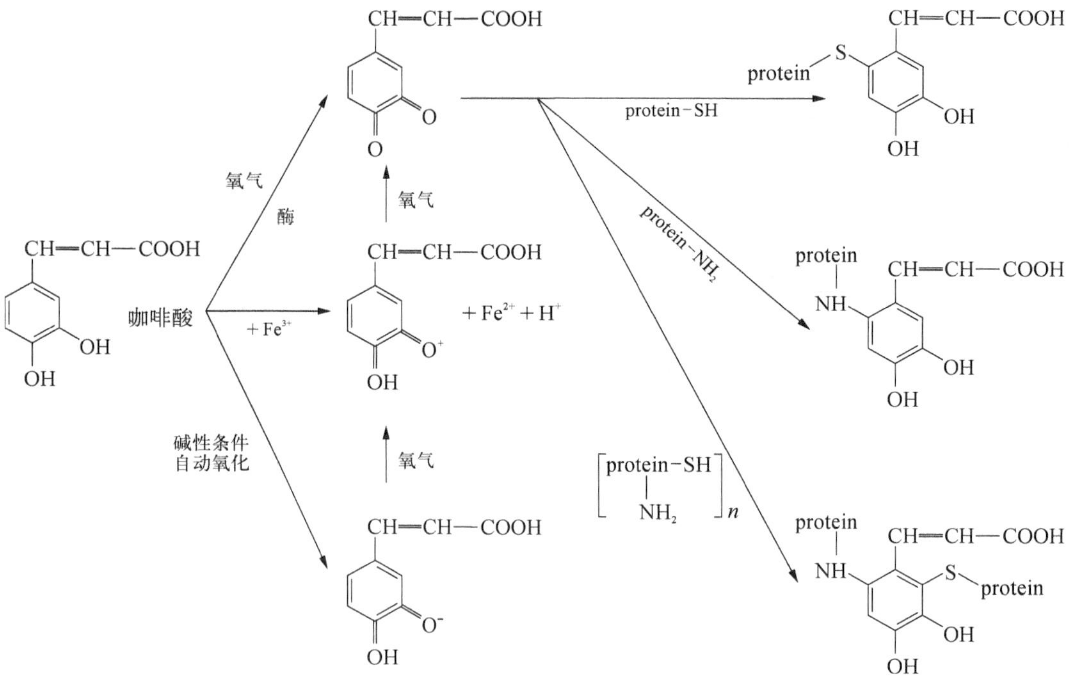

图 5-20 多酚与蛋白质共价结合邻醌机制示意图(以咖啡酸为例)

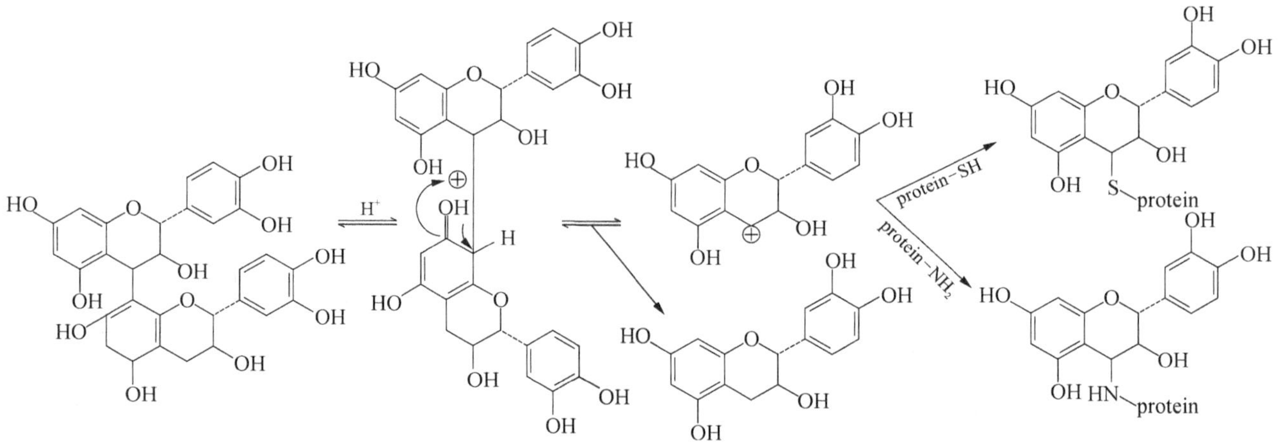

图 5-21 多酚与蛋白质共价结合的碳正离子机制示意图

多酚与蛋白质的共价相互作用对食品体系的影响主要体现在以下方面：① 感官特性。多酚与蛋白质的共价作用会引起食品体系浑浊度、颜色、风味等的变化；② 对多酚的影响。多酚与蛋白质的共价相互作用对多酚的形态、抗氧化力和生物利用率均有明显的影响；③ 对蛋白质的影响。多酚与蛋白质共价作用对蛋白质的影响主要表现在提高蛋白质的热稳定性、抗氧化活性和乳化活性而降低蛋白质的生物利用率和抗原性等。

九、与亚硝酸盐反应

亚硝酸盐与蛋白质的反应对食品体系有有利的影响也有不利的影响。一方面，在酸性条件下，食品中的亚硝酸盐能与仲胺作用生成对人体有致癌活性的亚硝胺(图 5-22)。食品游离的或处于蛋白质分子中的脯氨酸、色氨酸、酪氨酸、半胱氨酸等都是这一反应的活泼底物。这一反应可发生在食品加工、烹饪过程中，也可以发生在消化过程中，尤其在胃中。在红色肉腌制过程中加入亚硝酸盐，当肉在后续加热过程中，亚硝酸盐能与肌红蛋白形成热稳定的亚硝基血色原(nitrosyl myoglobin)和亚硝基肌红蛋白(nitrosyl hemochromogen)。这在牛排等的加工中非常重要。根据牛排烤制过程中心温度可将其划分为一分熟(rare，52℃)、三分熟(medium rare，54～57℃)、五分熟(medium，60～63℃)、七分熟(medium well，65～68℃)、全熟

(well done，74℃)牛排。

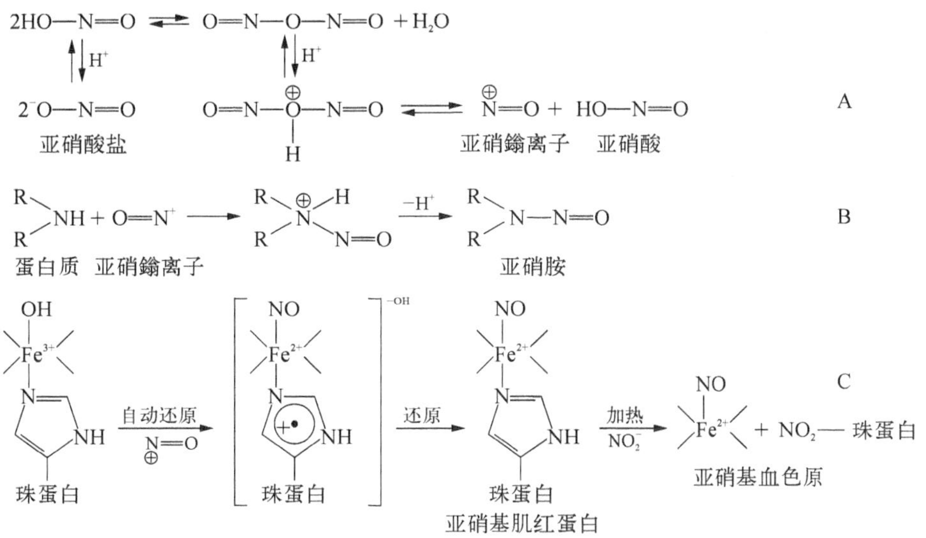

图 5－22　亚硝酸盐致亚硝胺形成(A－B)和肉呈色(A－C)的机理

十、丙烯酰胺生成

丙烯酰胺(acrylamide)是2002年瑞典科学家首先在高温加工的淀粉性食物(如油炸马铃薯片、面包等)中发现的。丙烯酰胺主要具有神经毒性；此外也具有生殖和发育毒性。大鼠、小鼠、豚鼠和兔的丙烯酰胺经口半数致死量(LD50)为150～180 mg/kg，属中等毒性物质。丙烯酰胺主要在高碳水化合物、低蛋白质的植物性食物加热(120℃以上)烹调过程中形成。140～180℃为生成的最佳温度。它主要存在在高温加工的土豆制品(包括薯片、薯条等)(0.477 mg/kg)、咖啡及其类似制品(0.509 mg/kg)、早餐谷物类食品(0.313 mg/kg)中，其他种类食品的丙烯酰胺含量基本在0.1 mg/kg以下。丙烯酰胺主要由氨基酸与还原糖的Maillard反应中间产物形成，也可以直接由β-丙氨酸、天冬氨酸(图5－23)和肌肽(carnosine)形成，或者由半胱氨酸和丝氨酸间接形成。

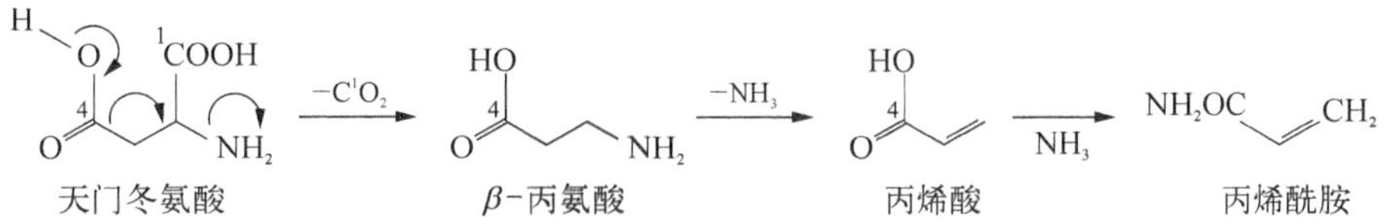

图 5－23　有天冬氨酸形成丙烯酰胺的过程

第六节　蛋白质改性

蛋白质改性是指利用蛋白质分子中的各种官能团的反应特性，设计特定的化学反应使蛋白质分子发生降解、携带上新的基团或成分，从而改变蛋白质固有功能特性的方法。蛋白质化学改性通常不在食品体系中进行，而是以较高纯度蛋白质为底物，引入新的反应底物或催化剂，通常是在非食品加工条件下发生的反应。蛋白质化学改性其过程是一个纯粹的化学反应，而其目的是制备具有性能更优良的蛋白质食品配料。蛋白质化学改性根据是否需要酶分为化学改性(chemical modification)和酶促改性(enzymatic modification)。常见的酶促改性包括限制性酶水解和类蛋白反应；而常见的化学改性包括酰化、烷基化、磷酸化和交联等。

一、酰化

酰化(acylation)是指在碱性条件下(pH 8)通过蛋白质与酸酐的反应将酰基(常见的有乙酰基和琥珀酰

基)连接到蛋白质的氨基上的反应,有时也可以连接到蛋白质分子中的羟基、咪唑基和巯基上(图 5-24)。其中赖氨酸残基的 ε-氨基最容易发生酰化,酪氨酸残基的酚羟基次之,组氨酸残基的咪唑基和半胱氨酸残基的羟基酰化程度很低,而丝氨酸和苏氨酸的醇羟基很难被酰化。乙酰化可使蛋白质的等电点向低 pH 方向移动,使蛋白质在酸性条件下的溶解度得以改善,同时有利于乳化特性和起泡力的改善,但一般会损伤蛋白质的凝胶特性。而琥珀酰化由于可以增加蛋白质的净负电荷,因此可提升蛋白质的水合能力和溶解度,同时能改善蛋白质的乳化特性、起泡力和凝胶特性。但酰化会使蛋白质的消化性(digestibility)和生物利用率(bioavailability)降低。另外,利用 *N*-羧酸酐(Carboxy-amino acid anhydride)作为酰化试剂,可以将一个氨基酸通过与蛋白质分子 *N*-末端氨基酸残基形成肽键或与赖氨酸残基的 ε-氨基形成异肽键(isopeptide bond)而将特定氨基酸并入蛋白质。通过这种方式向蛋白质中并入其限制性氨基酸(limitting essential amino acid)可有效改善蛋白质的营养价值。谷氨酰胺转氨酶也具有催化异肽键形成的能力。

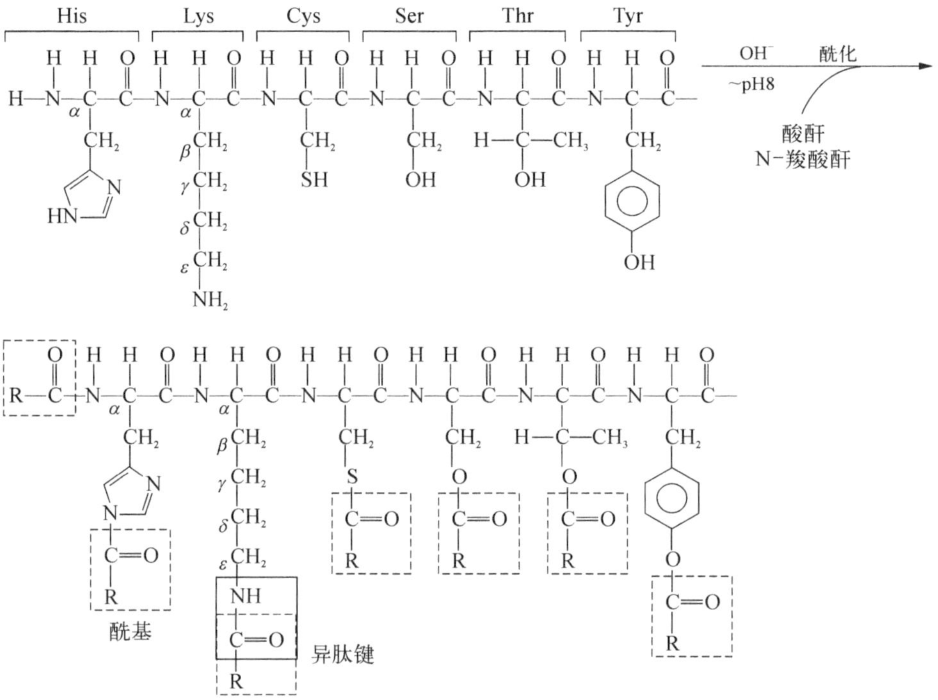

图 5-24 蛋白质酰化原理示意图

二、还原性烷基化

还原性烷基化(reductive alkylation)是指在有硼氢化钠或氰基硼氢化钠存在的条件下,在 pH 7~10 的溶液中通过蛋白质与醛类化合物反应将诸如甲基、丁基等烷基连接到蛋白质分子的 α-或 ε-氨基上的反应(图 5-17)。

三、磷酸化

磷酸化(phosphorylation)通过磷酸对蛋白质分子中丝氨酸、苏氨酸、酪氨酸残基上的羟基、赖氨酸残基的 ε-氨基、组氨酸残基的咪唑基以及精氨酸残基中的胍基进行 *O*-或 *N*-酯化反应(exterification reaction)而完成(图 5-25)。常在 pH 5~9 的条件下用三氯氧磷($POCl_3$)对蛋白质进行磷酸化,此反应常需持续进行几天才能完成。由于磷酸化增加了蛋白质的净负电荷,它能提高蛋白质的溶解度。天然食物中存在着磷酸化蛋白质,如酪蛋白。磷酸化蛋白质对钙离子诱导凝结高度敏感,可用于制作仿制干酪。在磷酸盐存在的情况下,磷酸化蛋白质能形成持水力很好的透明凝胶。磷酸化对蛋白质的消化性影响一般很小。

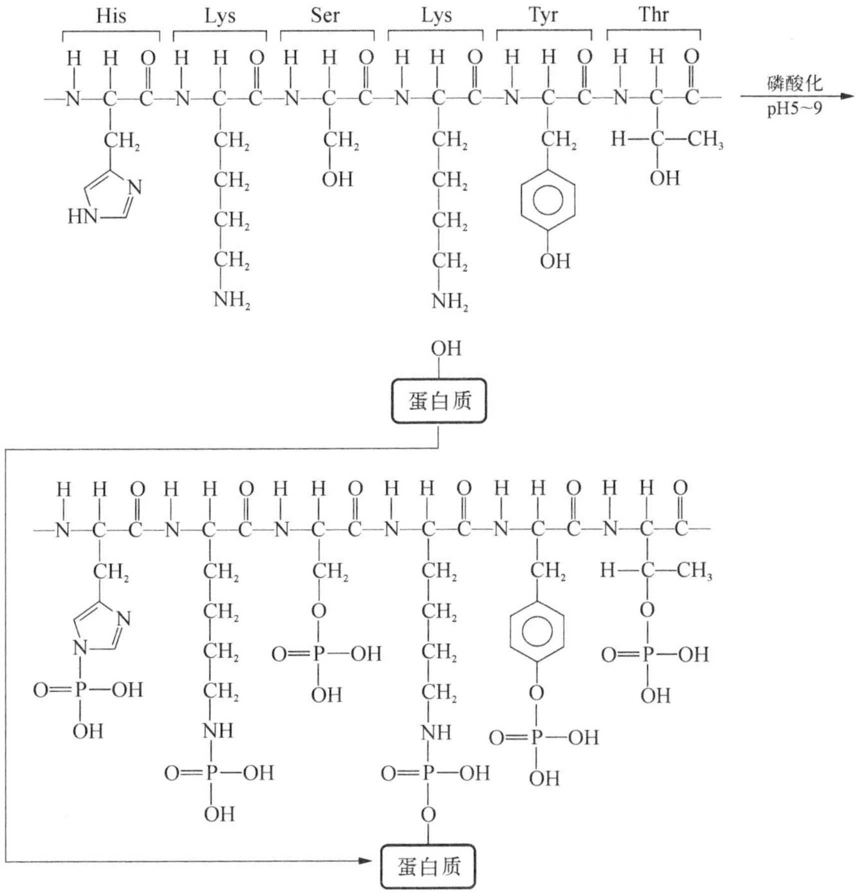

图 5-25 蛋白质磷酸化及磷酸化交联原理示意图

四、交联

交联(cross-linking)是指通过一定方式使蛋白质分子中两个官能团(functional group)在分子内或分子间以共价方式连接的过程。常见的蛋白质交联方式包括:① 二硫键交联(disulfide bond linkage)。该方式是通过蛋白质中半胱氨酸残基上的巯基之间形成二硫键而实现的。二硫键的形成使蛋白质结构更加稳定,抵抗酶水解的能力更强。此方式的交联在面团形成中至关重要(图 5-16)。② 硫醚键交联(thioether linkage)。该方式是通过半胱氨酸残基的巯基与脱氢赖丙氨酸(dehydroalanine)形成羊毛硫氨酸(lanthionine)而实现的(图 5-17)。③ 胺交联(amine linkage)。该方式是通过赖氨酸残基的 ε-氨基与脱氢赖丙氨酸形成赖丙氨酸而实现的(图 5-18)。④ 磷酸化交联(phosphorylation linkage)。该方式是通过一个蛋白质分子中的氨基或羧基能与另外一个磷酸化蛋白质分子中的磷酸基团反应而使两个蛋白质分子发生交联(图 5-25)。⑤ 异肽键交联(isopeptide bond linkage)。该方式是通过一个蛋白质分子中赖氨酸残基的 ε-氨基与另外一个蛋白质分子中的羧基之间形成异肽键而使两个蛋白质分子发生交联(图 5-24)。该方式可通过化学或酶催化形成。后者常用谷氨酰胺转氨酶,它以肽链上的谷氨酰胺残基的 γ-酰胺基作为酰基供体,多肽链中赖氨酸残基的 ε-氨基为酰基受体,形成蛋白质分子内或分子间的 ε-(γ-谷氨酰基)-赖氨酸异肽键使蛋白质分子发生交联。通过酶法交联可改善蛋白质的溶解性、起泡性、乳化特性及营养学特性。⑥ 多酚交联(polyphenol linkage)。该方式的交联机理见图 5-20。⑦ 脂质氧化诱导交联(lipid oxidation induced linkage)。该方式是通过脂类氧化形成的过氧自由基攻击蛋白质分子使蛋白质分子形成自由基,蛋白质自由基之间通过自由基消除反应而形成交联物。此方式的交联对蛋白质营养价值破坏严重。

五、类蛋白反应

类蛋白反应(plastein reaction)是指蛋白质发生酶解生成肽分子,肽分子再在蛋白酶的催化下发生蛋白质再合成反应形成新的蛋白质分子(称为类蛋白)的过程。一般有三步过程:① 低浓度蛋白质水解物(3%~5%)制备(分子质量低于 1 000);② 水解物浓缩、干燥;③ 高浓度水解物(20%~50%)在 pH 4~7 下酶法合成类蛋白。常用于催化类蛋白反应的酶包括胰蛋白酶、胃蛋白酶、木瓜蛋白酶和胰凝乳蛋白酶等。通过类蛋白反应可向蛋白质中强化限制性氨基酸。多肽之间的类蛋白反应效率要明显高于多肽-氨基酸之间的效率,因此,常用富含限制性氨基酸的蛋白质水解物与目标蛋白质水解物进行类蛋白反应而改善营养性能。类蛋白反应还可以用于蛋白质水解物脱苦。类蛋白反应产物一般具有较强的凝胶形成能力。

第七节 食品蛋白质研究热点

一、生物活性多肽

食源性生物活性肽是一类从食物蛋白中获得的对生物机体的生命活动有益或有重要生理功能的活性物质。通过酶解,动物源、植物源蛋白质可以分解成许多具有活性的肽段,这些肽段具有降血压、抑菌、抗氧化、降血脂、提高免疫力、促进脑发育等活性。在食品加工中研究和应用最多的是生物活性肽的分离提取、结构鉴定和功能的研究。

二、蛋白质组学

蛋白质组(proteome)一词,源于蛋白质(protein)与 基因组(genome)两个词的组合,意指"一种基因组所表达的全套蛋白质",即包括一种细胞乃至一种生物所表达的全部蛋白质。蛋白质组学本质上指的是在大规模水平上研究蛋白质的特征,包括蛋白质的表达水平、翻译后的修饰、蛋白与蛋白相互作用等,由此获得蛋白质水平上的关于疾病发生,细胞代谢等过程的整体而全面的认识。蛋白质组学技术的广泛应用促进了营养学多个领域的发展,包括食品蛋白质的组成与活性成分研究及相关食品安全检测,机体体液蛋白质的表征和鉴定,蛋白质在营养物质的消化、吸收和代谢过程中的调控机制,以及营养素在生长、生殖、抵抗疾病和维持健康过程中蛋白质的作用,还有营养素的个体化需要量的研究等。蛋白质组学在食品营养中的应用,集中在食品蛋白质的组成与活性分析、膳食营养素对人体基因代谢的影响以及对一些慢性病(糖尿病、高血压、肥胖、心血管疾病)的预防治疗方面。另外,人们已经将蛋白质组学技术广泛地应用食品品质分析、真伪鉴别和安全检测等方面的研究中。作为一门新兴的学科,蛋白质组学从蛋白质水平上探索蛋白质作用模式、功能机理、调节控制以及蛋白质群体内相互作用,为研究食品成分的功能、安全性及食品营养组分提供了理论和基础,并极大地拓展了食品科学的研究领域和促进了食品科学的快速发展,将成为食品品质研究的一个高通量、高灵敏度、高准确性的研究平台。

本章扩展阅读材料

1. 蛋白质数据库 www. rcsb. org.
2. 美国国家生物技术信息中心(包括酶,蛋白质序列等) www. ncbi. nlm. nih. gov.
3. 医学研究基金会 www. ncbi. nlm. nih. gov/entrez.
4. 蛋白质序列数据库 http://www-nbrf. georgetown. . edu/pirwww/search/searchdb. html.

思考题

1. 蛋白质如何分类?
2. 蛋白质变性的机理及其影响因素?

3. 蛋白质的功能性质有哪些？简述蛋白质功能性质产生的机理、影响因素。举例说明蛋白质功能性质在食品工业的应用。
4. 食品中蛋白质与氧化剂反应，对食品有哪些不利影响？
5. 食物蛋白质在碱性条件下热处理，会产生哪些理化反应？
6. 蛋白质在加工和贮藏中会发生哪些物理、化学和营养变化？说明在食品加工和贮藏中如何利用和防止这些变化。
7. 什么是蛋白质改性？改性的方法有哪些？

第六章

维生素与矿物质

第一节　维　生　素

一、概述

维生素(Vitamins)是维持正常生命活动所必需的一类微量有机化合物，它们对人体的新陈代谢具有很强的调节作用，主要以辅酶的形式参与体内的代谢过程。目前已发现的维生素约有20种。大多数维生素不能在体内合成或合成数量不足，必须由食物提供。若体内缺乏就会出现特定的缺乏症，但有些维生素若摄入过多，尤其是脂溶性维生素，也会引起严重的毒害作用。根据维生素水溶性可将其分为：脂溶性维生素(fat-soluble vitamins)和水溶性维生素(water-soluble vitamins)。前者包括 V_A、V_D、V_E、V_K，后者包括B族维生素和 V_C。表6-1给出了常见维生素的分类及其生理功能。

表6-1　维生素的分类和生理功能

分类		名称	英文名	俗名	生理功能
脂溶性维生素		V_A	retinol	视黄醇	预防细胞角化、干眼病，促进生长
		V_D	calciferol	骨化醇	调节钙磷代谢，预防佝偻病和软骨病
		V_E	tocopherol	生育酚	预防不育症
		V_K	menadione	凝血维生素	促进血液凝固
水溶性维生素	B族维生素	V_{B1}	thiamin	硫胺素	维持神经传导，预防脚气病
		V_{B2}	riboflavin	核黄素	预防唇舌炎及溢脂性皮炎，促进生长
		V_{B5}，V_{PP}	niacin	烟酸，尼克酸	预防癞皮病，辅酶Ⅰ和辅酶Ⅱ的成分
		V_{B6}	pyridoxine	吡哆醇	与氨基酸代谢有关
		V_{B11}	folate	叶酸	预防恶性贫血和口腔炎
		V_{B12}	cobalamin	钴胺素	预防恶性贫血
		V_H，V_{B7}	biotin	生物素	促进脂质代谢，预防皮肤病
		V_{B3}	pantothenic acid	泛酸	促进代谢
	C族维生素	V_C	ascorbic acid	抗坏血酸	预防及治疗坏血病，促进生长
		V_P	rutin	芦丁，柠檬素	维持血管正常透过性

二、食品加工对维生素的影响

1. 食品加工对维生素影响的主要方面

(1) 成熟度：果蔬中维生素的含量因其品种、成熟度(maturity)、生长条件(产地、气候等)的变化而变化。不同类型果蔬在生长过程中维生素的动态变化规律是不一样的(表6-2)，且在同一类果蔬中，不同维生素的变化也不尽相同，有时差异很大。如糯玉米籽粒在成熟过程中其 V_C 含量持续降低而 β-胡萝卜素的含量持续升高。柑橘类果实在成熟期间其 V_C 的含量也持续降低。对动物性食品，其中的维生素的种类与含量主要取决于动物的种属、取材部位以及饲料状况。

表 6-2 成熟度对常见果蔬 V_C 含量的影响/(mg/100 g 鲜重)

水果(品种)	成熟度		
	绿	半熟	成熟
杏(Tilton)	11.7	12.9	14.3
梨(Elberta)	7.8	10.2	12.2
木瓜(Solo)	72.0	95.0	102.2
苹果(Baldwin)	18.7	18.5	12.4
芒果(Pirie)	60.0	50.0	14.0
辣椒(Fresno de la Vega)	106.1	127.4	148.9

(2) 采后贮藏：采后贮藏(postharvest storage)过程中果蔬由于酶的作用可使维生素损失。一般苹果贮藏 2～3 月后，V_C 含量可能降低 2/3。绿色蔬菜在贮藏过程中的 V_C 损失更严重，且在室温下贮藏比在冷藏条件下贮藏要严重得多。新鲜收获的马铃薯中 V_C 的含量约为 30 mg/100 g 鲜重，贮藏 1～3 月、4～5 月、6～7 月、8～9 月后 V_C 的损失率分别为 30%、50%、70%、73%。

粮谷类食物中的维生素在贮藏过程中也会损失，且贮藏温度越高，水分含量越高，损失越大。玉米籽在 35℃贮藏一周其 β-胡萝卜素约减少 34%；含 17%和 12%水分的小麦籽粒，贮藏 5 个月硫胺素的损失率分别约为 30%和 12%。

(3) 预处理：水果与蔬菜的去皮与整理可造成维生素的损失，这与植物体往往将维生素富集在其外皮部分有关。如柑橘外皮中 V_C 的含量为 200～400 mg/100 g 鲜重，而果肉中仅约为 60 mg/100 g 鲜重，果汁中约 50～70 mg/100 g 鲜重。化学去皮法或热烫去皮法则可能导致产品中不稳定的维生素(如叶酸、抗坏血酸、硫胺素等)额外损失。动物性产品在预处理时维生素的损失主要源于接触水的浸提作用以及肉汁的流失，这些损失发生在清洗、流体输送、预煮等过程中。损失程度与处理时间、温度、酸碱度、盐浓度、肉的比表面积等因素有关。

(4) 食品加工

1) 烫漂　烫漂(bleaching)是果蔬加工常用的前处理方式之一，指果蔬原料在罐制、冷冻、干制之前置于 75～95℃下处理 1～10 min 的过程。其主要目的在于灭活对品质不利的酶、降低微生物附着量、排除存在于间隙间的气体。烫漂对果蔬产品中的维生素有一定的影响，主要源自烫漂引起的氧化、烫漂介质的浸出作用以及高温的破坏作用。其中水溶性维生素损失很大。烫漂可破坏植物组织中的抗坏血酸氧化酶而减少抗坏血酸的损失。如烫漂所需温度不能在短时间内达到，长时间加热会造成细胞结构的破坏，底物与酶接触会导致更多的 V_C 被破坏。当然，烫漂不充分而会使 V_C 遭受氧化损失。当豌豆在 82～88℃烫漂 3 min 时，其中 V_{B1}、烟酸、V_{B6}、V_C 的损失率分别为 4%、20%、18%和 17%。

2) 罐制(canning)　热杀菌(heat sterilization)是罐制食品常用的工序，会造成热不稳定维生素的严重损失，且损失程度取决于加热时间、温度和物料的传热速率。对火腿午餐肉罐头来说，高温短时间杀菌造成的 V_{B1} 和泛酸的损失小于低温长时间杀菌。罐装豆类(半固体) V_{B1} 的保留率约为 55%，而番茄罐头(液体)的保留率则更高。罐内氧气的存留会增加 V_C 的损失。由热处理引起的维生素损失取决于食品本身的性质、处理条件以及维生素的稳定性等因素。热杀菌处理可使水果罐头中的 V_C 降低 13%～16%、V_{B1} 降低 2%～30%，V_{B2} 降低 5%～40%、类胡萝卜素降低 1%以下，对蔬菜罐头的影响见表 6-3。再如炒猪肝(加热 3 min)的 V_{B1} 和 V_{B2} 损失率仅 1%，而卤猪肝中它们的损失率则高达 37%。用同样的面粉制作馒头、面条、烙饼和油条，其 V_{B1} 的保留率分别为 70%、51%、79%和 0%。

表 6-3 各种维生素在罐头食品中的损失率/%

产品	生物素	叶酸	V_{B6}	泛酸	V_A	V_{B1}	V_{B2}	烟酸	V_C
芦笋	0	75	64	—	43	67	55	47	54
利马豆	—	62	47	72	55	83	67	64	76
青豆	—	57	50	60	52	62	64	40	79
甜菜	—	80	9	33	50	67	60	75	70

续 表

产品	生物素	叶酸	V_{B6}	泛酸	V_A	V_{B1}	V_{B2}	烟酸	V_C
胡萝卜	40	59	80	54	9	67	60	33	75
玉米	63	72	0	59	32	80	58	47	58
蘑菇	54	84	—	54	—	80	46	52	33
豌豆	78	59	69	80	30	74	64	69	67
菠菜	67	35	75	78	32	80	50	50	72
番茄	55	54	—	30	0	17	25	0	26

3）巴氏杀菌和超高温处理　牛奶高温短时杀菌（high temperature short time，HTST）条件常为 71.7℃下处理 15 s，而橙汁传统巴氏杀菌（pasteurization）条件为 95℃-15 s，或 90℃-1 min。除了 V_C损失 20%～25%外，巴氏灭菌对牛奶中的其他水溶性维生素几乎没有影响。巴氏灭菌通过灭活果汁中的内源酶，抑制 V_C氧化而提升其保留率。一般来说，牛奶的超高温杀菌（ultra-high-temperature，UHT）条件为 130～150℃处理 2～8 s，它对牛奶中维生素的影响非常小。

4）干制　在常用的干制（dehydration）方法中，除日晒外，其他传统干制方法，如喷雾干燥（spray-drying）等，不会引起严重的维生素损失。在高温下快速干燥比在低温下缓慢干燥对 V_C的保存率更高。将物料暴露于空气中的干制方法，会由于氧化导致 V_A、β-胡萝卜素、V_C损失。V_C在真空冷冻干燥缺氧条件下几乎不损失。滚筒干制由于物料直接与加热面接触，会造成严重的维生素损失。

5）微波加热　与其他传统加热方法相比，微波加热（microwave heating）由于加热时间短，可使食品中热不稳定维生素的保留率更高。用微波烹调的蔬菜，其中的 V_C含量明显高于传统热烹调方法。用微波烹制的猪肉和鸡肉中 V_{B1}、V_{B2}和 V_{B6}的保留率高于烤箱烤制的猪肉和鸡肉。传统烤制和微波烤制产品中 V_{B1}的保留率分别为 48%～67%和 86%～94%，而 V_{B6}的保留率分别为 22%～48%和 60%～87%。

6）湿热处理　湿热处理（hydrothermal processes）常用于粮谷类食物的加工。对比研究压片（flaking）、膨化（puffing）、挤压（extrusion）等湿热处理对谷物食品中 V_{B1}、V_{B2}、烟酸、V_{B6}含量的影响发现，黑麦片、燕麦片、小麦片和大麦片中 V_{B1}的保留率介于 65%～89%，V_{B1}、烟酸、V_{B6}的保留率几乎为 100%，而小麦片中烟酸的保留率只有 78%。对小麦和大米进行膨化处理会导致其中 V_{B1}严重损失，保留率仅有 1%～6%。挤压玉米粉中 V_{B1}、烟酸和 V_{B6}的保留率分别为 70%、89%和 77%。挤压不会导致玉米粉的 V_{B2}损失。

7）冷冻　冷冻（freezing）过程主要包括冻结前处理、冻结、冻藏和解冻等几个工序。冻结过程中维生素的损失主要发生在冻结前处理阶段（如烫漂、清洗、去皮、修剪和研磨等），而冻结本身几乎不会破坏维生素。通过采取合理的包装和冻结参数，可使食品中除叶酸之外的维生素几乎不损失。食品必须快速冻结并保存在恒定的低温条件下（-18℃或更低），否则产品在解冻时就会发生严重的汁液流失（drip loss）而导致水溶性维生素损失。在食品冻结时如果没有采取有效的包装保护措施而使食品暴露于空气，这会导致其中的 V_A、V_C、V_E氧化损失。另外，冷冻过程中由于细胞内液的体积膨胀会破坏植物细胞结构，这会导致内源性叶酸轭合酶（endogenous folate conjugase）与叶酸多聚谷氨酸（polyglutamyl folate）接触并将其转化为叶酸单谷氨酸（monoglutamyl folate），而后者在烫漂或烹调过程中更容易流失。

8）辐照　经常利用辐照（radiation）处理肉、蔬菜和水果。但由于辐照会引起油脂氧化及异味出现，因此，油脂、乳品和蛋品不适合辐照。当对猪肉的辐照剂量大于 0.57 kGy（1 Gy=1 J/kg）时会造成较为严重的 V_{B1}损失。即便在完全无氧的条件下，辐照引起的 V_{B1}损失仍然是不可避免的，而厌氧辐照可有效防止猪肉中 V_{B2}的损失。辐照的猪肉比热杀菌的罐藏猪肉的 V_{B1}保留率高。常温下对肉类进行辐射比在低温下导致的 V_{B1}损失更大。小麦籽粒经^{60}CO辐照后即便贮藏 24 个月也不会有明显的 V_{B1}损失。辐照处理的水果中，V_C的保留率约为 72%～100%，蔬菜中的 β-胡萝卜素和 V_K对辐照稳定。虽然 V_A对辐照敏感，但 V_A的主要来源食物如乳品和蛋品一般不通过辐照处理。真空包装和低温能使 V_A和 V_E在辐照及后续贮存中得以保护。辐照对 V_D没有影响。

9）静高压处理　静高压处理（high hydrostatic pressure treatment）是一种新型的食品杀菌和质构调节技术，它对食品中的维生素几乎没有破坏作用。用 588～784 MPa 的高压在 25℃处理 30 min，蛋清和蛋黄中的

V_{B1}、V_{B2}、叶酸、V_A和V_E几乎不会损失。同样，高压处理对草莓酱中的V_C也几乎没有影响。用400 MPa的高压25℃处理牛奶30 min，其中的V_{B1}和V_{B6}也不会有显著损失。商业橙汁的保存常需要在不低于350 MPa的压力下处理1 min，这对其中的V_C没有显著影响。

10）腌制与烟熏　腌制(curing)和烟熏(smoking)是肉制品加工常用的质地形成、风味调节和保藏技术。除了烟熏会使肉中的V_{B1}损失15%～20%外，腌制与烟熏对食品中其他维生素影响不显著。

11）碾磨　碾磨(milling)是小麦粉、大米、玉米粉等粮谷类食品生产的重要工序，它对产品的维生素含量有非常显著的不利影响。对于谷物类种粒，其维生素集中在胚芽和麸皮中，因此其维生素损失也主要发生在脱芽和去麸皮的过程中。通过脱芽损失了大量的V_E，而通过去麸皮则损失了大量的核黄素、烟酸和硫胺素以及铁和钙。谷物由此而损失的维生素比重很高。碾磨会造成约40%～60%的维生素损失。目前导致人群维生素缺乏的主要原因之一就是精制粮谷类食物的消费过多而粗粮的消费过低。因此，为营养平衡，常向此类产品中进行维生素(V_{B1}、V_{B2}、烟酸、V_D)和矿物质(铁、钙)强化。

12）食品添加剂　氧化剂可直接使V_C、V_A、V_E及类胡萝卜素降解，并由此可能间接影响其他维生素。相反，还原剂的存在能提升维生素的稳定性。次氯酸、次氯酸根、二氧化氯等含氯食品处理剂能通过亲电取代、氧化或氯化双键等多种形式与维生素反应。使用亚硫酸盐、二氧化硫、焦亚硫酸钠等含硫食品处理剂可保护V_C，但会使V_{B1}失去活性，并通过羰基反应使V_{B6}转化为无生理活性的磺酸盐衍生物。在使用亚硝酸盐对肉进行腌制时，加入适量的V_C或异抗坏血酸(isoascorbic acid)可有效防止亚硝胺的形成。这是由于亚硝酸在V_C的作用下被转变成了NO而非促进亚硝胺形成的N_2O_3(图5-22)。从某种意义上讲，亚硝酸盐的使用可使V_C得到一定程度的破坏。一般酸味调节剂的使用可使V_C和V_{B1}的稳定性提高。

(5) *食品贮藏*：大多数经过热处理或干制的食品在贮藏(storage)期间维生素的损失较小(表6-4)。在一些低水分含量食品中，水分活度对维生素的稳定性影响强烈。在食品仅含有单分子层水的情况下，维生素非常稳定，此后随水分活度增加，水溶性维生素的损失速率不断提升；与之相反，水分活度对脂溶性维生素稳定性的影响类似于它对油脂氧化速率的影响，在单分子层水时最低，高于或低于此水分活度都可能引起维生素更多地损失。因此，对干制食品，如能进行合理包装有效防止其回潮和与氧气接触，就可在贮藏期间有效保护其中的维生素。对罐制果蔬食品，顶隙中残留的氧气会造成贮藏早期的V_C氧化损失，直至残留氧气消耗殆尽。膨化产品由于其疏松多孔的质地为氧气的接触提供了巨大的接触表面，这会导致其中的V_A和V_C在贮藏过程中被迅速氧化破坏。引起冷冻食品贮藏期间维生素损失的主要原因是包装材料的透氧性与透光性。冷冻蔬菜在-25～-22℃冻藏1年其V_C损失率也仅有10%，在更低的冻藏温度下(-25～-30℃)，V_C几乎不损失。而在-10℃下冻藏1年其V_C损失可达到80%～90%。

表6-4　货架期对早餐谷物食品中维生素的影响

维生素	起始值	货架期/月		维生素	起始值	货架期/月	
		3(40℃)	6(23℃)			3(40℃)	6(23℃)
V_A(IU)	193	168	195	V_E(IU)	0.49	0.49	0.46
V_C(mg)	2.6	2.4	2.5	V_{B6}(mg)	0.085	0.088	0.081
V_{B1}(mg)	0.060	0.060	0.064	V_{B11}(mg)	0.018	0.014	0.018
V_{B2}(mg)	0.071	0.074	0.067	V_{B12}(μg)	0.22	0.21	0.21
V_{B5}(mg)	0.92	0.85	0.88	V_{B3}(mg)	0.42	0.39	0.39
V_D	17.0	15.5	16.6				

(6) *烹调*：总体上讲，食品的维生素损失主要发生在消费前的最后烹调(domestic cooking)处理，即家庭烹饪(home cooking)或餐饮服务(foodservice operation)。在烹调方式和原料一样的情况下，餐食(table-ready food)的维生素含量基本一致，与其以前经历的加工方式关系不大。烹饪过程中，维生素损失主要发生在以下几个阶段：① 前期的整理，清洗、浸泡、切片或切块；② 烹饪过程；③ 烹饪好的食品在蒸笼上、保温箱、保温运输设备或红外灯下放置的过程；④ 预制的食品在冰箱或冰柜中贮存的过程；⑤ 食品在使用前的再加热。家庭烹调导致维生素损失的主要原因是水溶性维生素向烹调水中的渗出。冷冻调理方便食品和肉馅饼在经烤箱加热后，其V_A(V_A与β-胡萝卜素)的平均损失率仅为3%(0～55%)，V_E为13%(0～33%)。水溶性维

生素中，V_{B2}和烟酸没有明显损失，V_{B1}的平均损失率为30%(0～85%)，V_{B6}为7%(0～25%)，V_{B12}为4%(0～50%)，10个产品V_C的平均损失率为77%(49%～91%)。

为减少家庭烹调中维生素的损失，要注意采取合理的操作：① 防止过度的去皮、看筋操作；② 加盖烹调以缩短加热时间；③ 用尽量少的水，但要防止烧焦(scorching)；④ 尽量让蔬菜保持脆嫩；⑤ 防止过度烹饪；⑥ 可用烹饪用水做汤。蒸制、压力烹饪以及爆炒(stir frying)比水煮或煎炸能更多地保留维生素。

2. 食品加工对主要维生素的具体影响

(1) V_A：V_A是指视黄醇(retinol)和具有V_A活性的类胡萝卜素的总称。食品加工对V_A的影响主要表现在引起异构化(isomerization)和降解(degradation)。V_A的异构化主要是由作用于异戊二烯侧链上的自动氧化和立体异构化而引起的。热处理会导致V_A的异构化(表6-5)。食品中常见的β-胡萝卜素构型包括13-*cis*-、9-*cis*和全反式结构，它们相对于视黄醇的V_A活性为76%、19%和100%。全反式结构异构体具有最高活性，是食品中天然存在的视黄醇和类胡萝卜素的主要形式。因此，异构化会降低食品中类胡萝卜素的生物效能。除热作用之外，光和酸也可以将全反式类视黄醇和类胡萝卜素转化为各类顺式异构体。如全脂(3.4%脂肪)、低脂(1%脂肪)和脱脂牛奶在荧光下暴露4 h，其中的V_A损失率分别为37%、49%和57%。

表6-5 罐装对果蔬食品中β-胡萝卜素的异构化作用

食 品	13-*cis*-β-胡萝卜素/%		全反β-胡萝卜素/%		9-*cis*-β-胡萝卜素/%	
	新鲜	罐装	新鲜	罐装	新鲜	罐装
甜马铃薯	0.0	15.7	100.0	75.4	0.0	8.9
胡萝卜	0.0	19.1	100.0	72.8	0.0	8.1
西葫芦	15.3	22.0	75.0	66.6	9.7	11.4
菠菜	8.8	15.3	80.4	58.4	10.8	26.3
羽衣甘蓝	16.3	26.6	71.8	46.0	11.7	27.4
番茄	0.0	38.8	100.0	53.0	0.0	8.2
桃子	9.4	6.8	83.7	79.9	6.9	13.3

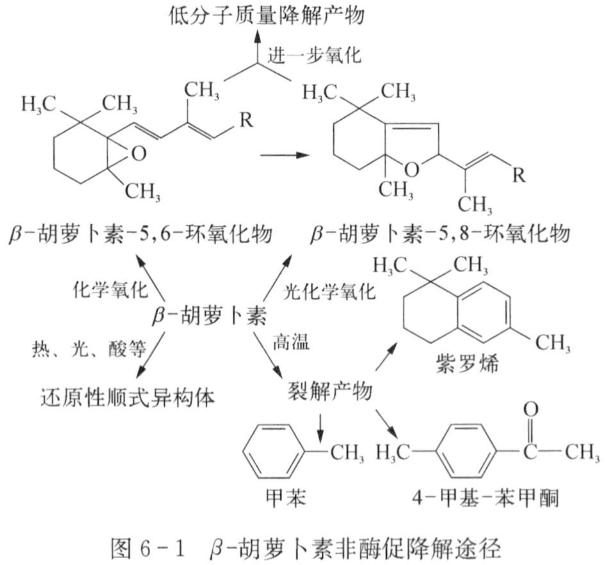

图6-1 β-胡萝卜素非酶促降解途径

V_A在食品加工过程中的降解根据其降解机理可分为酶促氧化降解和非酶氧化降解。酶促氧化降解与脂肪酶促氧化偶联，由脂氧合酶催化进行。如脂氧合酶首先催化不饱和脂肪酸氧化，生成的过氧化物分解产生的过氧根自由基或烷氧基自由进攻β-胡萝卜素而引起其降解。这实际也是β-胡萝卜素抗氧化作用的发挥机制。也就是说，是β-胡萝卜素的抗氧化作用使其V_A活性降低或完全丧失。除此之外，β-胡萝卜素还可能在食品体系下发生热裂解、热氧化降解、化学氧化降解、光氧化降解等(图6-1)。有关β-胡萝卜素降解的详细内容可参考有关文献(食品工业科技，2011，32(3)：417-421)。

(2) V_D：V_D是具有胆钙化醇生物活性的类固醇的统称，共有6种，其中最重要的是V_{D2}(麦角钙化醇，gerocalciferol)和V_{D3}(胆钙化醇，cholecalciferol)。V_D的稳定性很高，在食品加工及贮藏过程中不容易被破坏。V_D在鱼的熏制、牛奶的巴氏杀菌和热杀菌以及蛋粉的喷雾干燥过程中都保持稳定。食品体系中，V_D的损失主要与光照和氧化有关。例如在4℃下连续用荧光照射12 d可使添加于脱脂奶中的胆钙化甾醇损失约50%。此外，牛奶在加工或贮藏过程中应避光防止V_D损失。V_D的光解机制被认为是由V_{B2}敏化形成的单线态氧引起的。V_D易发生氧化主要因为分子中含有不饱和键。V_D在碱性条件下极为稳定，而在弱酸性条件下可异构化为5,6-*trans*-V_D和异速甾醇(isotachysterol)而失去生物活性。和V_A一样，处于油脂体系中的V_D可因不饱和脂肪酸氧化而发生氧化降解。

(3) V_E：V_E是具有 α-生育酚活性的生育酚（tocopherol，T）和生育三烯酚（tocotrienol，T_3）的总称。V_E容易受太阳光和含有紫外线的人工光线照射而破坏。空气以很慢的速度将 V_E氧化为没有生物活性的醌类物质，但在有光、加热、碱化和某些过渡元素存在的情况下这一过程会加速，且生育三烯酚比生育酚更容易被氧化破坏。在没有氧气或紫外辐照的情况下，V_E在酸性或碱性条件下都是稳定的。而由于缺少活泼的羟基，生育酚乙酸酯不易发生氧化或光降解。冷冻蔬菜可保留大多数 V_E，而罐藏蔬菜 V_E的损失率高达 70%～90%。在通常的烹饪条件下，肉类和蔬菜中的 V_E损失不大。V_E的热稳定性随加热时间、加热方式和食品组成的不同而不同。微波处理米糠 12 min 时，V_E的稳定性遵循以下顺序：$\delta-T>\beta-T>\gamma-T=\delta-T_3>\alpha-T_3>\gamma-T_3>\alpha-T$。油炸用油中 V_E的稳定性以油的种类而改变，具体稳定性顺序为大豆油：$\alpha-T>\delta-T>\beta-T>\gamma-T$；玉米油 $\alpha-T>\gamma-T>\delta-T>\gamma-T_3$；棕榈油 $\alpha-T>\delta-T_3>\alpha-T_3>\gamma-T_3$。白面粉生产过程中 V_E的损失率约为 50%。在 20℃下贮存 1 年的全麦面粉的 V_E损失情况为 α-T 约 44%、α-T_3约 41%、β-T约 23%和 β-T_3约 22%。面包生产过程中导致 V_E损失最大的工序为面团制作（30%～40%损失），酸面团的损失则更高（60%）。对小麦粉进行滚筒干燥或挤压可导致 V_E损失率达 90%以上。V_E对辐射敏感，用 5、10 和 15 kGy 的 γ—射线辐照米糠可使其生育酚的损失分别达 46%、62%和 74%，而生育三烯酚的损失率则为 51%、69%和 85%。生育酚氧化降解历程如图 6－2 所示。

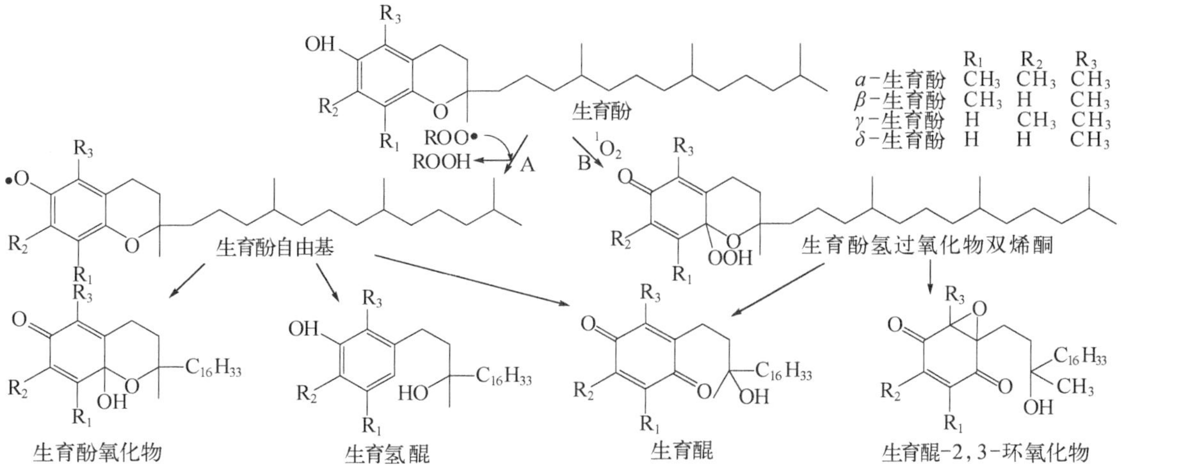

图 6－2　生育酚脂氧化自由基(A)和单线态氧(B)氧化降解历程

(4) V_K：V_K又称凝血维生素，在植物体内以叶绿醌（phylloquinone）形式存在，而在微生物中以具有不同侧链长度的甲基萘醌（menaquinones）类系列物形式存在。常将前者称为 V_{K1}，将后者称为 V_{K2}。V_K可被紫外辐照、碱、强酸和还原剂降解，但它对氧化条件、热作用、γ-辐照、冷冻、烹调都非常稳定。在 185～190℃处理 20 min，V_{K1}的损失率仅有 7%，40 min 处理的损失率也只有约 20%。然而，荧光辐射菜籽油和油 2 d 可使其中的 V_{K1}损失分别达 46%和 59%，而自然光的损失率分别为 87%和 94%。另外，在植物油氢化过程中，通过饱和化叶绿基（phytyl）侧链 2′，3′位置的双键使部分 V_{K2}转化成 2′，3′-二氢叶绿醌，使其生物活性降低。在使用氢化植物油的产品中，二氢叶绿醌的平均含量约为 1.0 μg/100 g。

(5) V_C：V_C又名抗坏血酸（ascorbic acid，AA），是一个多羟基羧酸的内酯，因分子中具有 2，3－烯醇式结构具有较强的还原性。在 25℃时，其 C2 和 C3 位上羟基的 p*K*a 值分别为 11.4 和 4.04，可电离，故显酸性。天然食物中存在的 V_C为 L－抗坏血酸，而 D－抗坏血酸为其对映异构体（enantiomers）。L－异抗坏血酸和 D－异抗坏血酸则为上述二者差向异构体（epimers）。D－抗坏血酸和 L－异抗坏血酸完全无生物活性，D－异抗坏血酸的活性仅为 L－抗坏血酸的 5%，但它仍具有良好的抗氧化性。另外人工合成的抗坏血酸棕榈酸酯为 V_C的脂溶性形式，具有良好的生物活性，1 g 相当于 0.425 g 的 V_C。

在加工、贮藏和烹饪过程中，V_C极易发生化学氧化或酶促氧化。化学氧化又分为有氧氧化与厌氧氧化（图 6－3）。有氧氧化是食品中 V_C降解的主要方式。在有分子氧和过渡金属元素（尤其是 Cu^{2+} 和 Fe^{3+}）存在的情况下，能形成金属-氧-抗坏血酸三元络合物。该络合物的共振双自由基形式能迅速降解形成抗坏血酸自由基、金属离子和过氧化氢。抗坏血酸自由基阴离子与氧气反应形成脱氢抗坏血酸(dehydroascorbic acid)。抗坏血酸厌氧氧化是指在没有自由氧的情况下，抗坏血酸降解形成二酮古洛糖酸(diketogulonic acid)的过程。厌氧氧化降解在 pH 3～4 时速率最高，是引起罐藏番茄汁、柑橘汁、柚子汁等褐变的主要原因。因此，真空脱气(vaccum deaeration)或惰性气体(inert gas)处理有利于 V_C 的保留。对罐藏或瓶装食品，只要不贮存在高温或暴露于光下，当密闭体系中的氧气消耗殆尽后，其中的 V_C 几乎不会损失。

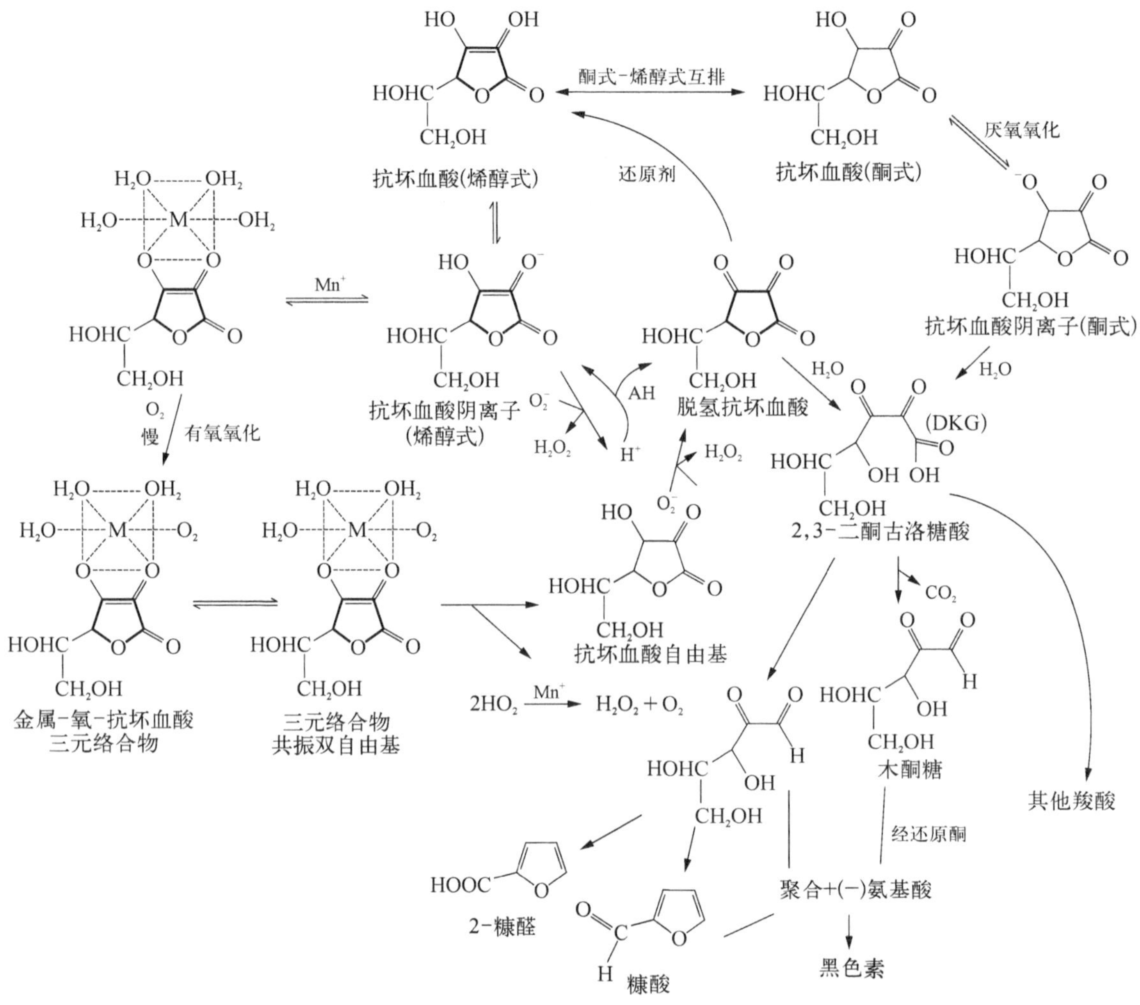

图 6-3 抗坏血酸有氧氧化和厌氧氧化历程

催化 V_C 酶促氧化的酶主要是抗坏血酸氧化酶(EC 1.10.3.3)，该酶在 40℃ 活性最高，在 65℃ 以上被钝化，它能催化抗坏血酸氧化成脱氢抗坏血酸。因此，对果蔬进行烫漂或果汁进行巴氏杀菌可有效防止后续工序中 V_C 的酶促氧化。V_C 酶促氧化主要发生在采后贮藏的新鲜果蔬中。新鲜收获的梨在 4℃ 和 20℃ 贮藏 14 d，其 V_C 保留率分别为 70% 和 20%，而西兰花(broccoli)的保留率分别为 90% 和 30%。此外，pH、氧浓度、水分活度和温度等也影响 V_C 的稳定性。V_C 在酸性溶液中(pH＜4)稳定，在碱性溶液中(pH＞7.6)不稳定。使用亚硫酸盐和焦亚硫酸盐以及抗氧化剂 BHA、BHT 和没食子酸丙酯对食品中的 V_C 有保护作用。清洗对果蔬中 V_C 几乎没有影响，而烹饪过程中 V_C 的损失主要是浸出流失。牛奶中 V_{B2} 的光氧化降解对其中 V_C 的氧化有促进作用。HTST 和 UTH 奶中 V_C 的平均损失率约为 20%。辐射对 V_C 有破坏作用而超高压几乎对 V_C 没有影响。

(6) V_{B1}：V_{B1} 又称硫胺素(thiamin)，在天然食物中主要以硫胺素二磷酸盐，或焦磷酸硫胺素(thiamin pyrophosphate，TPP)的形式存在。V_{B1} 在食品中的主要变化包括：① 氧化降解(尤其在碱性条件下)。V_{B1} 在酸性条件下稳定，但随着 pH 升高，容易受热或由于化学反应而失活。温和的氧化可使 V_{B1} 转化成二硫化合物，但过氧化氢、碱性亚铁氰化钾等强氧化条件能将其氧化为硫色素（thiochrome）。用碱性焙烤粉制作的蛋糕，V_{B1} 损失率超过 50%，而用酵母发酵制作的面包呈微酸性，V_{B1} 损失率仅有 15%～25%，且主要发生在面包皮上。② 亚硫酸盐诱导裂解。与亚硫酸盐能保护 V_C 和 β-胡萝卜素免于氧化不同，作为亲核试剂它能破坏 V_{B1}。在室温下，亚硫酸盐能将 V_{B1} 裂解为 2-甲基-5 硫代甲基嘧啶和噻唑，且 pH 越高反应越快。③ 酶促降解。鱼类和贝类食物中存在的硫胺素酶可使 V_{B1} 分解并释放出噻唑。但也有人认为血红素蛋白也具有催化 V_{B1} 降解的作用。④ 热降解。V_{B1} 热降解可释放噻唑环并进一步形成硫、硫化氢、呋喃、噻唑和二氢噻吩，这与肉香味的产生关系密切。

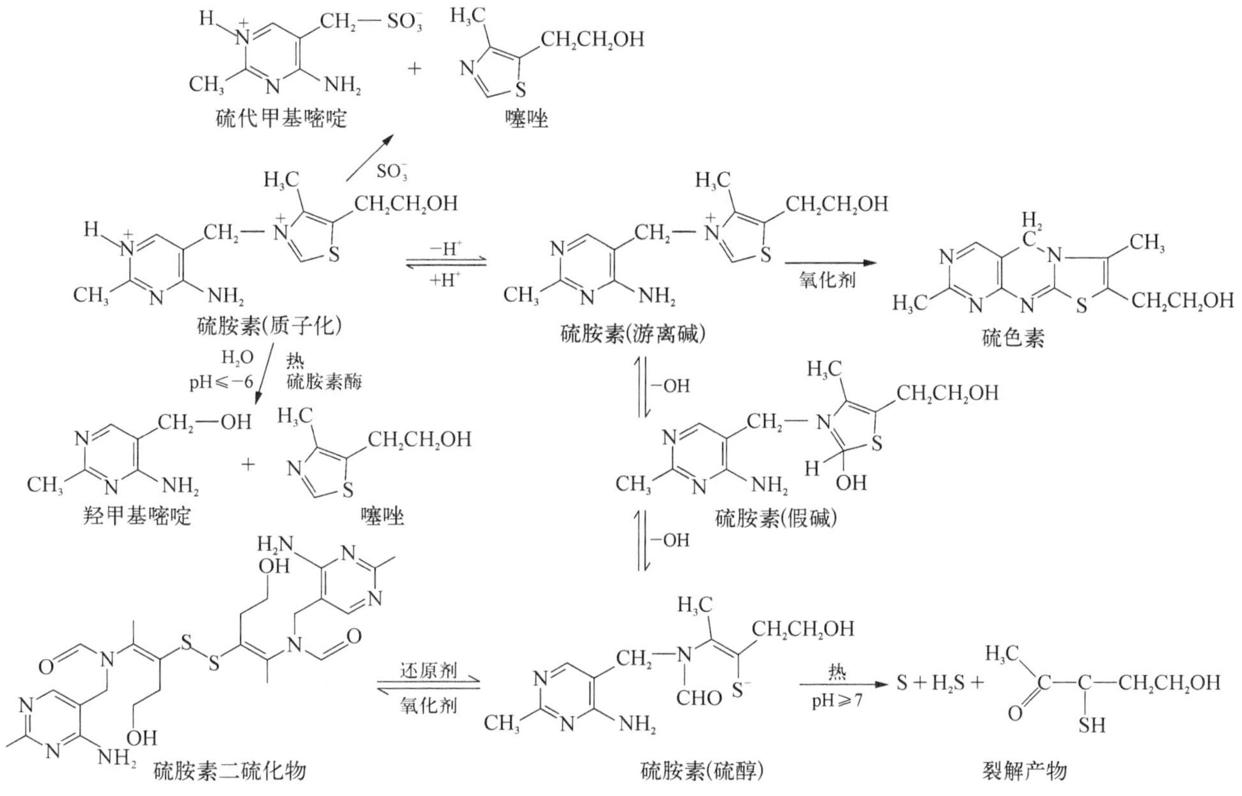

图 6-4 V_{B1} 的降解机制

除碱处理之外，水分活度（a_w）、食品成分、烫漂、杀菌、挤压和辐射等都对 V_{B1} 有一定程度的影响。在低 a_w 和室温下 V_{B1} 损失很少，例如模拟的早餐谷物制品在 a_w 为 0.1～0.65 和低于 37℃时，V_{B1} 降解速度很慢；当温度上升至 45℃、a_w 在 0.2～0.5 时，随 a_w 的增加，V_{B1} 的降解加快；当 a_w 在 0.5 左右时，V_{B1} 的降解达到最大值。随后 a_w 继续增加，V_{B1} 的降解速度减慢。蛋白质对 V_{B1} 有保护作用，而单宁能与 V_{B1} 加合而使其失去生物活性。V_{B1} 是热稳定性最高的 B 族维生素。热作用下，V_{B1} 的热失活遵循一级反应规律。冷冻或干制食品在贮藏过程中 V_{B1} 损失很小。对芦笋、青豆、利马豆和豌豆进行烫漂处理可使其中的 V_{B1} 损失 64%～100%，而杀菌的损失率为 58%～79%。罐藏食品在贮藏过程中 V_{B1} 会持续损失。挤压温度是影响挤压过程中 V_{B1} 损失的最重要的因素。挤压腔温度超过 200℃可使 V_{B1} 损失殆尽。辐照过程中 V_{B1} 的损失具有辐照剂量依赖性且遵循一级反应规律。猪肉在 0.57、1.91、3.76、5.52 和 7.25 kGy 剂量下辐照，其 V_{B1} 损失率分别为7.7%、23.5%、38.1%、49.8%和 57.6%。牛奶在巴氏消毒、杀菌、喷雾干燥、滚筒干燥和浓缩过程中 V_{B1} 的损失率分别为 9%～12%、30%～35%、10%、15%和 40%。

（7）V_{B2}：V_{B2} 是 *D*-核糖醇和 7,8-二甲基异咯嗪的衍生物，因结构中含核糖且呈黄色，又称核黄素（riboflavin），在食品中主要以黄素单核苷酸（flavin mononucleotide，FMN）和黄素腺嘌呤二核苷酸（flavin adanine dinucleotide，FAD）形式存在。食品中 V_{B2} 的主要降解方式为光降解（photodegradation）。V_{B2} 对紫外线和可见光敏感，易发生光降解而失活，且降解速率随温度和 pH 的升高而加速。引起 V_{B2} 光降解的光线波长范围为 350～520 nm，尤其是波长为 415～455 nm 的光。在中性或酸性条件下，V_{B2} 光降解的产物为光色素(lumichrome，7，8－二甲基咯嗪)，在碱性条件下其降解产物为光黄素(lumiflavin，7，8－三甲基异咯嗪)。在避光情况下，酸性溶液中(pH 2～5)的 V_{B2} 在 120℃高温下都很稳定，而当 pH 高于 7 时，高温会使异咯嗪环迅速被破坏。在避光条件下，在 pH 3.5～4.0 时 V_{B2} 具有良好的氧化稳定性。玻璃瓶装的牛奶在日光下暴露 2 h 可使其中的 V_{B2} 损失 85%。V_{B2} 可作为敏化剂引起食品中 V_C 的光氧化降解，同时牛奶中的 V_{B2} 经光降解可产生单线态氧，进而引起不饱和脂肪酸氧化产生氢过氧化物。

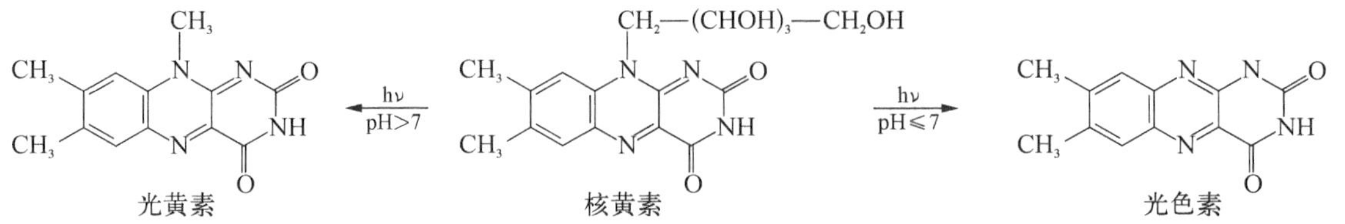

图 6－5　V_{B2} 的光降解机制

(8) V_{B3}：V_{B3} 又称泛酸(pantothenic acid)，其结构为 *D*(＋)－*N*－2，4－二羟基－3，3，－二甲基丁酰－*β*－丙氨酸。V_{B3} 的稳定性与食品的 pH 关系密切，且对热不稳定。在 pH 5～7 范围内最稳定，高于或低于此 pH 范围，V_{B3} 的热敏感性加强。V_{B3} 还容易发生水解，酸水解形成泛解酸(2，4－二羟基－3，3，－二甲基丁酸)和 *γ*－内酯；碱水解形成泛解酸和 *β*－丙氨酸。光和氧气对 V_{B3} 的稳定性没有影响。动物性和植物性罐头食品中 V_{B3} 的损失率分别为 20%～35%和 46%～78%。动物性和植物性冷冻食品中 V_{B3} 的损失率分别为 21%～70%和 37%～57%。

(9) V_{B5}：V_{B5} 又称烟酸(nicotinic acid)、维生素 PP 或抗赖皮维生素，是吡啶－3－羧酸及其衍生物的总称，在食品中常以尼克酸(niacin)和尼克酰胺(nicotinamide)形式存在。V_{B5} 是最稳定的维生素。对光和热不敏感，在酸性或碱性条件下加热可使烟酰胺转变为烟酸，其生物活性不受影响。烟酸的损失主要与原料的清洗、修整、烫漂、蒸煮等加工环节有关，但损失率往往较低。在谷物类食品中，V_{B5} 常与碳水化合物、肽和多酚结合而呈非活性形式，碱处理可使烟酸游离而活化。

(10) V_{B6}：V_{B6} 是吡哆醛(pyridoxal)、吡哆醇(pyridoxine)和吡哆胺(pyridoxamine)的统称，其基本结构为 2－甲基－3－羟基－5－羟甲基吡啶。植物性食物中以吡哆醇为主，而动物性食物中以吡哆醛和吡哆胺为主。V_{B6} 在食品加工过程中的变化主要包括互变(interconversion)、光降解和非光化学降解。V_{B6} 的互变主要指在蛋白质或羰基类化合物(如氨基酸)存在的情况下，由吡哆醛转化形成比多胺的过程。这一过程属于非酶转胺作用，包括希夫碱的形成和希夫碱双键的移位，以及随后发生的水解或分解。V_{B6} 遇光转变成无活性的 4－吡哆酸和 4－吡哆酸－5′磷酸。V_{B6} 的三种形式对热稳定，其中吡哆醛最稳定。长期贮存过程中，维生素 B_6 与氨基酸作用生成 Schiff 碱，导致其活性降低(图 6－6)。

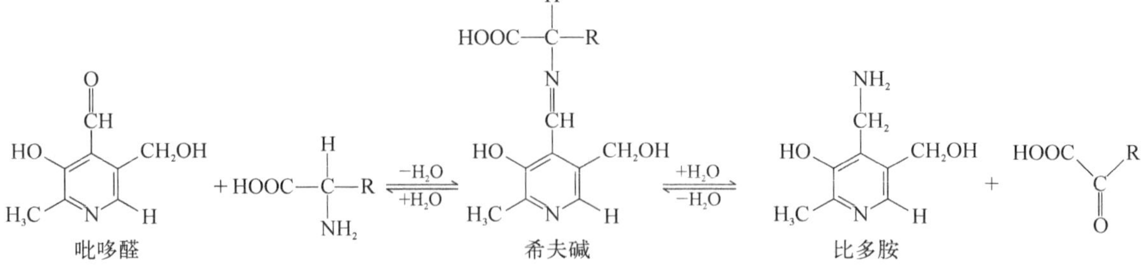

图 6－6　V_{B6} 的互变反应机理

(11) V_{B11}：V_{B11} 又称叶酸(folic acid)，化学结构为碟酰基－*L*－谷氨酸，食品中存在的天然形式主要为四氢叶酸(tetrahydrofolate)。叶酸在食品体系中的不稳定现象主要为氧化降解。不同叶酸衍生物的稳定性顺序依次为：5－甲酰基四氢叶酸>5－甲基四氢叶酸>10－甲基四氢叶酸>四氢叶酸。叶酸的稳定性主要受其碟啶环化学性质控制，而与聚谷氨酰基的链长关系不大。还原剂(抗坏血酸、硫醇等)对叶酸具有保护作用，而氧化剂(分子氧、次氯酸等)促进叶酸降解。叶酸在厌氧环境下对酸碱稳定,在有氧条件下易被碱水解形成对氨基苯甲酰谷氨酸和蝶呤-6-羧酸,被酸水解形成6-甲基蝶呤。叶酸的氧化降解主要涉及在C^9-N^{10}处化学键、碟啶环的变化(图6-7)。过渡金属元素,尤其是Fe^{3+}和Cu^{2+}能加速叶酸的氧化降解。易光解生成碟啶和氨基苯甲酰谷氨酸盐。N^5位取代基的存在能提升叶酸的氧化稳定性,如5-甲基四氢叶酸在100℃水中的半衰期为21 min,而四氢叶酸的半衰期仅为2 min。在食品加工中,亚硫酸盐能促进叶酸C^9-N^{10}处化学键的断裂,而亚硝酸盐与叶酸、5-甲酰-四氢叶酸、四氢叶酸和5-甲基四氢叶酸能分别形成10-亚硝基叶酸、10-亚硝基叶酸衍生物、对氨基苯甲酰谷氨酸和蝶呤类物质。

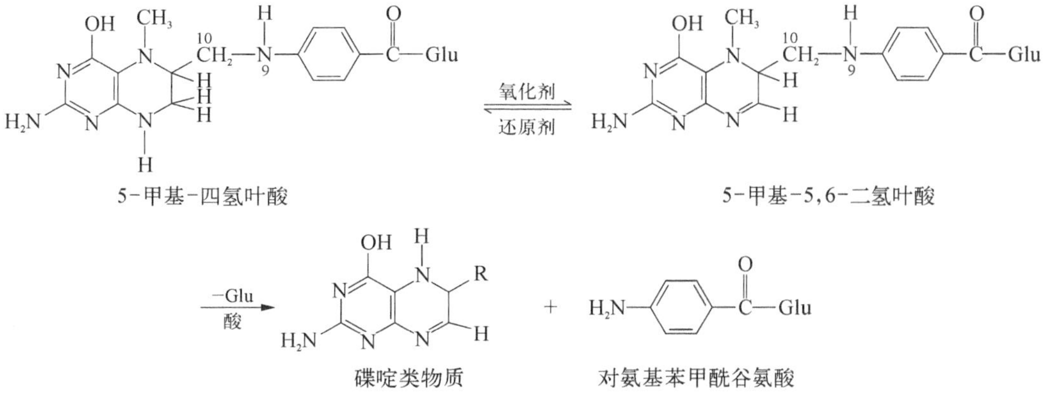

图6-7　5-甲基-四氢叶酸氧化降解机理

(12) V_{B12}:V_{B12}又称钴胺素(cobalamin),是唯一含有金属元素的维生素。V_{B12}在pH 4～7时最稳定;在接近中性条件下长时间加热可造成较大的损失;碱性条件下酰胺键发生水解生成无活性的羧酸衍生物;pH低于4时,其核苷酸组分发生水解。遇酸或遇碱还可引起V_{B12}酰胺水解而形成其羧酸衍生物。抗坏血酸、硫胺素和尼克酰胺可促进V_{B12}的降解。热处理对V_{B12}影响不大。亚硫酸盐可将水钴胺素转化为硫钴胺素。

(13) V_H:V_H又称生物素(biotin)或V_{B7},天然存在的形式为D-生物素和生物胞素。生物素性质较为稳定,对热、氧和光不敏感,但强酸、强碱会导致其降解;在遇到过氧化氢、高锰酸钾等氧化剂时,其结构中的硫被氧化而形成无活性的生物素或生物素硫氧化物。

第二节　矿　物　质

一、概述

矿物质是存在于食品中的一类无机营养元素,在食品中常以游离离子、有机盐或与有机物结合而存在。现已发现有21种矿物质是人体必需的,根据其在体内的含量水平以及人体的需要量,习惯上将其分为两大类:① 常量元素或宏量元素(macro element),包括Ca、P、Na、K、Cl、Mg、S等7种;② 微量元素(micro element),包括Fe、I、Cu、Zn、Se、Mo、Co、Cr、Mn、F、Ni、Si、Sn、V等14种。矿物质对人体的作用主要体现在:① 构成机体,如骨骼和牙齿等;② 维持细胞的渗透压和酸碱平衡;③ 保持肌肉和神经的兴奋性;④ 参与酶或其他生物活性物质构成等。

二、食品加工对矿物质的影响

与维生素等不同,大多数矿物质不会被热、光、氧化剂、极端pH或其他有机营养素等影响因素所破坏。食品中的矿物质基本不会因化学作用而被破坏,其损失主要集中在烫漂(表6-6)、浸泡以及研磨(表6-7)、分离等过程。

表 6-6 热烫对菠菜中矿物质损失的影响

矿物质	未热烫	热 烫	损失率/%
钾/(g/100 g)	6.9	3.0	56
钠/(g/100 g)	0.5	0.3	43
钙/(g/100 g)	2.2	2.3	0
镁/(g/100 g)	0.3	0.2	36
磷/(g/100 g)	0.6	0.4	36

表 6-7 碾磨加工过程中一些微量元素的损失

矿物质	全 麦	小麦粉	麦 胚	麦 麸	相对全麦损失率/%
铁(mg/kg)	43	10.5	67	47～78	76
锌/(mg/kg)	35	8	101	54～130	77
锰/(mg/kg)	46	6.5	137	64～119	86
铜/(mg/kg)	5	2	7	7～17	60
硒/(mg/kg)	0.6	0.5	1.1	0.5～0.8	16

思考题

1. 简述常见维生素分类及功能特性。
2. 简述不同加工方式对蔬菜中 V_C 含量的影响。
3. 矿物质的概念与分类。

第七章

食品颜色

第一节 概　　述

一、颜色与色素的定义

颜色是由物体发射、反射或透过的光波通过视觉所产生的印象。它是给消费者第一印象的一种重要的食品感官品质，消费者往往通过观察食品的颜色和形态，对食品的新鲜程度、质构、风味和安全性等作出优劣判断，从而决定对食品的取舍。食品的颜色适宜，不仅给消费者美的视觉享受，还影响其他感觉器官从而提升食品的综合感官品质。食品加工工艺及加工过程中所发生的一系列变化均会影响食品的颜色。有的颜色变化是有利于提高食品的感官品质的，如面包焙烤时的呈色；有的变化对食品的感官品质带来不利的影响，如水果罐头的变色。因此，食品颜色的控制是一个十分重要的课题。从化学的角度研究食品颜色变化，揭示颜色变化的化学本质及影响因素，是控制食品颜色最重要的、最有效的途径。

食品具有颜色(color)是因为其中含有色素物质，使食品呈现出各种颜色的物质统称为食品色素(food pigments)，包括食品原料中固有的天然色素，以及食品加工中形成的有色物质和外加的食品着色剂(food colorants)。食品着色剂是经严格的安全性评估试验并经准许可以用于食品着色的天然色素或人工合成色素(即人工色素)。这些物质几乎都为有机化合物(organic compounds)，分子中包含多个含碳或含氮的不饱和共轭双键，以及一些与共轭双键直接相连的带孤对电子的基团。一般随着分子中共轭链的延长，化合物呈现的颜色越深；带孤对电子的基团的类型和数目也影响化合物颜色的呈现，其规律在下面讨论。

二、色素产生颜色的机理

色素能产生各种颜色，这与人的视觉生理功能和色素特定的分子结构有关，使两者发生关联的是特定波长范围内的电磁波。

1. 人的视觉生理　人眼的视网膜内，含有能感光的视杆细胞和椎体细胞，这些光敏细胞仅能够感受波长在380～780 nm之间的电磁波，即可见光。可见光能刺激光敏细胞产生电神经冲动，再沿着视神经传递到大脑皮层视觉中枢，产生颜色感。不同波长的光组合在一起会引起不同的颜色感。可见光区域外的电磁波均不能被光敏细胞所感受，不产生颜色。自然光照射到食品上，人眼看到的颜色实际上是食品吸收了特定波长的可见光后，反射进入人眼的光波的颜色。吸收光波的颜色和反射光波的颜色互为补色(complementary colour)。表7-1列举了不同范围光波的颜色及其互补色。如果所有波长的电磁波被物体反射，则物体呈现白色，全部吸收，物体呈现黑色。

表7-1　不同范围光波的颜色及其互补色

吸收波长/nm	光波的颜色	看见的颜色	吸收波长/nm	光波的颜色	看见的颜色
400～425	紫	黄绿	560～580	黄绿	紫
425～450	蓝	黄	580～595	黄	蓝紫
450～490	青	橙	595～605	橙	青
490～500	青绿	红	605～700	红	绿
500～560	绿	红紫	700～740	深红	绿

2. 色素的分子结构与吸收光谱 色素的吸收和反射光谱取决于其分子结构。对有色有机化合物的研究发现，颜色的产生与分子中存在不饱和的基团或体系有关，如—C ═ C—、—C ═ N—、—NO_2、—COOH、—C ═N、苯环等，故把这些基团或体系称为生色团，或称发色团(chromophore)。发色团的结构特征在于都含有 π-电子。π-电子发生跃迁所需的能量较 σ-电子跃迁能量低，吸收的电磁波波长较长。例如，乙烷的最大吸收波长(λ_{max})为 125 nm 和 135 nm，而乙烯的 λ_{max} 为 165 nm。发色团在分子内以非共轭的形式独立存在时，在紫外光区(10～190 nm)发生特定波长的吸收，不能显色，但两个或两个以上的发色团之间发生共轭时，化合物的吸收波长将向长波方向移动，一般增加一个共轭双键，吸收波长向长波方向移动约 30 nm，当化合物的吸收波长位于可见光区，则显示一定的颜色，且一般随着共轭体系的增大，颜色不断加深。例如，己三烯含 3 个共轭双键，λ_{max} 为 258 nm，是无色物质；β-胡萝卜素和番茄红素是含 8 个和 11 个共轭双键的多稀，吸收波长分别位于 415 nm 和 470 nm，颜色为橙黄色和红色。反之，对于一些有色的化合物，如果分子中的共轭体系被破坏，新物质的颜色将发生改变或消失。如金黄色的橙皮素查耳酮在酸性介质中变为无色的橙皮素(图 7-1)。

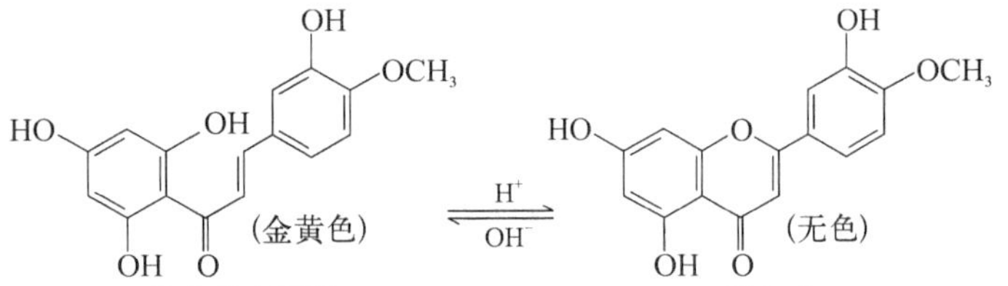

橙皮素查耳酮 橙皮素

图 7-1 橙皮素查耳酮与橙皮素的相互转化

化合物中的另一些带有孤对电子的基团，如—OH、—OR、—NH_2、—NR_2、—SH、—Cl 等，与发色团相连时，会使发色团的吸收光谱向长波方向移动，经常吸收强度也相应地增加，这些基团称为助色团(auxochrome)。例如，苯的最大吸收波长(λ_{max})为 254 nm，链接一个羟基后吸收光谱向长波方向移动，苯酚的 λ_{max}变为 270 nm。助色团的结构特征是都带有 n-电子，与生色团链接时，扩大电子离域的范围，形成多电子的较大共轭体系，$\pi \rightarrow \pi^*$ 跃迁能量降低，因而吸收向长波方向移动，促进化合物的颜色显现或加深。

三、食品颜色来源途径

食品中的颜色主要来源于两个方面，一种是食品中存在的天然色素(natural pigment)，另一类是通过化学途径合成的人工色素(artificial pigment)。天然色素来自动物、植物和微生物等原料，按其化学结构可以分为吡咯类色素(叶绿素、血红素)，异戊二烯类色素(胡萝卜素、叶黄素、辣椒红素等)，多酚类色素(花青素、黄酮类色素、儿茶素等)，酮类和醌类色素等。天然色素在生物生长过程中自然形成，一般具有较长的人类食用历史，因此一般认为具有较高的安全性，比较受消费者的欢迎。人工色素主要分为偶氮类色素(含—N ═N—基团)和非偶氮类色素。我国允许使用的苋菜红、胭脂红、赤藓红、柠檬黄、日落黄等都属于偶氮类色素，靛蓝、亮蓝等属于非偶氮类色素。人工色素相对天然色素在使用过程中一般具有更好的化学稳定性，且着色力强。

第二节 食品中天然色素的性质

一、吡咯类色素

天然色素中叶绿素和血红素属于吡咯色素。这类色素分子中都含有由四个吡咯环的 α-碳和四个次甲基(—CH ═)交替相连而形成的共轭体系，称为卟啉环(图 7-2)。卟啉环呈平面形，性质稳定，在叶绿素和血红素降解过程中一般保存完整。

1. 叶绿素(chlorophyll)

(1) 结构与理化性质：卟啉环的中心为镁原子与 4 个氮原子配位结合；卟啉环上在 C_6 至 Cγ 之间成环，形成环戊烷并卟啉；C_1、C_5、C_8 上的 H 被甲基取代，C_2 和 C_4 分别被乙烯基和乙基取代，C_7 被丙酸植醇酯取代，C_{10} 被甲酸甲酯取代，C_3 上有两类不同的取代基，分别对应两种类型的叶绿素，即叶绿素 a 和叶绿素 b。

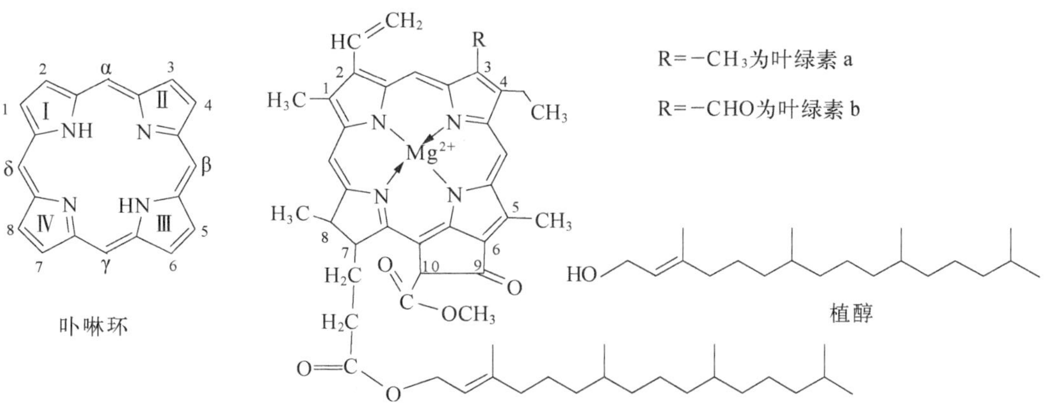

图 7-2 卟啉环和叶绿素的结构

植物中的叶绿素 a(熔点 117～120℃)和叶绿素 b(熔点 120～130℃)的含量比约为 3∶1,由于 C_3 上取代基的差异,两者的最大吸收波长和呈现的颜色不同,叶绿素 a 为蓝绿色,叶绿素 b 为黄绿色。从结构上看,叶绿素是叶绿酸的酯,它不溶于水,易溶于乙醇、乙醚、丙酮等极性有机溶剂。因此,一般用丙酮和乙醇等有机溶剂提取叶绿素。叶绿素 a 和叶绿素 b 在丙酮提取液中在长波方向的最大吸收峰波长分别位于 663 nm 和 645 nm,通过此两处测定的吸光度值并结合经验公式就可以计算植物中两者的含量。

新鲜植物中,叶绿素在叶绿体中的天然存在形式是叶绿素-蛋白质复合体,相对比较稳定,但细胞死亡后极易分解释放出蛋白质和游离的叶绿素。游离的叶绿素也很不稳定,其中的双键对光敏感,在酶、酸、碱和热等条件下,易发生酯键的水解和配位离子取代反应,生成的叶绿素衍生物的溶解性和颜色发生相应变化。

(2) 影响叶绿素稳定性的食品加工因素

1) 酶 动植物食品原料中均含有大量的酶,这些酶通过直接或间接作用而影响叶绿素的稳定性。叶绿素酶能直接催化叶绿素分子发生水解,作用位点为分子中的植醇酯,生成植醇和脱植醇的叶绿素衍生物,该叶绿素衍生物是水溶性的,仍然呈现绿色。其他的酶间接影响叶绿素稳定性,如脂酶和蛋白酶破坏叶绿素-脂蛋白复合体,使叶绿素失去脂蛋白的保护;氧化酶催化底物氧化生成的活性分子能引起叶绿素的氧化分解。

2) 酸 叶绿素在酸性条件下,分子中的镁原子被 2 个 H^+ 离子取代生成脱镁叶绿素(pheophytin)。脱镁叶绿素中酯键仍保留,仍是脂溶性物质,颜色明显变暗,呈现橄榄褐色。蔬菜腌制过程中产生大量的有机酸,叶绿素脱镁是腌菜颜色变暗的主要原因。脱镁叶绿素水解脱除植醇后生成脱镁脱植叶绿素,呈现的颜色不变,但为水溶性色素。叶绿素分子中镁离子也能为 Zn^{2+}、Cu^{2+} 和 Fe^{2+} 等二价离子取代,生成性质更稳定的叶绿素盐,呈鲜艳的绿色,是广泛应用的绿色着色剂。

3) 加热 加热是常用的食品加工工艺之一,也是引起叶绿素损失的主要原因。由于植物组织中往往含有有机酸,加热过程中酯键的水解也产生游离的脂肪酸,所以热和酸往往同时作用于叶绿素。加热增加植物细胞的透性,促进质子与叶绿素分子的结合,叶绿素发生脱镁反应,乙酸乙酯键水解,生成焦脱镁叶绿素(pyropheophytin),仍是脂溶性,呈现暗绿色。在酶、酸和热的共同作用下,叶绿素最终生成焦脱镁脱植叶绿素(pyrophephorbide),是暗绿色的水溶性色素。加热如果在碱性条件下进行,叶绿素的耐热性好,很稳定。

4) 光和氧化剂 光和氧化剂等作用于叶绿素导致叶绿素的降解,类似于烯烃的氧化分解反应。单线态氧和自由基是活性很高的中间体,能与卟啉环的不饱和链发生氧化等反应,造成叶绿素的分解和褪色。叶绿素在食品贮藏和加工中的衍生物及其变化如图 7-3 所示。

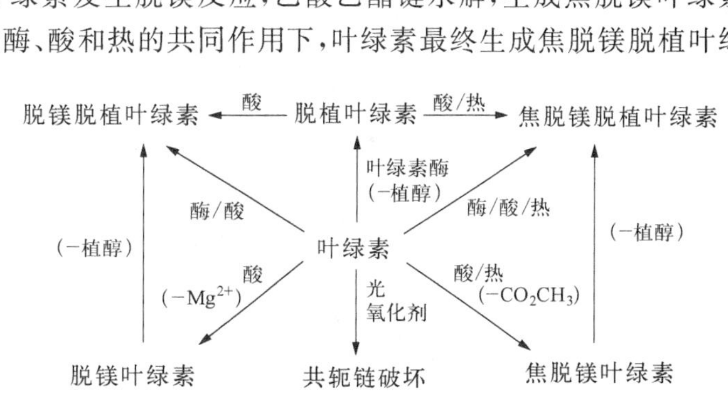

图 7-3 食品加工过程中叶绿素的变化

(3) 食品护绿方法

1) 钝酶 叶绿素酶在 60～80℃范围内活性较高，当温度超过 80℃活力下降，100℃以上迅速失活。加工中可以采用热烫的方式，钝化食品中的酶，防止酶促反应导致叶绿素的破坏。热烫时要注意热对叶绿素的破坏作用，合理控制热烫的时间。对果蔬杀菌时，采用高温瞬时杀菌可有效减少普通杀菌工艺造成的叶绿素破坏。

2) 碱处理 碱性条件下叶绿素较稳定，加工中适量添加氧化钙、氢氧化镁、碳酸镁等提高 pH，会获得短期的较好的护绿效果。食品不宜长期处于碱性条件下，碱性条件对食品会带来许多副作用，如促进果蔬组织软化和产生碱味，加速食品中维生素 C、不饱和脂肪酸和多酚类物质等的氧化降解，促进褐变反应发生等。因此通过中和酸进行护绿在食品加工中应根据具体情况谨慎使用。

3) 绿色再生 食品加工过程中，应用 Zn^{2+}、Cu^{2+} 和 Fe^{2+} 等二价离子取代叶绿素衍生物分子中的质子，生成呈鲜艳绿色、性质稳定的叶绿素盐，这种方法称为绿色再生。Cu^{2+} 有一定的毒性，而 Fe^{2+} 很容易氧化，因此，应用较多的为锌盐。控制 Zn^{2+} 浓度为万分之几，在 pH 约 6.0 的条件下，选择略高于 60℃的温度进行加热处理，然后进一步进行热烫，这种方法在罐藏蔬菜加工中获得了比较满意的效果。

4) 其他方法 干制蔬菜由于缺少参与化学反应的水分，食品能长时间保持绿色不变色，但储藏过程中要注意避光，包装环境中要注意除氧，避免叶绿素因光敏氧化而褪色。采用低温冷冻的方法也可以大大延缓叶绿素的变化，但仅适用于丧失生命的果蔬原料；对于果蔬的贮藏，气调保鲜技术对于延缓一些果蔬的衰老和后熟效果明显，对绿色有保护作用。

2. 血红素 (1) 结构与理化性质：血红素(hemes)是血液和肌肉中的主要色素，其分子的母核也是卟啉环，结构如图 7-4 所示。卟啉中心为二价铁离子与 4 个氮原子配位结合，环上 2,7,12,18 位氢被甲基取代，3 和 8 位氢被乙烯基取代，13 和 17 位上的氢被丙酸基取代。

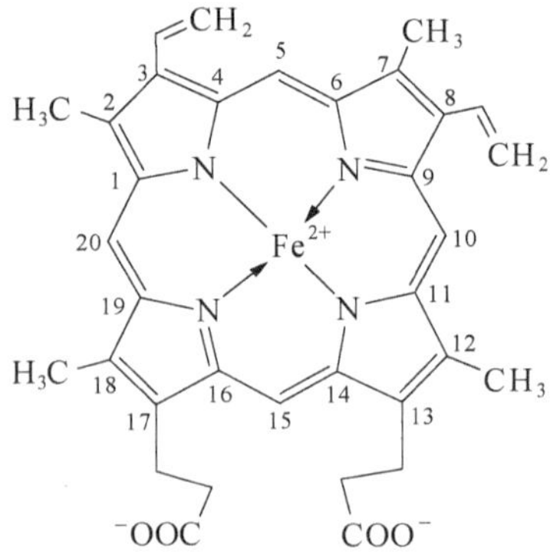

图 7-4 血红素结构示意图

活体组织中，血红素通过中心铁离子与肌红蛋白和血红蛋白分子中的蛋白质结合。肌红蛋白是一分子含有 153 个氨基酸的球蛋白与一分子血红素的络合物。铁离子共有 6 条配位键，第 5 条与蛋白质分子结合，结合部位是肽链第 93 位组氨酸残基中咪唑基上的氮原子；第 6 条配位键与氧原子相连，此处的配基还可以是 CO 和 NO 等，如果一氧化碳取代氧与铁离子结合，则导致机体一氧化碳中毒。血红蛋白分子是由一分子珠蛋白与四分子血红素以非共价键结合构成，可以粗略地看成是肌红蛋白的四聚体，用盐酸水解，血红蛋白可分离为血球蛋白质和血红素两个部分。血红素不溶于水，溶于酸性丙酮及碱性水溶液。用酸性丙酮提取血红素过程中，先采用减压抽滤的方法除去沉淀的珠蛋白，再除去丙酮即制得血红素粗品。

(2) 血红素在肉制品加工中的变化：畜产鲜肉中的色素有肌红蛋白、细胞色素、黄素蛋白和 V_{B12} 等，但肌红蛋白约占总量的 90%，因此鲜肉的颜色主要由肌红蛋白的颜色决定。肌红蛋白的颜色为紫红色，所以新鲜肉的颜色一般为紫红色。肉制品贮藏和加工过程中，肌红蛋白转化为多种衍生物，肉制品的颜色因而发生变化。

1) 鲜肉中的变化 动物被宰杀放血后，氧交换作用停止，胴体中肌红蛋白因缺氧而处于还原状态，肌肉呈现较暗的紫红色。胴体被分割后，由于肌肉直接暴露于空气中，肌红蛋白与空气中的氧发生氧合作用(图 7-5)，生成鲜红色的氧合肌红蛋白(oxymyoglobin)，肉的颜色也变为鲜红色；肌红蛋白与氧气也同时发生氧化反应，其中的 Fe^{2+} 被氧化为 Fe^{3+}，生成棕褐色的高铁肌红蛋白(metmyoglobin)。随着时间的延长，生成的高铁肌红蛋白逐渐增多，肉的颜色由鲜红色逐渐变为红褐色。实际上，上述两种反应均为可逆反

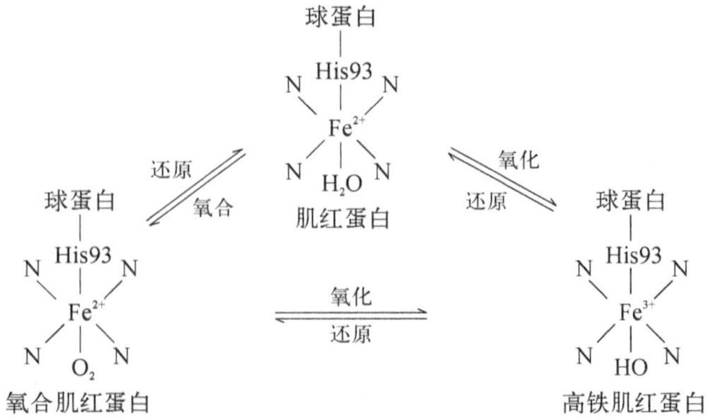

图 7-5 鲜肉中血红素的变化

应，哪种反应主导肉的颜色取决于周围环境中氧气的分压，以及肌肉中的还原物质的状况。氧气的分压高，有利于氧合肌红蛋白的形成，由于氧合肌红蛋白较肌红蛋白更稳定，因而抑制了高铁肌红蛋白的形成；一般贮藏环境中氧气的分压比空气中的氧分压低时，有利于高铁肌红蛋白的形成。肌肉中的还原性物质，如巯基蛋白和 V_E 等，能将高铁肌红蛋白还原为肌红蛋白，但当还原性物质消耗殆尽后，高铁肌红蛋白的生成将是不可逆的，肉的颜色不可逆地变暗变深。

2）烹饪加工中的变化　烹饪加工中主要是采用加热方法熟化肉制品，加热作用使血红蛋白中球白质变性，生成暗红色的肌色原；另一方面热力驱氧，在热和低氧的共同作用下，生成大量褐色的高铁肌色原，故熟肉的颜色一般呈暗褐色。

3）腌制加工中血红素的变化　肉类加工中一般使用硝酸盐和亚硝酸盐作为发色剂，还原反应生成的 NO 与血红素中心铁离子配位结合，如图 4－21 所示，生成氧化氮肌红蛋白（鲜红色）、氧化氮高铁肌红蛋白（深红色）和氧化氮肌色原（鲜红色），因而使腌肉的颜色更加诱人。这些色素较肌红蛋白更加稳定，在加热和储藏过程中肉的颜色不易发生改变，如经过发色处理的灌肠和火腿，在烹饪后仍然呈现诱人的红色。应当注意，由于亚硝酸盐有较强的致癌作用，加工中这些发色剂必须按食品添加剂的使用标准进行。一氧化碳与肌红蛋白的亲和力高出氧近 240 倍，生成鲜艳的碳氧肌红蛋白，碳氧肌红蛋白稳定性较高，不易氧化，因而肉的色泽相对稳定。红曲色素和甜菜红作为亚硝酸盐的替代品，已经在腌肉制品加工中应用。

肉的腌制品加工和储藏过程中，由于生产管理不当，也常产生一些绿色的血红素衍生物，如亚硝酰高铁肌红蛋白（nitrosylmyoglobin）、胆绿蛋白（choleglobin）和硫肌红蛋白（sulfmyoglobin）。前者是由于硝酸盐发色剂的过量使用导致的，后两者一般是不期望的微生物发酵作用的结果，异常发酵产生的过氧化氢和硫化氢与肌红蛋白结合，分别生成胆绿蛋白和硫肌红蛋白。

（3）肉制品护色方法

1）除氧　采用真空包装或于包装内放置除氧剂除去包装中的氧气，保持肌红蛋白的还原状态，可以在较长的时间内保持肉新鲜的紫红色。

2）气调贮藏　采用 CO_2 和 N_2 等填充包装，使肉制品处于无氧状态，其效果与除氧操作相同。气调技术中另一种技术是采用高氧气调，氧气的比例占 60％以上，使生成的氧合肌红蛋白居于主导地位，但由于氧的存在，该方法在肉制品的长期贮藏过程中仍受到限制。

3）发色反应　加工中使用发色剂和发色助剂是肉制品护色的常用方法。传统肉制品加工中使用硝酸盐和亚硝酸盐等作为发色剂，以抗坏血酸和烟酰胺等助剂促进发色。在密闭的包装中以 CO 处理三文鱼或牛肉等，生成较稳定的碳氧肌红蛋白，能获得良好的护色效果。

4）其他　对产品进行杀菌处理，防止微生物生长导致的腐败和色泽的改变。腌肉制品通过适度的风干有利于肉制品的储存，但过度的失水容易造成油脂的氧化，不利于肉制品的护色。贮藏过程中应注意避光，这对肉制品的护色也是十分必要的。

二、类胡萝卜素

类胡萝卜素（carotenoids）是在天然食品原料中分布最广泛的色素。水果、蔬菜和粮食中均含类胡萝卜素。富含类胡萝卜素的水果和蔬菜一般为红色、黄色或者橙色，如胡萝卜和柑橘等。动物原料，如蛋黄和虾壳等，也富含类胡萝卜素。

1. 类胡萝卜素的结构和性质　类胡萝卜素属于萜类化合物，是由多个异戊二烯单位按照一定的规律链接形成的多稀物质。按其结构可以分为胡萝卜素（carotenes）和叶黄素（xanthophylls）两类。胡萝卜素是仅含碳和氢的多烯化合物，包括 α-胡萝卜素、β-胡萝卜素、γ-胡萝卜素和番茄红素等，除番茄红素外均为维生素 A 原，且以 β-胡萝卜素的生理活性最高；叶黄素中除多烯结构外还含有羟基、醛基、酮基和环氧基等含氧基团，可以看作胡萝卜素的含氧衍生物，其种类比胡萝卜素要多。常见的类胡萝卜素的结构见图 7－6。

类胡萝卜素分子中不含极性基团，不溶于水，难溶于乙醇，易溶于石油醚和乙醚，为典型的脂溶性色素。叶黄素类分子有含氧极性基团，脂溶性较胡萝卜素类有所下降，且随着分子中羟基、羰基等极性基团的增加，脂溶性不断下降。叶黄素难溶于石油醚和乙醚，易溶于甲醇和乙醇等极性溶剂。因此，提取类胡萝卜素色素

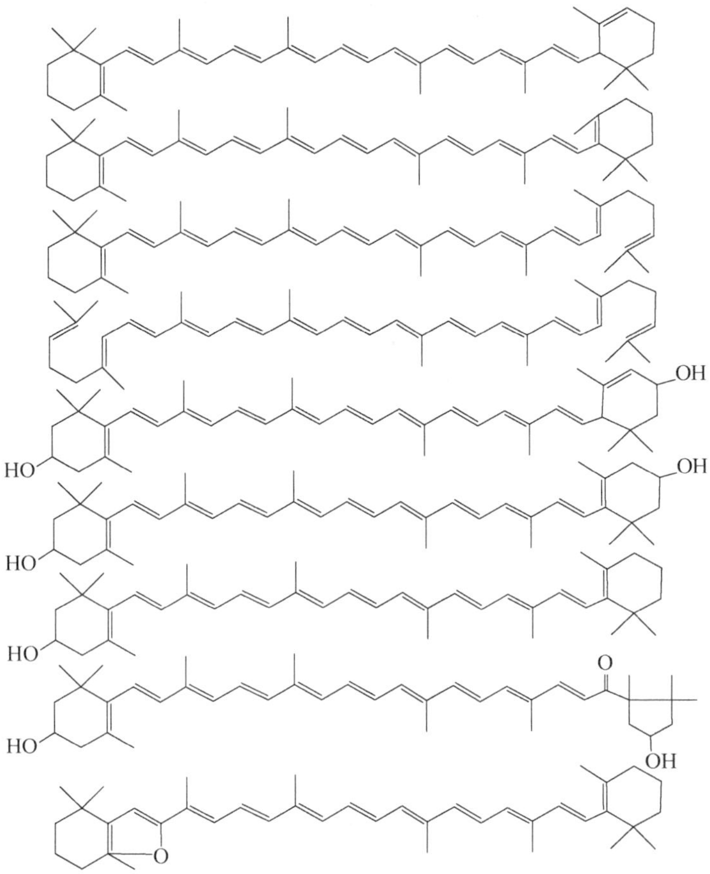

α-胡萝卜素

β-胡萝卜素

γ-胡萝卜素

番茄红素

叶黄素

玉米黄素

隐黄素

辣椒红素

柑橘黄素

图 7-6 常见类胡萝卜素的种类及结构

时，应兼顾以上两类色素的溶解特性，采用复合溶剂提取。类胡萝卜素是多烯化合物，其化学性质类似烯烃，反应的活性官能团为不饱和双键。叶黄素类的含氧基团也是反应的活性基团，它们在食品中的变化与食品所处的条件有关，下面予以讨论。

2. 类胡萝卜素在食品贮藏加工中的变化与控制 相对其他食品色素，类胡萝卜素在食品加工和贮藏过程中的颜色是比较稳定的。对类胡萝卜素不利的因素主要有加热、酸、氧和光照等。在无氧条件下，加热和酸性条件主要导致类胡萝卜素的异构化，对食品颜色影响较小。如胡萝卜、红辣椒和西红柿等经烹饪后颜色变化就很小，但能导致类胡萝卜素天然分布和结合状态的变化。因为类胡萝卜素在热加工过程中会随着细胞结构的破坏而向油脂中迁移，颜色的分布也因此而变化。虾在烹饪的过程中，虾青素中的蛋白质变性，游离的虾黄素随后被氧化为虾红素导致虾壳的颜色出现明显变化。当食品中的氧和自由基含量很少时，类胡萝卜素能发挥抗氧化作用，防止氧和自由基对其他组分的破坏。但随着活性氧含量的增加，加热或持续光照会导致类胡萝卜素的氧化分解，食品颜色消退。

保护食品中的类胡萝卜素，关键是在加工过程中避免与氧的接触，并避光贮藏。加工时钝化脂氧化酶、多酚氧化酶等氧化酶，也有利于保护类胡萝卜素，因为这些酶催化产生的活性中间产物能促进多烯色素的氧化分解。对食品进行辐照处理，由于射线的能量较高，会导致部分胡萝卜素的氧化和裂解，因此，加工时要根据工艺的要求，控制适当的辐照剂量，防止类胡萝卜素的结构遭到破坏。

三、多酚类色素

多酚类色素(polyphenols)是自然界中颜色最丰富的一类色素，广泛分布于植物的花、茎、果实、叶片的细胞液之中，使食品呈现丰富多彩的颜色。多酚类化合物还是食品中重要的功能性组分，具有杀菌、抗衰老、预防心血管疾病等功能，也是一种重要的食品添加剂。

1. 多酚类色素的结构和性质 多酚类色素的种类很多，植物中最具代表性的是花青素(anthocyanin)

和类黄酮(flavonoids),它们的分子中均含有 $C_6-C_3-C_6$ 结构,它们的结构见图 7-7。

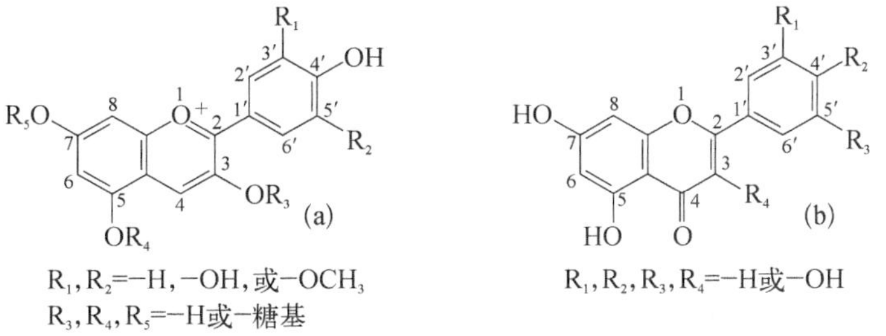

图 7-7 花青素(a)和类黄酮(b)的结构

花青素是 2-苯基苯并吡喃阳离子结构的衍生物。天然花青素一般以糖苷形式存在,称为花色苷(anthocyanins)。单个苷键一般位于 C_3 上,当有两个苷键时,另一个苷键一般位于 C_5,少数位于 C_7 上。花青素呈现的颜色各不相同,主要是由于环上—OH 和—OCH_3 等取代基的种类和数目不同。花青素和花色苷均为水溶性色素,后者引入糖基后溶解性更好。影响多酚类化合物的稳定性的因素很多,如温度、pH、金属离子、光、还原剂、氧及氧化剂等均会导致花青素发生各种化学变化,因而花青素及其苷的化学性质均不稳定,但后者由于糖基的保护,其稳定略高于前者。

类黄酮是 2-苯基苯并吡喃酮的衍生物,与花青素比较,其显著特征是 C_4 上为酮式结构。食品原料中的黄酮一般以糖苷的形式存在,黄酮苷在酸或糖苷酶等的作用下发生水解,产物为糖和类黄酮苷元。类黄酮苷元一般在水中的溶解度小,而易溶于氯仿、乙酸乙酯等溶剂。类黄酮苷中由于引入了亲水的糖基,与相应的苷元相比,水溶性增加。生产中,植物中的类黄酮一般可采用沸水、乙醇-水或丙酮-水等溶剂提取。自然界中类黄酮种类很多,目前已发现的类黄酮化学物已超过 2 000 多种,但能显色的只有 400 多种,多呈淡黄色,少数显橙黄色。

2. 影响多酚类色素稳定性的食品加工因素

(1) *多酚色素的结构*:不同花青素之间的区别主要为苯基上的取代不一样,并直接影响花青素的呈色,羟基越多,颜色越深(蓝色);甲氧基越多,颜色越浅(红色)(图 7-8)。

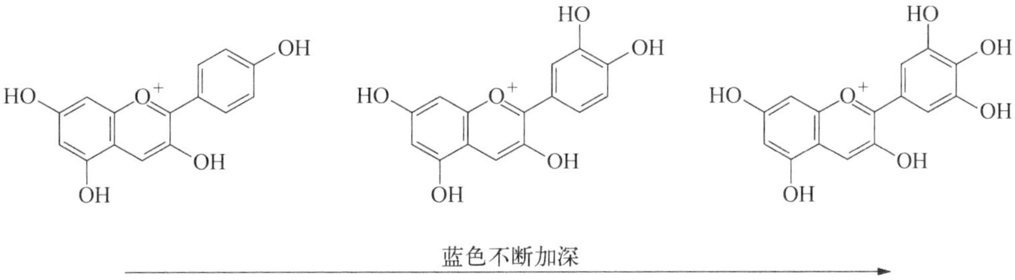

图 7-8 羟基取代基数目对花青素颜色的影响

(2) *pH*:加工中的酸碱环境对多酚色素的影响很大。花青素以阳离子形式存在,对酸碱变化十分敏感,并在酸碱环境中以不同的形式存在,呈现不同的颜色(图 7-9)。用碱处理,会使一些原本无色的黄烷酮转变为有色的查尔酮类,但碱性条件下,多酚类化合物的氧化反应更容易发生。果蔬中有一类结构与花青素相似,味涩而无色的化合物,称为原花色素(proanthocyanidin),它在酸性条件下加热后,可以转化为花青素而呈色。

(3) *金属离子*:金属离子能与花青素和类黄酮分子中的临位羟基发生络合反应,产生不同颜色的络合物。如花色苷与 Al^{3+}、Fe^{2+}、Ca^{2+} 等离子络合可产生红、绿、蓝等不同颜色的络合物;类黄酮与金属离子络合生成在 415 nm 有最大吸收的黄色络合物,与铁离子络合后可生成蓝、褐、黑等不同颜色的络合物。重金属离子 Cu^{2+}、Pb^{2+} 等会加速多酚类色素的氧化分解。

(4) *二氧化硫*:二氧化硫对花色苷的褪色作用可能是可逆的也可能是不可逆的。当二氧化硫用量为 500~2 000 μg/g 时为可逆漂白。对于不可逆漂白作用,其机理是二氧化硫在酸性条件下先形成亚硫酸根,后者对花色苷 2-位碳进行亲核加成而形成了花色苷亚硫酸盐复合物。

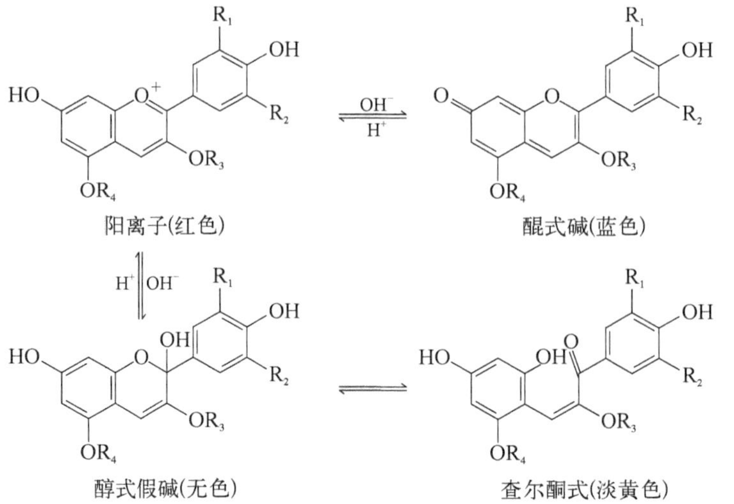

图 7-9 多酚类色素颜色随 pH 变化的情况

(5) 温度：加热是影响多酚类化合物稳定性的重要因素。加热条件下，花青素和类黄酮的氧化反应加速进行。加热还会促进花青素和类黄酮等发生缩合反应，往往生成颜色更深稳定性更高的化合物，食品的色泽也因而发生变化。油炸、焙烤和高温灭菌过程中，也会导致花青素和类黄酮等化合物的热降解，热降解的机理目前尚未充分阐明。

(6) 其他：光照可引起花色苷降解，酰化或甲基化的二糖苷比非酰化的二糖苷稳定，二糖苷又比单糖苷稳定。花青素和类黄酮都属于多酚类化合物，它们的高度不饱和结构和酚羟基对氧十分敏感。有氧条件下，花青素和类黄酮发生氧化分解，这不仅导致相应的颜色发生消退，同时，氧化分解生成活性中间产物会进一步发生聚合或缩合反应生成大量的深褐色物质，使食品的品质降低。抗坏血酸与花色苷的降解具有协同作用。食品中的一些糖苷水解酶可使花色苷褪色。

由于多酚类色素有丰富的颜色，对其控制是食品质量控制的重要内容。加工中，多酚化合物一般作为食品添加剂使用，主要是发挥其抗氧化能力，用于清除食品中少量的氧或自由基等，从而阻断氧化反应的进一步发生。使用中一定要注意多酚的添加量并严格控制加工环境中的氧气分压，否则会产生与期望相反的效果。为减少多酚类色素的氧化分解，应采用高温瞬时杀菌或尽可能缩短食品的热加工时间，避免在碱性条件下对食品进行加工。食品中的多酚氧化酶会催化多酚化合物氧化分解，糖苷酶类会促使糖苷的降解，使多酚色素的稳定性下降，因此加工过程中钝化这些酶有利于多酚类化合物的保护。生产中应注意合理使用加工工具和设备，避免污染重金属离子等与多酚类色素络合形成不良的食品色泽。此外，光照、辐射等也会加速多酚类物质的降解，亚硫酸盐对花青素等有漂白作用，贮藏和加工中对这些因素也应当予以注意。

第三节 食品褐变及机理

食品加工和贮藏过程中，一些食品组分参与化学反应，最终生成一些有色物质而使食品颜色加深，同时导致食品的品质和安全变化，将这一反应过程称为褐变反应(browning reaction)。如面包、饼干焙烤过程中，表面逐渐形成一层诱人的金黄色，就是褐变反应的结果；梨、桃等罐头生产过程中，果肉颜色加深也是发生了褐变反应的结果。显然，褐变对于食品的品质可能是有利的，也可能是不利的，取决于加工的目的和产品的品质标准。对于有利的褐变反应，可通过一些方法促进褐变反应的发生，相反，对生产不利的褐变反应应当进行有效控制，这也正是食品化学研究褐变及其反应机理的目的。

褐变是食品加工和贮藏过程中十分普遍的现象，食品中大多数组分，如糖、蛋白质、多酚、维生素、油脂等，都能直接或间接参与褐变反应。根据褐变反应过程中是否是由酶的催化引起，食品中的褐变反应可以分为两大类，即酶促褐变(enzymatic browning)和非酶促褐变(non-enzymatic browning)。

一、非酶褐变

食品加工和贮藏过程中发生的非酶褐变主要包括美拉德反应、焦糖化反应、抗坏血酸和多酚的自动氧化反应。

1. 美拉德反应(maillard reaction) 美拉德反应是食品生产中最广泛发生的一类非酶褐变反应,是食品在加热和长期存储后发生褐变的主要原因。该反应于1912由法国人Maillard发现,主要是指食品中还原糖的羰基与氨基酸、蛋白质分子中的氨基经缩合、聚合反应生成类黑色素的反应,又称羰氨反应。

(1) 美拉德反应的过程:1953年John Hodge等人对美拉德反应的机理进行了归纳,该反应的历程大致可分为初始、中期、末期3个反应阶段。

1) 初始反应阶段 美拉德反应的初始阶段包括羰氨缩合和分子重排两步反应,如图7-10所示。食品中氨基酸、多肽或蛋白质的游离氨基与糖分子中的游离羰基之间缩合,生成的加合物失水后生成schiff碱,该物质不稳定,分子随即变为环化结构,称为*N*-葡萄糖胺。*N*-葡萄糖胺在质子的作用下开环,经schiff碱阳离子,互变异构为烯醇式,再经互变异构生成*N*-1-氨基-1-脱氧-2-酮糖,关环生成*N*-果糖基胺,这一过程称为Amadori重排。

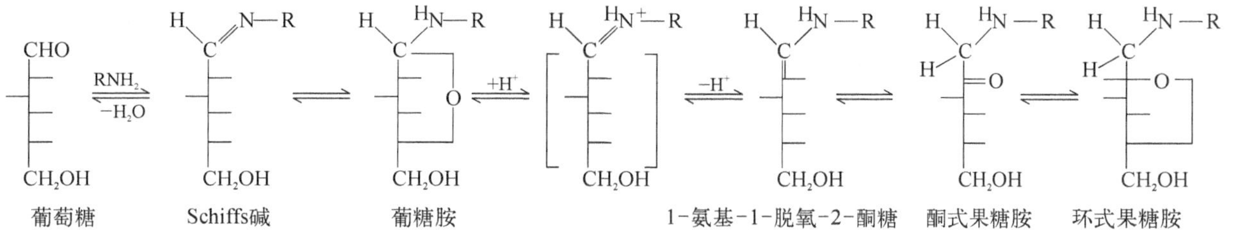

图7-10 羰氨缩合与Amadori重排

2) 中期反应阶段 果糖胺可通过多条途径进一步发生反应,通过检测到的中间产物推导可能存在如图7-11所示的几种途径。中期反应的A途径为果糖胺脱水生成羟甲基糠醛(hydroxymethylfurfural, HMF),该反应一般在中性或偏酸性条件下发生,果糖胺主要发生1,2-烯醇化而形成糠醛(戊酮糖)或羟甲基糠醛(已酮糖);B途径中果糖胺脱去胺残基重排生成还原酮,发生在碱性条件下。果糖胺经2,3-烯醇化形成还原酮类,不稳定的还原酮可异构化成脱氢还原酮,即二羰基化合物类。

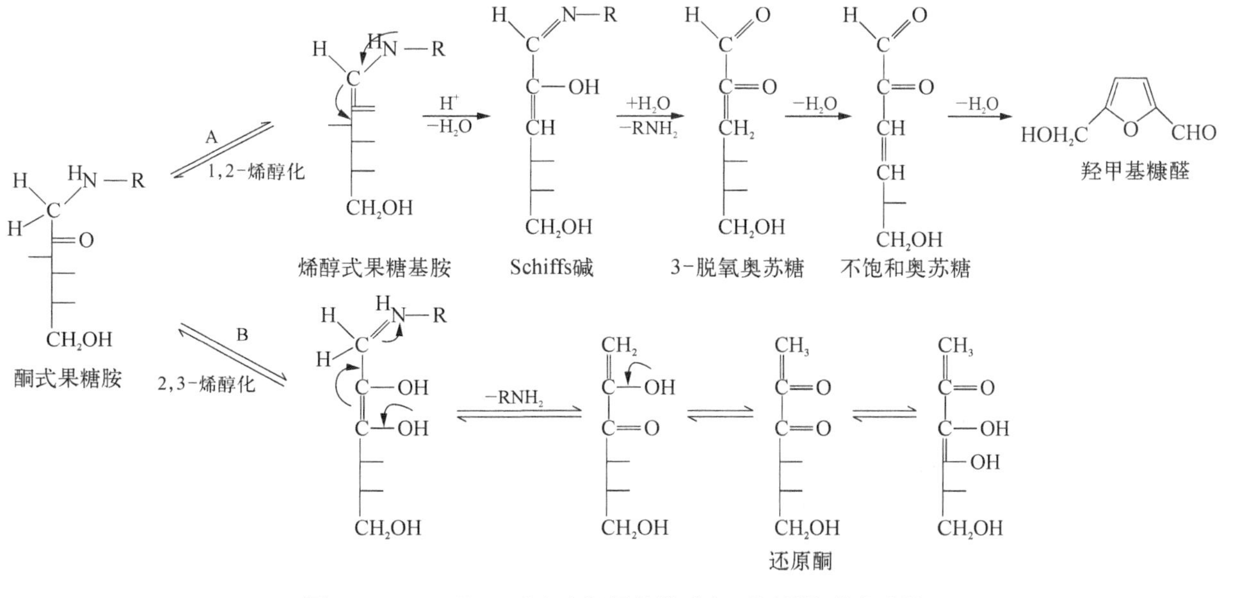

图7-11 Maillard反应中羟甲基糠醛和还原酮的形成过程

二羰基化合物存在时,氨基酸可发生脱羧、脱氨作用,生成少一个碳的醛,氨基转移至二羰基化合物上,该反应称为Strecher降解反应(图7-12)。

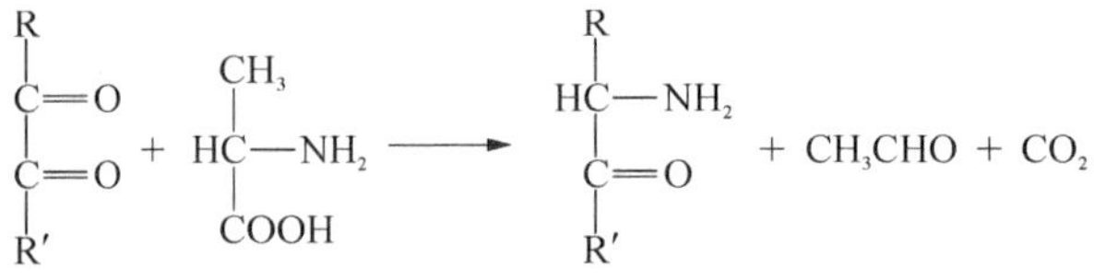

图7-12 Strecher降解反应

3）末期反应阶段 中期反应过程中生成的醛类、酮类化合物都不稳定，可以发生缩合反应形成脱氮聚合物。两分子醛发生缩合，并进一步脱水生成不饱和醛，称醇醛缩合。醇醛缩合的产物，以及中期反应生成的糠醛及其衍生物、还原酮、Strecker降解产物等能进一步缩合、聚合最终形成棕色的聚合物或共聚物，统称为类黑素(mlanoidin)，它是分子结构未知的高分子物质的混合体。

(2) *影响美拉德反应的因素*：美拉德反应的机理至今未完全阐明，其机理十分复杂，影响因素也很多，不仅包括氨基和羰基的影响，还与底物浓度、温度、pH、水分、氧、离子等因素有关。控制这些因素可促进或抑制美拉德反应，对生产中控制食品品质有实际意义。

1）氨基底物 氨基酸、多肽、蛋白质和胺类含有的游离氨基，都能参与褐变反应。胺类反应速度最快，氨基酸、多肽和蛋白质参与反应的速度依次下降。碱性氨基酸反应活性比酸性氨基酸高；游离氨基在ε-或者末位，其反应活性较α-氨基高。由于碱性氨基酸容易褐变，要特别注意防止食品中碱性必需氨基酸的损失。

2）羰基底物 羰基化合物中反应速度最快的是α,β不饱和醛(R—CH═CHCHO)，其次是α双羰基化合物，酮羰基的反应速度最慢。糖类物质中，五碳糖的褐变速度约为六碳糖的10倍。醛糖的反应速度高于酮糖；单糖的反应速度高于二糖。常见五碳糖和六碳糖的反应速度分别为核糖＞阿拉伯糖＞木糖和半乳糖＞甘露糖＞葡萄糖。

3）温度 美拉德反应受温度的影响很大。温度越高，化学反应速度越快，褐变反应随温度变化的Q_{10}约为3～5。食品贮藏在20℃以下，褐变反应则进行较慢。因此，为了抑制非酶褐变，食品应该处于适当的低温条件下。

4）pH 氨基-羰基反应在广泛的pH范围内均能发生，但pH在3以上，褐变反应的速度与pH正相关。羰氨缩合属于亲核加成反应，碱性条件有利于反应的进行，降低食品的pH是抑制美拉德反应的较好方法。

5）其他 食品的含水量在10%～15%时，褐变反应容易进行，而食品脱水完全干燥后美拉德反应难以发生。脂类的氧化分解会产生大量的活性醛和酮，促进褐变反应发生，因此，干燥富含脂类的食品要注意隔绝氧气和避光。高价铁离子和铜离子能催化还原酮类的氧化，促进食品褐变，因此在食品加工中应该避免这些离子的混入。多酚类物质和抗坏血酸等也容易被氧化分解，使用不当也会加快美拉德反应的进行。亚硫酸根可以阻断初始反应，其与醛基形成加合物，加合物能与R—NH_2发生缩合反应，生成的缩合物不能进一步生成schiff碱，无法生成葡糖胺，从而抑制美拉德反应。

2. 焦糖化反应 糖类尤其是单糖在没有含氨基化合物存在时，加热到熔点以上的温度(一般为140～170℃或以上)后发生脱水和热降解反应，最终生成黑褐色的物质，这种现象称为焦糖化反应(caramelization)。焦糖化反应在酸碱条件下均能发生，碱性条件下反应速度更快，各种糖类生成的焦糖在成分上都相似。焦糖化反应过程十分复杂，中间产物种类繁多，这些至今还不清楚。一般认为焦糖化作用生成两类物质：一类是糖脱水后的聚合产物，即焦糖或称酱色(caramel)；另一类是一些热降解产物，如挥发性的醛、酮和酚类等物质，它们进一步缩合、聚合成为最终的深色物质。

(1) *焦糖的形成*：高温条件下，热的作用导致糖苷键断裂，糖环的大小发生改变，同时，脱水会向糖环中引入双键，产生不饱和的环状中间体，如呋喃环。不饱和环体系可发生缩合反应，产生不饱和的大分子聚合物，使食品产生色泽和风味。蔗糖形成焦糖的过程可以分成三个阶段。

1）开始阶段 蔗糖熔融，当温度达到200℃时，第一次起泡，经由约35 min，蔗糖分子脱去一分子水，生成无甜味而具有温和苦味的异蔗糖酐(isosaccharosan)。图7-13表示了异蔗糖酐的形成过程及其分子结构。异蔗糖酐形成后，起泡暂时停止。

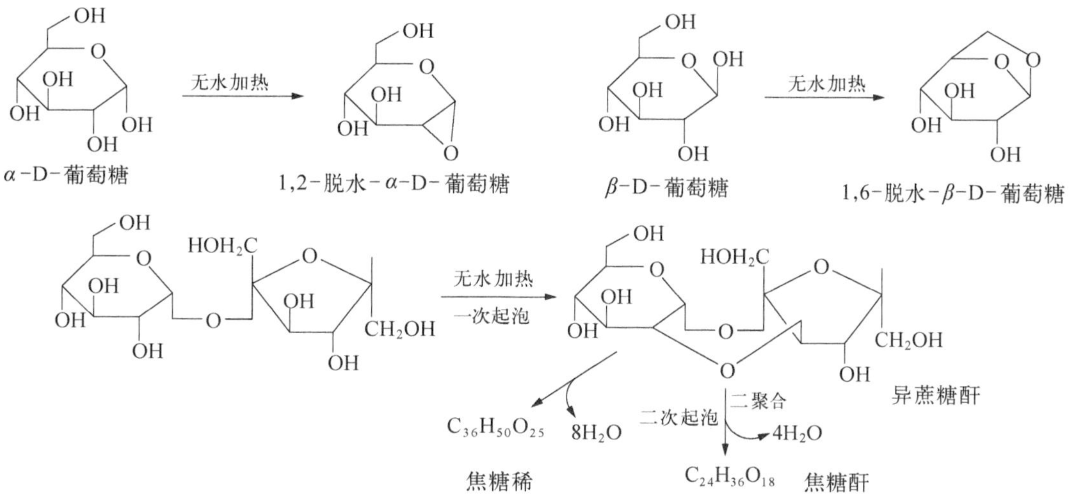

图 7-13 加糖色素的形成过程

2）第二阶段 发生二次起泡现象，起泡持续时间较长，约 55 min，分子通过较长时间的脱水生成焦糖酐(caramelan)。焦糖酐的平均分子式为 $C_{24}H_{36}O_{18}$，是浅褐色色素。焦糖酐的熔点为 138℃，可溶于水和乙醇，味苦。其形成示意图可以简单表示如下：

$$2C_{12}H_{22}O_{11}-4H_2O \rightarrow C_{24}H_{36}O_{18}$$

3）第三阶段 焦糖酐进一步脱水，形成焦糖烯(caramelen)。焦糖烯的分子式为 $C_{36}H_{50}O_{25}$。焦糖烯熔点为 154℃，可溶于水，味苦。其形成示意图可以简单表示如下：

$$3C_{12}H_{22}O_{11}-8H_2O \rightarrow C_{36}H_{50}O_{25}$$

焦糖烯继续加热失水，生成难溶于水的高分子质量的深色物质焦糖素(caramelin)，分子式为 $C_{125}H_{188}O_{80}$。

焦糖是一种胶态物质，溶于水呈棕红色，是一种传统的半天然着色剂。它的等电点为 3.0～6.9，甚至可低于 3，随生产方法而异。磷酸盐、无机盐、碱、柠檬酸、氨水或硫酸铵等对焦糖形成有催化作用。氨和硫酸铵可提高糖色出品率，但在高温下形成 4-甲基咪唑，长期食用会影响神经系统健康，目前已禁止在焦糖色素生产中使用。

(2) 裂解产物的形成：强热条件下，糖发生热裂解、脱水等反应，生成一些性质活泼的醛类物质，称为活性醛。在酸性条件下加热，醛糖或酮糖进行烯醇化，随后进行一系列的脱水步骤，形成糠醛及其衍生物，糠醛可进一步反应生成黑色素，但其反应历程还没有完全清楚。在碱性条件下加热，糖首先发生互变异构作用，生成烯醇式结构，然后裂解生成甲醛、乙醇醛、甘油醛、丙酮醛等，活性醛再经过一系列的缩合、聚合反应或氨基-羰基反应生成黑褐色色素。

蔗糖通常被用于制造焦糖色素和风味物，使用不同的催化剂可生成不同类型的焦糖色素。目前有三种商品化焦糖色素。第一种是由蔗糖直接加热，热解产生红棕色并含有略带有负电荷的胶体粒子的焦糖色素，其水溶液的 pH 为 3～4，常应用于啤酒和其他含醇饮料。第二种是由蔗糖溶液与亚硫酸氢铵加热制得的耐酸焦糖色素，应用于可乐饮料、其他酸性饮料、烘焙食品、糖浆、糖果以及调味料中，这种色素的溶液是酸性的(pH 2～4.5)，它含有带有负电荷的胶体粒子，这是由于酸性铵盐催化蔗糖糖苷键的断裂，铵离子参与 Amadori 分子重排。第三种是将糖与亚硫酸氢铵加热，产生红棕色并含有带正电荷的胶体粒子的焦糖色素，其水溶液的 pH 为 4.2～4.8，应用于烘焙食品，糖浆及布丁等。

3. 多酚褐变 食品中酚类成分含量较高，多酚上的羟基容易被氧化，尤其是碱性溶液中更不稳定。多酚通过自动氧化、缩合、聚合生成各种有色物质。例如纯品儿茶素是白色结晶，在酸碱条件发生自聚合作用生成红粉；在空气中可氧化成黄棕色胶状物质，其反应历程见图 7-14。其他多酚类物质也能发生类似的反应，反应结果生成不同颜色的聚合物，导致食品的褐变。

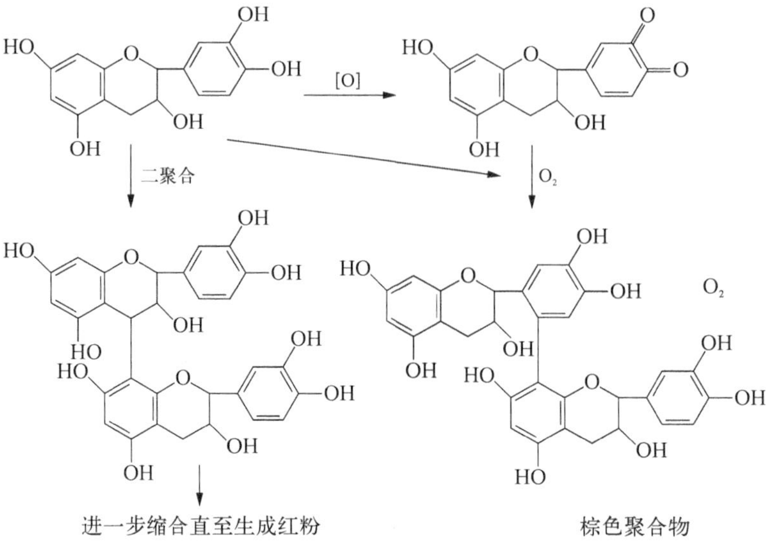

图 7－14 儿茶素的缩合和氧化聚合

4. 抗坏血酸褐变 抗坏血酸是一个羟基羧酸的内酯，具有一个烯二醇基团，不仅具有酸性，还具有很强的还原性。抗坏血酸作为天然抗氧剂对其他组分发挥抗氧化作用时，其自身也极易被氧化。在有氧的条件下，抗坏血酸被氧化形成脱氢抗坏血酸，再脱水形成 2,3－二酮古洛糖酸（DKG），脱羧产生酮木糖，最终产生还原酮。无氧条件下，当食品中存在比抗坏血酸氧化还原电位高的成分时，抗坏血酸也因失氢而被氧化，生成脱氢抗坏血酸或抗坏血酸酮式环状结构，在水参与下抗坏血酸酮式环状结构开环成 DKG，DKG 进一步脱羧、脱水生成呋喃醛或还原酮。上述抗坏血酸的氧化途径中生成的呋喃醛、还原酮等活性物质，可以直接参与到缩合、聚合反应形成褐色色素，也极易参与到美拉德反应的中间及最终阶段，生成含氮的褐色聚合物或共聚物类（图 6－3）。抗坏血酸在 pH 小于 5.0 的酸性溶液中，氧化生成脱氢抗坏血酸的速度缓慢，并且反应是可逆的，因此使食品控制在酸性环境对延缓抗坏血酸的氧化十分有利。

二、酶促褐变

酶促褐变（enzyme browning）广义上是指因酶的催化作用而导致的褐变反应，但由于多酚类化合物的催化氧化是引起食品酶促褐变的主要原因，因此，食品的酶促褐变通常是指酚类氧化酶催化多酚类物质形成醌及其后续生成有色聚合物的反应。该类褐变反应主要发生在水果、蔬菜等新鲜植物原料的贮藏和加工过程中。对于浅色的水果和蔬菜，酶促褐变对产品的品质往往是不利的，如苹果、梨、莲藕、山药、马铃薯等原料，在生产罐头、制汁、果蔬脆片时，如果不控制褐变会引起产品色泽严重下降；对于深色的果蔬，褐变对外观品质的损失较小，褐变对有些深色果蔬的加工还是有利的，例如，酶促褐变有助于改进梅干、黑葡萄干和茶叶的色泽和风味。把握酶促褐变的机理和影响因素，结合食品的品质特征和要求，对食品的贮藏和加工过程中的酶促褐变进行控制，对生产优质的食品有实际意义。

1. 酶促褐变的机理 大量研究表明了引起果蔬酶促褐变的酶主要是多酚氧化酶（polyphenol oxidase, PPO），且果蔬的酶促褐变是一个复杂的生理生化过程。一方面，由于机械损伤或逆境，果蔬等生命体就会产生损伤信号等生理信号，使酚类代谢反应加速，促进酚类物质和代谢相关酶的生物合成，激活相关酶并使酶活性提高，以此加速对所受伤害的自主修复；另一方面健康完整的果蔬无褐变现象，因为在完整的植物细胞中，多酚和多酚氧化酶分布在不同区域，多酚主要存在于液泡内，而多酚氧化酶分布于细胞膜和线粒体等细胞器中，细胞内能维持酚-醌的平衡。但植物组织受到伤害后，完整的细胞结构被破坏，多酚氧化酶和酚类物质的隔离分布被打破，暴露于空气中的酚类物质被多酚氧化酶催化氧化为醌，进而发生氧化聚合形成有色的聚合物，导致褐变现象（图 7－15）。

酶促褐变反应起始于酚类物质的生物氧化，需要酚类物质、多酚氧化酶和氧气共同参与，三者缺一不可，

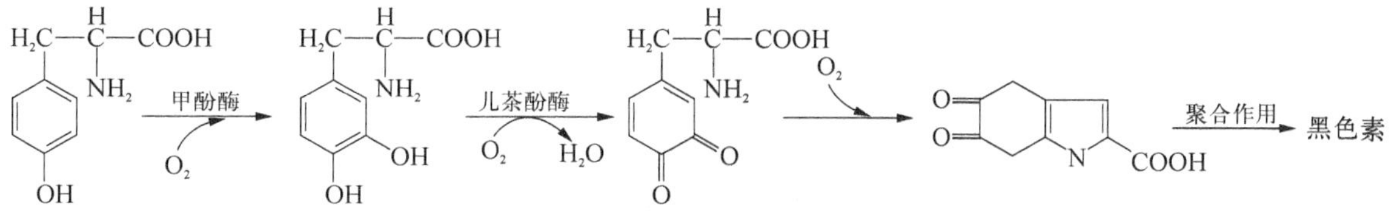

图 7-15　酶促褐变的机理

反应产物是醌。生成的醌在还原剂的作用下又可以被还原为酚。因此，当反应体系中有适量的还原性物质存在时，如抗坏血酸、半胱氨酸等，会延缓果蔬的褐变。多酚氧化酶(EC. 1.14.18.1 或 EC 1.10.3.2)是一类催化多酚类化合物生成邻苯醌的氧化还原酶的总称。它是以铜离子为辅基，且铜离子对其酶活性是必需的。PPO 主要以氧气作为氧化剂，能够催化两类不同的反应(图 7-15)：一类是一元酚羟基化，生成相应的邻二羟基化合物；第二类是邻二酚氧化，生成邻-苯醌。无论是一元酚还是多酚，经酶促氧化后，最初产物均为邻-苯醌。

2. 影响酶促褐变的因素

(1) 多酚氧化酶：果蔬中的多酚氧化酶因种类、品种和部位的不同其含量和活性有很大的差异。橄榄中多酚氧化酶的活力最高，酶促褐变的能力很强。在马铃薯中，几乎所有的亚细胞中都含有多酚氧化酶，它们的数量与蛋白质的数量成正比，而新采收的苹果多酚氧化酶几乎全部存在于叶绿体和线粒体中，因而马铃薯的褐变色泽分布较苹果更加均匀。在一些材料如菠萝、苜蓿、小麦、燕麦中，多酚氧化酶以无活性的酶原的形式存在于叶绿体中，需要用胰蛋白酶等处理才能使之活化。大多数多酚氧化酶制剂，例如从马铃薯、苹果、甜菜叶、蚕豆或蘑菇中分离得到的酶制剂，同时具有氧化和羟基化活力，而从烟叶、茶叶、芒果、香椿、梨、甜樱桃中分离得到的酶制剂不能作用于一元酚。

多酚氧化酶在果蔬组织细胞中常以结合态和可溶态两种形式存在。大多数水果中多酚氧化酶以结合状态存在，在桃、甜樱桃和苹果中可溶性多酚氧化酶分别占总酶活力的 20%～30%、15%～17%和 8%～15%，在果蔬酶促褐变中起主导作用的是可溶态多酚氧化酶。多酚氧化酶的最适 pH 一般在 pH 4～7 之间，不同种类、不同部位提取的多酚氧化酶，其最适 pH 不同。大多数多酚氧化酶具有一个最适 pH，在一些情况下具有第二个最适 pH。多酚氧化酶最适温度类似于 pH 因素。不同种类，不同部位提取的多酚氧化酶，对不同的多酚底物的亲和力也存在显著差异。如从甘薯中提取的多酚氧化酶对几种多酚的亲和顺序为儿茶酚＞绿原酸＞酪氨酸＞苯酚，而山药中多酚氧化酶对这几种多酚的亲和力依次为绿原酸＞儿茶酚＞酪氨酸＞苯酚。

(2) 酚类底物：果蔬中含有许多种类的酚类化合物，然而，只有其中的一部分可以作为多酚氧化酶的底物，导致果蔬的褐变。儿茶酚、3,4-二羟基肉桂酸酯、3,4-二羟基苯丙氨酸和酪氨酸是多酚氧化酶的天然底物，其中 3,4-二羟基肉桂酸酯中的绿原酸是多酚氧化酶在自然界中分布范围最广的底物，3,4-二羟基苯丙氨酸是 PPO 催化酪氨酸羟基化的产物。引起果蔬酶促褐变的主要酚类底物也各不同，甘薯、鸭梨、南国梨等的酶促褐变主要由绿原酸引起，引起香蕉果皮酶促褐变的主要酚类物质是多巴胺，而酪氨酸和儿茶酚分别是引起蘑菇和莲藕褐变的主要多酚底物。

(3) 氧气：酶促褐变的发生需要氧。高氧分压会促进加工或贮藏过程中的酶促褐变，采用包装等方法隔绝氧气，或脱除部分组织中的氧，会减轻果蔬的褐变。

(4) 温度：多酚氧化酶是一种不耐热的酶，一般在 70～90℃条件下即失活而丧失催化作用。在钝化温度以下，酶促褐变的最佳温度取决于多酚氧化酶的温度特性。不同果蔬中的多酚氧化酶的温度特性各不相同，因此它们酶促褐变的温度也存在差异。

(5) pH：当 pH 小于 3，多酚氧化酶的活性迅速降低，酶促褐变反应因而受到抑制。大多数多酚氧化酶的最适 pH 位于 4～7，具体的最适 pH 也与多酚氧化酶的来源有关。偏离多酚氧化酶最适 pH 的碱性条件，虽然可以减少多酚的酶促氧化，但会加剧多酚的非酶促褐变，总体上使果蔬的褐变更加严重。

3. 酶促褐变的控制

(1) 合理选择原料品种：通过除去果蔬原料中的多酚氧化酶或酚类底物来抑制酶促褐变，在理论上是十分有效的方法，但在实际生产中还无法实现。选择酚类物质含量低或多酚氧化酶活性低的原料品种进行加工，酶促褐变会明显减少，这是生产中控制酶促褐变的有效方法。相反，当酶促褐变有利于改进产品质量时，应选择多酚氧化酶活性高，酚类物质含量多的品种进行加工。

(2) 调节酸度：根据果蔬制品的酸度要求，使用酸度调节剂使其处于尽可能低的 pH 条件下，可以抑制其酶促褐变和非酶褐变。果蔬加工中允许使用的酸度调节剂有柠檬酸、苹果酸、磷酸、乳酸和酒石酸等，抗坏血酸和植酸降低 pH 也有效。柠檬酸还是一种螯合剂，可以与多酚氧化酶中心铜离子螯合而导致酶失活。

(3) 热处理：果蔬加工中，为抑制酶促褐变，常用热烫的方法钝化多酚氧化酶，热水温度一般为 85～100℃，烫漂时间约 5～10 s，具体应根据特定果蔬的 PPO 耐热特性、组织变化和非酶褐变程度等综合考虑后确定。

(4) 添加还原剂：果蔬加工时，添加抗坏血酸、植酸、半胱氨酸、亚硫酸盐(由于会加重支气管病人的病变，在一些发达国家不允许使用)等还原性组分，可以把酶促褐变的中间产物邻-苯醌还原为邻-苯酚，使后续褐变反应不能发生。当还原剂全部被氧化后，仍有氧存在时，多酚的酶促褐变仍能进行。将还原剂和有机酸配制成混合溶液使用，抑制酶促褐变的效果会更好。

(5) 包装：包装主要是为了起到隔离氧气的作用，减少参与酶促褐变的氧。可以采用的方法有真空包装、充气包装、气调包装、灌装或软包装等。对于还未丧失生命的果蔬制品，如鲜切果蔬和净菜等，货架期内还应防止无氧呼吸导致的品质劣变。

第四节　食品色素研究热点

一、花青素及其保健功能

目前，从植物中发现并对其分子结构研究清楚的花青素及其苷类有 20 多种，高等植物中常见的花青素仅有 6 种，即天竺葵色素(pelargonidin，Pg)、芍药花色素(peonidin，Pn)、矢车菊素(cyanidin，Cy)、锦葵色素(malvidin，Mv)、矮牵牛色素(petunidin，Pt)和飞燕草素(delphinidin，Dp)，其中，又以 Cy、Dp 和 Pg 等 3 种花青素分布最广。花青素不仅能使食品呈现丰富诱人的颜色，还具有许多生物活性功能，是食品中重要的保健因子。

关于花青素功能研究的文献很多，花青素还有许多保健作用，如清除活性氧和自由基、预防和治疗心血管疾病、抗癌和抗突变、降低血糖和尿糖、预防肝中毒、消炎、抗消化道溃疡和防辐射等。此外，姜黄色素、类胡萝卜素、叶绿素、叶黄素和番茄红素与花青素一样，也是具有保健作用的天然色素，这些色素作为保健品而不是着色剂使用是个令人激动的设想，相信随着研究的深入，将来一定能实现。

二、红曲色素及其安全性

红曲色素(monascorubin)是我国和东南亚国家传统应用的食品色素，也是我国和东南亚国家法定的食品着色剂，已经商业化生产。红曲色素包括 6 种主要的聚酮化合物，分别为黄色的红曲黄素(ankaflavin)和红曲素(monascin)，橙色的红曲玉红素(monascorubrin)和红斑素(rubropunctatin)，紫红色的红斑胺(rubropunctamine)和玉红胺(monascorubramine)。红曲色素的粉末呈暗红色，可溶于水，在不同的 pH 条件下，红曲色素能产生丰富的颜色，该色素对热、氧化剂稳定，但对光比较敏感。红曲色素对蛋白质的染色能力强，用于肉和植物蛋白制品中的染色比较理想。红曲色素具有广泛的生物活性。如红曲黄素和红曲素对小鼠脾脏 T 细胞具有免疫抑制活性，且红曲黄素还对肝癌和肺腺癌细胞具有细胞毒性，对正常纤维细胞无毒性，而红曲素对过氧亚硝酸盐或紫外光照引发的并通过 TPA 作为促发剂而诱发的小鼠皮肤癌变有抑制作用。红曲玉红素对诱发的小鼠癌变有明显抑制作用。

红曲色素属于是聚酮类色素(polyketide pigments)，是红曲霉的聚酮类次生代谢产物，该代谢产物主要包括红曲色素、红曲可林 K(monacolin K)和橘霉素(citrinin)。其中红曲色素广泛用于食品着色，红曲可林 K 用作降血脂的药物，橘霉素则对脊椎动物包括人体有肾毒性。由于红曲色素中可能同时存在损害肝肾的毒素物质——橘霉素，因此欧盟和美国仍不允许使用红曲色素作为食品着色剂。此外，红曲霉发酵过程中也会产生其他的潜在的有毒代谢产物，如细胞毒素 monascopyridines C 和 D。

本章扩展阅读材料

1. 李云飞. 食品物性学(第二版)[M]. 北京：中国轻工出版社，2009.
2. 石碧，狄莹. 植物多酚[M]. 北京：科学出版社，2000.
3. GB 2760—2011，食品添加剂使用标准[S].

思考题

1. 简述食品中天然色素的分类与特点。
2. 叶绿素在食品加工和储藏中发生哪些变化？护绿采用哪些技术？
3. 使新鲜肉呈色的是哪些物质及其各自的颜色？
4. 硝酸盐或亚硝酸盐使腌肉发色的原理是什么？
5. 肉及肉制品的护色方法有哪些？
6. 类胡萝卜素有哪些类型及其结构特征？
7. 类胡萝卜素在食品中降解的主要原因有哪些？
8. 类胡萝卜素在食品加工和储藏中发生哪些变化？
9. 影响花色素苷稳定性的因素有哪些？
10. 简述焦糖化反应定义与发生的条件，三种重要的焦糖色素及其用途。
11. 影响美拉德反应发生的因素有哪些？
12. 美拉德反应对食品产生什么影响以及控制美拉德反应有哪些措施？
13. 防止食品发生酶促褐变有哪些方法？

第八章

食品风味

第一节　概　　述

一、食品风味的概念与分类

1. 风味的概念　风味(flavour)是食品最重要的食用品质之一。1986 年 Hall R. L. 首次提出了食品风味的定义，认为食品风味是摄入口腔的食物使人的感觉器官(包括味觉、嗅觉、触觉、痛觉及温觉等)所产生的感觉印象，即食品客观性质使人产生的感觉印象总和。我国的感官分析术语标准(GB/T　10221—2012)规定了食品风味的含义：品尝过程中感知到的嗅觉、味觉和三叉神经感觉特性的复杂感觉，它可能受触觉、温度感觉、痛觉和(或)动觉效应的影响。其中滋味(taste)和气味(odor)是食品风味最重要的两个方面。

2. 风味的分类　根据引起食品风味的食品属性可将食品风味分为化学感觉、物理感觉和心理感觉(图 8－1)。化学感觉的产生决定于食品中是否存在某一类化学物质，主要包括酸味、甜味、苦味、咸味等；物理感觉的产生决定于食品的物理学性状，主要包括软、硬、黏、热、冷、滑、干等；而心理感觉是由食品的颜色、形状和声音所产生的。

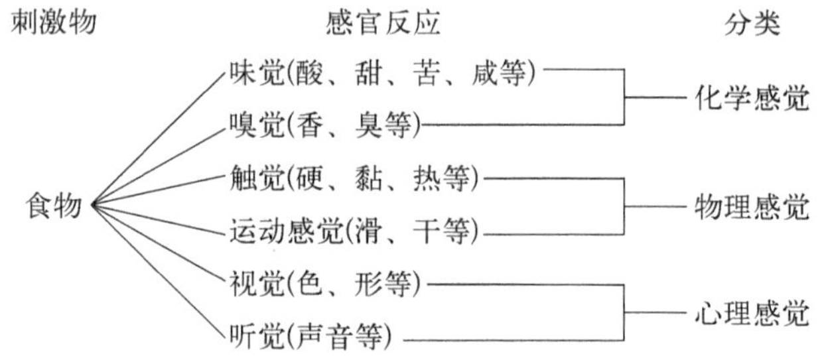

图 8－1　食品风味的感觉组成及分类

二、食品风味的研究方法

食品风味的研究方法主要包括感官评定与仪器分析两种方式。对于通常的食品，其风味物质具有如下特点：① 以很低的浓度存在于食品中；② 往往是由多种物质混合组成的；③ 挥发性高、极不稳定，容易在食品加工过程中发生变化。所以食品的风味研究是一件非常困难的事情。从侧重点来看，食品风味的研究方法主要包括风味物质提取、风味物质化学鉴定、风味物质感官评定、风味物质仪器评定等内容。

1. 风味物质提取　常见的风味物质提取方法包括蒸馏法、溶剂萃取法、顶空法等。蒸馏法(distillation)主要有水蒸气蒸馏和分子蒸馏。蒸汽蒸馏的主要方式有常压蒸馏、减压蒸馏、真空蒸馏等。溶剂萃取其原理是根据化合物在食品与溶剂中分配系数不同而实现的。常用的萃取方法有液相萃取、固相微萃取(solid-phase microextraction, SPME)、超临界流体萃取及连续同时蒸馏萃取等。同时蒸馏萃取(simultaneous distillation and solvent extraction, SDE)是集蒸馏与萃取于一体的香气物质提取法，只需要少量的溶剂就可提取大量的样品。若加上真空系统和干冰冷却，则可减少水蒸气的早期冷凝及最大限度地降低溶剂损失。这种方法对大多数风味化合物都有较高的回收率，是食品风味物质研究中常用的分离提取法。顶空法分为静态顶空(static headspace)和动态顶空(dynamic headspace)。将待测样品放入一个密闭的容器中，样品中的挥发成分便从食品基质中释放出来，进入容器的顶空，其在顶空中含量的多寡由其基本的物理化性质所决定。在对食品的香味成分进行鉴定时，将一定量的顶空气体注入气相色谱中进行分析即可。用惰性气体如氮气对密闭容器中样品表面进行吹扫，样品顶空中的香气成分便会被载气带出来，当混合气体通过一个捕集物(如 Tenax 柱)时，就会被吸收。这样经过一段时间，Tenax 柱上就会聚集一定量的香气化合物，然后将 Tenax 柱加热让香气化合物挥发出来，进入气相色谱仪或气-质联机进行鉴定。

2. 风味物质化学鉴定　对于风味物质的化学鉴定，包括定性与定量两个方面，常用气相色谱、液相色谱法、气-质联用(GC－MS)、液-质联用(HPLC－MS)、核磁共振及红外光谱法等仪器方法进行。

3. 风味物质感官评定　感官评定是食品风味评价中应用最早也最为成熟的技术，它主要是利用人来对食物的风味进行评价。感官评定有众多方法，主要包括三点测试、两点-三点测试、排序测试和描述测试等。

4. 风味物质仪器评定　气相色谱-嗅闻技术(gas chromatography olfactrometry，GC－O)将气相色谱和嗅觉测试结合起来分析食品风味物质的方法。在GC－O测试中，由GC将分析物分离；随后被送入嗅觉计(探针进样孔)和潮湿的空气相混合，通过鼻子连续的呼吸从嗅觉计释放出的空气并记录下他们的感觉，如气味强度和对被检测化合物的描述。以GC－O为基础的某些常用方法包括：香味提取物稀释分析法(aroma extract dilution analysis，AEDA)、香味分析法和嗅觉分析法。这些方法的主要区别在于对GC－O数据进行记录和分析的手段不同。

电子鼻(electronic nose)又称为人工嗅觉系统，是建立在对生物嗅觉系统的模拟基础上的，它由气敏传感器阵列和模式分类方法两大部分构成。气敏传感器阵列在功能上相当于嗅觉感受器细胞，模式识别器、智能解释器和知识库相当于人的大脑，其余部分则相当于嗅神经信号传递系统。电子鼻是20世纪90年代发展起来的新颖的分析、识别和检测复杂嗅味物质和挥发性成分的仪器。它与普通化学分析仪器(如色谱仪、光谱仪、毛细管电泳仪)不同的是，得到的不是被测样品中某种或某几种成分的定性或定量的结果，而是样品中挥发性成分的整体信息。它不仅可以根据各种不同的气味测到不同的信号，而且可以将这些信号与经训练后建立的数据库中的信号加以比较，进行判断识别，因而具有类似鼻子的功能。与电子鼻类似，电子舌(electronic tongue)在食品风味评价中的应用也越来越广。

第二节　食品的味觉效应

一、食品味觉的概念及分类

1. 食品味觉的概念　味觉(gustation)是指食物在人的口腔内对味觉器官化学感受系统刺激并产生的一种感觉。它是由食品的特定化学成分刺激人体，在口腔内产生的感觉，即食品味觉是食品中的可溶性呈味物质与口腔舌头表面和上颚等部位的味觉感受器产生相互作用而引起的一种感觉。食品中的可溶性呈味物质溶于唾液或食品的溶液刺激口腔内的味觉感受器，再通过一个收集和传递信息的味神经感觉系统传导到大脑的味觉中枢，最后通过大脑的综合神经中枢系统的分析而产生的感觉。味觉有两个典型的特征：① 特定化学物质的存在；② 产生部位在口腔。

2. 食品味觉的分类　目前世界各国对食品味觉的分类并不一致，如我国将味觉分酸、甜、苦、辣、咸、鲜、涩等；日本分为酸、甜、苦、辣、咸等；欧美各国分为酸、甜、苦、辣、咸、金属味等；印度分为酸、甜、苦、辣、咸、淡、涩、不正常味等。但按照产生的生理过程来看，只有酸、甜、苦和咸属于味觉。如辣味是辣味成分刺激口腔黏膜、鼻腔黏膜、皮肤和三叉神经而引起的疼痛感觉，涩味则是触觉神经对口腔蛋白受刺激后发生凝固产生的收敛感的反应，与酸、甜、咸、苦这四种刺激味蕾的基本味感有所不同。但由于辣味和涩味在饮食和食品调味中的重要性，所以将其视为两种独立的味感。

二、味觉产生的生理过程

味觉产生的生理过程可以概括为：食品中可溶性呈味物质→溶于唾液或食品的溶液→刺激口腔内的味觉感受器→味神经感觉系统感知信号并传递→味觉中枢综合逻辑判断→味感或味觉。

舌头是主要的味觉感受器官，其表面有大量的乳突(papillae)，根据形状可分为叶状乳突、有廓乳突和蕈状乳突(图8－2)。乳突中含有味蕾(taste bud)。味蕾是分布于口腔黏膜内极其活跃的微结构，是口腔内的味觉感受器，它通过味孔开口于乳突的表面与舌头表面相通(输入)，并与味觉传入神经相连接(输出)。人的味蕾直径约50 μm，通常由约40～50个细胞组成。根据其形态与功能将其分为Ⅰ-型、Ⅱ-型、Ⅲ-型和Ⅳ-型

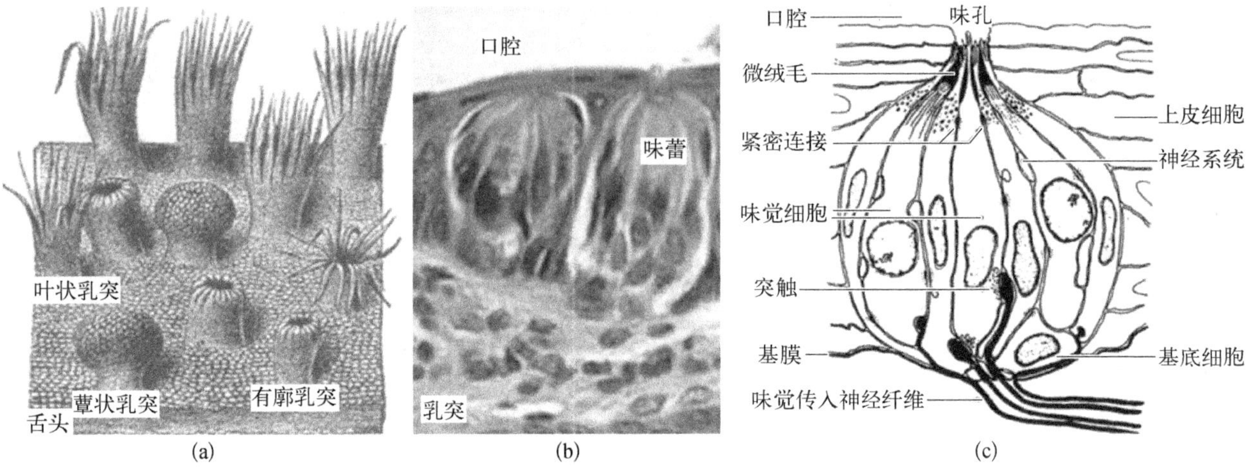

图 8-2　舌头表面各种乳突(a)、乳突解剖图(b)及味蕾结构示意图(c)

四类细胞，它们在每个味蕾中的数量分别为 30～35 个、10 个、5 个和 2～3 个。Ⅰ-型细胞，又称为暗细胞(dark cell)，具有很高的电子密度，呈长条状，从味孔伸展至基膜，常分布于味蕾的外周，为胶质样支持细胞，起维持味蕾形状的作用，是味蕾的结构基础。Ⅱ-型细胞，又称为亮细胞(light cell)，比Ⅰ-型细胞粗大，顶端位于味孔，而低端常达不到基膜，常与味觉传入神经形成突触(synapse)，能表达 G-蛋白偶联受体(G protein-coupled receptor)，负责甜味和苦味的产生。Ⅲ-型细胞，又称为中间细胞(intermediate cell)，在其底部存在有电子密度很高的核，都与味觉传入神经形成突触，是与酸味产生相关的味觉细胞。Ⅳ-型细胞，又称为基底细胞(basal cell)，是味蕾中的干细胞(stem cell)，呈球形，不参与味觉形成。它具有很高的电子密度，细胞膜含有味觉受体，负责与呈味物质相互作用而产生味觉。味蕾有孔的顶端存在着许多长约 2 μm 的微绒毛(微丝)，这些微绒毛能够迅速吸附呈味物质，从而产生味觉。味蕾底部有味觉传入神经纤维支配。每条神经通过末梢分支可支配几个相邻的味觉细胞，而一个味觉细胞可接受一条以上味觉纤维的支配。人舌头上味蕾的数量随年龄的增加而减少，成年人舌头上的味蕾数量约为 6 000 个。味蕾中的味觉细胞呈长条状，寿命不长，从味蕾边缘上皮细胞上有丝分裂出来后只能活 7～10 d。试验表明，人的味觉从刺激味蕾到感受到滋味，仅需 1.5～4.0 ms，比人的视觉(13～15 ms)、听觉(1.27～21.5 ms)或触觉(2.4～8.9 ms)都快得多。

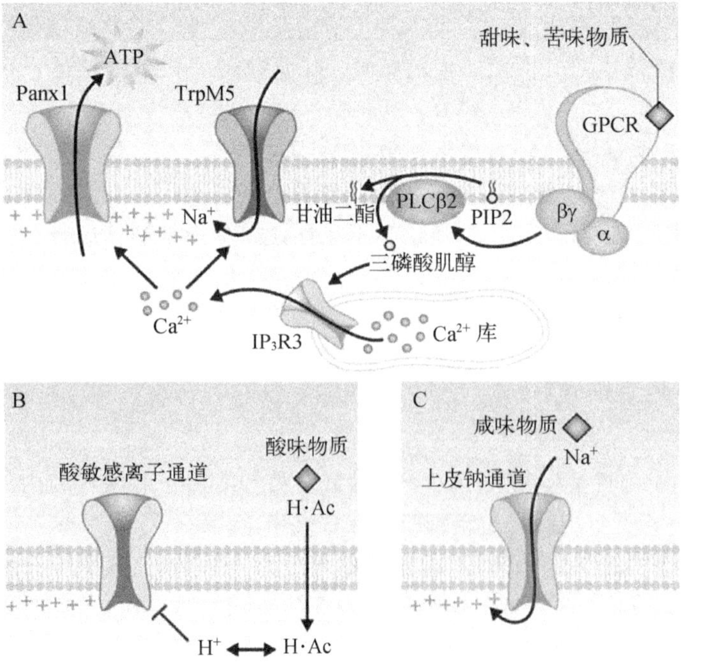

图 8-3　味觉产生的生理学机制(A-甜味与苦味；B-酸味；C-咸味)

味觉产生的生理学机制非常复杂，现已基本明确，甜味和苦味是由味觉细胞膜上的 G-蛋白偶联受体调节的，而酸味和咸味是由离子通道受体调节的。负责甜味的受体主要包括 T1R1 和 T1R3，苦味为 T2Rx，酸味为酸敏感离子通道，而咸味为上皮钠通道(图 8-3)。当甜味物质一旦与味觉细胞顶端细胞膜上的被称为味蛋白(gustducin)的 G-蛋白偶联受体结合，可引起后者构象改变。在磷酸脂酶 Cβ2(PLCβ2)的作用下通过三磷酸肌醇替代与味蛋白结合的二磷酸肌醇(PIP2)使味蛋白活化，从而使味蛋白分子的 α 亚基与腺苷酸环化酶(adenylyl cyclase)结合，进而合成环磷酸腺苷(cAMP)作为第二信使通过活化蛋白激酶 A。活化的蛋白激酶使 K^+ 通道蛋白磷酸化引起通道关闭，从而降低 K^+ 流，导致细胞膜去极化。这将激

活内质网钙库上的 Ca^{2+} 通道，使 Ca^{2+} 流入细胞质，促使神经递质释放并激活味觉传入神经纤维将信号传递至大脑。

三、各种食品味觉及味觉物质

1. 酸味与酸味物质 酸味是由化合物解离出的氢离子刺激舌黏膜而引起的一种化学味感。不同的酸味物质具有不同的味感，如柠檬酸酸味爽快，葡萄糖酸酸味柔和，磷酸具有涩辣味。食品中常用的酸度调节剂包括柠檬酸、乳酸、酒石酸、苹果酸、醋酸、富马酸、磷酸等。

2. 甜味与甜味物质

(1) 糖类甜味剂：糖类甜味剂主要包括单糖、二糖、糖浆和糖醇等。糖类随聚合度的增高，甜度渐降。仅单糖及少数低聚糖有甜味。葡萄糖甜味有凉爽感，果糖的甜度最高。蔗糖甜味纯正，甜度大，是用量最多的甜味剂。麦芽糖甜味爽口，不刺激胃黏膜。乳糖甜度低，但有助于钙的吸收。果葡糖浆的甜味纯正，其甜度高于蔗糖。糖醇类甜味剂包括木糖醇、山梨醇、甘露醇、麦芽糖醇等。它们具有甜度较低、黏度较低、不参与美拉德反应、能量较低、不引起血糖升高和胰岛素水平波动、不引起龋齿等特点。

(2) 非糖类天然甜味剂：非糖类天然甜味剂主要包括一些糖苷、多肽和蛋白质。糖苷类包括甘草苷、甜叶菊苷、甘茶素等。其中甘草苷甜味释放缓慢，保留时间长。甜叶菊苷甜度为蔗糖的 300 倍，是最甜的天然甜味物质之一，甜味纯正。甘茶素稳定性好，与蔗糖并用可使蔗糖甜度增加 3 倍。多肽和蛋白质甜味剂的典型代表如二肽衍生物阿斯巴甜和阿力甜等，具有甜度高、甜味清爽、化学结构稳定、热量低以及与其他糖和风味物质存在良好的协同效应。

(3) 人工合成甜味剂：人工合成甜味剂包括糖精，甜蜜素等物质。糖精为无色或白色结晶，易溶于水，稀释一千倍后仍然有甜味，浓度$>0.5\%$时会显苦味。甜蜜素甜度为蔗糖的 30 倍，因其毒性较小且对热、光稳定，广泛用于饮料、蜜饯等的生产中。

3. 苦味与苦味物质 单纯的苦味一般不受人们欢迎，但当与甜、酸或其他味感物质适当调配时，能起到丰富或改进食品风味的特殊作用。如苦瓜、莲子、咖啡的苦味被人们视为美味，啤酒、茶叶也具有苦味。植物性食品中常见的苦味物质有生物碱类（茶碱、咖啡碱、可可碱等）、萜类（α-酸、β-酸等）、糖苷类（苦杏仁苷、柚皮苷、新橙皮苷等）、氨基酸（异亮氨酸、苯丙氨酸、酪氨酸、色氨酸、组氨酸、赖氨酸和精氨酸等）、苦味肽（疏水性多肽）等。动物性食品中主要有胆汁、苦味肽类和某些氨基酸。此外，食品中的有些盐（镁盐、钙盐、铵盐等）也具有苦味。

4. 咸味与咸味物质 咸味是人类的最基本味感。咸味是中性盐呈现的味道。所有中性盐中，只有氯化钠的咸味最纯正。中性盐中，阴阳离子半径小的盐以咸味为主，阴阳离子半径大的盐以苦味为主。苹果酸钠和葡萄糖酸钠也具有纯正的咸味。一些肽类也具有咸味。

四、影响食品味觉的因素

1. 味觉物质的结构与浓度 物质的味觉产生本质上是由其化学结构决定的。一般来说，甜味物质大多数为糖类物质，酸味物质大多数为有机酸或无机酸，咸味物质大多数为无机盐，而生物碱大多具有苦味。

味觉物质不是存在就能被人感知到，其必须有一定的刺激量或浓度。通常将某一味觉物质能被人的感觉器官感知其存在的最低浓度称为阈值(threshold)，也称为绝对阈值。呈味物质的阈值越小，表明该物质的味觉敏感性越强。常温下常见代表性味觉物质的阈值分别为蔗糖（甜）0.1%，氯化钠（咸）0.05%，柠檬酸（酸）0.0025%，硫酸奎宁（苦）0.0001%。一般随味觉物质浓度的增加，其味觉强度随之增加。但要使人的味觉器官能分辨味觉物质的味觉强度有明显差异，其浓度之间也必须有足够差异。将使人感觉某种呈味物质的味觉有显著差别的刺激量的差值称为差别阈值。与味觉物质的绝对阈值不同，其差别阈值随低味觉强度（参比味觉强度）时的浓度密切相关。一般参比浓度越高，差别阈值也越大。另外，味觉物质的味觉强度并不是随其浓度的升高而持续增强，发现当浓度达到一定水平后，增加浓度对味觉强度的贡献很小甚至没有。将人感觉某种呈味物质的味觉强度不随其浓度的增加而增加时的最低浓度称为最终阈值。味觉物质在不同浓度时的味感是有差异的，且不同味觉情况不一。如甜味在任何浓度下都给人愉悦感，单纯的苦味总是令人不愉快的;而酸味和咸味在低浓度时使人有愉快感,在高浓度时则会使人感到不愉快。

2. 味觉物质的水溶性 根据味觉产生的过程可知,味觉物质必须溶于唾液后扩散进入味蕾与味觉细胞表面的味觉受体结合才能产生味觉。因此呈味物质必须有一定的水溶性才可能产生味感,完全不溶于水的物质是无味的,溶解度小于阈值的物质也是无味的。水溶性越高,味觉产生得越快,消失的也越快。一般呈现酸味、甜味、咸味的物质有较大的水溶性,而呈现苦味的物质的水溶性往往较差。

3. 食品的温度 各种呈味物质的阈值会随温度的变化而变化,这种变化在一定温度范围内是有规律的。在四种味觉中,甜味和酸味的最佳感觉温度在35～50℃,咸味为18～35℃,而苦味则是10℃。如在0℃时,常见代表性味觉物质的阈值分别为蔗糖(甜)0.4%,氯化钠(咸)0.25%,柠檬酸(酸)0.003%,硫酸奎宁(苦)0.000 3%。

4. 感受部位 舌头上不同部位对不同味觉的敏感性不同。一般来说,舌尖对甜味比较敏感,舌靠腮的两侧对酸味敏感,舌前部对咸味敏感,而舌根则对苦味敏感。

5. 生理状况 由于年龄增长、口腔感染、胃返酸、反复烫伤、吸烟、疾病(黄疸病导致苦味感下降;糖尿病导致甜味感下降;抗坏血酸缺乏导致酸味感下降)、药物、杀虫剂、金属、脑损伤和辐射等原因都会使味觉能力降低甚至消失。人处在饥饿状态下味觉敏感性会提高,而进食后味觉敏感性下降。年龄对味觉敏感性是有影响的,这与随年龄增长味蕾数目减少有关。

6. 味的相互作用 两种相同或不同的呈味物质进入口腔时,会使二者呈味味觉都有所改变的现象,称为味觉的相互作用。常见的味的相互作用包括对比作用、相乘作用、消杀作用、变调作用、疲劳作用等。

(1) 对比作用:两种或两种以上的呈味物质适当调配,使其中一种呈味物质的味觉变得更协调可口,称为对比作用。如10%的蔗糖水溶液中加入1.5%的食盐,使蔗糖的甜味更甜爽;味精中加入少量的食盐,使鲜味更饱满。

(2) 相乘作用:两种具有相同味感的物质共同作用,其味感强度显著高于两者分别使用时的味感强度之和,叫相乘作用,也称为协同作用。如味精与5′-肌苷酸(5′-IMP)共同使用,能相互增强鲜味;甘草苷本身的甜度为蔗糖的50倍,但与蔗糖共同使用时,其甜度为蔗糖的100倍。

(3) 消杀作用:一种呈味物质能抑制或减弱另一种物质的味感叫消杀作用。如酸味和甜味之间存在着消杀关系,两者之间的调和会使味觉强度降低并变得缓和。如在1%～2%的食盐水溶液中,添加7%～10%的蔗糖溶液,则咸味的强度会减弱,甚至消失。

(4) 变调作用:指两种呈味物质相互影响而导致其味感发生改变的现象称为变调作用。如刚吃过中药,接着喝白开水,感到水有些甜味。

(5) 疲劳作用:当较长时间受到某味感物质的刺激后,再吃相同的味感物质时,往往会感到味感强度下降,这种现象称为味的疲劳作用。味的疲劳现象涉及心理因素,例如吃第二块糖感觉不如吃第一块糖甜。

第三节 食品的嗅觉效应

一、嗅觉的概念及分类

嗅觉主要是指食品中的挥发性物质刺激鼻腔内的嗅觉神经细胞而在中枢神经中引起的一种感觉。其中将令人愉快的嗅觉称为香味(fragrance),令人厌恶的嗅觉称为臭味(stink)。嗅觉是一种比味觉更复杂、更敏感的感觉现象。

目前,尚未有有关嗅觉分类的权威性结论。有人提出至少存在7种基本气味:清淡气味、樟脑气味、发霉气味、花香气味、薄荷气味、辛辣气味和腐烂气味。其他众多的气味则可能由这些基本气味的组合所引起。但在结构-气味关系研究中经常把气味划分为龙涎香气味、苦杏仁气味、麝香气味和檀香气味。

二、嗅觉产生的生理过程

气味物质是通过刺激位于鼻腔后上部的嗅觉上皮内含有嗅觉受体的嗅觉细胞而产生嗅觉的(图8-4)。

嗅觉细胞也称为嗅细胞。气味物质作用于嗅细胞，产生神经冲动经嗅神经多级传导，最后到达位于大脑梨形区域的主嗅觉皮层而形成嗅觉。嗅觉感受和传导过程中至少有4个不同的系统参与：嗅觉系统、三叉神经系统、副味觉系统以及末梢神经系统。此外，犁鼻器在嗅觉产生中的作用是非常重大的。

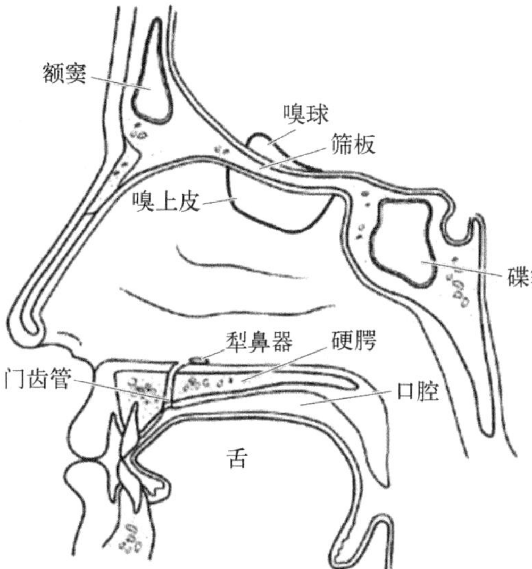

图8-4 嗅觉器官位置示意图

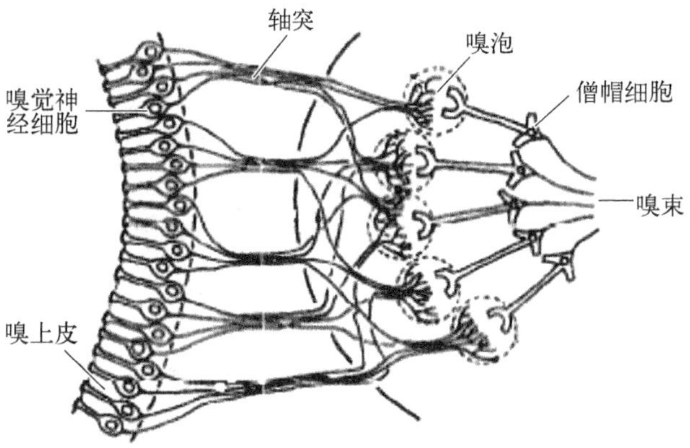

图8-5 嗅觉系统的组织方式

嗅觉系统主要由嗅觉上皮、嗅球和嗅觉皮层三部分组成。嗅觉上皮内主要含嗅觉细胞、支持细胞和基底细胞。嗅觉细胞为双极神经元，周围突伸向黏膜表面，末端形成带纤毛(10～30根)的小球；中枢突无髓鞘，融合成嗅丝后穿过筛板止于嗅球。鼻腔内大约有6×10^5个嗅觉细胞。嗅球呈层状结构，由外向内依次为嗅神经层、突触球层、外丛状层、僧帽状细胞层、颗粒状细胞层。丛状细胞根据其位置分内丛状细胞、中丛状细胞和外丛状细胞，树突分布于突触球层，内、外丛状细胞和僧帽状细胞的轴突一起参与嗅束的构成。嗅束为嗅觉信息的传入与抑制性传出通路。

气味分子经高而窄的鼻通道到达嗅区后，必须通过亲水的黏液层才能与嗅觉细胞发生作用(图8-5)。鼻黏膜内的可溶性气味结合蛋白(odorant binding protein)有黏合和运输气味分子、增加气味分子溶解度的作用，促进气味分子接近嗅觉感受器，能使嗅细胞周围的气味分子浓度比外周空气中的浓度提高数千倍。气味分子一旦溶解于黏膜，嗅觉转导即刻启动。目前认为嗅觉转导是通过嗅觉上皮中的G蛋白偶联气味受体(G protein-coupled odor receptor)激活细胞内第二信使系统环磷酸腺苷(cAMP)和/或三磷酸肌醇，直接影响纤毛中的离子通道，使双极感觉神经元去极化。现在发现人大约拥有1 000个嗅觉受体基因，而每一个嗅觉神经细胞似乎只能表达一种嗅觉受体基因，但同一个嗅觉受体蛋白(receptor protein)可以和多种气味物质发生作用。研究表明，嗅觉上皮至少可以划分为4个不同的区域，而不同区域内表达不同类型的嗅觉受体基因。表达同一类型气味受体基因的嗅觉神经细胞往往被集中在其中的某一区域内。类似的区域划分在嗅球里面也存在。嗅觉感受器及中枢神经系统对各种各样的气味刺激如何编码与识别，目前还不清楚。嗅觉的信息处理部位主要位于嗅球内，并于该处进一步将初级嗅信息提纯。2004年度诺贝尔生理学或医学奖授予对嗅觉机理作出巨大贡献的科学家就是非常令人兴奋的一件事情。

三、各类食品的香气及其香气成分

一般，食物的气味是由很多种挥发性物质共同作用的结果，例如经过调配的咖啡的香气成分中，已鉴定出的组分数目达468种以上。但是某种食品的气味往往由主要的少数几种香气成分决定，把这些成分称为主香成分(primary fragrance)。判断一种挥发性物质在某种食品香气形成中作用的大小，常用该物质的香气值(odour value)的大小来衡量。香气值是指挥发性物质的浓度与其阈值的比值。如果某种挥发性物质的香气值小于1，说明该物质对食物香气的形成没有贡献；某种挥发性物质香气值越大，说明它在食物香气形成中的贡献越大。一个食物的主香成分比该食物中其他挥发性成分具有更高的香气值。按气味物质的属性来分，可以划分为醇类、酯类、酸类、酮类、萜烯类、杂环类（吡嗪、吡咯、吡咯啉、咪唑等）、含硫化合物和芳烃类等。

1. 果蔬的香气及其香气成分　水果中的香气成分比较单纯，但具有浓郁的天然芳香气味。其香气成分中以酯类、醛类、萜类和挥发性酚类为主，其次是醇类、酮类及挥发性酸等。水果香气成分产生于植物体内代谢过程中，因而其随着果实的成熟（maturation）而增加。人工催熟的果实则不及自然成熟水果的香气浓郁。

小分子酯类物质是苹果、草莓、梨、甜瓜、香蕉和甜樱桃等许多果实香气的主要成分。苹果挥发性物质中，小分子酯类物质占78%～92%，以乙酸、丁酸和己酸分别与乙醇、丁醇和己醇形成的酯类为主。菠萝挥发性成分中酯类物质占44.9%。构成草莓香气的酯类以甲酯和乙酯为主。厚皮甜瓜挥发性物质中乙酸乙酯占50%以上，乙酸酯类特别是乙酸乙酯在甜瓜香气形成中起重要作用。在构成果实香气的小分子酯类中，一部分为甲基或甲硫基支链酯，如苹果挥发性物质中含有较多的乙酸-3-甲基丁酯、3-甲基丁酸乙酯和3-甲基丁酸丁酯等，它们具有典型的苹果香味，且阈值很低，其中3-甲基丁酸乙酯的阈值仅为1×10^{-7} mg/kg，被认为是苹果的主香成分之一。甲硫基乙酸甲酯、甲硫基乙酸乙酯、乙酸-2-甲硫基乙酯、3-甲硫基丙酸甲酯、3-甲硫基丙酸乙酯和乙酸-3-甲硫基丙酯等6种硫酯被认为是甜瓜的主香成分。3-甲硫基丙酸甲酯和3-甲硫基丙酸乙酯对菠萝香气影响较大。某些品种的草莓和柑橘的挥发性物质中也含有硫酯。苹果中的醇类物质占总挥发性物质的6%～12%，主要醇类为丁醇和己醇，还有少量酮类和醛类物质。甜瓜未成熟果实中存在大量中链醇和醛类物质。丁香醇、丁香醇甲酯及其衍生物等酚类物质大量存在于成熟香蕉果实的挥发性物质中。葡萄挥发性物质中含有苯甲醇、苯乙醇、香草醛、香草酮及其衍生物。

蔬菜的香气不如水果浓郁，但有些具有特殊的香辣气味，如蒜、洋葱等。各种蔬菜的香气成分主要是一些含硫化合物。风味酶（flavor enzyme）与香味前体（precursor）底物结合催化产生香气物质。番茄果实挥发性物质以醇类、酮类和醛类物质为主，主要有顺-3-己烯醛、己烯醛、己烯醇、顺-3-己烯醇、1-庚烯-3-酮、3-甲基丁醇等。

2. 肉的香气及其香气成分　烧烤类肉制品的香味主要是肉中的香气前体通过美拉德褐变反应而形成的。肉汁中有许多种氨基酸、肽、核苷酸、酸类及糖类等风味物质。其中肌苷酸（inosine）含量相当丰富，可能是肉风味的主要成分。它再与其他的化合物混合就形成了肉香。热烹调肉的香气可能是肉汁中的氨基酸和糖反应生成的。在肉香的挥发性成分中发现可能有硫化氢或甲基硫醇存在，还分离出一些诸如乙醛、丙醛、2-甲基丙醇、-3-甲基丁醇、丙酮、2-丁酮、n-环己醇和3-甲基-2-丁酮的挥发性物质。

3. 乳品的香气及香气成分　新鲜牛乳的香气成分主要是短链脂肪酸、羰基化合物，如2-己酮、2-戊酮、丁酮、丙酮、乙醛、甲醛等以及含有极微量的乙醚、乙醇、甲硫醚等。甲硫醚是牛乳主香成分。甲硫醚在蒸馏水中的阈值大约为1.2×10^{-4} mg/L。乳中的脂肪、乳糖吸收外界异味的能力较强，应防止牛乳与有异臭气味的物料接触。牛乳及乳制品长时间暴露在空气中，也会产生酸败气味，又称氧化臭（oxidative odour），这是由乳脂中不饱和脂肪酸的自动氧化（auto-oxidation）的产物引起的，其中以辛二烯醛和壬二烯醛最为突出。暴露于日光中牛乳会产生日晒味，这是由于蛋氨酸在V_{B2}的作用下经氧化分解而生成β-甲硫基丙醛的缘故。另外，细菌作用可使牛乳中亮氨酸分解成3-甲基丁醛而产生麦芽臭味。

新鲜黄油香气的主要成分是挥发性酸和醇（如乙醇、正丁酸等）、异戊醛、双乙酰、乙偶姻等。其中的醛来自氨基酸的降解而酮类来自油酸及亚油酸的氧化分解。双乙酰、乙偶姻是发酵乳制品的主香气成分，它是由柠檬酸经微生物发酵而形成的。在缺氧状态下则生成无味的2,3-丁二醇。当氧气充足时则生成双乙酰、乙偶姻（图8-6）。

4. 烘烤食品的香气及香气成分　焙烤食品香气成分形成于加热过程中发生的糖类热解、羰氨反应、油脂分解和含硫化合物（硫胺素、含硫氨基酸）分解等。当温度在300℃以上时，糖类可热解形成呋喃衍生物、酮类、醛类和丁二酮等多种香气物质。吡嗪是焙烤食品的主香成分，是通过羰氨反应生成的。亮氨酸、缬氨酸、赖氨酸、脯氨酸与葡萄糖一起适度加热时都可产生诱人的气味，而胱氨酸及色氨酸则发生臭气。花生及芝麻经焙炒后都有很强的特有香气。炒花生的香气成分主要是羰基化合物、吡嗪化合物和甲基替吡咯等；炒芝麻的主香成分是含硫化合物。

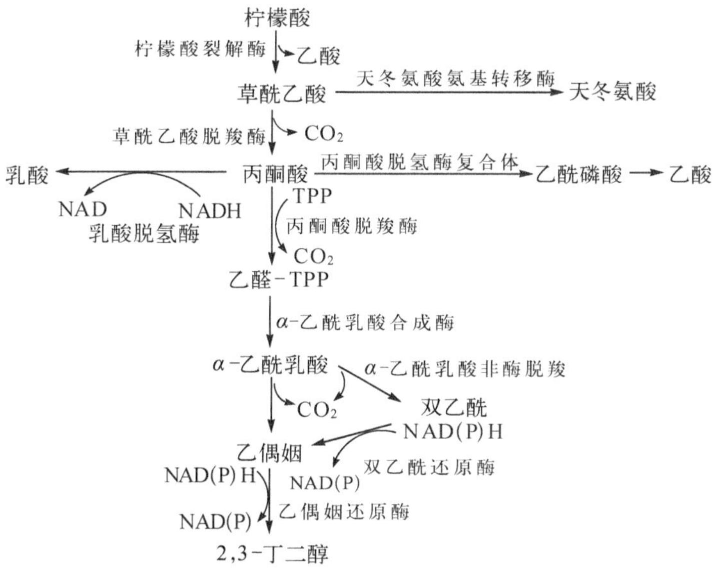

图 8-6 发酵乳制品和啤酒中双乙酰的形成途径

5. 发酵食品的香气及香气成分 发酵食品及调味料的香气成分主要是由微生物作用于蛋白质、糖、脂肪及其他物质而产生的，其成分主要有醇、醛、酮、酸、酯类物质。由于微生物代谢产物繁多，各种成分比例各异，使发酵食品的香气各有特色。酒类的芳香成分极为复杂，其成分因品种而异。如茅台酒的主香成分为乙酸乙酯及乳酸乙酯，泸州大曲的主香成分为己酸乙酯及乳酸乙酯。酱及酱油的香气成分亦极为复杂，主要包括醇类(乙醇、正丁醇、异戊醇、β-苯乙醇等)、酸类(乙酸、丙酸、异戊酸、己酸等)、酚类(4-乙基愈疮木酚、4-乙基苯酚、对羟基苯乙醇等)、酯类(乙酸戊酯、乙酸丁酯及β-苯乙醇乙酸酯等)、羰基化合物(乙醛、丙酮、丁醛、异戊醇、糖醛、饱和及不饱和酮醛等)等。酱油香气成分中还有由含硫氨基酸转化而来的硫醇、甲硫醇等。甲硫醇是构成酱油特征香气的主要成分。

6. 茶叶的香气及香气成分 不同品种的茶叶香气差别甚远。炒青绿茶具有栗香或清晰的香气，其主要香气成分是吡嗪、吡咯等物质；蒸青绿茶中芳樟醇及其氧化物含量较高具有明显青草香。红茶具有典型的花果香，其主要呈香物质是香叶醇、芳樟醇及其氧化物、苯甲醇、2-苯乙醇、水杨酸甲酯等。乌龙茶具有花香，茉莉酮酸甲酯、吲哚、芳樟醇及其氧化物、苯甲醇、苯乙醇、茉莉酮、茉莉内酯、橙花树醇、香叶醇等是呈香的主要物质。

四、食品中香气形成的途径

综合起来，食品中香气物质形成的途径或来源大致有以下五个方面：生物合成、酶的作用、高温作用、发酵作用和食物调香。

1. 生物合成作用 食物中的香气物质大多数是食物原料在生长、成熟和贮藏过程中通过生物合成作用形成的，这是食品原料或鲜食食品香气物质的主要来源。食物中的香气成分主要是以氨基酸、脂肪酸、羟基酸、单糖、糖苷和色素为前体通过进一步生物合成的。

(1) 以氨基酸为前体的生物合成：氨基酸是果蔬食物中生物合成香气物质的主要前体物质，其中尤以支链氨基酸(亮氨酸等)、含硫氨基酸和芳香族氨基酸最为重要。各种水果和许多蔬菜的低碳数的醇、醛、酸、酯等香气成分有很大一部分来自氨基酸。

1) 支链氨基酸 很多水果的香气随后熟过程中呼吸高峰期的到来而急剧增加。例如香蕉、洋梨、苹果的主香成分醋酸异戊酯、2,4-癸二烯酸酯和3-甲基丁酸乙酯。这些香气成分是以支链氨基酸L-亮氨酸为前体生物合成产生的(图 8-7)。

有些蔬菜的特征香气成分中的吡嗪类化合物是以亮氨酸为前体生物合成的(图 8-8)，例如甜柿子椒和豌豆中的2-甲氧基-3-异丁基-吡嗪，生菜和甜菜中的2-甲氧基-3-仲丁基吡嗪，叶用莴苣和土豆中的2-甲氧基-3-异丙基-吡嗪等。

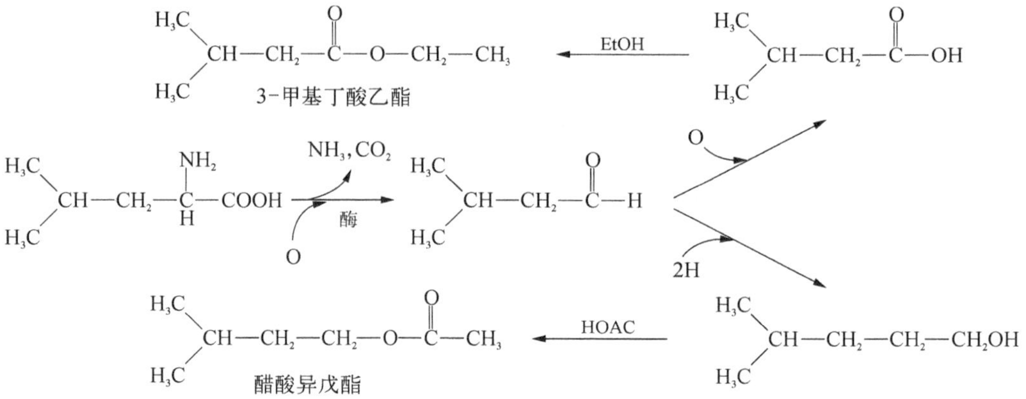

图 8-7 以亮氨酸为前体形成香蕉和苹果特征性香气物质的过程

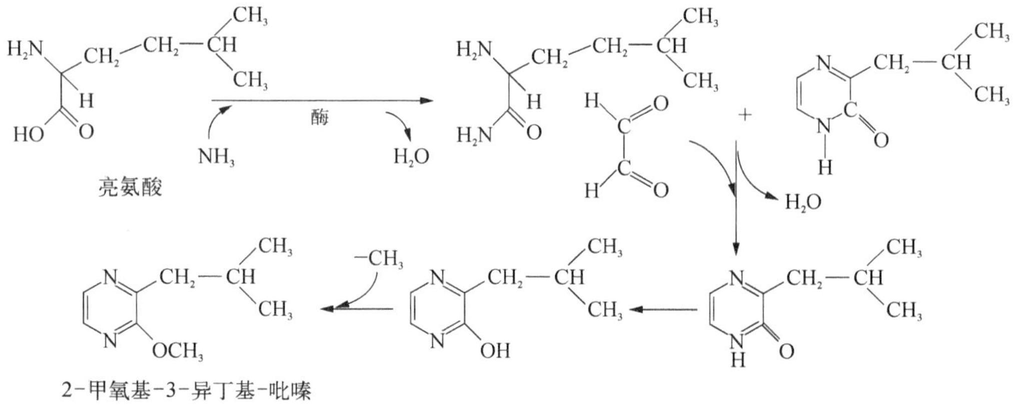

图 8-8 生马铃薯、豌豆和豌豆荚特征性香气成分形成途径

2）芳香族氨基酸　很多水果的酚、醚类化合物类香气成分如香蕉中的榄香素和 5-甲基丁香酚、葡萄和草莓中的桂皮酸酯，以及某些果蔬中的草香醛等，是以芳香族氨基酸（如苯丙氨酸、酪氨酸）为前体经莽草酸（shikimic acid）途径生物合成的。

3）含硫氨基酸　洋葱、大蒜、香菇、海藻等的主要特征性香气物质如 *S*-氧化硫代丙醛、二烯丙基硫代亚磺酸酯（蒜素）、香菇酸、甲硫醚等是以半胱氨酸、甲硫氨酸及其他们的衍生物为前体生物合成的（图 8-9）。洋葱、大蒜和香菇特征性香气物质的前体分别是 *S*-（1-丙烯基）-L-半胱氨酸亚砜、*S*-（2-丙烯基）-L-半胱氨酸亚砜和 *S*-烷基-L-半胱氨酸亚砜（香菇精，lenthionine）。

（2）*以脂肪酸为前体的生物合成*：在某些果蔬中的 C_6 和 C_9 的醇、醛类以及由 C_6、C_9 的脂肪酸所形成的酯的香气成分大多以脂肪酸为前体通过生物合成。按其催化酶的不同，主要有两类反应机理。

1）由脂肪氧合酶产生的香气成分　苹果、香蕉、葡萄、菠萝、桃子中的己醛，香瓜、西瓜的特征性香气物质 2-*trans*-壬烯醛和 3-*cis*-壬烯醇，番茄的特征性香气物质 3-*cis*-己烯醛和 2-*cis*-己烯醇以及黄瓜的特征性香气物质 2-*trans*-6-*cis*-壬二烯醛等是以脂肪酸（亚油酸和亚麻酸）为前体，在脂肪氧合酶、裂解酶、异构酶、氧化酶等的作用下合成的（图 8-10）。一般说来，C_6 化合物（常是伯醇和醛类）产生青草气味；C_9 化合物（也常是伯醇和醛）往往呈现出甜瓜和黄瓜的香气；而 C_8 化合物（通常为仲醇和酮类）则具有紫罗兰般的香气。

大豆制品豆腥味的主要成分是己醛（hexanal），该物质是以不饱和脂肪酸（亚油酸和亚麻酸）为前体在脂肪氧合酶的作用下形成的，其具体的生物合成途径如图 8-11。

2）由脂肪 β-氧化产生的香气物质　梨、杏、桃等水果中的中碳链（$C_6 \sim C_{12}$）香气物质是由长链脂肪酸经 β-氧化（β-oxidation）而生成的。例如由亚油酸通过 β-氧化途径生成梨的特征香气成分（2*E*，4*Z*）-癸二烯酸乙酯（图 8-12）。同时生成的 $C_8 \sim C_{12}$ 的羟基酸在酶催化下环化生成 γ-内酯或 δ-内酮（图 8-12）。$C_8 \sim C_{12}$ 的内酯具有明显的椰子和桃子的特征芳香。

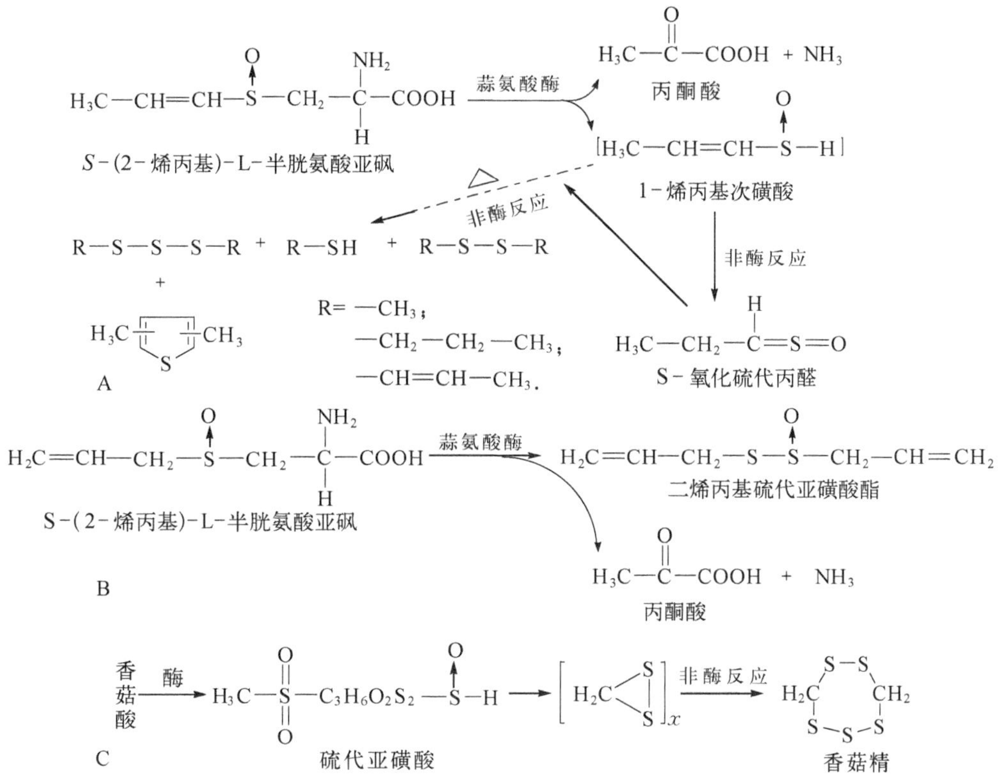

图 8-9 洋葱(A)、大蒜(B)和香菇(C)特征性香气物质形成的途径

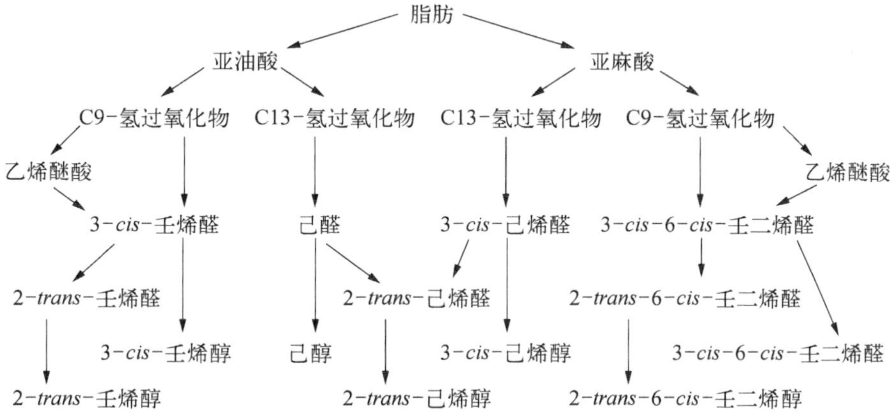

图 8-10 以脂肪酸为前体生物合成香气物质的途径

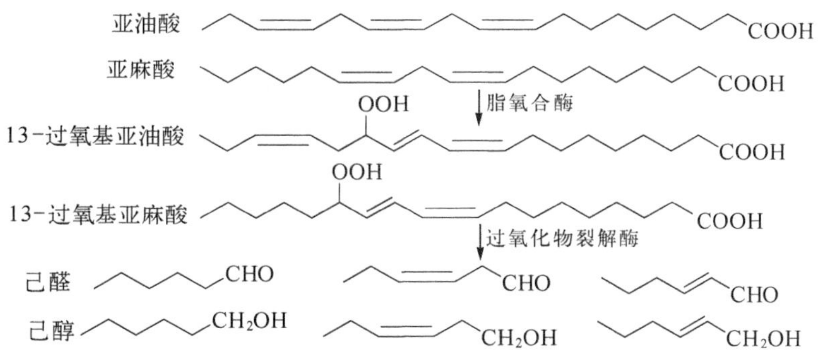

图 8-11 大豆制品豆腥味形成的途径

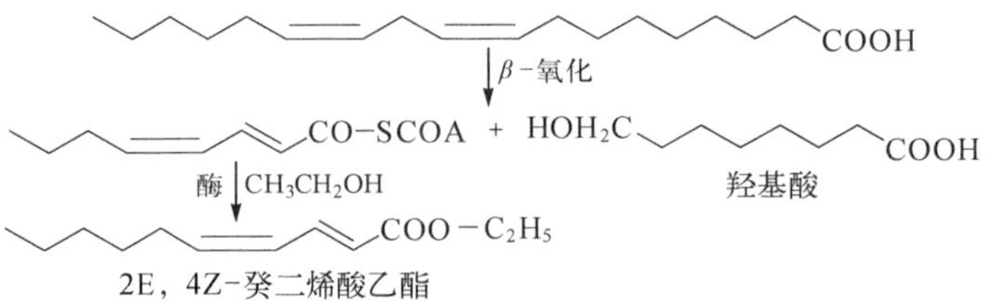

图 8-12 脂肪酸β-氧化产生香气物质的途径

(3) *以羟基酸为前体的生物合成*：柑橘类水果中的烯萜类(包括开链萜和环萜)香气成分是通过异戊二烯途径(isoprenoid pathway)生物合成的(图 8-13)，如柠檬、甜橙和柚子的特征香气成分橙花醛、β-甜橙醛和诺卡酮等，其前体被认为是甲瓦龙酸(mevalonic acid)(一种 C_6 的羟基酸)。

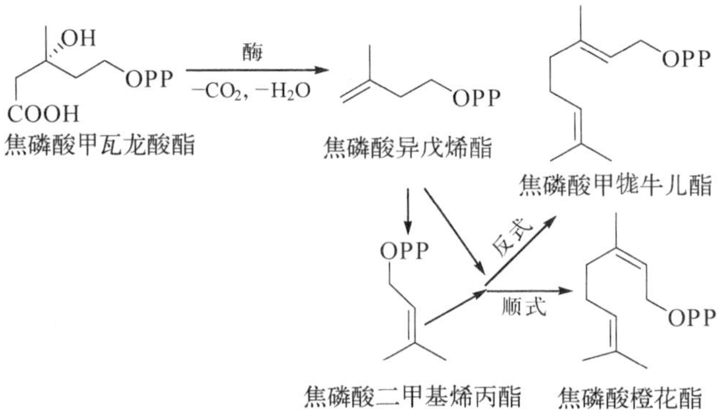

图 8-13 羟基酸形成萜烯类香气物质的途径

具有明显椰子和桃子特征香气的 C_8-C_{12} 内酯以及在乳制品香气中扮演主要角色的δ-辛内酯主要是以脂肪酸β-氧化或水解的羟基酸为前体发生环化反应形成的(图 8-14)。

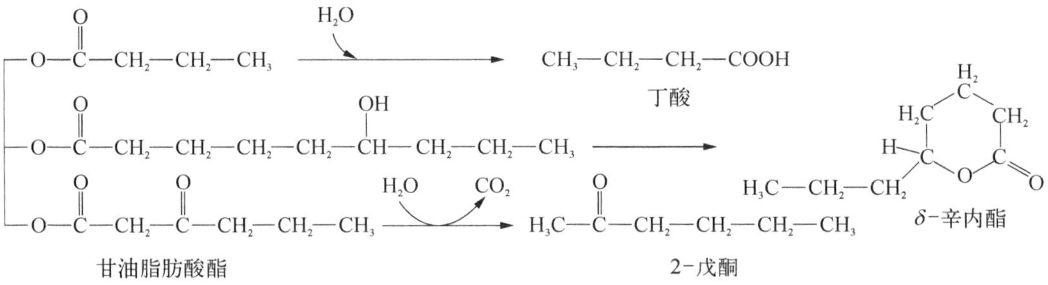

图 8-14 羟基酸环化形成香气物质的途径

(4) *以糖苷为前体的生物合成*：十字花科蔬菜，包括山葵、辣根、芥末、榨菜、雪里蕻等的特征性香气物质异硫氰酸酯(isothiocyanate)、硫氰酸酯和腈类是植物细胞遭破坏时，其中的辛辣物质的前体硫代葡萄糖苷(又称为黑芥子苷或黑芥子素(sinigrin))被芥子苷酶(myrosinase)催化降解而形成的(图 8-15)。

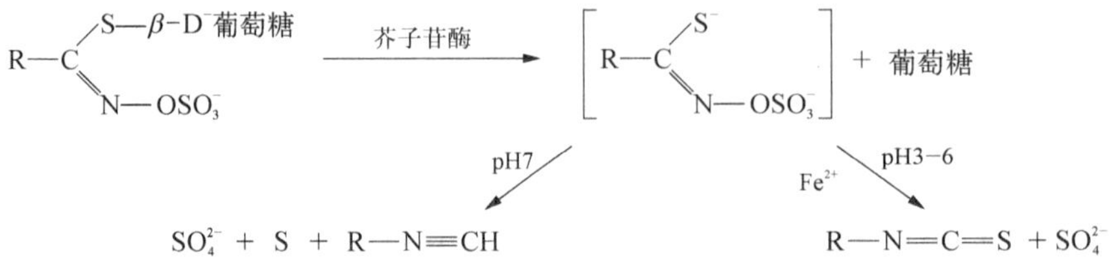

图 8-15 十字花科植物特征性香气物质形成的途径

(5) *以色素为前体的生物合成*：某些食物的香气物质是以色素(pigment)为前体形成的，如番茄中的 6-甲基-5-庚烯-2-酮和法尼基丙酮是由番茄红素(lycopene)在酶的催化下生成的(图 8-16)。红茶中的β-紫罗酮和β-大马酮可以通过类胡萝卜素氧化得到(图6-1)。

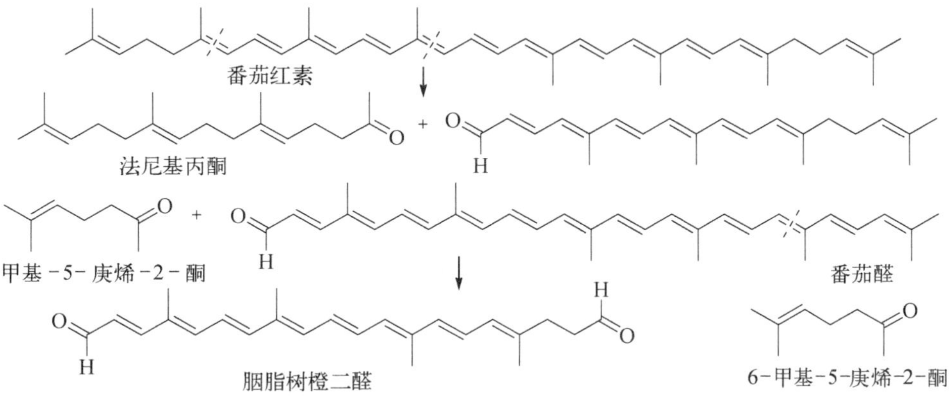

图8-16　番茄红素降解形成香气物质的途径

2. 酶的作用　酶(enzyme)的作用主要指食物原料在收获后的加工或贮藏过程中在一系列酶的催化下形成香气物质的过程。酶对食品香气的作用包括酶的直接作用和酶的间接作用。所谓酶的直接作用是指酶催化某一香气前体物质直接形成香气物质,酶的间接作用主要是指氧化酶催化形成的氧化产物对香气物质前体进行氧化而形成香气物质的作用。葱、蒜、卷心菜、芥菜的香气形成属于酶的直接作用,而红茶的香气形成则是典型的酶间接作用的例子。

3. 高温作用

(1) 通过美拉德反应形成香气:美拉德反应是形成高温加热食品香气物质的主要途径(图8-17)。一般说来,当受热时间较短、温度较低时,反应主要产物除了Strecker醛类以外,还有特征香气的内酯类和呋喃类化合物等;当温度较高、受热时间较长时,生成的香气物质种类有所增加,如有焙烤香气的吡嗪类、吡咯、吡啶类化合物形成。巧克力、可可中的5-甲基-2-苯基-2-己烯醛也被认为是由美拉德反应中生成的醛类相互作用而形成的。不同种类的糖与氨基酸作用时形成不同的香气。如麦芽糖与苯丙氨酸产生令人愉快的焦糖甜香;而果糖与苯丙氨酸却产生一种令人不快的焦糖味,但有二羟丙酮时,则产生紫罗兰香气。二羟丙酮和甲硫氨酸作用形成烤土豆的气味,而葡萄糖和甲硫氨酸则呈现烤焦的土豆味。在葡萄糖存在时,脯氨酸、缬氨酸和异亮氨酸会产生一种愉悦的烤面包香;在还原二糖如麦芽糖存在时,形成烤焦的卷心菜味;而在非原二糖如蔗糖存在时,则产生不愉快的焦炭气味。图8-18是美拉德反应中主要香气物质咪唑、吡咯啉、吡咯、吡嗪和氧杂茂和硫杂茂的形成途径。

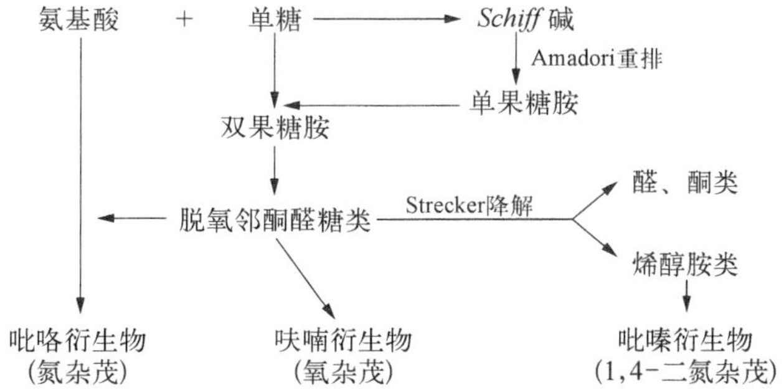

图8-17　美拉德反应中形成的香气物质

(2) 通过热降解形成香气

1) 糖的热降解　糖在没有含氮物质存在的情况下,当受热温度较低或时间较短时,会产生一种牛奶糖样的香气特征;若受热温度较高或时间较长时,则会形成甘苦而无甜香味的焦糖素(caramel)。单糖和双糖热分解生成以呋喃类化合物为主的香气成分,并有少量的内酯类、环二酮类等物质形成。淀粉、纤维素等多糖在400℃以下热分解要生成呋喃类、糠醛类化合物,同时还会生成麦芽酚、环甘素以及有机酸等小分子物质;若加热到800℃以上,则还会进一步生成多环烃和稠环芳烃类化合物,其中不少物质具有一定的致癌性。

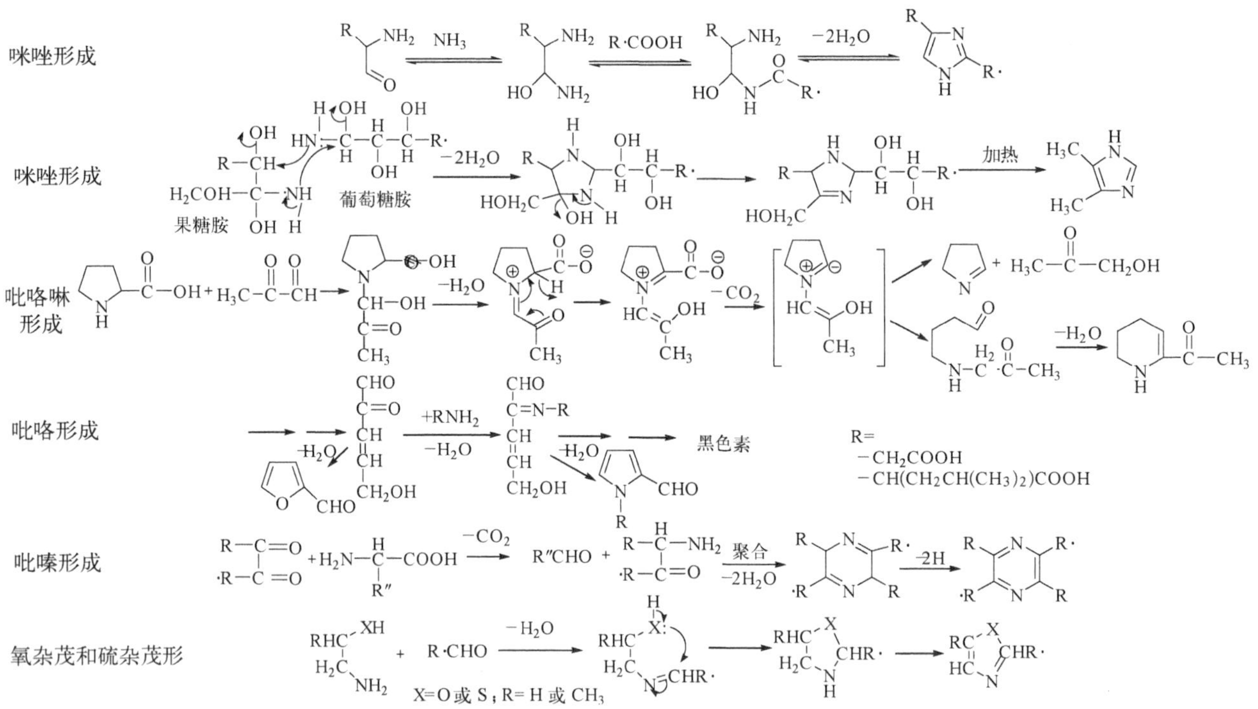

图 8－18 美拉德反应中咪唑、吡咯啉、吡咯、吡嗪和氧杂茂和硫杂茂形成途径

2）氨基酸的热降解 氨基酸在较高温度受热时，会发生脱羧反应或脱氨、脱羰反应，但生成的胺类产物往往具有不愉快的气味。若在热的继续作用下，这时生成的产物可以进一步相互作用，生成具有良好香气的化合物。在热处理过程中对食品香气影响较大的氨基酸主要是含硫氨基酸和杂环氨基酸。单独存在时，含硫氨基酸的热分解产物，除了有硫化氢、氨、乙醛等物质之外，还会同时生成噻唑类、噻吩类及许多含硫化合物，这些物质大多是挥发性极强的物质，不少是熟肉香气的重要组分。对于杂环氨基酸，脯氨酸和羟脯氨酸，在受热时会与丙酮醛作用而形成具有面包、饼干、烘玉米和谷物似的香气成分的吡咯和吡啶类化合物。此外，苏氨酸、丝氨酸的热分解产物是以吡嗪类化合物为特征，有烘烤香气；赖氨酸的热分解产物主要则是吡啶类、吡咯类和内酰胺类化合物，也有烘烤和熟肉香气。

3）脂肪的热氧化降解 脂肪在无氧条件下即使受热到 220℃，也没有明显的降解现象。但食品的贮存和加工，通常都是在有氧的条件下进行，脂肪易被氧化，受热更易氧化。在烹调的肉制品中发现的由脂肪降解形成的香气物质包括脂肪烃、醛类、酮类、醇类、羧酸类和酯类。

4）硫胺素的热降解 纯的硫胺素并无香气，发生热降解后能形成呋喃类、嘧啶类、噻吩类和含硫化合物等香气成分(图 8－19)。

5）抗坏血酸的热降解 抗坏血酸极不稳定，在热、氧气或光照条件下均易降解生成糠醛及小分子醛类化合物。糠醛化合物是烘烤后的茶叶、花生香气以及熟牛肉香气的重要组分之一。生成的小分子醛类本身既是香气成分，也很易再与其他化合物反应生成新的香气成分。

6）类胡萝卜素和叶黄素的氧化降解 有一些化合物能使茶叶具有浓郁的甜香味和花香，如顺-茶螺烷、β-紫罗兰酮等，它们主要来自β-胡萝卜素或叶黄素的氧化分解(图 6－1)。

4. 发酵作用 发酵食品及其调味品的香气成分主要是由微生物作用于发酵基质中的蛋白质、糖类、脂肪和其他物质而产生的，其成分主要有醇、醛、酮、酸、酯类等物质。发酵对食品香气的影响主要体现在两个方面，一方面是原料中的某些物质经微生物发酵代谢形成香气物质，如醋的酸味，酱油的香气，另一方面是微生物发酵代谢形成的一些非香气的物质在产品的熟化和贮藏过程中转化形成香气物质，如白酒的香气成分。发酵形成香气物质比较典型的例子就是乳酸发酵(图 8－20)。乳酸、双乙酰和乙醛共同构成了异型乳酸发酵奶油和乳酪的大部分香气，而乳酸、乙醇和乙醛构成了同型乳酸发酵酸奶的香气，其中尤以乙醛最重要。双乙酰是生啤酒和大部分多菌株乳酸发酵食物的特征性香气物质。

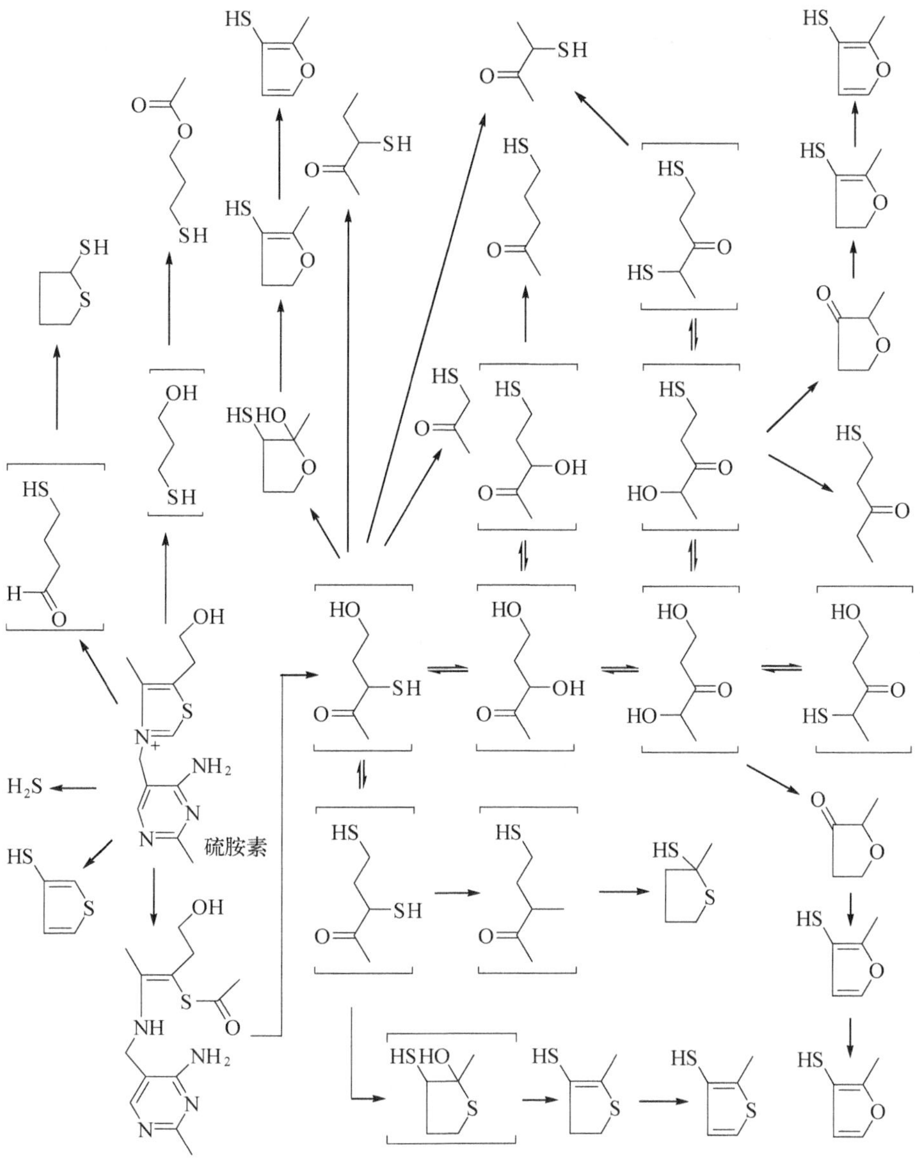

图 8-19 硫氨素热降解途径

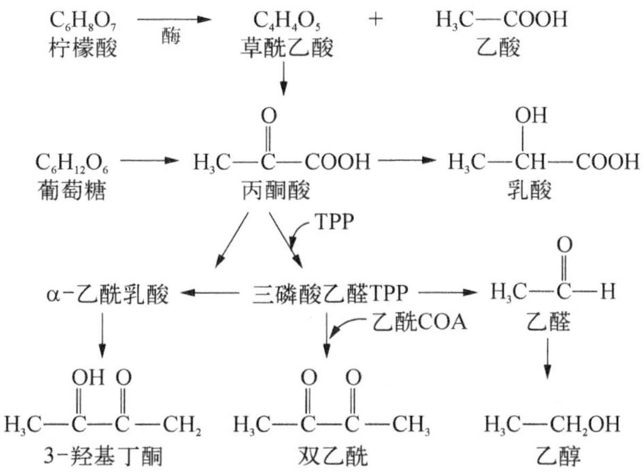

图 8-20 乳酸发酵产生的主要香气物质

5. 食物调香 食物的调香主要是通过使用一些香气增强剂或异味掩蔽剂来显著增加原有食品的香

气强度或掩蔽原有食品具有的不愉快的气味。香气增强剂的种类很多,但广泛使用的主要是 L-谷氨酸钠、5′-肌苷酸、5′-鸟苷酸、麦芽酚和乙基麦芽酚。香气增强剂本身也可以用做异味掩蔽剂,除此之外使用的异味掩蔽剂还很多,如在烹调鱼时,添加适量的食醋可以使鱼腥味明显减弱。

五、食品加工过程中的香气控制

食品加工是一个复杂的体系,其中伴有食物形态、结构、质地、营养和风味的复杂变化,在这些变化后面发生着极其复杂的物理化学变化。以食品加工过程中食物的香气变化为例,有些食品加工过程能极大地提高食品的香气,如花生的炒制、面包的焙烤、牛肉的烹调以及油炸食品的生产,同时有些食品加工过程又伴随着食品香气的丢失或不良气味的出现,如巴氏杀菌(pasteurisation)果汁的蒸煮味、常温贮藏绿茶的香气劣变、蒸煮牛肉的过熟味以及脱水制品的焦煳味的出现等。任何一个食品加工过程总是伴有或轻或重的香气变化(生成与损失),因此,在食品加工中如何控制食品的香气生成与减少香气损失就非常重要。

1. 原料的选择 影响一个食品香气的因素众多。其中之一就是加工或贮藏食品所使用的原料。不同属性(种类、产地、成熟度、新陈状况以及采后情况)的原料有截然不同的香气。甚至同一原料的不同品种的香气差异都可能很大。研究表明,呼吸高峰期采收的水果其香气比呼吸高峰(respiration climax)前采收的要好很多。所以,选择合适的原料是确保食品具备良好香气的一个途径。

2. 加工工艺 食品加工工艺对食品香气形成的影响是重大的。同样的原料经不同工艺加工可以得到香气截然不同的产品,尤其是食品加工工艺中的加热工艺。对比经超高温瞬时杀菌(ultra-high temperature sterilization)、巴氏杀菌和冻藏的苹果汁的香气,发现冻藏果汁气味保持最好,其次是超高温瞬时灭菌,而巴氏灭菌的果汁有明显的异味。在绿茶炒青茶中,有揉捻工艺名茶常呈清香型,无揉捻工艺的名茶常呈花香型,揉捻茶中多数香气成分低于未揉捻茶,尤其是顺-3-己烯醇和萜烯醇等。杀青和干燥是炒青绿茶香气形成的关键阶段。适度摊放能增加茶叶中主要呈香物质游离态的含量。不同干燥方式对茶叶香气的影响是明显的。

3. 贮藏条件 茶叶在储存过程中会发生氧化而导致品质劣变,如陈味产生,质量下降。气调贮藏的苹果其香气比冷藏的苹果要差。而气调贮藏后将苹果置于冷藏条件下继续贮藏约半个月其香气与一直在冷藏条件下贮藏的苹果无明显差异。超低氧环境对保持水果的硬度等非常有利,但往往对水果香气的形成有负面影响。在不同贮藏条件下贮藏,水果中的呈香物质的组成模式也会不同,这主要是不同的贮藏条件选择性地抑制或加速了其中的某些香气形成途径的结果。

4. 包装方式 包装方式对食品香气的影响主要体现在两个方面,一是通过改变食品所处的环境条件,进而影响食品内部的物质转化或新陈代谢而最终导致食品的香气变化;其次是不同的包装材料对所包装食品香气的选择性吸收。有意思的是,包装方式会选择性影响食品的某些代谢过程,如不同类型套袋的苹果中醛、酮、醇类香气物质没有明显差异,而双层套袋的苹果中酯类的含量偏低。包装方式对茶品质保存的影响研究发现储存 2 个月后,脱氧、真空及充氮包装都可有效地减缓茶品质劣变。而对油脂含量较高的食品密闭、真空、充氮包装对其香气劣变有明显的抑制作用。不同包装材料对香气成分的不同吸附能力也是影响食品香气的一个重要方面。当然目前采用的活性香气释放包装方式也是改良或保持食品香气的一个有效途径。

5. 食品添加物 有些食品成分或添加物能与香气成分发生一定的相互作用。如蛋白质与香气物质之间有较强的结合作用。所以,新鲜的牛奶要避免与异味物质接触,否则这些异味物质会被吸附到牛奶上而产生不愉快的气味。β-环糊精(β- cyclodextrin)具有特殊的分子结构和稳定的化学性质,不易受酶、酸、碱、光和热的作用而分解,可包埋香气物质,减少其挥发损失。因此采用 β-环糊精、糊精、麦芽糊精、可溶性淀粉等对产品增香的效果表明,香气能够持久,并且添加这类物质还可掩饰产品的不良气味。

第四节 食品风味研究热点

一、kokumi 肽

日本研究者将能够引起滋味品尝方面的浓厚感与持久感统称为 kokumi(コクみ),这是继 umami(鲜味)

后得到的又一个创新的食品基本风味描述词汇。山本隆教授对与 kokumi 感相关的描述词进行了总结，其包括三个层面：① 增强食品的口感，如浓厚感（thickness）、醇香感（richness）、爽滑感（mouthfulness）及持续感（countinuity）；② 影响滋味的强度：直冲感（punch）、深奥感（depth）及复杂感（complexity）；③ 平衡食品中各种滋味：温和性（mildness）、平衡性（balance）及平滑性（smoothness）。在洋葱提取液中也发现了具有 kokumi 特性的活性成分，并推测其原因为 Cys 的肽段因氨基酸侧链基团上含有的巯基（—SH）在舌头上产生一种轻微的收敛感，从而显著增加味觉的浓厚感。对豆类和 Gouda 奶酪的研究中发现 γ 谷酰基肽是使其具有 kokumi 感的关键，所以鉴定的肽都具有 Glu－Glu 或 Glu－Asp 片段。综上所述，能够引起食品中 kokumi 感的肽类一般含有 Glu、Asp 或者 Cys，并且此类肽本身不具有味道或者有轻微的味道，但是在一定浓度下，这类肽与适当浓度的其他呈味组分（盐、味精、酸味剂等）会有协同或者增味之功效。

二、结合态风味物质

风味酶（flavor enzyme）一词是 Hewitt 于 1965 年提出的，指那些可以添加到食品中能显著增强食品风味的酶类物质。利用风味酶增强食品香气的基本原理主要有两个方面，一方面是根据食品中的香气物质按照其存在形式可以分为游离态（free）和键合态（binding），而只有游离态香气物质才能引起嗅觉刺激，键合态香气物质对食品香气的呈现是没有贡献的，但在一定条件下将食品中以键合态形式存在的香气物质释放出来形成游离态香气物质这无疑会大大提高食品的香气质量；另一方面是食品中存在一些可被酶转化的香气物质的前体，在特定酶的作用下这些前体物质会转化形成香气物质而增强食品的香气。所以，实际上的风味酶对香气形成来说就是指那些能够将键合态香气物质释放出来或能将香气前体转化成香气物质的酶。这方面的研究也是当前风味化学的一个热点。

食品中的键合态香气物质主要以糖苷的形式存在。目前的研究已经表明葡萄、苹果、茶叶、菠萝、芒果、西番莲等很多水果和蔬菜中都存在一定数量的键合态香气物质。在成品葡萄酒中添加一定量的糖苷酶能显著提高葡萄酒的香气；而在干卷心菜中添加一定量的芥子苷酶能使产品的香气更加浓郁。除了以糖苷的形式存在，食品中的一些键合态香气物质是被包埋、吸附或包裹在一些大分子物质上。对于这类键合态香气物质的释放，一般是采用对应的高分子物质水解酶水解的方式来释放，如在绿茶饮品加工中添加果胶酶，可释放大量的芳樟醇和香叶醇。

本章扩展阅读材料

1. Deibler KD, Delwiche J. Handbook of Flavor Characterization: Sensory Analysis, Chemistry, and Physiology[M]. New York: Marcel Dekker, Inc.

2. Meilgaard M, Civille GV, Carr BT. 1999. Sensory Evaluation Techniques[M]. Third Edition. New York: CRC Press LLC.

3. Baigrie B. 2003. Taints and Off-flavours in Food[M]. New York: CRC Press LLC.

思考题

1. 食品挥发性风味分析有哪些注意事项？
2. 概括出甜味产生的生理学机制。
3. 请解释什么是绝对阈值、差别阈值、最终阈值。
4. 阐明各因素是怎样影响食品味觉的。
5. 在食品加工过程中，如何控制食品香气的生成及香气的损失？

参考文献

毕艳兰.2005.油脂化学[M].北京:化学工业出版社.
蔡丽丽,钱林.2006.油脂分提工艺研究进展与应用[J].粮食与油脂,19(10):22—25.
曹晖,张慜,杨晔.2006.高含水率脱水菜心降水分活度技术及贮藏稳定性研究[J].食品与生物技术学报,25(4):37—42.
常银生.1984.豆棒的加工[J].食品工业科技,2:32—33.
陈国风.2001.低水分活度对茶叶品质的稳定作用[J].中国茶叶加工,4:38—41.
陈敏.2008.食品化学[M].北京:中国林业出版社.
谌小立,赵国华.2009.抗氧化膳食纤维研究进展[J].食品科学,30(5):291—294.
成昕,张锦胜,钱菲,2011.等.核磁共振技术研究普通玉米淀粉与玉米抗性淀粉对肉糜持水性的影响[J].食品科学,32(7):21—24.
程云燕,麻文胜.2008.食品化学[M].北京:化学工业出版社.
迟玉杰.2012.食品化学[M].北京:化学工业出版社.
丁芳林.2010.食品化学[M].武汉:华中科技大学出版社.
丁耐克.1996.食品风味化学[M].北京:中国轻工业出版社.
段振华.2012.高级食品化学[M].北京:中国轻工业出版社.
冯凤琴,叶立扬.2005.食品化学[M].北京:化学工业出版社.
冯凤琴.2009.食品化学[M].北京:化学工业出版社.
韩明亮,付庚昌,李群英.2005.食品化学[M].延吉:延边大学出版社.
韩雅珊.1992.食品化学[M].北京:中国农业大学出版社.
黄梅丽,江小梅.1986.食品化学[M].北京:中国人民大学出版社.
黄强,罗发兴,杨连生.2004.淀粉颗粒结构的研究进展[J].高分子材料科学与工程,20(5):19—23.
江波,杨瑞金,卢蓉蓉.2005.食品化学[M].北京:化学工业出版社.
姜晓文,韩剑众.2009.生鲜猪肉持水性的核磁共振研究[J].食品工业科技,30(7):128—130.
姜英杰.2010.蛋白质组学技术在食品营养学中的应用[J].贵州农业科学,38(10):38—41.
靳红果,彭增起.2009.肉中添加多聚磷酸盐的研究进展[J].肉类研究,1:74—77.
阚建全,段玉峰,姜发堂.2009.食品化学[M].北京:中国计量出版社.
阚建全.2008.食品化学[M].第2版.北京:中国农业大学出版社.
李国基.1997.蛋白质水解产物中氯丙醇的形成机理[J].中国调味品,6:27—32.
刘宝林.2010.食品冷冻冷藏学[M].北京:中国农业出版社.
刘本英,周红杰,王平盛,等.2007.茶叶灰分和水分与品质关系[J].热带农业科技,30(3):22—26.
刘恩岐,曾凡坤.2011.食品工艺学[M].郑州:郑州大学出版社.
刘金福,李昀.2002.半干鸡肉生产及降低制品水分活度的研究[J].食品与发酵工业,28(10):56—58.
刘邻渭.2011.食品化学[M].郑州:郑州大学出版社.
刘树兴,吴少雄.2008.食品化学[M].北京:中国计量出版社.
刘长虹,董彩文,李广玉.1999.工业化生产中死面馒头的防止[J].西部粮油科技,24(3):35—36.
马永昆,刘晓庚.2007.食品化学[M].南京:东南大学出版社.
宁正强.1998.食品成分分析手册[M].北京:中国轻工业出版社.
宁正祥,赵谋明.1995.食品生物化学[M].广州:华南理工大学出版社.
盛国华.2009.亚临界水提取技术在有效利用食品副产物中的应用[J].中国食品添加剂,2:127—129.
孙伟,徐晓斌,姚学玲,等.2010.交变电场影响生理盐水冰结构的介电方法研究[J].低温工程,(4):9—12,17.
孙月娜.1983.食品用消泡剂[J].食品科学,10:35—37.
汪东风.2009.高级食品化学[M].北京:化学工业出版社.
汪东风.2007.食品化学[M].北京:化学工业出版社.
汪小兰.2010.有机化学(第4版)[M].北京:高等教育出版社.

王宏延，曾凯芳，贾凝，等．2012．臭氧水在鲜切蔬菜贮藏保鲜中应用的研究进展[J]．食品科学，33(21)：355—358．
王军，丁甜．2011．电位水在食品杀菌领域的研究进展[J]．食品科学，32(3)：241—246．
王文华，赵林，阎波．2010．离子对水结构的影响[J]．化学通报，(6)：491—498．
王秀芝，关志强，李敏．2011．水分活度降低剂在罗非鱼片干燥加工中的应用[J]．食品研究与开发，32(9)：197—201．
王璋，许时婴，汤坚．2007．食品化学[M]．北京：中国轻工业出版社．
王璋，许时婴，汤坚．2003．食品化学[M]．北京：中国轻工业出版社．
夏延斌．2004．食品化学[M]．北京：中国农业出版社．
谢笔钧．2011．食品化学[M]．第3版．北京：科学出版社．
谢明勇．2011．食品化学[M]．北京：化学工业出版社．
辛学倩，薛勇，薛长湖．2011．水分活度降低剂在高水分鱿鱼丝加工中的应用研究[M]//2010年中国水产学会学术年会论文摘要集．
杨湘庆，沈悦玉．2003．水分活度与冰淇淋的品质控制[J]．冷饮与速冻食品工业，1：1—4．
战宇，郑成，宁正祥．2005．食品分子生物学[M]．北京：中国轻工业出版社．
张力田．1999．变性淀粉(第2版)[M]．广州：华南理工大学出版社．
张文杰，薛长湖，丛海花，等．2012．低场核磁共振及成像技术对海参复水过程水分状态变化的研究[J]．食品工业科技，33(23)：90—93．
张有林．2006．食品科学概论[M]．北京：科学出版社．
赵方圆，吴亚君，韩建勋，等．2012．蛋白质组学技术在食品品质检测及鉴伪中的应用[J]．中国食品学报，12(11)：128—135．
赵国华，陈宗道，罗爱民．1999．蛋白质水解物苦味研究进展[J]．粮油食品科技，7(3)：5—7．
赵国华，阚建全，李洪军，等．1999．食物中抗性淀粉的研究进展[J]．中国粮油学报，14(4)：37—40．
赵谋明．2012．食品化学[M]．北京：中国农业出版社．
赵小皖，刘洵好，李慧勤，等．2001．β-胡萝卜素的降解及其对食品体系的影响[J]．食品工业科技，32(3)：417—421．
赵新淮．2006．食品化学[M]．北京：化学工业出版社．
赵亚，石启龙．2011．降低低糖南瓜脯水分活度的研究[J]．食品工业，1：30—31．
周航，李保国，董梅，等．2011．真空冷却豆制品水分布状态的核磁共振分析[J]．制冷学报，32(2)：54—57．
周建芹，姜绍通，潘丽军，等．2002．淀粉糊老化研究及应用[J]．郑州工程学院学报，23(4)：80—83．
Ahmad FB，Williams PA．1999．Effect of salts on the gelatinization and rheological properties of sago starch[J]．Journal of Agricultural and Food Chemistry，47(8)：3359－3366．
Akoh CC，Min DB．2008．Food lipids：Chemistry，Nutrition，and Biotechnology[M]．Third Edition．Boca Raton：CRC Press．
Anne I，Henri C，Serge P．1988．The double-helical nature of the crystalline part of A-starch[J]．Journal of Molecular Biology，201(2)：364－378．
Ball GFM．2005．Vitamins in foods：analysis，bioavailability，and stability [M]．Boca Raton：CRC Press．
Barbosa-Cánovas，Gustavo V．，et al．，eds．2008．Water activity in foods：fundamentals and applications [M]//Wiley．com．
Buck LB．2004．Olfactory receptors and odor coding in mammals[J]．Nutrition Reviews，62：S184－S188．
Buleon A，Colonna P，Planchot V，et al．1998．Starch granules：structure and biosynthesis[J]．International Journal of Biological Macromolecules，23：85－112．
Catala A．2012．Lipid Peroxidation[M]．Rijeka：InTech．
Cauvain SP．2003．Bread making Improving quality [M]．North America：CRC Press，LLC．
Coates PM，Betz JM，Blackman MR，et al．2010．Encyclopedia of dietary supplements[M]．New York：Informa UK Ltd．
Contreras-Calderón J，Calderón-Jaimes L，Guerra-Hernández E，et al．2011．Antioxidant capacity，phenolic content and vitamin C in pulp，peel and seed from 24 exotic fruits from Colombia[J]．Food Research International，44(7)：2047－2053．
Damodaran S，Parkin KL，Fennema OR，et al．2008．Fennema's food chemistry[M]．Boca Raton：CRC Press．
Dunford NT，Dunford HB．2004．Nutritionally Enhanced Edible Oil and Oilseed Processing[M]．Champaign：AOCS Press．
Eitenmiller R，Lee J．2005．Vitamin E：Food chemistry，composition，and analysis[M]．Boca Raton：CRC Press．
Forss DA．1969．Role of Lipids in Flavors[J]．Journal of Agricultural and Food Chemistry，17(4)：681－685．
Frankel E．2012．Lipid Oxidation[M]．Second edition．Cambridge：Woodhead Publishing Limited．
Friedman M．2005．Chemistry and safety of acrylamide in food [M]．The United States of America：Springer Science-HBusiness Media，Inc．
Gaonkar AG，McPherson A．2006．Ingredient interactions effects on food quality [M]．The Second Edition．The United States of America：Taylor & Francis Group，LLC．
GB2760—2011《食品添加剂使用标准》[S]．
Gennadios A．2002．Protein-based films and coatings [M]．The United States of America：CRC Press LLC．
Grzegorz B．2014．Food oxidants and antioxidants chemical，biological，and functional properties [M]．The United States of America：

Taylor & Francis Group, LLC.
Gudmundsson M. 1994. Retrogradation of starch and the role of its components[J]. Thermochimica Acta, 246(2): 329 - 341.
Gupta MK, Warner K, White PJ. 2004. Frying Technology and Practices[M]. Champaign: AOCS Press.
Hafiz A. 2005. Principles and reactions of protein extraction, purification, and characterization [M]. The United States of America: CRC Press, LLC.
Hettiarachchy NS. 2012. Bioactive food proteins and peptides applications in human health [M]. The United States of America: Taylor & Francis Group, LLC.
Hettiarachchy NS. 2012. Food proteins and peptides chemistry, functionality, interactions and commercialization [M]. The United States of America: Taylor & Francis Group, LLC.
Hui YH. 2006. Handbook of food science, technology, and engineering [M]. The United States of America: Taylor & Francis Group, LLC.
Irwin A, Taub R, Paul S. 1998. Food storage stability [M]. The United States of America: CRC Press.
Jane J-L. 1993. Mechanism of starch gelatinization in neutral salt solutions[J]. Starch, 45(5): 161 - 166.
Je J-Y, Kim S-Y, Kim S-K. 2005. Preparation and antioxidative activity of hoki frame protein hydrolysate using ultrafiltration membranes [J]. European Food Research & Technology, 221: 157 - 162.
Jeleń H. 2012. Food flavors: Chemical, sensory and technological properties. Boca Raton: CRC Press.
Lee S-H, Qian Z-J, Kim S-K. 2010. A novel angiotensin I converting enzyme inhibitory peptide from tuna frame protein hydrolysate and its antihypertensive effect in spontaneously hypertensive rats [J]. Food Chemistry, 118(1): 96 - 102.
Lee SK, Kader AA. 2000. Preharvest and postharvest factors influencing vitamin C content of horticultural crops[J]. Postharvest Biology and Technology, 20(3): 207 - 220.
Lin PY, Czuchajowska Z. 1998. Role of phosphorus in viscosity, gelatinization, and retrogradation of starch[J]. Cereal Chemistry, 75(5): 705 - 709.
Linden G, Lorient D. 1999. New ingredients in food processing [M]. North and South America: CRC Press, LLC.
Liu KS. 2004. Soybeans as functional foods and ingredients [M]. The United States of America: CRC Press.
Lund D. 1984. Influence of time, temperature, moisture, ingredients, and processing conditions on starch gelatinization[J]. Critical Reviews in Food Science and Nutrition, 20(4): 249 - 322.
Lundblad RL. 2009. Application of solution protein chemistry to biotechnology [M]. The United States of America: Taylor & Francis Group, LLC.
Lundblad RL. 2005. Chemical reagents for protein modification [M]. The Third Edition. The United States of America: CRC Press.
Marangoni AG, 2002. Narine SS. Physical Properties of Lipids[M]. New York: Marcel Dekker, Inc.
Martínez S, López M, González-Raurich M, et al. 2005. The effects of ripening stage and processing systems on vitamin C content in sweet peppers (*Capsicum annuum* L.)[J]. International Journal of Food Sciences and Nutrition, 56(1): 45 - 51.
Masakuni T, Yukihiro T, Takeshi T, et al. 2014. The principles of starch gelatinization and retrogradation[J]. Food and Nutrition Sciences, 5(3): 280 - 291.
McClements DJ. 2005. Food Emulsions: Principles, Practices, and Techniques[M]. Second Edition. Boca Raton: CRC Press.
Mercadante AZ, Rodriguez-Amaya DB. 1998. Effects of ripening, cultivar differences, and processing on the carotenoid composition of mango[J]. Journal of Agricultural and Food Chemistry, 46(1): 128 - 130.
Mine Y, Shahidi F. 2006. Nutraceutical proteins and peptides in health and disease [M]. The United States of America: Taylor & Francis Group, LLC.
Nagy S. 1980. Vitamin C contents of citrus fruit and their products: a review[J]. Journal of Agricultural and Food Chemistry, 28(1): 8 - 18.
Nakai S. 1983. Structure-function relationships of food proteins: with an emphasis on the importance of protein hydrophobicity [J]. Journal of Agricultural and Food Chemistry, 31(4): 676 - 683.
Norman N. Potter, Joseph H. Hotchkiss. 2001. 食品科学[M]. 北京：中国轻工业出版社.
O'Brien R D. 2004. Fats and Oils-Formulating and Processing for Applications[M]. Second Edition. Boca Raton: CRC Press LLC.
O'Neill TE. 1996. Flavor binding by food proteins: An overview [J]. American Chemical Society, 633(6): 59 - 74.
Owens G. 2001. Cereals processing technology [M]. North and South America: CRC Press, LLC.
Owusu-Apenten RK. 2002. Food protein analysis quantitative effects on processing [M]. The United States of America: Marcel Dekker, Inc.
Parker R. 2007. 食品科学导论[M]. 江波等译北京：中国轻工业出版社.
Pearce KN, Kinsella JE. 1978. Emulsifying properties of proteins: evaluation of a turbidimetric technique [J]. Journal of Agricultural

and Food Chemistry，26(3)：716 - 723.

Pokorny J，Yanishlieva N，Gordon M. 2001. Antioxidants in Food：Practical Applications[M]. Cambridge：Woodhead Publishing Ltd.

Pokorny J，Yanishlieva N，Gordon M. 2001. Antioxidants in Food[M]. Boca Raton：Woodhead Publishing Ltd.

Richard F，Tester，John K，et al. 2004. Starch-composition，fine structure and architecture[J]. Journal of Cereal Science，39(2)：151 - 165.

Roller S，Jones SA. 1996. Handbook of Fat Replacers[M]. Boca Raton：CRC Press LLC.

Rossell J B. 2001. Frying Improving Quality[M]. Cambridge：Woodhead Publishing Limited.

Ruan R，Chang K，Chen PL，Fulcher RG，Bastian ED. 1998. A Magnetic Resonance Imaging Technique for Quantitative Mapping of Moisture and Fat in a Cheese Block[J]. Journal of Dairy Science，81(1)：9 - 15.

Sarko A. 1978. The Crystal structures of A-，B- and C-polymorphs of amylose and starch[J]. Starch，30(3)：73 - 78.

Sasaki T，Matsuki J. 1998. Effect of wheat starch structure on swelling power[J]. Cereal Chemistry，75(4)：525 - 529.

Shlomo M. 1996. Surface activity of proteins chemical and physicochemical modifications [M]. The United States of America：Marcel Dekker，Inc.

Sikorski ZE. 2003. Chemical and functional properties of food components [M]. Third Edition. The United States of America：CRC Press，LLC.

Singh J，Kaur L，McCarthy OJ. 2007. Factors influencing the physico-chemical，morphological，thermal and rheological properties of some chemically modified starches for food applications — A review[J]. Food Hydrocolloids，21(1)：1 - 22.

Szczesniak A. 1997. Rheology of industrial polysaccharides：theory and applications[J]. Food Technology，51(3)：108 - 112.

Szczesniak A. 1997. Rheology of industrial polysaccharides：theory and applications[J]. Food Technology，51(3)：108.

Walstra P. 2003. Physical chemistry of foods [M]. New York：Marcel Dekker，Inc.

Yada RY. 2004. Proteins in food processing [M]. North America：CRC Press，LLC.

Yvon M，Rijnen L. 2001. Cheese flavour formation by amino acid catabolism [J]. International Dairy Journal，11(4 - 7)：185 - 201.

Zempleni J，Rucker RB，McCormick DB，et al. 2007. Handbook of vitamins[M]. Boca Raton：CRC Press.

Zobel HF. 1988. Molecules to granules：A comprehensive starch review[J]. Starch，40(2)：44 - 50.